SKAT.17

SENDENKAIGI AWARD TEXT

宣伝会議賞は、
広告界の専門誌『宣伝会議』通巻100号を記念して
1962年に創設された公募広告賞です。
広告クリエイターの登竜門として、
歴代受賞者には第一線で活躍するクリエイターが名を連ねます。
今回は55社にご協賛いただき、
応募作品は46万4365点を数えました（中高生部門含む）。

「SKAT.17 SENDENKAIGI AWARD TEXT」には、
第55回の一次審査通過以上の作品、計5336点と、
中高生部門一票以上獲得の205点を収録しています。
広告界の第一線で活躍するクリエイターによって選ばれた
秀逸な広告コピー・CMアイデアを一冊にまとめたテキストです。
業種別の広告コピーのアイデアや、
商品・サービスのコンセプトを考える際のヒントを得たり、
次回宣伝会議賞の傾向と対策を練るなど、お役立てください。

各賞受賞作品

100人の審査員による一次～四次審査を経て、
ファイナリストとして21作品が選出されました。
その中から、最終審査会での白熱した議論ののち、
最高賞のグランプリ、コピーゴールド・CMゴールド、
シルバーが決定しました。
応募総数約46万点の頂点に輝いた受賞作品を、
喜びのコメントや選評と合わせてご覧ください。

グランプリ

クレディセゾン　生活の100%をカード払いにしたくなった!　と思わせるような広告アイデア　キャッチフレーズ

現金なんて、お金の無駄づかいだ。

林 次郎（45歳）東京都

次回の宣伝会議賞でグランプリを受賞するあなたへ

グランプリは別世界です。過去にファイナリストやシルバーの経験もありましたが、グランプリはまったく違います。

贈賞式では、たくさんのカメラがこっちを向いています。フラッシュが激しくて、ちょっと頭がクラクラします。前から後ろから視線を感じ、変な汗が出てきます。そしてグランプリトロフィーは、けっこう重いです。

パーティーでは、スタッフさんが最終審査員や協賛企業の方々を紹介してくれます。すれちがう人が「あっ」って顔をします。横並びのトイレでは「おっ」になります。

発表で呼ばれた瞬間から、景色は一気に変わります。2018年3月9日は、私にとって特別な日になりました。きっとあなたの時も、そうなるはずです。

選評

ありそうでなかった発見。斬新さは感じないけど、そのかわりに昔からのことわざでもあったような堂々とした骨太さがある。つまり、普遍性があるってことでしょう。CMのセリフにしても効きそう。西田敏行さんとか泉谷しげるさんとかが言ったらきっと面白い。つまり、口語的だという美点もある。なかなか懐の深いコピーですね。お金がテーマの場合、大袈裟すぎたり、逆にみみっちくなったりしがちですが、これはそこをうまくクリアしてる。言い得て妙な、リアリティがあります。技巧がみえない巧みさ、かな。そんな、さりげなさが光ったグランプリだと思います。

（一倉宏）

コピーゴールド

骨粗鬆症財団

骨粗鬆症が自分や身近な人に関わることだと考えてもらえるような広告アイデア　キャッチフレーズ

「5人に1人。」抽選なら当たる気がする。

柳井 芳文（24歳）東京都

このたびはコピーゴールドという素晴らしい賞をいただき、ありがとうございます。

今回の課題をきっかけに骨粗鬆症について考え、両親はじめ大切なひとたちに呼びかけることができました。もしかしたらこの事が今回一番の財産かもしれません。

現在は広告会社を離れましたが、受賞を機に広告コピーの楽しさを再認識しました。4年前、アイデアの学校で広告の楽しさに出会った直後に初めて応募したものの、自信満々に購入した一次通過作品発表号のどこにも名前が載っていなかったときの衝撃、そしてその悔しさをバネに翌年10本通過できたときの喜びは今でも鮮明に記憶しています。気付けば毎年の恒例行事になっていたので、来年以降「宣伝会議賞」に応募できなくなってしまうことが少し寂しくはあるのですが、今回の受賞、そしてその後頂いた数々の温かいお言葉を励みに、どこかでコピーを書き続けようと思います。協賛企業の方々や審査員の方々、宣伝会議の方々、家族、近くで支え続けてくれたひと、そして私が環境を変えても変わらず応援してくださった全ての方々に心から感謝いたします。本当にありがとうございました。

選評

人間は、どんな客観的な数字でも、自分の都合のいいように解釈できるんだなと、このコピーを見て、ハッとさせられました。「5人に1人は骨粗鬆症になりますよ」と言われても、心のどこかで、自分は残りの4人だから大丈夫！と思ってしまう。でも逆に「この抽選、5人に1人は当たりますよ」と言われれば、おお？なんか当たりそうな気がする!!と前のめりになる。その辺りの人間の心理を、このコピーはとてもよく捉えています。

柳井さん、さてはアナタ、人間見えてますね？

（福部 明浩）

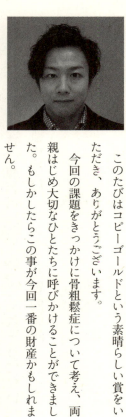

CMゴールド

セントラル警備保障

CSPセントラル警備保障の全国での認知度を向上させるためのアイデア　テレビCM

【業界3位】篇

子ども：なんで、うちはCSPなの？
父：業界3位だぞ。
子ども：1位がいいよ。
父：1位は、200万件も守っているんだぞ。
　同時に襲われたら、守ってくれそうにないだろ。
NA：業界3位。セントラル警備保障。

石原 佳典

（34歳）愛知県

まずは、贈賞式に欠席したことを、この場を借りて、お詫び申し上げます。このたびは、CMゴールドにご選出いただき、誠にありがとうございました。9年前、「宣伝会議賞」の存在を教えてくれたzakzakさん、ありがとうございました。正確な見出しは思い出せませんが、100万円の文字のインパクトは忘れられませんでした。100万円のために、9年間で、7560本、応募していました。手は届きませんでしたが、100万円って、凄いなあと、改めて、思いました。そして、セントラル警備保障さん、本当に、ありがとうございました。受賞作品を見返してみて、CMゴールドって、何位なんだろう？CMでは、1位なのか？でも、掲載順は、グランプリ、コピーゴールドの次だから、3位なのか？と考えてしまいましたが、そんなことはどうでもよいことで、今回、セントラル警備保障さんが、課題を出してくださったおかげで、「宣伝会議賞」という歴史のある素晴らしい賞に、名前を残すことができました。これ以上の出来事が、この先の人生で起こることがないと思うと、気が滅入ってしまいますが、これからも、体調と相談しながら、生きていきたいと思います。本当に、ありがとうございました。

選評

センスのいい皮肉に、思わずニンマリしてしまいました。

「広告は自分の自慢をする恥ずかしいものである」。

という大前提を体のなかにきちんともっているとこういうひねりを素直に考えることができるんでしょう。

素晴らしい視点とそれを無駄なく着地させる素晴らしいスキルに脱帽です。

（髙崎 卓馬）

シルバー

キッコーマン
キャッチフレーズ

国境を越えておいしさの出会いを広げ続けるキッコーマンの企業広告

「魚の生肉を、刺身にしたのは、しょうゆです。」

古川　弘樹（48歳）
愛知県

今回の受賞作品をぼーっと眺めていて、あらためて気づいたこと。醤油とコピーは似ています。とても似てると思います。「食材」にひと差し加えて、「料理」にしてしまうのが醤油です。「製品」に一行添えて、「商品」にしてしまうのがコピーです。どちらも私たちの日常生活に欠かせません。どちらもいろんな種類があって、いろんな味があります。どちらをつくるのも、職人の仕事です。だからどちらも、技とか、経験とか、思いとかが、死ぬほど大事です。コピーライターという肩書きをいただいてから、なんと27年。初めてメディアに載った小さな求人広告が、今も引き出しにしまってあります。あのときの一行。今は恥ずかしくて、とても人に見せられない一行。でも、あの一行があったから、この一行があるんだと思います。贈賞式後の懇親会で、すごい熱量でコピーを語る若きファイナリストのみなさん。みなさんを見ていたら、まだ負けたくないんです。そしてやっぱり、胸騒ぎがするんです。心から尊敬します。そしてやっぱり、まだ負けたくないんです。だから、頑張ります。やや遅咲きのオールドルーキー。クライアントの「醤油」になって、美味しくすることが、当面の目標です。この度は本当にありがとうございました。

シルバー

キヤノンマーケティングジャパン

キヤノンの一眼レフ「EOS Kiss X9」で、わが子を撮りたくなるアイデア　キャッチフレーズ

子供の悔し涙は、遠くから撮るのが愛だと思う。

幸田 絵美（35歳）
東京都

贈賞式で名前が呼ばれた時、コピーを書きながら「これできちんとつたわってるのだろうか」、と不安で何度も書き直し、でもとても楽しくてしかたなかったことを思い出して、驚きと嬉しさでいっぱいになりました。今回のコピーは、子供の運動会でリレーで負けてしまい、悔し涙を流している男の子がお父さんとお母さんに声をかけられても、なにも話さず泣き続ける様子を見たことがきっかけで書きました。親は子供がつらい時や泣いている時には近くにいて支えてあげられたらと思うものですが、子供はいつの間にか成長していて、自分自身で悔しい気持ちを受け止めようとしたり、親にさえそんな気持ちを話したくなくなるときがくるのだと思います。そんな時に親ができるのは、ただそっと遠くから見守ってあげることなのではないかと思いますし、写真を撮るときには、そっと遠くから見つめるような気持ちで子供の成長を撮ってあげられたらという思いで書きました。最後になりましたが、選んでくださった審査員のみなさま、協賛企業のみなさま、応援してくださったみなさま、本当にありがとうございました！

シルバー

サントリー
キャッチフレーズ

デカビタCが飲みたくなるようなキャッチフレーズ、ラジオCM

おじいさんは山へクライミングに、おばあさんは川へラフティングに行きました。

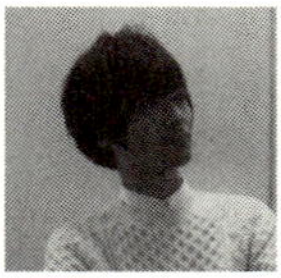

三上 佳祐（29歳）
東京都

選んでいただいた審査員の皆さま、心より御礼申し上げます。そして、ファイナリスト選出のお電話をいただいた宣伝会議の担当者さま、私のアホなコピーを電話口でしっかりと読み上げていただき、ありがとうございます。嫌な仕事だったかと思います。正直なところ、選出されたコピーは、一次審査を通過すれば儲けものぐらいに思っていたので、このような予想外の結果は、嬉しい反面、まだまだコピーを見る目がないのだなと実感する出来事でした。本当に幸運に恵まれた結果です。ファイナリストの方々のコピーは、どれも素晴らしいものばかりでしたので、「今回、賞に選ばれなくても悔いはない、贈賞式に来ることができただけ幸せだ」そう思っておりました。しかし、いざシルバーを受賞すると、やはりというか何というかもっと幸せでした。お許しください。一点悔いがあるとすれば、贈賞式前日、緊張のためか中々寝付けず、ニキビができてしまったことです。スター性の無さをつくづく感じました。まだまだ未熟な私ですので、今まで支えてくれた皆さまに感謝しながら、日々精進していきます。

シルバー

セゾン自動車火災保険　〝なんとなく〟で自動車保険を選んでいる人たちに、「おとなの自動車保険に加入したい！」と思わせる、キャッチフレーズ　キャッチフレーズ

お客さま、このままだと、いいお客さんですよ。

野田 正信（51歳）
東京都

13年ぶりに、シルバーをいただくことができました（当時は審査員奨励賞という名称でしたが）。ありがとうございました。もう一度ファイナリストの緊張感を味わいたいという思いで、毎年挑んできました。長く続けてきたことで人のつながりも広がり、今年の贈賞式では、以前の受賞者仲間と再会することもできました。これもまた、「宣伝会議賞」の醍醐味です。で、これは負け惜しみでも何でもなく心底思うのですが、シルバーっていい賞ですよね。グランプリまであと少しというところまで行けたんだという達成感。でも何かが足りなかったんだという悔しさ。もっと成長しようという気にさせるエネルギー。いろんなものを与えてくれます。数年前は、アラフィフになっても続けているのだろうか？と思うときもありましたが、いい刺激をもらうことができました。まだまだ、自分の可能性を信じてみようと思います。

シルバー

ディーエムソリューションズ　ウォーターサーバーを使いたくなるキャッチフレーズ

キャッチフレーズ

一番多く使う食材は、水でした。

野村 京平（41歳）
東京都

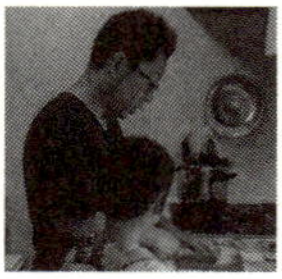

小学2年生の時に「私はコレで会社を辞めました」というCMのコピーが流行りました。意味はよく分かりませんでしたが、何となく背徳の悦びみたいなものを嗅ぎ取っていたのでしょう。4㎝ほどしかない粗末な小指を天井に向けて突き立てながら「私はコレで…」を絶叫&連呼し続け、担任の長谷川先生に意識が飛ぶまで往復ビンタされ続けたのですが、それが私とコピーとの出会いでしたというのはほぼ全部ウソです。ともあれ、「宣伝会議賞」への応募をきっかけにコピーライターを志したわけで、「私は『宣伝会議賞』で銀行を辞めました」というのは本当にリアルガチです。その後も「私は『宣伝会議賞』で腕を磨きました」し、「私は『宣伝会議賞』で自分の力の無さを痛感しました」し、「私は『宣伝会議賞』でうっすらと自信をつけました」し、何度か「私は『宣伝会議賞』で仕事をいただきました」なんてことも。吹けば飛ぶような雑草だった自分を少し根の深い雑草にまで育ててくれた「宣伝会議賞」を卒業するなんて寂しくてダメ。ゼッタイ。なので、今後もうっかりグランプリとか獲らないように気をつけながら、シルバーを狙うことに全身全霊を捧げますというのも2京%ウソです。本当にありがとうございました。

シルバー

日本レジストリサービス　日本のドメイン名「.jp」を使いたくなるような広告アイデア

ラジオCM

【ついてるだけで安心】篇

男：娘さんをボクにください！
父：どこのどいつか分からん男に
　娘はやれん！
娘：お父さん…！
男：絶対に幸せにします！
父：ダメだっ！
男：娘さんをボクにください.jp!
父：よろしく頼む！
NA：ついてるだけで安心しちゃう。
　日本レジストリサービス
男と娘：お父さんありがとう.jp!

金田 栞（24歳）
愛知県

このたびは、素晴らしい賞にお選びいただきありがとうございます。大学3年生の時に、たまたま受講した講義で「コピーライター」という職業を知り、その講義で「宣伝会議賞」の課題へ取り組んだことが応募を始めたきっかけです。養成講座に通いだしてからは、学生仲間と一緒に挑戦したこともありました。久しぶりに夢中になれることが見つかり、とても充実した時間を過ごしたことを覚えています。
この作品は、コピーを書く時間よりも、いろいろなことを想像する時間の方が長かったように思います。ふと思い出した友人との会話を軸に、多くのひとが共感できる（思い浮かぶ）シーンを探しました。悩むこともありましたが、それも含めてとても楽しかったです。もしあの時、あの講義を受講していなかったら…。はじめてコピーを書いたワクワクした日の気持ちを忘れずに、これからもがんばります。

シルバー

ヤフー　Yahoo! JAPANに入社したくなるようなキャッチフレーズ

キャッチフレーズ

AIから仕事を奪ってください。

眞木 雄一（39歳）

石川県

ご選出いただきまして、ありがとうございます。課題に取り組み始めて数日間は、落ち着きはらって悠然と、スマートに格好よくコピーを書いている自分を演出していたのですが、1週間もすると、納得のゆくものがなにも生み出せない、格好悪くあがいている自分に、すっかり変わり果てていました。クールな自分が行方不明です。なにかをつくり出そうとすると、いつだってそうです。なんど経験しても、新鮮な苦しみです。飽き飽きしているはずなのに、やめられません。ファイナリストは2度目の経験なのですが、前回は受賞に至りませんでしたので、雪辱を果たすことができました。しかし、まだまだ「宣伝会議賞」にも、その先にも、挑むべき未来が広がっていますから、今回の受賞は中継地点だと思っています。今後も、よりいっそう真摯に、言葉と向き合い、言葉とともに歩んでゆきます。

私は、縁という言葉が好きです。審査員の皆さま、ヤフーさま、ご関係者の皆さまをはじめ、縁あって出会うことのできたすべての方々にお礼申し上げます。ありがとうございます。また、今回の受賞をきっかけに、新たな縁を紡いでゆきたいと強く願っています。どうぞよろしくお願いいたします。

ファイナリスト

惜しくも受賞はならなかったものの、
ファイナリストは、応募総数約46万点の中で
厳しい審査を勝ち抜いてきた、
いわば「最終ノミネート」作品です。
広告界の最前線で活躍するトップクリエイターが認めた
秀作の数々をご紹介します。

アットホーム　キャッチフレーズ

建てたい家が建っていた。

成田 斐　大阪府

カスタムプロデュース　キャッチフレーズ

田中さんの26センチと
鈴木さんの26センチは違う。

浜中 将幸　和歌山県

カスタムプロデュース　キャッチフレーズ

ラーニングシューズ。

向井 正俊　大阪府

キヤノンマーケティングジャパン　キャッチフレーズ

なんでもない一瞬は
なんどもない一瞬だ

桐原 有輝　神奈川県

品川区　キャッチフレーズ

名古屋まで2駅
大阪まで3駅

桐原 有輝　神奈川県

セメダイン　キャッチフレーズ

液体ネジ。

菊永 淳朗　大阪府

セントラル警備保障　キャッチフレーズ

警察は、みんなのもの。
警備は、あなたのもの。

鎌谷 友大　東京都

セントラル警備保障　キャッチフレーズ

80年の人生は約30,000日。
万が一の出来ごとが
3回起こる計算です。

森岡 賢司　東京都

東京個別指導学院　キャッチフレーズ

佐藤さんは佐藤指導学院へ。
鈴木さんは鈴木指導学院へ。
高橋さんは高橋指導学院へ。
田中さんは田中指導学院へ。
渡辺さんは渡辺指導学院へ。

向井 正俊　大阪府

トレンドマイクロ　キャッチフレーズ

最近は
冷蔵庫から入ってくるドロボーも
いるらしい

堀 正峻　東京都

パナソニック　ラジオＣＭ

男性：オランダは、自転車大国。
国土に標高の高い山がなく、
高低差がない平らな道が続きます。
専用道路なども整備され
快適なサイクリングライフを送ることができます。

でも、つまんなそう。

NA：坂道や砂利道があるから、自転車は楽しい。
電動アシストマウンテンバイク　ＸＭ-1。
SL：Ｐａｎａｓｏｎｉｃ

柴田 賢一　茨城県

協賛企業賞 各課題 入選作品

協賛企業賞とは、
一次審査通過作品の中から
協賛企業46社がそれぞれ選出した、
各課題の優秀作品です。
提示された課題に対し、的確な答えを導き出したアイデア、
「そうきたか!」と協賛企業を唸らせた
秀逸なアイデアに贈られる賞です。

Audi Vorsprung durch Technik
Audiの
魅力を自由に
表現してください。
[課 題] Audiの魅力を自由に
[ジャンル] 自由(キャッチフレーズ、テレビCM、ラジオCM)

アウディ ジャパン

Audi の魅力を自由に表現

協賛企業賞

三上 智広（46歳）北海道

クルマといえば「〇〇〇〇」。答えは既に見えている。

▼協賛企業のコメント

アウディ ジャパン
マーケティング本部 本部長
ミクシエ シルケさん

このたびは、協賛企業賞の受賞おめでとうございます。また数ある企業の中でアウディの課題にご応募いただきありがとうございました。今回はアウディをより認知していただき、魅力的なものにということで、あえて広い課題を設定させていただきました。それに対し本当に多種多様なご提案をいただき、今後の参考になる点が数多くありました。その中でこの作品は、単にブランド名だけではなく、ロゴにも注目したことを評価しました。商品である車にはＡｕｄｉのロゴである４つのリング（フォーリングス）は表示されていますが、Ａｕｄｉという文字はありません。その意味でもロゴマークとブランド名を繋ぎ、さらにクイズ形式により消費者のマインドに残りやすい形で問いかけ、その上に車を代表するブランドであると示唆するという卓越したアイデアの、この作品を選ばせていただきました。すばらしい作品をありがとうございました。

三次審査通過作品

清水 亨祐　東京都

追われる車、アウディ。

土屋 憲佑　山梨県　テレビCM

荒野の一本道。
ヒッチハイクをする女性の前を車が何台も通過する。
女性が持つ紙には、四輪のマークが描かれていた。
そこに一台のＡｕｄｉが停まり、女性を乗せる。
男性「目的地は？」
女性「今着いたわ。」
NA「行きたい場所は、乗りたい車だ。」
女性が持っていた紙が、Ａｕｄｉのロゴにオーバーラップ。

永井 清子　東京都

大人になったら
こんな大人になりたいと
こんな車に乗りたいは
似ている。

ア
アウディ ジャパン

堀江 成禎 京都府 テレビCM

アウディのショールームの入口で夫婦が会話している。
夫：そろそろ、行こうか？
妻：ちょっと待って。
夫：何を待つんだよ？
妻：あっ、佐藤さんの奥さんだわ。今よ！
夫：え!?
NANA：ショールームから出る時は、人に見られたい。
＋S：Ａｕｄｉ

二次審査通過作品

柴田 良祐 東京都
車は表札よりも目立つから。

田村 太 大阪府
乗らない時間もオーナーを幸せにする。

長井 謙 東京都
彼女は、俺を見て、Ａｕｄｉを見て、また俺を見た。

中辻 裕己 東京都
父が乗るとカッコいい。母が乗ると美しい。

野村 剛 大阪府
It's so C○○○○L!

堀江 成禎 京都府
日本はメーカーと呼ぶ。
欧州はブランドと呼ぶ。

松田 尚樹 奈良県
クルマのない人生もいいが、
アウディのある人生はもっといい。

元氏 宏行　大阪府
車が楽しければ、若者は離れない。

矢野 健太郎　大阪府
手放したあとも、誇れる車

吉田 竜裕　東京都
車は手段のその先へ。

一次審査通過作品

浅野 俊輔　東京都
挑戦車。

浅野 俊輔　東京都
「移動」を、「感動」に。

阿部 裕一　埼玉県　テレビCM
外国人同士が電話をしている
「Ｅｒｉｋａ」が自分の名前のつづりを説明している。

E for Echo
R for Rain
I for India
K for Kilo
A for……何かあったかな

電話の相手：Ａｕｄｉ？
Erika：Yes Audi. A for Audi. Hahaha.

世界で愛用されています
Ａｕｄｉ

天沢 もとき　東京都
クルマが飽きられたんじゃない。
今までのクルマが飽きられたんだ。

天野 健一朗　京都府
道具としてじゃなく、生き方としての車。

荒木 緑　東京都
車でモテるつもりはない、けれど。

安藤 智哉　千葉県
年を重ね、振り返ったとき、
必ず思い出す一台でありたい。

池田 順平　海外
車は、人になりたいのかもしれない。

石川 朱音　東京都
才色兼車。

石川 寛之　京都府
技術は美しい。

石塚 恒己　愛知県
降りた途端、恋しくなる。

石塚 勢二　東京都
景色は場所では変わらない。

石原 佳典　愛知県
日本の道路が、狭く感じない。

石山 博之　千葉県
ドレスコードはございません。

市川 直美　神奈川県
止まっている、
走っている、
両方好きになれる車。
アウディ。

伊藤 史宏　愛知県
自信がある人は尖った車に乗っている。

伊藤 史宏　愛知県
大人になるたびに少数派に惹かれる。

ア　アウディ ジャパン

ア アウディ ジャパン

稲垣 弘行　埼玉県
好きなリング選んでいいよって言うから、
クルマにした。

岩崎 新　神奈川県
未来のやり方を、現代に提案する。

植田 誠　東京都
車なんていらないという若者に。

植村 明弘　東京都
信号待ちすら、楽しくなる。

鵜飼 真史　愛知県
ライバルはいない。相棒だけがいる。

浦上 芳史　愛知県
目的地に着くと、少し残念だ。

岡林 祐太朗　東京都
辿り着いたのは、ここだった

岡本 晃汰　大阪府
∞な発想と∞な技術力

荻田 智都　愛知県
『車はもっとSFでいい』

小田 道夫　石川県
アウディよ、パパが来たわ。

柏木 克仁　神奈川県
愛車をどれほど
愛していますか。

柏木 克仁　神奈川県
のめり込む乗り物を、待っていました。

加田木 陽介　東京都
謙虚な高級車、Ａｕｄｉ

加藤 晃浩　東京都
移動に感動を。

加藤 三明　石川県
ドアを開ける幸せ。
ドアを閉める満足。

金久保 岳史　東京都
小僧から卒業しよう。

金山 大輝　東京都
開発したのは、助手席を気にする余裕です。

狩野 慶太　東京都
いい席とれた。

狩野 慶太　東京都
ル・マンを首席で卒業しました。

蒲池 友理　東京都
大人の青春、作りたい。

唐川 洋二　兵庫県
ドライブ休暇をいただきます。

菅野 光輝　埼玉県
ベンツやＢＭＷよりも年上。

菊池 護　兵庫県
パークハイアットに、
徒歩ではいけない

北川 秀彦　大阪府
停車というより展示です。

北崎 太介　千葉県
本当にやっちゃってるのはＡｕｄｉ

木村 志穂　東京都
なんだ、アウディか。どうりで。

金原 秀典　愛知県
人格車。

郡司 嘉洋　東京都
新築マンションの完成予想図に
描かれている車は、ほぼアウディ。

河野 稔　東京都
走りを、曲げない。

國井 裕弥　大阪府
時代の先駆車。

小佐井 和秀　大阪府
最短距離じゃもったいない。

小柴 桃子　東京都
初めての高速は、アウディの後ろを走れよ。

駒 将平　東京都
愛（ＡＩ）に包まれたクルマ。

小宮路 茂晃　宮崎県
アウディは、18歳から。

近藤 久雅　愛知県
僕の祖母は
真っ赤なアウディに乗っていた。

崎山 すなお　東京都　テレビCM
A：良い部屋ですね～
不動産：駅も近くて、大変人気の物件となっております。
A：ここからだと駅までどのくらいなんですか？
不動産：Audiに乗って5分くらいですね。
A：Audiに乗って…ですか？
不動産：はい。Audiに乗って5分ですね。
A：近くにスーパーってありますか？
不動産：Audiに乗れば、7分の所にございますよ。
A心の声：（なんでAudiに乗るんだ？）
NA：なぜAudiに乗るのか？
それは、1度体験したら忘れられなくなる乗り心地だから。
今度の週末はぜひ、Audiにご試乗ください。

佐々木 貴智　東京都
街を走ることが、アウディの広告である。

佐藤 直己　東京都
いつか乗りたい車は、今すぐ乗りたい車。

佐野 勝大　東京都
ベタじゃない外車。

柴田 賢一　茨城県
Audiに乗るあなたも、
Audiなのです。

清水 大　千葉県　テレビCM
ごく普通の一軒家を指さし
子：「お母さん、この家（おうち）かっこいいね」
母：「ん～…？」（不思議そうに）
駐車場にAUDI
母：「ホントかっこいいね、この家」（笑顔）
NA：車は家を素敵にする

清水 大　千葉県　テレビCM
AUDIの車中
子供：「パパ。あとどれくらい？」
パパ：「あと、30分かな」
時間が経過
子供：「パパ、あとどれくらい？」
パパ：「あと5分かな」
子供：「えー、やだやだ」
パパ：「もう少しだから我慢してね」
子供：「ずっと、ここがいいー」
パパ：「えっ」
NA：子供が選ぶのはブランドではなく、本質です。

清水 雄平　東京都
時代を置いていく。

庄司 俊介　愛知県
Audiに求めるのはプライスじゃない、
プライドだ。

白川 順一　東京都
だいじに乗って早く譲ってと、娘に言われた。

城川 雄大　富山県
つまらない帰り道は、残業と同じです。

城川 雄大　富山県
美女の野獣。

新開 章一　静岡県
中古車が少ない、という事実。

新里 浩司　沖縄県
○、○、○、○。

鈴木 遼平　埼玉県
手榴弾に耐えられるモデルも
売っている。

関谷 知加　愛知県
ドライブに行った。
一度も降りなかった。

髙井 寛　愛知県
いつか、常識になるように。

高澤 邦仁　東京都
他車ユーザーにもファンが多い。

ア

アウディ ジャパン

高橋 徹　宮城県
アウディに乗っている時、自分の好きな自分になる。

瀧 智之　神奈川県
都会が好き。鏡が多いから。

竹節 忠広　長野県
親にも息子にも勧めたい。

田中 直樹　埼玉県
いい車だと思ったら、うちの車でした。

田辺 拳斗　千葉県
ドイツの車窓からみる日本。

寺門 眞一　兵庫県
世界はまだ、この道の行方を知らない。

寺門 眞一　兵庫県
やさしさはまだ、人間だけに向いていた。

寺門 眞一　兵庫県
道の上で、未来は何を待つのだろう。

寺門 眞一　兵庫県
人は一人では動かない。

寺門 眞一　兵庫県
走りは道に雄弁でした。

寺門 眞一　兵庫県
地図にない明日と走る。

寺門 眞一　兵庫県
前を行くのは、人か未来か。

寺坂 純一　北海道
「車の中」は、プロポーズの人気スポットのひとつです。

德山 舞奈　兵庫県
攻撃的で、紳士的。

戸田 収　東京都
この走り、革新犯

戸田 収　東京都
ドキドキする安全、ください。

冨田 圭太郎　東京都　ラジオCM
男A：国産が安心だから。
男B：モノより思い出だよ。
女C：車は、ただの移動手段でしょ。
男D：維持費だって大変だし。
女E：服にお金使ったほうがずっといい。
男F：外車なんて、気取ってる。
NA：アウディを忘れるのは、難しい。

長井 謙　東京都　ラジオCM
SE：車の音
SE「ポン」
カーナビ「まもなく、右方向です」
SE「ポン」
カーナビ「ルートを、外れました」
SE「ポン」
カーナビ「まもなく、左方向です」
SE「ポン」
カーナビ「ルートを外れました」
NA「遠回りしたくなるほど、居心地がいい車。Ａｕｄｉ」

長井 謙　東京都
あれ、さっきまでタメ口だったよね？

長井 謙　東京都　テレビCM
□俳優が、Ａｕｄｉから降りてくる
女「あのー、すいません。ファンなんですけど」
俳優「お、そうなんだ」
女「写真撮ってもいいですか？」
俳優「あぁ、かまわないよ」
女「ありがとうございます！」
□カメラを俳優に持たせ、Ａｕｄｉの前に立つ女
女「それじゃあ、お願いします！」
男「え？」
NA「主役になる車。Ａｕｄｉ」

中野 大介　神奈川県
常識という道は、走らない。

奈良 純嗣　秋田県
部長、赤がいいと思います。

西口 滉　東京都
驚きのある安心を。

西原 湧介　大阪府　テレビCM
【ゾンビ】篇
ゾンビによって、荒廃した世界。
ゾンビに追いかけられている男女。

男「クソッ、このままじゃ囲まれてしまう！」
女「あの車に乗りましょう！」
（Ａｕｄｉに乗り込む男女）
（Ａｕｄｉに大量のゾンビ達が張り付くカット）
男「山道で振り払ってやる！」
（フルスピードで山道を駆け抜けるが、持ち前の悪路走破性、走行安定性により車にしがみつくゾンビが全く離れず振り払えない）
NA「Ａｕｄｉ独創のテクノロジーquattro®は抜群の悪路走破性や走行安定性を誇ります。」
女「オーマイガー。」

西山 純平　京都府
ドイツ代表、来車。

西脇 亨　大阪府
旅先より旅路を調べていた。

野戸 覚　愛知県
帰りに運転すれば、
少し疲れがとれるだろう。

橋本 寿弥　愛知県
娘が最近、
迎えに来てという。

秦 光士郎　福岡県
なるほど、交通ルールは車を美しく走らせるためのものだったのか。

秦 光士郎　福岡県
マナーの悪い運転が世界一似合わない車。

畑 創　東京都
五感満足。

早坂 渡　東京都
あなたは、車に愛されたことがあるか。

日高 修一　東京都
ＳＵＶ２９９万円から。

日比野 はるか　神奈川県
犯人に目隠しをされて、車で連れて行かれました。車種はアウディでした。
五感すべてに心地よい空間を。アウディ

平井 健一郎　東京都
バックミラーに今が見える

藤井 晴日　東京都
無くても生きていける。
でも、あったら嬉しいものってありますよね。

藤里 宇征　東京都　ラジオCM
Ａｕｄｉで旅行に行くとこうなる篇
男：「はー。やっと家についた。」
効果音：ドサッ
女：「やっぱ家は落ちつ・・・かない。」
男：「うん。座り心地がなんか悪いね。」
NA：Ａｕｄｉ。家よりも居心地のいいクルマ。

藤田 篤史　東京都
ちょっとアウディと二人になってくる。

藤田 篤史　東京都
そのクルマは、何を約束してくれますか。

藤田 哲生　大阪府
Q&Aｕｄｉ

堀田 陽祐　愛知県
なぜか、京都が似合う。

堀宗 一朗　大阪府
〇4つ！
Ａｕｄｉです

堀宗 一朗　大阪府
Ａｕｄｉは四輪の代表選手です

堀江 成禎　京都府
私のクルマはル・マン24時間耐久レースで鍛えられた。

堀江 成禎　京都府　テレビCM
アウディのスポーツカーが高級レストランの入口に停まる。
ドアマンが運転席のドアを開けると、中から男が出てくる。
男の姿はTシャツにサンダルで、店の雰囲気に合わない。
入店を断られるかと思いきやドアマンは丁重に迎える。
NA：ドレスコードになるクルマ。
NA+S：Ａｕｄｉ

ア

アウディ ジャパン

松野 真也　千葉県
駐車場ですか？展示場ですか？

松村 弘樹　埼玉県
人に似る車を創る。

松村 弘樹　埼玉県
アウディに偶然はない。

松村 弘樹　埼玉県
アウディは人をつくる

松本 圭太　大阪府
未来の近くを走るクルマ。

三上 智広　北海道
あえて青空駐車場。

三上 智広　北海道
安くはない。しかし高くもない。

三上 智広　北海道
移動時間を意味ある時間に。

三島 将裕　東京都
一人きりになりたいときも。
二人きりになりたいときも。

三島 将裕　東京都
最短ルートを選ばなくなった。

見田 英樹　愛知県
ヤバイ、今、キスされたら堕ちる。

見田 英樹　愛知県
エンジンよりも、心臓のほうがやかましい。

見田 英樹　愛知県
おいおい、パパは慈善タクシーじゃないんだぜ？

三武 信夫　東京都
スーツとジーンズの似合う人へ。

南 忠志　東京都
パスポートのいらない外国がある。

箕浦 弘樹　岐阜県
アイアンマンも乗っている。

箕浦 弘樹　岐阜県
間近で見れた。赤信号に感謝した。

宮坂 和里　神奈川県
でもね、彼、アウディだったの。

宮崎 英明　大阪府
乗るのは簡単だが、降りるのは難しい。

森 裕貴　東京都
安心な、冒険がしたい。

森山 靖　東京都
私たちは、迷走しない。

森脇 誠　京都府
私の趣味は、アウディです。

安本 実織　兵庫県
男は、いつになったら大人になるのだろう。

八ツ橋 哲也　神奈川県
人生って、歩むだけじゃない。

柳谷 和憲　東京都
出演作、アイアンマン、アベンジャーズ、スパイダーマン、トランスポーター、ミッション：インポッシブル。

矢野 雄一郎　福岡県
未来を過去にする車。

山下 祐輝　大阪府
自分史に花を。

山下 祐輝　大阪府
止まっている時は絵画のよう。走っている時は映画のよう。

山中 彰　愛知県
速い。しかし、急がない。

山中 彰　愛知県
オフロードを走る力で、ストリートを走っている。

由里 進一　兵庫県
走ることとは、威張ることじゃない。

与座 郁哉　愛知県
駐車場で見るたび、違うクルマに見えてくる。

与座 郁哉　愛知県
夫が貢いでいた。

吉川 長命　京都府
娘の運転を、支えてくれる高級車。

吉田 誠 大阪府
革新の伝統。

輿嶋 一剛 岐阜県
ヤバい、パパがダサくない。

吉村 圭悟 東京都
家に帰りたいのは、家から出かけたいからだ。

若林 淳一 福岡県
このキーは、自由へのキーだ。

渡邉 拓也 東京都 テレビCM
海外の都市の街角。
車も人の気配もない。

そこに、
空から車が落ちてくる。
(車はCG)
衝撃音と共に落ちてきた車は
古い型のアウディ。

その後、その上から
次々と車が落ちてくる。
下の車は潰れて、
上に車が積み上がっていく。
どんどんと年代の新しいアウディが
落ちてくる。

やがて画面に入りきれないほど、
車のタワーが積み上がる。
それでも、衝撃音は鳴りやまない。

NA&テロップ
進化を求める車、アウディ。

ア アウディ ジャパン

おいしさだけじゃない。

健康や環境にも挑戦する
アサヒグループの研究開発。

ぜひ魅力的に表現してください。お願いします！

私たちは、アサヒグループの研究開発チームです。おいしいビールや飲料、食品の開発だけでなく、健康や環境のために、微生物の研究、容器や包装の開発、品質や安全にかかわる分析などに、日々取り組んでいます。研究成果を学会で発表し、高い評価をいただくこともあります。すべては、よりよい未来の実現のために、全員で頑張っています。でも、残念ながらまだまだ知られていないのも事実。**私たちのWebサイトにやっていること、目指していることが詰まっています。**アイデアのヒントとして見てくださいね。あなたの魅力的なアイデア、お待ちしています。

[課題] アサヒグループの研究開発力を表現するアイデア

[ジャンル] キャッチフレーズ、ラジオCM

[参考資料]

アサヒグループホールディングス　研究開発

Asahi アサヒグループホールディングス株式会社

アサヒグループホールディングス

アサヒグループの研究開発力を表現するアイデア

ア

アサヒグループホールディングス

協賛企業賞

小林 美和（36歳）東京都

世界は、アサヒで目覚める。

▼協賛企業のコメント

アサヒグループホールディングス
グループＰＲ＆Ｄ総務部
技術情報室 室長
結城敏文さん

このたびは、協賛企業賞の受賞おめでとうございます。このキャッチフレーズを見た瞬間、はるか海のかなたから朝日が昇り、世界中のあらゆる場所にまばゆい光が届いていく光景が脳裏に浮かびました。私たちアサヒグループは、日本の「辛口ビール」の潮流を生み出した「アサヒ スーパードライ」のほか、〝おいしくて体によい飲み物〟として開発された日本初の乳酸菌飲料「カルピス」、赤ちゃんの栄養不足の解消を目指して開発された日本初の育児用ミルクなど、それまでにない革新的な発想と技術開発によって、時代に先駆けた新たな価値を提供し続けてまいりました。本作品は、「私たち研究者は、世界を変えるチカラを生み出すことができる」ということに改めて気づかせてくれました。最後に、当社の課題にご応募くださったすべての皆さまにお礼を申し上げます。これからも、世界に新たな光を届けるアサヒの研究開発にご期待ください。

三次審査通過作品

田中 未来里 東京都 ラジオCM

NASE：ゴクッ、ゴクッ、ゴクッ……。…。…。

NASE：研究中は、『プハーッ』自粛中です。アサヒグループ。

二次審査通過作品

伊藤 均 東京都

「スーパードライ2」は作りません。

岩本 梨沙 大分県

本当は、商品に研究者の名前を載せたい。

梅澤 諒 東京都

10年かけて100年をつくる仕事。

佐々木 一之 愛知県

ファーストキスの味だって、いつか再現できるだろう。

鈴木 ケン 神奈川県

人工知能は〝喉越し〟が理解できず苦しむだろう。

塚田 智幸 埼玉県

アサヒは、ドライじゃない。

林 次郎 東京都

商品の裏面にも載らないことが、いちばん大切だったりする。

見田 英樹 愛知県

「まろやかでおいしい」を、論文レベルで解説できる。

山本 聖一 大阪府

菌、銀、銅

ア アサヒグループホールディングス

ア

アサヒグループホールディングス

一次審査通過作品

青山 紀恵　東京都
地球も人もハッピーアワーにしたいから。

天沢 もとき　東京都
よく知ってるものでも、
才能が隠れていたりする。

有瀧 麻里子　東京都
中に差（サ）があるアサヒの科学

石井 雅規　千葉県　ラジオCM
「ゴクゴクゴク」※ビールを飲む音
「これが10年前の、のど越し音です。」
「ゴクゴクゴク」
「これが現在の、のど越し音です。」

「より美味しくする研究や、美味しさを変えない研究を続けています。」
アサヒグループホールディングス

石井 倫太郎　神奈川県
アサヒスーパーtry。

岩田 皆子　東京都
好きな食べ物を聞かれて、成分名で答える人がここにいます。

植村 明弘　東京都
日本は、食を含めて安全な国でした。

植村 明弘　東京都
ビールの値段が安く思えてきた。

大谷 拓也　東京都
「うまい！」を突き詰めたら
健康と環境にたどり着きました。

奥村 伸也　東京都
好きな味が一つ増えると、人生は一歩広がる。

奥村 伸也　東京都
日本人から、好き嫌いをなくそう。

織田 朋奈　東京都
「すごい！」を「ふつう。」に替える

鍛治 勝　東京都　ラジオCM
「大きな仕事」篇
女　ピラミッドの建設に、お給料として、
　　ファラオは「ビール」を提供した。
男　ビールがなければ、だれも働かなかったんだな。
女　おいしいビールが、あんな大きな仕事をやってのけるのね！
NA　たゆまぬ研究開発で未来の扉をひらく。

梶野 迅　東京都
美味しさは、半分元気で出来ている。

鎌谷 友大　東京都
いい失敗が、
いい乾杯を生む。

上窪 隆太郎　東京都
10㎛で、世界を変える。

川村 章平　埼玉県
安全もご堪能いただく。

菊池 将哉　千葉県
アイディアは最大の調味料だ。

北﨑 太介　千葉県
酒を作っといて、健康を支えるなんて、
まるで嘘みたいな話だ。

北﨑 太介　千葉県
体に悪い食べ物を開発したのも人間です。

栗原 優太　愛知県
フラスコに合うものから、
シュラスコに合うものまで。

小林 巧　埼玉県
親戚と親しくなるのは、
いつも夏な気がする。

ア

アサヒグループホールディングス

齋田 敏宣　大阪府
人生の中で、
1秒でも多く、
良い体調を。

佐々木 貴智　東京都
日本人の繊細な舌が、私たちを進化させた。

沢 俊吾　千葉県
死ぬほどおいしいより、
死ぬまでおいしい思いをしたい。

嶋田 義治　熊本県
この国は味にうるさい。

清水 可奈子　京都府
平均寿命が延びた。
さぁ、ここからが勝負だ。

清水 秀幸　東京都
原材料には見えない努力も入っています。

徐 劼劼　埼玉県
分子が、美味しい!

高橋 誠一　広島県
90歳の祖父が、今の楽しみは
食べることだけだと言っていた。

高橋 誠一　広島県
人は最後の日でも何を食べるかを考える。

竹田 豊　神奈川県
日々の研究が、
そのまま親孝行になっています。

竹ノ内 希衣　神奈川県
研究結果の発表は、あなたの胃の中。

田中 俊行　埼玉県
あなたのおうちの
冷蔵庫がわたしたちの学会。

田原 あすか　京都府
大事なものは表に現れないことが多い。

千葉 龍裕　東京都
食欲よ、大志を抱け。

千葉 龍裕　東京都
水でも母乳でもない飲みものを
人類がはじめて口にしたとき、
どれほどの感動があったのだろう。

堤 博文　東京都
私たちは目標が高すぎるクセがある

手代森 修　東京都
水の泡になった研究がある、
ビールの泡になる事もある。

長岡 勇人　宮城県
「美味しいけど」の「けど」をなくしたい。

中田 国広　埼玉県
生命保険の営業マンが早々に諦めた。
健康を持続する力を科学する。
アサヒグループホールディングス

中田 国広　埼玉県
私の家族は夜、羊を数えたことがない。
安眠と癒しを研究開発する力
アサヒグループホールディングス

中村匡　大阪府
アサヒには、神の舌を持つ社員がいます。

西口 裕　東京都
良薬は口に苦し、
という言葉が伝説となる日を目指して

野村 一世　大阪府
ビールを楽しめる体でいてほしいから。

浜田 英之　東京都
おいしさは、医療になれる。

早坂 あゆみ　東京都
腸内のお花畑から野菜畑まで。

林 次郎　東京都
昇るまえのアサヒをつくっています。

林 次郎　東京都
研究というより、健究に近い。

深田 雅人　東京都
この味には科学者のロマンが詰まっている

程塚 智隆　神奈川県
いつかは、
失恋に効く飲み物だって作れると思う。

ア

アサヒグループホールディングス

松村 弘樹　埼玉県
幸せの自由研究

松村 遼平　京都府
まさかの牛も感謝。

松本 圭太　大阪府
ビール片手に研究中。

松本 透　東京都
全ての問題を
うまさで解決してみせる。

松本 透　東京都
よだれを出さないことが、
この仕事の難しいところです。

丸山 律子　東京都
ビール腹って言葉をなくしたい。

三上 智広　北海道
また天国を少し遠ざけてしまいました。

三上 智広　北海道
高齢化を進めているのは、
私たちかもしれない。

三上 智広　北海道
やった！わからないことが見つかった！

溝口 昌治　神奈川県
人が不健康なうちは、
地球も健康にはなれないと思う。

溝口 昌治　神奈川県
地球にやさしくするって、
自分にやさしくすることなんだな。

溝口 昌治　神奈川県
舌はだませても、カラダはだませない。

見田 英樹　愛知県
今ではスマホに次ぐ
携帯アイテムをつくってる。
とも言えます。

見田 英樹　愛知県
世の中、冷めにくい缶コーヒーひとつで
解決する悩みも多い。

見田 英樹　愛知県
子どもに何も気にせず与えられるものは、
世の中、まだまだ少ない。

見田 英樹　愛知県
ドラッグストアからクスリが消える。
それも未来のひとつかも。

見田 英樹　愛知県
知らず知らずに食育されてる。
そんな時代をつくっています。

見田 英樹　愛知県
生きるとは、食物連鎖である。

見田 英樹　愛知県
世界一、嘘のつけない仕事。

見田 英樹　愛知県
パッケージに文字が多いのも、
私たちのせいかもしれません。

見田 英樹　愛知県
いつの間にか、薬局みたいに効能で
食品を選んでいることに気がついた。

見田 英樹　愛知県
ヒトはいつから、
口にするものを
何も疑わなくなったんだろう。

見田 英樹　愛知県
日本の平均寿命が延び続ける。
巡り巡って私たちの仕事です。

見田 英樹　愛知県
さりげない優しさを、
鬼のように気づかせない。

宮﨑 薫　兵庫県
時代は、おいしいを数値化した。

森脇 誠　京都府
誰かが世界を変えてくれるのを、
待つのは嫌だ。

柳田 佑二　福岡県
研究成果が学会で評価されていることは
あまり知られていない。

山口 泰尚　京都府
あなたが「安全かどうか」なんて
考えなくてもいいように。

山崎 舞　北海道
人間の一口にも、
地球の一生にも。

山本 加奈子　大阪府
その欲張りは、すべてのお客様のために。

横山 成香　千葉県
研究開発にも味が出る。

ア

アサヒグループホールディングス

「中古物件」の魅力を素敵に伝えてください。

今、日本では既存住宅やリフォーム市場の活性化を目指した取り組みが行われています。

「既存住宅」は、いわゆる「中古物件」のこと。

中古物件は、実は魅力がたっぷり。

マイホームとして「中古物件を買おう！」と思えるような、
素敵なキャッチフレーズを募集します。

Q. 中古物件を買おうと思った一番の理由は？（対象：386名、有効回答：386名）

1 立地が良かった
2 新築よりも安かった
3 リフォームすれば良いと思った
4位 すぐに入居できる
5位 築年数が浅かった / 築年数を全く気にしなかった
7位 ご近所の雰囲気があらかじめ分かる
8位 古くても耐久性に優れていそう
その他

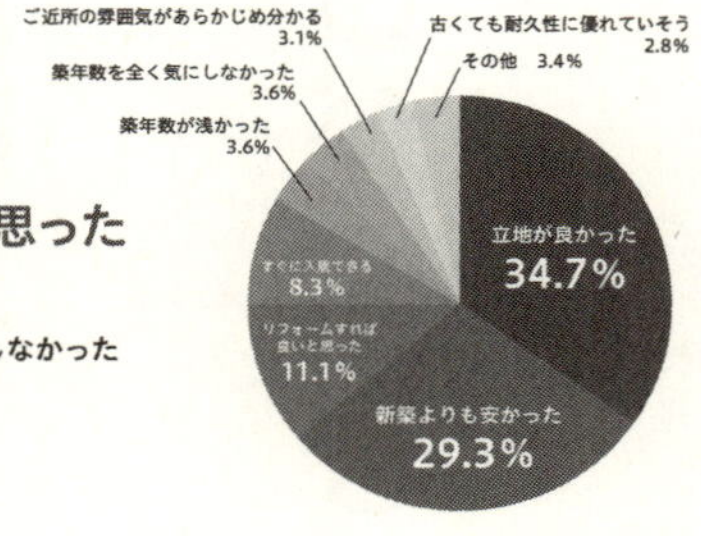

アットホーム調べ（2015年7月）

課題	中古物件の魅力を伝えるキャッチフレーズ
ジャンル	キャッチフレーズ
参考資料	コーポレートサイト http://athome-inc.jp/ 消費者向けサイト http://athome.co.jp/

at home

アットホーム

中古物件の魅力を伝えるキャッチフレーズ

協賛企業賞

小嶋 千晶（25歳）北海道

誰かが住みたいと思った家に、今度はわたしが住む。

▼協賛企業のコメント

アットホーム
マーケティング
コミュニケーション部 部長
尾身正道さん

小嶋千晶さま、このたびは協賛企業賞の受賞おめでとうございます。今回の課題「中古物件の魅力を伝えるキャッチフレーズ」は、新築志向の強い日本で「中古のマイホームを買おう」と思ってもらえるようにとお出ししました。中古物件には、立地や価格といった実質的なメリットもありますが、本作品は、かつて住んでいた人が〝この家いいな・住みたいな〟と感じた、物件本来の魅力を素敵に表現してくださいました。「中古」「新築」に関わらず、物件に対して〝いいな〟と思う感情は、当社が伝えようとしている「住まいを探すワクワク」に通じる部分があります。今年で5回目の協賛となりますが、今回もたくさんの応募をいただき、まさにワクワクしながら選考いたしました。受賞者をはじめ、ご応募いただいた皆さまに心より御礼を申し上げますとともに、今後ますますのご活躍をお祈り申し上げます。

三次審査通過作品

津留 鑑介 東京都

そうか、同じ値段なら中古の方がイイ家なんだ。

平野 あゆみ 神奈川県

これを建てられる職人が、今の日本に何人いるだろう。

二次審査通過作品

浅野 俊輔 東京都

ローンとは、短いつきあいになりそうだ。

石川 欽一 東京都

安物じゃない、安くなった物だ。

岩田 萌 東京都

中古の家を買いました。新しい車が買えました。

奥村 明彦 東京都

「築」より「地区」にこだわりたい。

柏木 克仁 神奈川県

高級がつく、中古もある。

小島 功至 熊本県

人生では、家の築年数よりも住所を聞かれることが多い。

鈴木 遼平　埼玉県

新築か中古か、ではなく住みたいか住みたくないかです。

關 彰一　東京都

値段で手をうち、暮らしかたに膝をうった。

塚田 美和　神奈川県　テレビCM

外で引越業社と話す父。
母と幼い息子がガランとした家の中で一生懸命、拭き掃除をしている。
ふと、手を止めて母が拭くのを見る息子。
念入りに柱を拭く母。
背を測った日を思い出す息子。
柱にマジックで書いたメモリが消えて悲しげな息子。
手を止めずに母。
「次の人が気持ちよく書けるようにね」
怪訝そうな息子。
「あんたの成長はお母さんのここに刻んであるから」
と、自分の頭を指差す母。
頷いて一緒に拭く息子。
ふたりの姿を窓越しに見て微笑む父。
全体像。
次の人の事も考えるａｔ ｈｏｍｅ

鶴田 佳史　東京都

「中古物件」などといわないで下さい。「お宝物件」といって下さい。

中島 優子　東京都

新しいVS安い 近い 広い

成田 斐　大阪府

お隣さんごと、気に入った。

野田 陽介　熊本県

二十代で社長の家に住んでます。

巘立 大樹　東京都

建てるより、選ぶほうが、確実。

長谷川 佳史　東京都

いま、新しいのは中古です。

林 秀和　東京都

新築と立地、5年後に大事なのはどっちでしょう。

樋川 こころ　東京都

住むぞ都。

飛田 哲志　愛知県

住むぞ都。

藤本 大樹　東京都
もうそろそろ「ヴィンテージ」と言ってくんない？

古家 信義　千葉県
ホーム・ライフ・バランス

弥生 二郎　東京都
やった。リノベーションできる。

一次審査通過作品

秋川 佑介　東京都
「新築なのに、不幸そう・・・。」

安部 伸吾　福岡県
この家の人って、いっぱい考えて建てたんだろうね。

阿部 亮介　東京都
マンションを買うなら、築6年目が狙い目なんです。

新井 美和子　埼玉県
自慢の住所を手に入れた。

荒木 拓也　東京都
「パパ、嫌い」と「パパ、ごめん」の間にあるのは、ひとりの時間だ。

荒木 拓也　東京都
初恋は、ひとりの時間から生まれる。

荒木 拓也　東京都
「パパと寝たい」は「パパと寝たくない」に変わるのだから。

飯田 瑛美　東京都
建てる、を飛ばして選べる。

池本 高徳　東京都
新築と新婚は、一瞬だけ。

石井 裕治　埼玉県
住んでみてから分かることを、住む前にお伝えします。

石井 裕治　埼玉県
誰かがローンを数年分払ってくれてた。

石垣 光　東京都
掘り出しものは建っていた。

石倉 大介　東京都
童貞は面倒くさい。

石原 佳典　愛知県
首相官邸だって、中古住宅だ。

石山 博之　千葉県
どこのだれかは存じ上げませんが、中古物件にしてくれてありがとう。

石山 博之　千葉県
新築なのに、はマイナス。中古なのに、はプラス。

石山 博之　千葉県
わたしじゃ、ここまで、こだわれなかった。

一法師 智恵子　東京都
中古を売っているのではありません。新居を売っています。

糸井 弘美　千葉県
前の人が、長く住んでいた。きっといい所だと思う。

ア

アットホーム

伊藤均　東京都
古いのは、私の考え方でした。

伊藤大樹　東京都
落書きから、アーティストになった人もいる。

伊藤大樹　東京都
あなたの2年と、奥様の2年は、違います。

稲垣弘行　埼玉県
家の本当の価値は中古に出る。

井村旭宏　岐阜県
0歳は何かと手がかかる。

井村旭宏　岐阜県
最高のDIY素材。

岩佐祥子　神奈川県
妥協したくないから、中古に決めた。

植村明弘　東京都
こだわりを捨てれば、こだわれる。

鵜飼真史　愛知県
新築だと、ああすれば良かったね。
中古物件だと、こうすれば良くなるね。

臼井千夏　東京都
新築と同じ値段で、もう1部屋増やせる。

大川裕矢　神奈川県
ここ出るんですよ……
優しい近所のお裾分けが。

大野忠昭　埼玉県
この住所が、この値段で？

岡田量太郎　神奈川県
壁に落書きしたの！上手だね〜

岡部陽一郎　千葉県
誰かが、私の家を建てててくれていた。

岡部陽一郎　千葉県
長男ブタは、藁の家を
次男ブタは、木の家を
三男ブタは、レンガの家を作りました。
でも賢い四男ブタは、免震鉄筋の中古住宅
を購入しました。

奥田晴之　宮城県
中古という呼び方で損をしていると思う。

奥田晴之　宮城県
このままだと、
頭金を貯める前に死んでしまう。

押方容　東京都
稼いでるあの人より、家が広かった。

織田翼沙　神奈川県
妬まれにくい住宅。

織田翼沙　神奈川県
「新築」というフィルターをかけていたら、
出会えなかった物件があります。

小野美咲　北海道
港区にお住まいのAさん、とは言う。
港区の中古物件にお住まいのAさん、
とは言わない。

小畠翔　大阪府
新築も中古も、子どもにとっては新しい家。

小室塁　東京都
PDCAサイクルを活かした家。

貝渕充良　大阪府
人気が良いマンションより、
評判が良いマンションを買いたい。

貝渕充良　大阪府
息子が独立しても、
息子の部屋にローンを払っていた。

貝渕充良　大阪府
完成品から選べる。

片塩宏朗　東京都
短所が見えるのが
いちばんの長所かもしれない。

片塩宏朗　東京都
1生の買い物って言うほど
夫の1生は残っていない。

堅田恵里　東京都
「やっぱこの辺に住みたいなぁ」を
叶える方法。

加藤 晃浩　東京都
年収で100万円差をつけるより、買い方で100万円差をつける方が楽だったりする。

川崎 紗奈　東京都
誰かが大金をはたいてでも住みたいと思った、家です。

神田 大成　東京都
新鮮さは消え、「高額なローン」と「不便な立地」が残りました。

喜多 英明　東京都
そのお金で、子が育つ。

喜多 英明　東京都
人生で一番高い買い物、ではない。

喜多 英明　東京都
新築なんて、古い。

北川 秀彦　大阪府
新築よりニヤつき一戸建て。

北﨑 太介　千葉県
CGだけじゃ、住んでる姿を想像できない。

木村 あけ美　東京都
野菜などは1円でも安く買うのに、家はいいの？

木村 幸代　埼玉県
なるほど、こういう家が欲しかった。

木村 吉貴　神奈川県
良い家じゃないと、中古物件にはなりません。

清宮 里美　神奈川県
「39歳とはずいぶんお美しいですね。3歳くらいかと思いましたよ。」

串田 菜々美　大阪府
古いからダメっていう考えが古い

功刀 龍　山梨県
社長の家にも住める。

栗原 孝　新潟県
家選びも、面食いですか？

栗原 孝　新潟県
2日目のカレーはおいしい、そんな感じ。

慶本 俊輔　東京都
こだわって作るより、こだわって探した方が、断然安い。

國井 裕弥　大阪府
新築は自己満足。中古は生活満足。

後藤 裕彦　東京都
古いのは、新築のほうがいい、という考え方だった。

後藤 裕彦　東京都
新築の住み心地は、不動産屋も知らない。

小宮 央　東京都
駅から遠い新築は、駅から遠い中古になる。

小宮 央　東京都
中古でも、新居です。

小宮 央　東京都
昔の新築のほうが、駅から近い。

今野 靖大　東京都
中古でも港区に住めば港区おじさん

齋木 悠　東京都
売り払ってくれた人に感謝。

財前 翔太郎　千葉県
出てった人に、ありがとう。

坂入 貴行　愛知県
駅からスキップ5分の家。

坂入 貴行　愛知県
憧れのガレージハウス。新築でこの値段は絶対無理。

佐々木 一之　愛知県
ヘーベルハウスもタマホームも一条工務店もデザインハウスも、取り揃えています。

佐藤 遥　東京都
ワケありです。いい方の。

塩井 知憲　愛知県
日当たりも風通しも、最高だった。モデルルームでは。

七戸 健太郎　神奈川県
住めば中古

ア アットホーム

柴田良祐　東京都
ローンが人を老けさせている。

島村浩太　東京都
住みたい街に住める家。

清水脩平　東京都
新築か中古とかより、こだわることが、あるんじゃない？

清水脩平　東京都
ビンテージ家具、レアな古着、中古物件が新築より安いのも今のうちかもしれません。

神宮龍斗　東京都
「住みたかった街」の、住人になろう。

神宮龍斗　東京都
盲点は、前に住んでいた人がカバーしてくれていた。

新宅諭　静岡県
誰かのこだわりが、私の生活を豊かにする。

新免弘樹　東京都
新築の広告なんて、いいことしか言わないから。

杉原秀明　神奈川県
家の場合、〝中古〟は、新築ではないというだけの意味である。

鈴木敦子　千葉県
築年数は、頼もしさだ。

鈴木敦子　千葉県
どこに住んでるの？とは聞かれるけれど、どんな家に住んでるの？とは聞かれない。

鈴木謙太　愛知県
住んでからわかる長所の方が多かった。

鈴木寿明　神奈川県
本当にあった怖い新築。

関口尚将　兵庫県
隣の芝に住もう。

仙石梓　長野県
あなたの家
誰かが建ててくれました

祖父江衣純　愛知県
一戸建ての予定が、庭付き一戸建てに。

高野将生　福岡県
「パパ、よくこんな大きなおうち買えたね。」

高橋和希　東京都
生活のヒントが、作り置き。

高橋舞　東京都
家の年齢は、周りからはわかりにくい。

高橋舞　東京都
特徴：人慣れしてます。

高橋真生　埼玉県
中古物件を選ぶという事は
近所の方々も選べるという事

竹田豊　神奈川県
場所は、リフォームできない。

田中博都　埼玉県
欲しい人がいた物件。それが、中古物件です。

田中博都　埼玉県
誰も買ってないモノ買うのって、なんか怖い。それって、家も同じじゃない？

田中洋路　東京都
建築後から今までの情報も、資産価値だと思う。

田中洋路　東京都
新築、駅近、日当り、コンビニ…
再開発がない限り、そんな物件でてこない。

田辺拳斗　千葉県
「写真はイメージです」に住まない。

田原あすか　京都府
高値の街に手がとどく。

土田充康　東京都
中古物件探しって、宝探しみたい。

堤博文　東京都
あきらめてた街が住所になった

堤博文　東京都
新築ならここには住めなかった

寺井彩夏　神奈川県
誰かが一度、惚れた家。

冨田 佳菜子　東京都
家に中古なんて書いてない。

富田 正和　東京都
見栄に、数千万円。

中島 優子　東京都
見栄より、未来。

中島 優子　東京都
中は、古くない。

中島 優子　東京都
皇居だって、首相官邸だって、中古です。

中田 国広　埼玉県
近くて広くて、手が届く。
アットホーム

中田 国広　埼玉県
マイホームパパになり易い。とっても。

中村 匡　大阪府
遊びに行った新築で
ウンコをするとき緊張する。

中谷 吉就　京都府
1,000万円安く買えたら、10万円の旅行に100回行けますね。

浪岡 沙季　東京都
後輩が世田谷区に家を買えたワケ

楢崎 郁子　広島県
2番目じゃダメですか。

成田 斐　大阪府
家を建てるというギャンブル。

西村 健作　東京都
条件のいい場所を、
先人たちが見逃すわけがない。

野村 一世　大阪府
毒味しておきましたよ。

野村 一世　大阪府
「住めば都」が体験済み。

野村 京平　東京都
さすが、前の人を欲情させた物件だ。

則本 桃子　京都府
条件から新築を除くだけで、
他はすべてヒットするかもしれない。

配島 由佳子　埼玉県
誰かが選ぶ、理由がある

橋本 彩矢　東京都
中古を選んだ。駅から近くなった

橋本 寿弥　愛知県
風が気持ちいい家、ということまで見られる。

橋本 寿弥　愛知県
新築で妥協していませんか。

橋本 龍太朗　神奈川県
私は中古だと思っていたが、息子は「新しいおうち」と言った。

長谷川 佳史　東京都
収入を変えるより、買い方を変えてみる。

長谷川 佳史　東京都
新築は¥です。
中古は縁です。

馬場 あゆみ　東京都
新築にこだわる考え方が、
中古なのかもしれない。

早坂 渡　東京都
ど・れ・に・住・も・う・か・な

林 恭子　大阪府
新開発より、すでに開発済みの街。

林 恭子　大阪府
リノベーションが必要なのは、
古いわたしの考え方。

林 次郎　東京都
誰かが建てておいてくれたのだ。

速水 伸夫　東京都
新しさだけが、心地良さですか？

春山 豊　東京都
新築は古くなる。中古は新しくできる。

樋川 こころ　東京都
駅からの距離は、リノベーションできない。

飛田 哲志　愛知県
父ちゃん、無理すんな。

ア

アットホーム

飛田 哲志　愛知県
売れない家を建てるか。売れてる家に住むか。

飛田 哲志　愛知県
好きな街を、地元にしよう。

平野 あゆみ　神奈川県
背伸びした家、背伸びしないで手に入れよう。

弘嶋 賢之　愛知県
中古物件。その呼び方が古い。

弘嶋 賢之　愛知県
視野を広げると、夢が広がった。

弘嶋 賢之　愛知県
「坂の上」は、雲の上だと思っていました。

福島 滉大　埼玉県
妥協すべきところは、本当にそこですか？

古川 直　大阪府
中古に見えない、中古がある

細川 優子　大阪府
都心に家が買えました。

堀江 成禎　京都府
妻からＤＩＹの許可が出ました。

堀江 成禎　京都府
他人の子どもは叱りにくい。

松尾 栄二郎　東京都
新築だったら、いくらしたんだろう。

松尾 賀久雄　東京都
新築では、まずない。がある。

松田 江梨那　奈良県
この家手放すの嫌だったろうな

松村 遼平　京都府
中古物件は、好立地、好条件のキーワード。

松本 直子　東京都
宝くじの１００万は偶然、
節約の１００万は必然。

松本 宏昭　大阪府
「床が傷つくからやめなさい」に、
子どもは傷つく。

三上 佳祐　東京都
住めばわかることが、住む前にわかる。

三上 佳祐　東京都
信築。

三上 智広　北海道
家と体に傷をつけて、
子どもは元気に成長する。

三島 将裕　東京都
住所は、新築のままです。

水井 歩　東京都
住みたい街がある。住みたい街にある。

水田 匠生　神奈川県
自分には思いつかなかった自分好みがある。

水田 匠生　神奈川県
中古であるということ以外、
全ての理想が叶うとしたら？

溝口 昌治　神奈川県
新築を買うなんて、
不動産屋さんにやさしい人だ。

三宅 幸代　大阪府
新築マンションの営業マンは、
案外、中古物件を選んでいる。

三宅 幸代　大阪府
この国の中古物件は、若い。

宮崎 響　大阪府
勇敢だなぁ。
初めてのマイホームが新築なんて。

宮野 翔多　東京都
新築なんてぺーぺーだ

村上 朋子　東京都
あの地震で倒れなかった家です。

村田 翔吾　東京都
空間に、中古とかありません。

村田 錬弥　東京都
建物代を浮かせて、
イタリア家具を買いました。

森 明美　東京都
ここから東大生が出た。

森岡賢司　東京都
部長より、会社に近いマンションを買ってしまった。

森下夏樹　東京都
中古にしたら、同じ値段で一部屋増えた。

森下夏樹　東京都
視野を広げた。土地が広がった。

森尻修平　東京都
価格を下げた分、生活水準を上げた。

矢野康博　東京都
ミサイルが飛ぶ時代に、建つまで待てない。

山口達也　東京都
実は、築2年以降で誰も住んだことのない新品の家も、中古物件と呼ばれています。

山口舞　東京都
人は、住所で判断する。

山下彩実　大阪府
中古物件買ったらおまけに車が付いてきた。

山下彩実　大阪府
ここ芸能人住んでたんだってよ。

山下祥　東京都
何年住んでも、駅は近くならない。

山田大輝　福岡県
先に場所取りしておきました。

山田龍一　長崎県
本当にいい家だなぁ。建てたのわたしじゃないけれど。

山田龍一　長崎県
もしもわたしが建ててたら、この発想は出なかったな。

山中彰　愛知県
妻のＤＩＹに、迷いがない。

山本（飯田）朝子　東京都
ＣＧだけで、数千万円のお買い物。こりゃ、人生最大のギャンブルだ。

山本尚生　東京都
理想の、現実。

山本奈央　愛知県
我が家の優先順位は、息子の犬＞ママの庭＞パパの通勤。中古なら、全部夢じゃない。

山本優李　大阪府
新品なんてもう古い

横村貴之　東京都
新品の景色を買った。

吉川佳菜　東京都
「とりあえず新築」の思い込みを外したら、選択肢が広がりました。

吉田敬三郎　東京都
今より良い住まいは新築だけじゃない。

和田研介　宮城県
一期一家

渡邊一生　大阪府
先着一組。

渡邊一生　大阪府
特等席は、30年前におさえられていた。

渡辺敏男　京都府
遠い新築より、近くの中古。

＼ マンション売買を始める前に ／
イエシルで
マンション査定価格を
チェックしよう！
と思ってもらえるアイデアを募集します。
課題
マンション売買を始める前に、ビッグデータを用いたイエシルの査定価格をチェックしよう！
と思ってもらえるアイデア
ジャンル
自由
参考資料
詳しい情報は HP をご覧ください。 https://www.ieshil.com/
イエシルとは？
不動産情報サイト IESHIL（イエシル）は、マンションの市場価値をリアルタイムに査定するサービスです。
「売りたい」「買いたい」あのマンションの相場情報を、ビッグデータ・AI を使って高精度に分析。
不動産物件の最適な売買をサポートします。
イエシル
IESHiL
https://www.ieshil.com/

イエシル

マンション売買を始める前に、ビッグデータを用いたイエシルの査定価格を
チェックしよう! と思ってもらえるアイデア

ア
イエシル

協賛企業賞

伊藤 大樹（24歳）東京都

いくらで売れますか？は、試合放棄です。

▼協賛企業のコメント

イエシル
不動産ユニット ユニットリーダー
芳賀一生さん

ＩＥＳＨＩＬ（イエシル）は「国内不動産の透明性を上げる。」をコンセプトとした新しい不動産メディアです。今回は、このイエシルをテーマとしましたが、多種多様な作品を応募いただき、関係者一同、感動や学びの機会を頂戴することができました。本当にありがとうございました。そして、「いくらで売れますか？は、試合放棄です。」というキャッチフレーズには感嘆いたしました。従来、消費者は不動産店舗に赴き、キャッチフレーズと同じように、ご自身の住宅価値を営業担当に直接聞く必要がありました。しかし、テクノロジーが急速に進化を続ける現代では、リテラシーが高い人ほどスマートフォン端末などでイエシルにアクセスし、ＡＩによって導き出した自宅の価格査定を確認することが可能です。そういった、イエシルらしさを伝えられるキャッチフレーズですし、「試合放棄です。」という、知らないと損をしてしまいますよ、と気づきを与える表現が嫌味なく消費者の心に染みていくような、そんな感覚を覚えました。上記の理由から、イエシルらしさ、イエシルの価値最大化に繋がるキャッチフレーズだと感じ、授賞とさせていただきました。

三次審査通過作品

春山 豊　東京都

あなたのマンション売買に必要なのは、セカンドオピニオンです。

二次審査通過作品

奥村 伸也　東京都

親身なだけの人間はいらない。

河内 大輝　東京都

マンションこそ、値札が必要でした。

浪岡 沙季　東京都

ふっかけられているのか、おトクなのかすらもわからない時に。

浪岡 沙季　東京都

相場価格を知らなければ、値切ることもできない。

春山 豊　東京都

不動産会社の査定額を、査定する。

山田 大輝　福岡県

不動産屋を論破する。

山本 尚生　東京都

良い情報も、あまり良くない情報も。

吉村 圭悟　東京都

資産を、試算する。

ア　イエシル

一次審査通過作品

青木 美穂　神奈川県
不動産売買は味方探しが大切です。

阿久津 香苗　大阪府
「いつか買おう」を「いつ買おう」に。

阿部 智也　宮城県
明日はもっと安いかもしれない。

天沢 もとき　東京都
冒険の地図を手に入れる。

岩本 梨沙　大分県
一人で突っ走るな。

植村 明弘　東京都
オープン価格って、いくらなんだろう。

大西 健太郎　東京都　テレビCM
大家同伴の元、マンションを査定している一人の鑑定士。骨董美術鑑定士である中島誠之助。日当たりや間取りなど部屋の状態をチェックしている。
中島先生：「いい仕事してますね」
とおなじみのセリフ。
そこへイエシルのスタッフ現る。スタッフ、手に舞台であるマンションの査定結果が映ったスマホを見せながら、
スタッフ：「イエシルなら一瞬です。」
大家&中島先生、驚く。
スタッフ、大家に対して、
スタッフ：「お大事になすってください」
イエシルの説明NA入る

大野 さとみ　大阪府
シビアではなく、リアルです。

奥村 明彦　東京都
「中古でいい」から「中古がいい」に。

奥村 明彦　東京都
シルことから始めよう。

奥村 伸也　東京都
1分で、100万円の損失を防いだ。

貝渕 充良　大阪府
査定に、忖度はない。

加藤 慶　東京都
売り手はこの情報を知っている。

狩野 慶太　東京都
妻は比べたい生きものだ。

狩野 智子　群馬県
不動産価格は、ないようであるものです。

河内 大輝　東京都
知っているから、騙されない。

菊池 将哉　千葉県
バブルの時代を、反省しよう。

木村 望　福岡県
その査定は、誰の基準ですか。

木村 理沙　東京都
資産価値を実感しよう

金原 秀典　愛知県
こっそりで、大丈夫。

小島 功至　熊本県
人生で一番大きな買い物は、人生で一番大きな売り物でもある。

小林 猛樹　千葉県
一人のための、数のチカラ。

篠﨑 美樹子　東京都
知識と成功は比例する。

篠﨑 美樹子　東京都
投資の前に、透視しよう

城川 雄大　富山県
合格発表ぶりに一家でよろこんだ。

ア

イエシル

城川 雄大　富山県

右肩上がりの家に住む。

鈴木 ケン　神奈川県

金額が大きいほど、
私たちは見栄を張る。

髙橋 誠一　広島県

夢を見るにも基準が必要です。

武田 耕一　東京都

「不動産VSあなた」のセコンド。

竹節 忠広　長野県

後悔するより、
査定をしよう。

田辺 拳斗　千葉県

今の家を最も高く、次の家を最も安く。

谷口 梨花　東京都

同業者から、嫌われています。

塚谷 隆治　千葉県

自己評価が高い人は、
ほとんどが思い込みです。

月本 康正　東京都

人生で一番高い価格を、安心価格に。

寺門 眞一　兵庫県

見晴らしのいい家の、
価格の見通しだけが悪い。

長井 謙　東京都

素人は通帳を見る。
玄人は将来を見る。

長井 謙　東京都

営業マンは、
あなたが初心者かどうかを見ています。

中尾 元　京都府

高すぎても、売りたくない。
安すぎても、売りたくない。

長岡 勇人　宮城県

3000万件の査定額から、
査定額を出します。

長岡 勇人　宮城県　ラジオCM

男1：このマンションならこの額が妥当ですよ。
男2：う～ん？
男1：不満ですか？
男2：そ、そんなことは…
男1：私ね、一応100件以上の事例を知ってるんですよ。あなたは？
男2：3000万件ほど…
男1：は？
NA1：ビッグデータをもとに、現在の価格を査定します。
NA2：マンション査定なら、イエシル。

中島 千紗　神奈川県

それ、損してます。

中島 優子　東京都

住まいは、説得されるより、
納得して買いたい。

中田 国広　埼玉県

マンション売買では
常にマウントポジションを。
マンション売買の査定はイエシル

哘網 知也　石川県

ローンより証拠。

浪岡 沙季　東京都

値下げ交渉の決定的証拠。

浪岡 沙季　東京都

マンションのための、価格.com

西山 智香　愛知県

息子がカベを殴るのをやめた。

初田 拓実　東京都

売ろうとおもったけど、やめた

早坂 渡　東京都

あなたの家を、甘く見てはいけない。

林 次郎　東京都

同時に、あやしい不動産屋もわかります。

林 次郎　東京都

ぐうの音も出ないマンション売買がある。

イエシル

林 次郎　東京都
マンション売買の、
だまされた感をなくしたい。

林 次郎　東京都
ここを売ったら、あそこが買えるのか。

日高 修一　東京都
査定に、主観がない。

平野 夏絵　静岡県
大きな買い物は、
大きな売り物でもある

廣江 和也　愛知県
学校の授業は、
予習しなくてもなんとかなる。
不動産の購入は、
予習しないと大変なことになるかも。

福田 浩一　東京都
私は、すべての家の値段を
見透かすことができる。

藤松 武　東京都
人生で一番高い買い物のはずが、
実は衝動買いという人が意外に多い。

古屋 順一朗　東京都
日当たりのいい情報を。

堀井 大　大阪府
マンション売買がやっと時代に追いついた。

三上 佳祐　東京都
不動産屋も、正直者が勝つ時代になりました。

三上 佳祐　東京都
不動産屋が、束になっても敵わないデータ。

三上 智広　北海道
損する人は、調べない人。

溝口 昌治　神奈川県
私たちは損をしたくない、それだけです。

南 忠志　東京都
家が成長していた。

宮坂 和里　神奈川県　テレビCM
妻：もういい！　出て行く！
SE：バタンッ（玄関の閉まる音）
玄関から出て行く妻。取り残される夫。
SE：ガチャッ
すぐに玄関を開けて戻ってくる妻。
妻：やっぱり、あなたが出てって。
夫：え…
妻が後ろ手に持つスマホの画面にはイエシルのサイト
NA：家の価値を知ろう。イエシル。

向井 正俊　大阪府
何度目も正直。

森 裕信　東京都
決断には、情報が必要だ。

山本 恭子　長野県
正しいデータは切り札だ。

横田 歴男　東京都
あら、（昨日まで三千万円だった）奥さま。

吉村 麻衣子　東京都
住所を入れるだけで価格がわかるって
すごい時代だ

若林 淳一　福岡県
金額で見えないものがある。
金額で見えることがある。

渡邊 奈美　福島県
その不安、知ることで解決しませんか？

オークラヤ住宅の魅力を
自由に表現してください。
オークラヤ住宅ならではの魅力を発見していただき、
「マンションのことならオークラヤ住宅に相談しよう」と
思ってもらえる広告アイデアを募集します。
■課題：オークラヤ住宅の魅力が多くの人に伝わる広告アイデア
■ジャンル：自由　■参考資料：http://www.ohkuraya.co.jp/
オークラヤ住宅株式会社
詳しくは
オークラヤ住宅

オークラヤ住宅

オークラヤ住宅の魅力が多くの人に伝わる広告アイデア

ア

オークラヤ住宅

協賛企業賞

廣本 嶺（24歳）東京都

ネットで見られない街がある。

▼協賛企業のコメント

オークラヤ住宅
営業企画本部 副部長
星野日出美さん

廣本嶺さま、このたびは協賛企業賞の受賞、誠におめでとうございます。協賛企業賞を決めるため、全社参加の投票で作品を絞り込み、さらに協議を重ね廣本さまの作品を選ばせていただきました。廣本さまの作品は「ネットで見られない街がある。」という短い文章の中に「人と人のつながり」や「優しさ」のシーンが浮かんできます。ネットを見れば簡単に色々な情報が手に入る時代、本当に大切なものは何かを考えさせられます。頭に浮かぶシーンは人それぞれ違っても「温かさ」を感じることができる作品だと思います。大切に使わせていただきます。ありがとうございました。最後になりましたが、当社課題にご応募いただきました皆さまに心より御礼申し上げますとともに、今後のますますのご活躍をお祈り申し上げます。

三次審査通過作品

今のマンションへの不満に変わる。言えなかったことや、聴けなかったことが

羽渕 徹史 千葉県

二次審査通過作品

岩田 皆子 東京都 テレビCM

「マンション違い」篇

マンションで男の人が一人暮らしをしている。
そこに宅配便が届く。
（チャイムの音）ピンポーン
配達員：佐藤さんですよね？
男：いえ、小西です。
配達員：え、ここアールハイツですよね？
男：いえ、アールハイムです。
配達員：あら、すいませんね。
配達員は帰っていく。
しばらくするとまたチャイムが鳴る。
（チャイムの音）ピンポーン
ドアを開けると子供たちが靴を投げ捨てながら勢いよく部屋の中に入っていった。
母親と目が合う。
母親：誰ですか？
男：いや、誰ですかって、あなたこそ誰ですか？
母親：すみません、間違えたみたいです。二人とも戻っておいで。行くわよー。
親子も帰っていった。
NA：こんなことにならないために、マンションはオークラヤ住宅に相談しよう。

貝渕 充良 大阪府

買った後悔も、買わなかった後悔もないように。

貝渕 充良 大阪府

商談ではなく、相談したい。

ア オークラヤ住宅

北﨑 太介 千葉県

1人より2人相手の方が、要望を言いやすいこともある。

柴田 賢一 茨城県

新築のデメリットは、デメリットがわかりづらいところ。

山口 良美 愛知県 ラジオCM

「お願い」篇

彼女の両親に、挨拶に行く男。

男 お願いです、お父さん。僕もこの家で一緒に生活させてください。

父親 君、この家での生活のことより、娘との結婚が先だろう。

NA 誰もが住みたくなる家です。

オークラヤ住宅

一次審査通過作品

石橋 賢 島根県

ベランダから見える景色よりも、

ベランダが見える角度の方が気になる。

岩田 皆子 東京都 テレビCM

「セミ好きのご近所さん」篇

夏の暑い日、マンションの2階に住んでいる男が家で涼んでいると、突然蝉がうるさく鳴き始める。

慌ててミンミン鳴き声のする方に行ってみると、網戸に蝉がたくさん張り付いている。指で窓をトントンとノックし、窓が閉まっていることを確認する。

すると今度は違う部屋の窓からツクツクボウシの鳴き声が聞こえる。音のする窓に近づくと、やっぱり窓は閉まっている。

窓の外を見ると、おじいさんが刷毛を持って、木の幹に何やら砂糖水のようなものを塗っている。塗ったところに次々に蝉が集まっている。

NA:こんなことにならないために、マンションはオークラヤに相談しよう。

植村 明弘 東京都

引越しそばも、今日が最後か。

植村 明弘 東京都

結局は、誰から買うか。

大重 卓也 大阪府

本当に知りたいことは聞きにくい

小笠原 清訓 千葉県 テレビCM

知りすぎた男篇

マフィア風の親分と子分が、一人の男を睨みつけている。

子分:どうします?

親分:こいつは、知りすぎているからなあ。

男:ぼ、ぼくはどうすればいいんですか

親分:あと5軒、美味しい店の情報を教えてくれたら、ここで家を買おう!

男:(笑顔で)5軒どころか、50軒以上言えますよ!

NA:この街を、知り尽くしたスタッフにお任せを。

オークラヤ住宅

小笠原 清訓 千葉県 テレビCM

みんなって誰だ編

男性が女性に物件を案内している

男性:あの窓から見える喫茶店、みんなが美味しいって言いますよ。

女性:みんなって、どれくらいの人ですか?

男性:八百屋さんの山田さん、美容室の田中さん、スーパーの山下さん、靴屋さんのジョエルくん、本屋さんのアダムスキーくん、あと、他にも色々いますね。
NA：我々は、ここのみんなを知っています。オークラヤ住宅

岡山 和也　東京都
遺言には「オークラヤ」に売れと書こう。

加藤 晃浩　東京都
オークラヤ住宅と
オークラヤ住宅で迷いました。

加藤 晃浩　東京都
地図にもネットにも載ってない
ビッグデータあります。

河内 大輝　東京都
住まないと分からないことを、
住む前にお伝えします。

北川 秀彦　大阪府
誘いたくなる部屋に住むことも
婚活だと思う。

久保田 正毅　愛知県
実は、中古物件ほど、早い者勝ちだと思う

栗原 拓也　東京都
中古でもいい、から、中古がいい、へ。

小柴 桃子　東京都
一生の買い物を、一瞬で決めない。

小島 功至　熊本県
「今じゃない」という提案もします。

後藤 裕彦　東京都
あなたの下見の下見を済ませてあります。

佐々木 剛哉　東京都
美味しいお店を
聞きに来るだけでも良いです。

志風 浩明　京都府
女心も男心も分かるかたつむりです。

清水 亨祐　東京都
駅からマンションまでの道に
交番があるかなんて、男性は気にならない。

清水 亨祐　東京都
妥協したくない。ベストな選択がしたい。と、
なぜか担当者の方がこだわっている。

清水 佐代子　東京都
家は3回買わないと分からない。
つまり、プロはあなたの周りにほぼいない。

鈴木 弘通　東京都
買わなくても売らなくて満足

関 透真　東京都
じっくり話す姿勢は、
ロゴから感じてください。

武田 陽介　宮城県
新築買えたけど、中古にしました。

竹之内 研　大阪府
話しやすい。つまり、断りやすい。

竹節 忠広　長野県
「得する」より、「損しない」。

玉水 守　静岡県
愛と家は、一生もの。

長井 謙　東京都
ここ、住んでました？

長井 謙　東京都　ラジオCM
○友達？篇
女「うん、うんうん、そうそうそう！アッハハハハ、まじうけるー。うんうん、はーい、またねー」
SE：電話を切る音
男「今の、友達？」
女「ううん、不動産会社の人」
男「え」
NA「気をつかわずに話せる不動産会社。中古マンションのことなら、オークラヤ住宅」

長井 謙　東京都　ラジオCM
○科学の授業篇
SE：チャイム
先生「はーい、席につけー。科学の授業始めるぞー」
生徒「え！先生は数学担当でしょ」
先生「でも、同じ理系だからいいだろ？」
生徒「え」
NA「科学の授業は、ちゃんと科学の先生に教えてほしい。中古マンションも、中古マンション専門の人に教えてほしい。」

オークラヤ住宅

中古マンションのことなら、オークラヤ住宅」

西口 滉　東京都
正直、家以外も紹介したくて
仕方がありません。

野田 憲太郎　東京都
オークラヤ住宅に住みたいと思った

野村 京平　東京都
「どこに住むか」は
「誰と住むか」より、
ずっとやり直しやすい。

野村 京平　東京都
人口減少なんて、
大きな家に住む
チャンスでしかない。

日比野 はるか　神奈川県
家で過ごす時間は妻のほうが長いのに、
不動産屋は男性が多い。

廣本 嶺　東京都
家は、街に住んでいる。

不破 千也子　東京都
日本人の平均寿命は、世界トップクラス。
マンションの寿命は、どうだろう。

増子 宣章　福島県
娘に戻って来たいと言われました。

三上 智広　北海道
塩対応はいたしません。かたつむりなので。

三上 智広　北海道
設計した人よりも、
そのマンションを知っている。

見田 英樹　愛知県
「やめたほうがいい」とハッキリと言うのも、
私たちの仕事です。

見田 英樹　愛知県
たったひとつの成約で、
ふたつ以上の未来をつくる。

密山 直也　兵庫県
共有したくない情報は、
ネットには上がらない。

密山 直也　兵庫県
家は試着できない。

南 忠志　東京都
目に見えない場所も家です。

山口 良美　愛知県　ラジオCM
女A　わたし、今日は帰りたくない。
男A　俺も、今日は帰りたくない。
女A　ずっと、ここにいましょ。
男A　ああ、ずっとな。
女B　ちょっと、ここは私の家よ。
泊まらせてあげるなんて言ってないから。
女Aと男A　そんな〜。
NA　ずっといたくなる、居心地のいい家に。
オークラヤ住宅

山本 悠哉　神奈川県　テレビCM
頭を抱える女性
女「うーん、どうしよう」
男「ここなら駅も近いですね」
女「でもここだと少し高いんですよね」
男「別のところも見てみますか」
女「もう1回考えてみます・・・。」
お客様の生活ですから。
NA「自分の家より、本気で。オークラヤ」

輿嶋 一剛　岐阜県
簡単に売れない。簡単に買えない。

オリックスを金融やプロ野球の会社だと思っている方は、ぜひご参加ください。

オリックスグループは、金融やプロ野球のイメージが強いのですが、
社会性や公共性の高い事業や、生活者に身近なサービスも数多く展開しています。
その中には、オリックスグループの新たなイメージをつくることのできる事業も多くあると思っています。

課題

まだ知られていないオリックスグループの事業への興味が高まるキャッチフレーズを募集します。

ジャンル

キャッチフレーズ

参考資料

[オリックスグループサイト]　http://www.orix.co.jp/grp/
[ORIX Channel]　https://www.orix-channel.com/

ORIX オリックスグループ

オリックス

まだ知られていないオリックスグループの事業への興味が高まるキャッチフレーズ

協賛企業賞

向井 正俊（32歳）大阪府

おじいちゃんの時代の
オリックスと、
お父さんの時代の
オリックスと、
僕の時代の
オリックスは違います。

▼**協賛企業のコメント**

オリックス
グループ広報部 部長
堀井 淳さん

協賛企業賞の受賞、おめでとうございます。協賛企業賞選定のポイントは、オリックスグループの事業内容や幅広さが伝わることと、企業への興味がわくことでした。受賞作品では、オリックスグループが時代のニーズをとらえ変化し続けているさまが、「僕」の視点から家族三世代にわたる時間軸で表現されています。オリックスグループは今年で創立54年。ちょうど三世代とともに生きてきた会社です。「おじいちゃん」、「お父さん」、「僕」の時代にオリックスはどんなことをしていたんだろうと、興味を持っていただくきっかけになるのではないかと評価しました。また、オリックスグループは、半世紀を通して時代をとらえ、柔軟に事業を展開してきた企業であることが感じられました。オリックスグループは、「僕」のお子さんやお孫さんの時代にも、それぞれの時代のニーズをとらえ、変化をいとわない企業であり続けたいと思います。家族とオリックスグループを繋ぐ温かい作品をありがとうございました。

二次審査通過作品

中曽 敬済　千葉県
大豆、飛行機、ペッパーくん。
共通点なーんだ？

中辻 裕己　東京都
みんなオリックスのことを話しているのに、
話がまったく噛み合わなかった。

元氏 宏行　大阪府
野球も、野菜も。

山本（飯田）朝子　東京都
何をしている会社かと聞かれるのが、
一番困るし、一番嬉しい。

吉尾 康秀　東京都
オリックスカーシェアの車と
オリックスレンタカーの車が
オリックスユーカーの敷地前ですれ違う。
そんな偶然も珍しくはない。

一次審査通過作品

浅井 義博　愛知県
俺んち、すっげー田舎なんだけど。
あ、あった。

飯塚 逸人　東京都
国がやらないなら、オリックスがやる。

伊藤 美幸　愛知県
野球以外もプロです。

今田 由希　東京都
例えば車なら、
免許取得から万が一の時まで。

牛島 陸　東京都
打線も事業もつながってます。

大西 真利子　愛知県
企業理念を言い換えると
「既成概念をぶっ壊す」

小笠原 清訓　千葉県
「新しいこと」が、
すぐに「既存の安定事業」になる会社

小笠原 清訓　千葉県
こだわらないことにこだわる会社です

小笠原 清訓　千葉県
我々の宝は、
社員と、世の中の不満の声です

ア

オリックス

小笠原 清訓　千葉県
いつもワールドシリーズを戦っています。

小笠原 清訓　千葉県
企み業です

奥友 恒　東京都
野球から、地球まで。

貝渕 充良　大阪府
生き残る企業は、変化する企業ではなく、
変化に対応できる企業です。

貝渕 充良　大阪府
オリックスは、オリックスを無名にした。

桂田 圭子　滋賀県
ビジネスのフィールドは、場外へ。

菊池 将哉　千葉県
やってみなきゃ、かわらない。

小西 裕斗　大阪府
学生諸君。
やりたいことがなければ
オリックスで見つけなさい。

佐藤 恭子　滋賀県
「あなたに一度は訪れる問題を、
解決している会社です」。

澤田 尚志　神奈川県
イチローより、大谷のような企業です。

柴田 賢一　茨城県
オリックスグループは、
巨人でした。

芹澤 高行　東京都
いろいろ貸してきましたが、
社会にお返しする事業も始めています。

高橋 侑也　東京都
名前は広まった。今度は事業の番だ。

竹節 忠広　長野県
ライバルの多さが、
グループの強さになる。

田中 恵美子　東京都
説明されるようになっちゃあ、
おしまいです。

中野 弘樹　埼玉県
オリックスは応援されたり
応援したりしています

野田 正信　東京都
守備範囲は、社会。

樋川 こころ　東京都
ＡＩに仕事を奪われるなら、つくればいい。

前多 勇太　東京都
何やっているかわからないのは、
何でもやっているから。

松本 慎平　東京都
起業しつづける企業。

丸山 佑介　長野県
すべてがホームグラウンド。

三上 佳祐　東京都
目立つより、役立ちたい。

三上 佳祐　東京都
知ったとしても、覚えきれないと思う。

三上 智広　北海道
守備範囲は、地球です。

三上 智広　北海道
事業の認知度を置き去りに、
先に進んでました。

三上 智広　北海道
ウチの業界にも来そうで怖い。

三上 智広　北海道
それできるんだったら、
あれもできるじゃん精神。

見田 英樹　愛知県
時代の変化球にめっぽう強い。

見田 英樹　愛知県
ナンバーワンでもオンリーワンでもなく、
オールインワンでありたい。

南 忠志　東京都
いろんなところに出塁しています。

向井 正俊　大阪府
一筋を、何筋も。

向井 正俊　大阪府
オリックスの事業を見たら、時代のニーズがわかる。

元氏 宏行　大阪府
オリックス再生工場。本当の資源の話です。

八ツ橋 哲也　神奈川県
リースからアースへ。

山﨑 裕也　東京都
金銭だけでなく、琴線にも触れる。

山下 祐輝　大阪府
代打のきかない企業です。

山中 彰　愛知県
同期が、異業種。

山野 大輔　大阪府
うれしいのは、あなたの「知った」激励。

輿嶋 一剛　岐阜県
ワールドクラスの何でも屋。

吉村 圭悟　東京都
弊社にとって、BtoCのCは、ChildのCです。

吉村 圭悟　東京都
現実に向き合ったり、夢を見せたりする会社です。

吉村 圭悟　東京都
金融サービスから家族サービスまで、取り扱ってます。

ア
オリックス

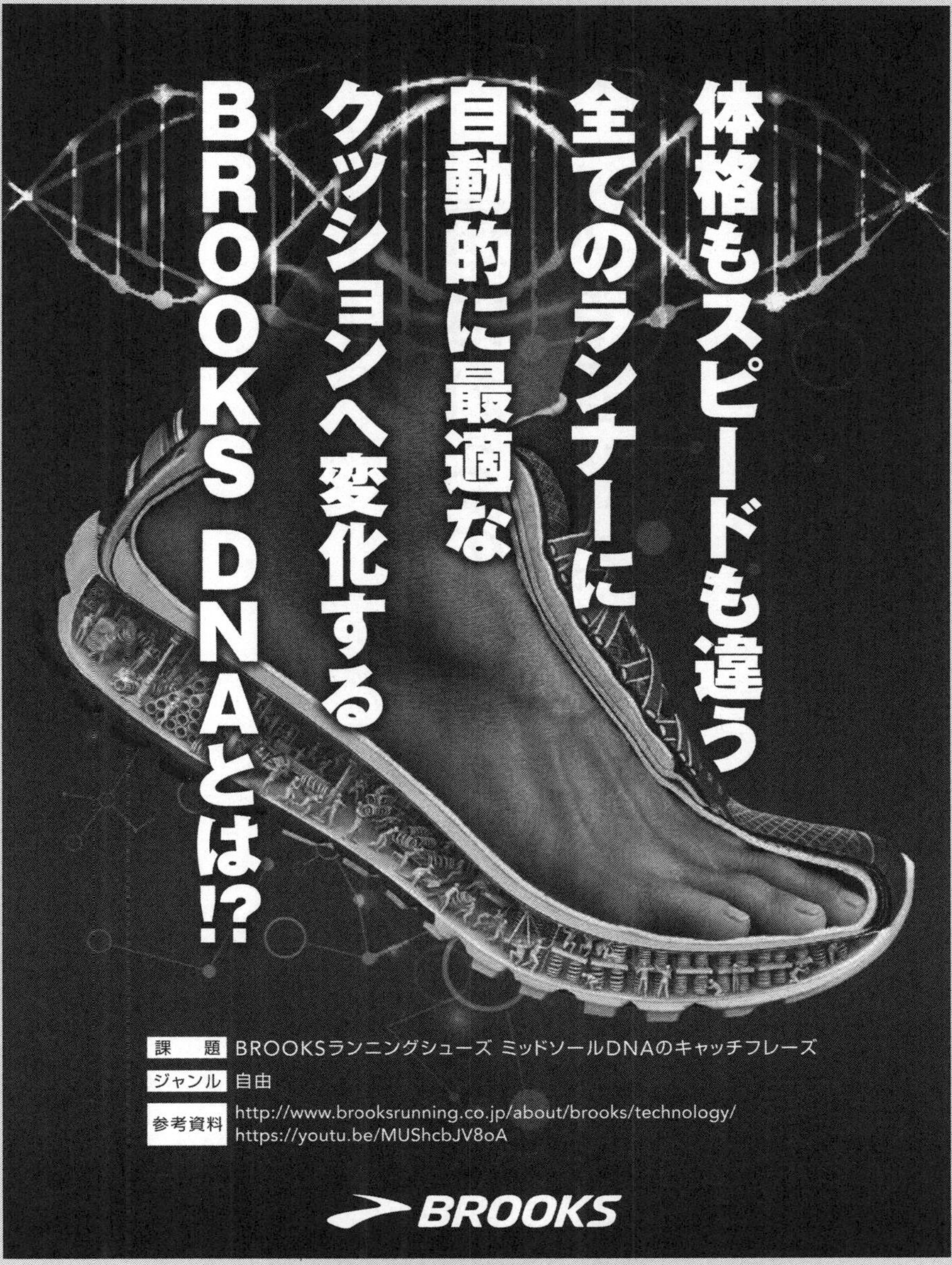

カスタムプロデュース

BROOKS ランニングシューズ ミッドソール DNA のキャッチフレーズ

協賛企業賞

鈴木 聖太郎（33歳）愛知県

選ばれるのは、人を選ばないから。

▼協賛企業のコメント

カスタムプロデュース
マーケティング部 ブルックス課
倉茂麻理子さん

このたびは協賛企業賞の受賞、おめでとうございます。そして素晴らしいコピーを作成していただきありがとうございます。ブルックスというブランドを取り扱い早7年、長年の悩み「履いて走れば分ってもらえる、ブルックスDNAの素材のよさをどのように表現するべきなのか。」を解決させるため、今回の応募にいたりました。受賞作品は、「どんな体型にも、走る速度にも最適な硬さになるソール」を「人を選ばない」と明解に表現していただいたことを評価し、選出させていただきました。最後になりましたが、どの作品も素晴らしく大変悩みました。ご応募いただいた皆さまに心より御礼申し上げますとともに、今後ますますのご活躍をお祈り申し上げます。

江副 佑輔　福岡県　テレビCM

【代行】篇
別れ話を切り出す男性に女性が激怒。

女性が男性にビンタをしようとすると、男性の前に『代行』とTシャツに書かれた男性がかばいに入る。

女性は構わず、その代行の男性をビンタ。

代行の男性は無表情でビンタされた頬をおさえている。

NA＋C：あなたの代わりに、衝撃を受け止める。

商品カット：BROOKSのランニングシューズ
L：BROOKS＋カスタムプロデュース

小田 道夫　石川県

道路が変わったのかと思った。

崎山 すなお　東京都

道が変わったかと思った。

細金 智弘　東京都

足認証する靴。

二次審査通過作品

井上 弘文　北海道
全てのランナーにアナタモデルを提供します。

今田 由希　東京都
走ることは、体育会系ではなく理系分野です。

大沢 裕巳　埼玉県
足型計測しません。
でも、フィットします。

小田 道夫　石川県
ええ反発。

小田 道夫　石川県
履き心地と、走り心地は違うと思う。

北川 秀彦　大阪府
脱いでる時の方が、違和感があった。

キョ イクカイ　京都府
あなたは、飛んでなんていませんよ。

後藤 裕彦　東京都
全天候型ランニングシューズより、
全体形型ランニングシューズがほしい。

古堀 拓也　東京都
靴が合わないっていつの時代の話？

佐藤 直己　東京都
彼氏より、私の足を知っている。

篠崎 孔久　千葉県
日本人ランナー800万人に
おすすめできる唯一のシューズ

白石 文子　福岡県
もうキツいのに、足が前に出る。

中村 斉継　東京都
履き心地より、踏み心地を。

浪岡 沙季　東京都
去年より10kg太ったが、
同じシューズで快適だ。

西脇 亨　大阪府
膝じゃなく、顔が笑ってる。

平松 隆成　東京都
走りながら作られるシューズ

前多 勇太　東京都
ひざの爆弾処理は任せろ。

松尾 健介　大阪府
音楽がなくても、ノッて走れた。

松野 伸幸　東京都
全世界のオーダーメイドシューズにお詫びいたします。

丸山 浩樹　千葉県
ランナーの体格差を、吸収する。

村上 正之　愛知県
あなたが太っても、痩せても、サポートします。

山内 昌憲　東京都
ヒザより先に、私が笑った。

山口 実希　兵庫県
超えていく。衝撃も、個人差も。

一次審査通過作品

粟飯原 由貴　東京都
圧感の走りをあなたに。

阿部 祐大　京都府
一人一人に対する最適解を与える。

天沢 もとき　東京都
ランナーを差別しないシューズ。

天沢 もとき　東京都
特化型ブランドが贈る、超汎用型シューズ。

天沢 もとき　東京都
体重とスピードを理解するソール。

安東 成喜　兵庫県
全てのランナーに、最高のコンディションを。

飯田 野杏　京都府
瞬時に、オンリーワン。

石川 朱音　東京都
靴が俺に合わせてくる。

石塚 啓　神奈川県
蹴って前に進むのに、衝撃吸収ばっかりで良いのだろうか。

カスタムプロデュース

石塚 勢二　東京都
クッション性に一貫性がない。

石塚 勢二　東京都
硬く、時に柔らかく。

伊東 岬　神奈川県
すべてのヒトの最高の走りを実現する。

伊藤 美幸　愛知県
自分しか味わえない走り心地。

伊藤 美幸　愛知県
反発がたまらない。

伊藤 美幸　愛知県
このクッションには意思がある。

伊藤 美幸　愛知県
自由な走りは、基準化できない。

上杉 保　山口県
誰の足にも迎合するクッション。

植田 紗々　東京都
全てのランナーに適応したＤＮＡ

牛島 陸　東京都
靴のまま家に上がりかけた。

牛島 陸　東京都
シューズに走らされてる。

浦上 芳史　愛知県
歩く。走る。ジャンプする。
足はその都度、変えられません。

大下 あかり　東京都
走り心地、オーダーメイド。

大城 昂　佐賀県
体重を選ばないクッション。

大津 祐斗　埼玉県
同じ靴なのに、違う靴。

大野 忠昭　埼玉県
地球上の全ランナーに、
衝撃的じゃないクッションです。

岡 真一郎　大阪府
誰が履いてもオーダーメード

岡田 上　兵庫県
オーダーしないオーダーメイド。

岡本 英孝　福岡県
あなただけのみんなのシューズ。

奥村 明彦　東京都
フィットするってこういうことだったのか。

奥村 明彦　東京都
ブルックスＤＮＡはすべての
ランナーに平等だ。

織田 朋奈　東京都
走る人を差別しない

織田 朋奈　東京都
クッション性を、自動化しました。

貝渕 充良　大阪府
足の裏への、神対応。

貝渕 充良　大阪府
量産品なのに私専用。

利田 充男　滋賀県
シューズが走らせている。

金山 裕美　東京都
それは、あなたのために機能するシューズ。

河津 清一　東京都
俺は今、走っているのか、飛んでいるのか。

川村 真悟　福岡県
あなたのどんな重力も、自動で跳ね返しますよ。

倉井 宏章　埼玉県
ワタシにシンクロする靴。

倉井 宏章　埼玉県
「最適」はこの靴が知っている。

小柴 桃子　東京都　テレビCM
アルプスのハイジのクララが立つシーン。
ハイジ「おじいさん!クララが、クララが立った!」
クララ、靴をＢＲＯＯＫＳランニングシューズ ミッドソールＤＮＡに履き替える。
ハイジ「お・・・おじいさん、クララが、クララが走った!」
NA:驚くほどに走りやすい。足にフィットするランニングシューズ。

BROOKSランニングシューズ ミッドソールDNA。

小西裕斗　大阪府
相手によって、態度を変えるヤツ。

小林鴻世　神奈川県
いま流行りの自動化ってやつです。

古堀拓也　東京都
誰よりも自分を受け止めてくれた靴。

崎山すなお　東京都
地面とあなたの間で、最適な硬さを選び続けています。

崎山すなお　東京都
このクッションは、あなたに同期する。

崎山すなお　東京都
瞬間適応

佐々木剛哉　東京都
みんな違う、だから、合わせる。

佐藤仁康　東京都
受け止めては、跳ね返す。
会話みたいなものです。

澤田桃子　東京都
足コンシェルジュ。

柴田良祐　東京都
なんだこいつ！踏んでも踏んでも
フィットしてくる。

城川雄大　富山県
疲労まで吸収する靴。

新免弘樹　東京都
最適がつくる快適。

新免弘樹　東京都
DNAは、差別しない。

鈴木聡　東京都
あなた好みのソールになりたい

鈴木祐介　神奈川県
74億人専用ミッドソール。

闞彰一　東京都
アリとゾウにも、はかせてあげたい。

高橋浩子　埼玉県
僕はいつも、空を走っている

竹内恵子　愛知県
わがままな足には、従順な靴を。

田中敏夫　東京都
BROOKSのミッドソールDNAは、
あなたを走らせる。

田中洋路　東京都
履けば、自分仕様。

丹波祥子　石川県
あなたを理解するランニングシューズ

塚谷隆治　千葉県
クッション自由自在。

塚谷隆治　千葉県
いつでもだれでも、
ジャストフィット。

寺門眞一　兵庫県
走ることが好きだからという理由で、
足だけが我慢していました。

斗内邦裕　北海道
母のように優しく受け止め、
父のように強く跳ね返す。

中切友太　東京都
確認するには、走るしかありませんでした。

中島研二　愛知県
10万人のデータに基づくシューズよりも、
10万人全員の走りにフィットするシューズ。

中島崇　埼玉県
シューズにあなたを合わせるか。
シューズがあなたに合わせるか。

永田哲也　愛知県
悪路を走ってみたい。

永田哲也　愛知県
吸収する。反発もする。
こんな部下が欲しかった。

中村公雄　福井県
不適合者はいない。

中村公雄　福井県
ランナーの特性に、フィットする。

カ

カスタムプロデュース

中村 斉継　東京都
踏みしめてください。噛みしめてください。

永吉 宏充　東京都
衝撃を味方に。

浪岡 沙季　東京都
お相撲ランナーにも、ＯＬランナーにも。

浪岡 沙季　東京都
体格もスピードも違う。
だけど心地よさは同じだ。

西脇 亨　大阪府
足じゃない。
走り方にフィットする。

布川 昌幸　山形県
履いた瞬間、あなたのＤＮＡとなる

橋場 仁　埼玉県
あいつに貸してもフィットするのだろうか。

橋本 龍太朗　神奈川県
注文しない、特注。

濱崎 伸二　熊本県
人工知能をもったかのようなシューズです

早坂 あゆみ　東京都
オートマチッククッション。

早坂 あゆみ　東京都
平均的な体格の人なんて一人もいない。

林 恭子　大阪府
私に忖度してくれる靴。

林 秀和　東京都
人にも走りにも自動でカスタマイズ。

速水 伸夫　東京都
いきなりカスタム!

速水 伸夫　東京都
瞬間フィッティング系

速水 伸夫　東京都
究極ピッタリテクノロジー

速水 伸夫　東京都
瞬間カスタム!!

春山 豊　東京都
足に合うシューズはあったけど、
走りに合うシューズは初めて。

坂東 宏樹　大阪府
好きなだけ反発しろ。好きなだけ吸収して
やる。

泥谷 智史　埼玉県
靴があなたに合わせてくれる。

日高 修一　東京都
瞬間フィット。

日比野 夏季　大阪府
身体と会話するソール。

平野 あゆみ　神奈川県
履いたらそれが、カスタムメイド。

廣田 顕久　岡山県
私、都合のいいソールよ。

廣本 嶺　東京都
あなたを理解する靴。

廣本 嶺　東京都
人によって態度が変わる靴。

深田 京子　福岡県
私の長所は「どんな人とでもうまくやれる
こと」

藤井 理　東京都
すべてのランナーに、変幻素材。

藤井 知貴　福岡県
靴がアナタにあわせます。

船津 洋　京都府
#変速付き自転車みたい

古尾 由美子　福岡県
いわば、カメレオンクッション

細田 哲宏　香川県
足というより、走りにフィットする。

細田 哲宏　香川県
足ではなく、走りにフィットする。

堀田 陽祐　愛知県
最適な衝撃吸収は、
疲れも吸収してくれている。

前川 竣　京都府
全人類オーダーメイド。

松田 綾乃　東京都
マッチング率100%

松田 正樹　東京都
臨機応変シューズ

松村 遼平　京都府
リアルタイムオーダーメイドシューズ

三枝 佳代子　海外　ラジオCM
彼女:別れましょう
男:え?
電話の声:残念ながら我が社とは縁がなかったということで…
男:これで100社か
友人:おまえのアパート、火事で全焼したってよ
男:嘘だろ
NA:どんな衝撃も受け止めて、あなたを守ります
ランニングシューズのクッション材
BROOKS DNA

三上 佳祐　東京都
運転上手いね、この靴。

三上 佳祐　東京都
履き心地というより、乗り心地。

三上 智広　北海道
73億人のジャストフィット。

溝口 昌治　神奈川県
勝手にベストコンディション。

溝口 昌治　神奈川県
アメーバクッション

密山 直也　兵庫県
母はいつもバーゲンの日に、
私の靴を履いていく。

密山 直也　兵庫県
あなたが履くまで、この靴は完成しない。

宮坂 和里　神奈川県
裸足よりも、走りやすい靴。

向井 正俊　大阪府　ラジオCM
観客:USA!USA!USA!
NA:アメリカから来た。
観客:DNA!DNA!DNA!
NA:衝撃に合わせて変化するクッション。
BROOKS DNA。

村上 伊周　東京都
衝撃がないという、衝撃を。

村上 正之　愛知県
あなたに条件反射するシューズ。

村上 正之　愛知県
どんなランナーとも、分け隔てなく、おつきあいします。

村上 正之　愛知県
どんなあなたでも、受け止めます。

元氏 宏行　大阪府
全ランナー専用。

安川 良平　東京都
自動〝最適化〟クッション

矢野 雄一郎　福岡県
皆が履いてる、あなただけの一足。

山口 泰尚　京都府
あなたの靴は、
履いてもらってから合わせます。

山﨑 裕也　東京都
足のウラは、オモテだ。

山下 真寛　埼玉県
もっと踏んで。

山元 武　静岡県
シンデレラソール

善積 玲児　東京都
即、自分アップデート

吉村 圭悟　東京都
なじみがないのに、なじむもんだな。

カ

カスタムプロデュース

奥田 隆浩　東京都

エブリワンにオンリーワン。

笠 祥一　埼玉県

すべてのランナーの、快適な走りを演出する。

渡邊 千晴　長野県

ランナーの「走り」で変化するシューズ

渡邊 侑資　岐阜県

ジャングルから砂漠まで。

関電工

関電工の魅力を広く伝えるアイデア

協賛企業賞

青山 紀恵（30歳）東京都

電気、お届けにあがりました。

▼協賛企業のコメント

関電工
総務部長
土屋恵吾さん

当社は、今回初めて宣伝会議賞に協賛いたしました。多くの作品をお寄せいただき、ご応募くださった方々には大変感謝しております。受賞作品につきましては、「電気、お届けにあがりました。」というシンプルでテンポの良いフレーズが印象に残り、また、発電所から家庭まで、電気を届けるための設備を構築する当社の事業内容が端的に示されていることから選出させていただきました。受賞された方にはお祝いを申し上げるとともに、皆さまのより一層のご活躍をお祈りしております。

三次審査通過作品

荒木 緑　東京都

ピンチの時しか知られない、それでいい。

岡山 和也　東京都

日本はほぼ、電動だ。

二次審査通過作品

北原 祐樹　新潟県

2020年、日本のインフラの実力が試されます。

長井 謙　東京都

関電工は、宇宙から見える。

一次審査通過作品

青山 紀恵　東京都

電気の道をつくる。

浅井 義博　愛知県

夜の衛星写真で日本のかたちが浮かび上がるのはなぜだかわかる?

安達 岳　東京都

そもそも地球は過ごしづらい。

石榑 康伸　愛知県

電力を、電気に。

石原 佳典　愛知県

1番ライト　関電工

夷藤 翼　東京都

太陽は、一日の半分しか照らさない。

夷藤 翼 東京都
住む街に、見とれる夜もあっていい。

夷藤 翼 東京都
クリスマスツリーも、スカイツリーも。

稲納 真吾 大阪府
スマホと発電所の間です。

井上 亮 大阪府
電気が枯れないのは、整備してるからです。

岡田 量太郎 神奈川県 テレビCM
「輝く惑星」編
(映像:宇宙から、地球の夜景)
NA:太陽のように光を発する星を、恒星と呼ぶ。
NA:惑星なのに輝く地球は、なんと呼べばいいのだろう。
NA:光を届ける、関電工。

金井 優昌 宮城県
快適なとき、快適さには気づかない。

金子 俊幸 神奈川県
このビルもこの工場もこの病院も休めない。

川野辺 誠 千葉県
いま話題の
人工知能も
自動運転も
仮想通貨も
電気が支えている

北原 航 大阪府
街のスイッチ

串大輝 東京都
宇宙からも見える仕事なんて、
そうありません。

小島 功至 熊本県
星空が、街に嫉妬する。

後藤 裕彦 東京都
発電所から先のことは、おまかせください。

小西 裕斗 大阪府
1日を24時間にしたのは、電気です。

小西 裕斗 大阪府
電気の使い方はエコになった。
電気の送り方はどうエコにする?

小西 裕斗 大阪府
どうかこの夜景が、残業で出来た
夜景じゃなくなりますように。

清水 雄平 東京都
あなたは1日に何回スイッチを押しますか?

新免 弘樹 東京都
きょうから、
関電コウに改名します。
(柴咲コウ)

新免 弘樹 東京都
負けた。
(ウルトラマン)

芹澤 高行 東京都
では、明るいお都市を。

長井 謙 東京都 テレビCM
○ビル文字篇
□夜景の見える高級レスランでディナーをするカップル。
男「実は、君に見てほしいものがあるんだ」
女「なに?」
□男が指を鳴らす。
□窓の外にビル文字で「結婚しよう」の文字が。
□驚く女。
□男が指輪を女の前に取り出す。
□女が指を鳴らす。
□窓の外にビル文字で「ごめん」の文字が。
□驚く男。
NA&コピー「どんな日も、変わらず照らし続けます」
ロゴ「関電工」

中島 崇 埼玉県
電気を資源だと思わず暮らせているのは
関電工のおかげです。

中辻 裕己 東京都
電気はどっちから昇ってくるの?

中村 匡 大阪府
インテリジェントビルも、
電気がなければ
ただのランドマーク。

力
関電工

中村匡　大阪府
電球もプラントも、関電工。

秦光士郎　福岡県
電気設備も長寿大国に。

初田拓実　東京都
電気を消せるのは、
また点けることができるからだ。

早川竜也　愛知県
工事をしないと、電気はただの電力です。

林次郎　東京都
電波は飛んでくるが、電気は飛んでこない。

林秀和　東京都
届け、電気。

日高修一　東京都
ネパール王国を灯す。
ブータン王国も灯す。

平田一記　東京都
宇宙から見ても日本だとわかる。

古屋順一朗　東京都
お日様に感謝するように、
電気にありがとうって言いたい。

松尾栄二郎　東京都
工事しなければ、電気はつかないから。

松尾健介　大阪府
電気は、届けるまでが仕事です。

松本慎平　東京都
ふたつの東京オリンピックを、つないでいく。

丸山佑介　長野県
どこにでもある、
どこにもない会社。

三浦秀雄　秋田県
日本で獲れた、光です。

三浦秀雄　秋田県
光を出荷しています。

三上智広　北海道
宇宙から見た東京の夜景が、
私たちの仕事を物語っている。

溝口昌治　神奈川県
月明かりだけじゃ、文明はこんなに発展しなかったと思う。

見田英樹　愛知県
2020年、いちばん頑張らなきゃいけないのが私たちです。

見田英樹　愛知県
ロックンロールも殺せてしまう。

見田英樹　愛知県
1日は点けて始まり、消して終わる。

宮前実幸　大阪府
「やだ。いたの?」と言われたい。

山口雄己　埼玉県
電気が点くのは、どこかと繋がっているから。

山本(飯田)朝子　東京都
ひらめいた時、電球のマークを
描くのはなぜでしょう?

吉住祐太　神奈川県
電力会社があるだけでは電気は灯らない

海外の人におしえてね。
しょうゆのおいしさ、使い方。
「あたらしいWA！をつくろう」を合言葉に、
世界の料理や食材とおいしさの出会いを広げる
キッコーマンのしょうゆ。
そのおいしさや使い方をまだ知らない海外の人たちに
しょうゆの魅力を伝えてください。
課題：国境を越えておいしさの出会いを広げ続けるキッコーマンの企業広告
ジャンル：自由
参考資料：詳しい商品情報はホームページをご覧ください。 https://www.kikkoman.co.jp/
kikkoman
おいしい記憶をつくりたい。

キッコーマン

国境を越えておいしさの出会いを広げ続けるキッコーマンの企業広告

協賛企業賞

高橋　琳太郎（27歳）神奈川県

TERIYAKIはしょうゆがなければ生まれなかった。

▼協賛企業のコメント
キッコーマン
経営企画室 コーポレートブランド
担当マネジャー
中島みどりさん

高橋琳太郎さま、受賞おめでとうございます。また、今回当社課題に応募くださったすべての皆さまに御礼申し上げます。今回の課題は「しょうゆのおいしさや使い方をまだ知らない海外の人たちにしょうゆの魅力を伝えてください」というものでした。当社が米国で本格的なマーケティングを開始した1957年当時、多くの米国人にとって、しょうゆは未知の調味料でした。当社が選んだのは、「日本食用の調味料」としてではなく「米国の家庭料理をおいしくする調味料」として訴求すること。米国人の好きな肉と組み合わせて、しょうゆのおいしさを紹介するTERIYAKIというメニューが生まれ、やがて定着、さらには肉以外の料理にもしょうゆが使われるようになりました。「TERIYAKIはしょうゆがなければ生まれなかった。」このコピーには、今や多くの国に広がった「TERIYAKI」の誕生を振り返り、しょうゆの価値や各地の料理との融合の可能性を、海外の方にむけても示唆してくださる力があると思います。高橋さんが、創造力豊かに、ますますご活躍されることをお祈り申し上げます。

三次審査通過作品

宇引章　東京都

言葉が通じないヤツには、身体で覚えさせるしかないようだな。

古川幸一郎　大阪府

しょうゆ入れが魚の形なのは、海を渡るためだったのか。

二次審査通過作品

浅野俊輔　東京都

君がいたおかげで、海外転勤でもやってこれた。

飯田祥子　福岡県

はいチーズより
はい、しょうゆ

石橋友也　東京都

しょうゆ一本持って、アマゾン行ったら、大人気。

石山博之　千葉県

わたしのつたない英語より、
母の料理の方が
よっぽどコミュニケーション力がある。

石山 博之　千葉県
しょうゆは和食？
いや、地球食。

伊禮 大地　沖縄県
和食を越える醤油の相棒が
きっといる。

梶谷 知世　滋賀県
その使い方、日本人でも知りませんでした。

長井 謙　東京都
胃袋に、国境はない。

長縄 寛久　静岡県
パエリアに合う調味料が日本にあった

松本 圭太　大阪府
あ、その使い方は日本にはなかったな。

三上 智広　北海道
醤油の使い方に縛られているのは、
もはや日本人の方かも知れない。

吉富 大倫　神奈川県
味に翻訳はいらない。
英語6年、味1秒。
これが私の答え。

一次審査通過作品

粟飯原 由貴　東京都
海外旅行の持ち物リストに、入ってます。

浅野 俊輔　東京都
どう…？　お国にあいます？

浅野 俊輔　東京都
「いいね！」より「あうね！」。

浅野 俊輔　東京都
ひとかけの、外交官。

浅野 俊輔　東京都
世界中で、ひとたらし。

芦澤 直孝　東京都
世界のどこかの、おふくろの味。

阿部 亮介　東京都
キッコーマンは世界に願う。
しょうゆが和食の象徴ではなくなることを。

阿部 亮介　東京都
海外発、おいしい和食が
やってくるかもしれない。

カ

キッコーマン

阿部 亮介　東京都
料理が好きだからという理由で、行きたくなる国がある。

天野 健一朗　京都府
ファミコン、カラオケ、キッコーマン。

鮎川 幹　千葉県
その人は、デリシャスではなく、ビューティフルと言った。

新垣 未来　東京都
日本人はみんな使ってます。

有上 純　福岡県
どうも!日本を代表する「寿司・刺身・天ぷら」につける者です。

石井 裕治　埼玉県
海外にいくと、これにしょうゆをかけたら絶対うまいと思う瞬間がある。

石谷 英雄　静岡県
醤油を知ってもらえば、日本はもっと豊かに見える

石塚 啓　神奈川県
隠し味って、NINJAっぽくてCOOLだ。

石塚 勢二　東京都
日本人の知らない使い方を教えてください。

石橋 友也　東京都
ジンバブエ料理にも使える。

石山 博之　千葉県
「もったいない」を広めるチャンス。

一ノ瀬 郁未　石川県
美味しい醤油レシピ
①茹でた野菜にかけます
終わり

伊藤 隆光　千葉県
Don't think,try.

伊藤 均　東京都
和風のおいしい作り方。

伊藤 美幸　愛知県
生まれた国が違うだけで、しょうゆを知らないのはもったいない。

岩崎 祐久　大阪府
うちのカレーの隠し味。モハメッドさんも試してみたら?

岩田 皆子　東京都
母の口癖「醤油かな」。

上田 貫太郎　東京都
醤油がなければ、和食は生まれなかった

植村 明弘　東京都
しょうゆがなければ、生まれなかった料理がたくさんある

植村 明弘　東京都
おいしそうな匂いとは、しょうゆの匂いのことだと思う。

漆戸 秀俊　千葉県
拝啓、マルコポーロさま東方見聞録として紹介してください。

大杉 陽　東京都
Ka・Ku・Shi・A・Ji

太田 健司　長野県
イタリア人は和風パスタの美味しさをまだ知らない。

大西 桃子　京都府
隠し味の醤油で、ボルシチもトムヤムクンもブイヤベースも格段に美味しくなった。

岡 以久馬　大阪府
日本も、醤油も、ケンカは苦手です。

岡本 英孝　福岡県
アニメよりもっと凄いんです。

岡本 英孝　福岡県
日本生まれ、世界育ち。

小野 幹太　千葉県
世界にかける醤油。

貝渕 充良　大阪府
ごまかしもする、なんとかもする、でも一番は、おいしくする。

貝渕 充良　大阪府
この国くらいかな、料理の漫画がヒットするのは。

貝渕 充良　大阪府
外国の人も、
「フライに何をかけるか」
で盛り上がるのかな？

貝渕 充良　大阪府
まだあるさ、
アボカドもしょうゆをつけて、
食べるとうまいんだぜ。

貝渕 充良　大阪府
これ絶対、しょうゆで食べたほうがおいしい。

片山 美紀　奈良県
１００ヵ国の料理上手が、
隠し味に使ってる。

嘉藤 綾　大阪府
調味料というより、栄養素でもある。

金津 孝彦　東京都
宮内庁御用達調味料。

兼俊 紘子　北海道　テレビCM
司会者：「次は最優秀助演賞の発表です。
受賞者は今まで、あらゆる国とジャンルの作品に出演し、名脇役として多くの共演者たちを支えてきました。この方ほど、どんな作品にも溶け込め、相手を引き立たせることの出来る役者はいないでしょう。…それでは発表いたします！」
会場にドラムロールが鳴り響き、スポットライトが回り出す。
キッコーマンしょうゆの映像。
NA＆テロップ：素材を限りなく引き立てる。
キッコーマンしょうゆ。

菊永 淳朗　大阪府
肉じゃがを思い出す人がいる、
ジャンバラヤを思い出す人もいる。

北浦 俊　千葉県
お袋のおいしい「裏ワザ」を、
世界のママに伝えたい。

北川 秀彦　大阪府
マザーが使っても、おふくろの味。

木原 将希　大阪府
小さじ1杯、母の味。大さじ1杯、彼の味。

木村 有花　千葉県
醤油は、国籍で差別しません。

楠本 奈央　神奈川県
ルイ14世が食べた肉料理は、
しょうゆが隠し味でした

久保田 正毅　愛知県
しょうゆがあるなら、この知らない料理、
注文してみるか

久保田 正毅　愛知県
「ボールペンが嫉妬。なぜ？」
「何度、使い切られるねん」

黒田 優花　新潟県
味で蘇る、
記憶がある。

小久保 樹里　東京都
ただいまの匂い　おかえりの味

小島 功至　熊本県
安い赤ワインに1滴入れたら、
高級ワインの味になるらしい。

小島 功至　熊本県
間違えて焦がしても香ばしい。
そんな調味料、そうそうない。

後等 留美子　東京都
地球上すべての〝煮たり焼いたり〟へ。

小西 健太　神奈川県
なぜキッコーマンは海外売上が57％に
なれたのか？

小西 裕斗　大阪府
世界中の魚嫌いの子を持つママに、
照り焼きという作り方を知ってほしい。

小林 美和　東京都
デリシャス！も
ボーノ！も
しょうゆで作れる。

小宮山 玄一　東京都
簡単に日本には行けなくても、
簡単に日本は味わえる。

小宮山 玄一　東京都
あ、それも和風に出来るよ。

小宮山 大介　東京都
砂漠にも、醤油はある

齋田 敏宣　大阪府
類似品はない。

坂口 由紀　埼玉県
しょうゆは日本の名刺。

崎山 すなお　東京都　テレビCM
食卓の会話編
「母さんしょうゆとって」
「はいどうぞ」
「次。僕も」
「はいどうぞ」
「今日の味付けちょっと薄かったかしら?」
「ちょっとだけね。でも美味しいよ」
NA：和訳してお伝えしていましたが、フランスでの夕食時の会話です。しょうゆは万能調味料として、いろんな世界で使われています。
キッコーマン

佐々木 貴智　東京都
日本の雫。

佐々木 貴智　東京都
魚だって、最後がしょう油なら本望だ。

佐藤 泰広　東京都
祖父は何にでもしょうゆをかけていた。
今思うと、あながち間違いでもないな。

座間 真澄　東京都
世界中のお母さんが、
ひそかに腕をあげている。

柴田 賢一　茨城県
グルタミンさんが世界中の料理を
おいしくします。

柴田 賢一　茨城県　テレビCM
海外のおしゃれなカフェ。
欧米の人間に囲まれ、
若い日本人のカップルが
卵とハムのガレットを食べている。
男：あのさ・・・
女：なに?
男：これって絶ッ対、しょうゆに合うよな・・・
女：私も思ったけど、ここ外国だよ。
店員がやってきて、二人の顔を覗き込む。
不思議がる二人を見て微笑むと、
しょうゆをテーブルの上に置く。
S：この世界は、しょうゆに合うものばかりだ。
Cl：kikkoman

島村 浩太　東京都
醤油があるから、
テリヤキバーガーも生まれた。

清水 大　千葉県
二重国籍なんて、かわいいものです。

徐 劼劼　埼玉県　テレビCM
…咀嚼の音
…飲みもの飲まれて喉が動いた音
…うん↗（美味しいもの食べたこと出された音）
…はぁ～
美味しいは世界の共通語。キッコーマン。

白石 文子　福岡県
食材が、料理になる。

城川 雄大　富山県
いつか日本は、「しょうゆの本場」と
呼ばれるかもしれない。

神宮 龍斗　東京都
失敗も、成功にできる。

神宮 龍斗　東京都
人類の舌に合う。

新免 弘樹　東京都
和食がブームで終わりませんように。

杉本 望　東京都
足すと、和になる。

杉森 舞　神奈川県
偉い人、みんなお腹いっぱいにしちゃったら、
戦争ぜんぶなくならないかな。

キッコーマン

鈴木 遼平　埼玉県
醤油はハーバードでも研究されています

高橋 貞行　神奈川県
しょうゆ抜きでは、
寿司は完璧になれない。

高橋 増美　東京都
アメリカのレストランでしょうゆを
頼むとき「Ｋｉｋｋｏｍａｎ！」と
言ったら通じました。

高橋 琳太郎　神奈川県
ＮＩＮＪＡの国の隠し味。

竹巻 裕也　大阪府
日本人は寿司よりも天ぷらよりも、
醤油が好き。

竹村 弥生　徳島県
おふくろの味から、おフランスの味まで。

田中 小百合　東京都
「しょうゆ　大さじ1杯」
これからあなたが日本に住んで、
一番見る日本語かもしれません。

玉熊 文乃　東京都
フォークとナイフで肉じゃがを味わう。

玉熊 文乃　東京都
美味しいものが嫌いな人なんて
どこにもいない。

俵 千晶　東京都
いまやスイーツにもなる時代です

丹野 美里　東京都
スーパーマンより、スパイダーマンより、
キッコーマン。

丹野 美里　東京都
世界中の人と、和になって食べよう。

永井 景都　茨城県
留学生の子が「オフクロノアジ！」と笑った。

長井 謙　東京都
つけるもよし。かけるもよし。かくすもよし。

長井 謙　東京都　テレビＣＭ
○通じる篇
□外国人に和食をふるまう日本人。
外国人「▽□○％＄＆！？」
日本人「でしょー！」
NA：「言葉が分からなくても、美味しさは
通じる。キッコーマン」

中垣 雄介　東京都
70億通りのさじ加減。

中倉 英樹　東京都
日本では、醤油を使っていない家を
見たことがない

長坂 祥治　東京都
無人島に何かひとつ持っていくとしたら、
しょうゆです。

中島 優子　東京都
さしすそ以外とも、交わりたい。

中島 優子　東京都
世界はそろそろ、
ケチャップとマスタードに
飽きてきたころだと思う。

中田 国広　埼玉県
せめて英語と中国語とスペイン語に翻訳で
きるよう、ホームページを早急に改良します。
しょうゆのおいしさを海外に伝えたい
キッコーマン

中谷 佳純　愛知県
タレントが得体の知れない虫を食べて
美味しいと言うとき9割が佃煮説。

中辻 裕己　東京都
日本のｍｏｍの味は、
地球の裏側でｗｏｗになる。

中辻 裕己　東京都
どうしよう。愛がなくても
美味しくなってしまう。

永渕 耕　神奈川県
日本食ブーム＝しょうゆブーム

中村 和彬　愛知県
田中さんちのご飯にも、
レベッカさんちの前菜にも、
トカチョフさんちのおかずにも。

カ キッコーマン

中村 有史　東京都
刺身にソース　ハンバーグに醤油
どちらが勝つか

成田 のり子　福岡県
ハラールしょうゆ、あります。

西川 剛輔　東京都
宇宙が先か、世界が先か。

二羽 富士夫　石川県
もはや超味料。

野口 恵子　埼玉県
日本を1滴

野口 祥子　熊本県
あなたの国の調味料と混ぜてみてください。

野村 亜矢　神奈川県
いいな、これからいろいろな料理に
試せるなんて。

橋村 一甫　東京都
プリンから、ウニだって作れる。

浜田 英之　東京都
素材だけじゃ、和食になれない。

早坂 あゆみ　東京都
一滴の親善大使。

林田 淳　東京都
もしSNSに匂いがつけられたら、
きっと醤油は世界でバズる。

春山 豊　東京都
醤油のない国は、
食の可能性に満ちあふれた国だ。

飛田 哲志　愛知県
日本では、中華そばもしょうゆ味です。

日高 修一　東京都
フランス人の中では、
白ご飯にかける食べ方が流行っているらしい。

日比野 はるか　神奈川県
すべての国のおふくろに。

日比野 はるか　神奈川県
国と国も、「おしょうゆ貸して」の仲に
なれたらいいのにね。

日比野 はるか　神奈川県
ハンバーグを和食にしたもの。

廣田 顕久　岡山県
おを付けて、敬う国。

廣本 嶺　東京都
これからの日本食は、「食べてみたいもの」
から、「つくってみたいもの」になると思う。

藤崎 清　神奈川県
日本人は右手に箸、
左手に醤油を持っています。

古澤 敦貴　大阪府
世界を、どう料理してやろうか。

星合 摩美　東京都
バニラアイスをおいしくするしょうゆ、
あります。

星合 摩美　東京都
このちいさな島国には、10,000種類を
超えるしょうゆがあります。

星野 正太　宮城県
醤油は、実は江戸時代から海を越えていた。

堀 卓　福島県
和食だけじゃ、もったいない。

堀江 成禎　京都府
三ツ星レストランから大衆食堂まで。

本多 遼太郎　宮城県
祖母は僕を忘れても、
しょうゆの味は忘れなかった。

眞木 雄一　石川県
おいしさには旅をさせろ。

眞木 雄一　石川県
おいしさは国境より古い。

松尾 健介　大阪府
日本人は、
1000年食べても、
飽きてません。

松崎 拓也　東京都
かける、つける、それだけ。

キッコーマン

松田 綾乃　東京都
さかなとしょうゆで、さかなの味です。

松田 綾乃　東京都
おいしいのは本当に魚だろうか。

丸茂 潤吉　東京都
織田信長が好んだのは、濃い醤油味でした。

三島 直也　東京都
調味料が1つ増えると、
料理の数は倍になる。

三島 直也　東京都
「しょうゆ」より
「キッコーマン」の方が通じた。

三島 直也　東京都
創意ソース

溝口 昌治　神奈川県
あなたの国好みのしょうゆはどれですか？

南 忠志　東京都
歴史の教科書に、
「しょうゆ伝来」と載るかもしれない。

南 忠志　東京都
米と卵は外国にもある。

三宅 幸代　大阪府
あのルイ14世も味わった。

宮本 俊史　東京都
英語より、しょうゆが
使われている国の方が多いんだって。

宮本 律　東京都
キッコーマンの六角形は、
六大陸をつないでいる。

三輪 希　千葉県
KIKKO MAN is Japanese SUPER MAN

村上 伊周　東京都
調味料が原因の戦争があるなら、
調味料が原因の平和だってあるはずだ。

元氏 宏行　大阪府
えー、まだ知らないの。
ルイ14世でも知ってますよ。

山内 昌憲　東京都
世界の料理に合わせるのは得意です。

山口 恵子　愛知県
ママンの味が、お袋の味に変わる。

山口 泰尚　京都府
ぼくは醤油で自己紹介をする。

山﨑 裕也　東京都
日本には、しょうゆ専用の皿がある。

山下 祐輝　大阪府
しょうゆは南極に行ったことがあります。

山下 祐輝　大阪府
いや、パクチーが日本で流行る時代ですよ。

山田 園美　愛知県
『世界おふくろの味』化計画。

山中 彰　愛知県
しょうゆは、かけ算。

山中 理之　東京都
ギブミーキッコーマン

山本（飯田）朝子　東京都
国際化っていつから言ってるんだよ、
としょうゆが笑う。

山本（飯田）朝子　東京都
インスタで、
#shoyuって検索してみて。

山本（飯田）朝子　東京都
バナナにしょうゆ。メキシコの話です。

山本 江美奈　京都府
しょうゆを待ってる国がある。

湯田 旭　京都府
醤油注しを買いましょう。
話はそれからです。

用丸 雅也　東京都
TERIYAKIも醤油から生まれた

カ

キッコーマン

吉川 文義　東京都

日本には言葉よりも、
世界に伝わる味がある。

輿田 隆浩　東京都

しょうゆは日本食じゃないと思う。
だって、世界中の料理に合うから。

渡辺 大介　千葉県

Show You Soy Magic.

KITZ

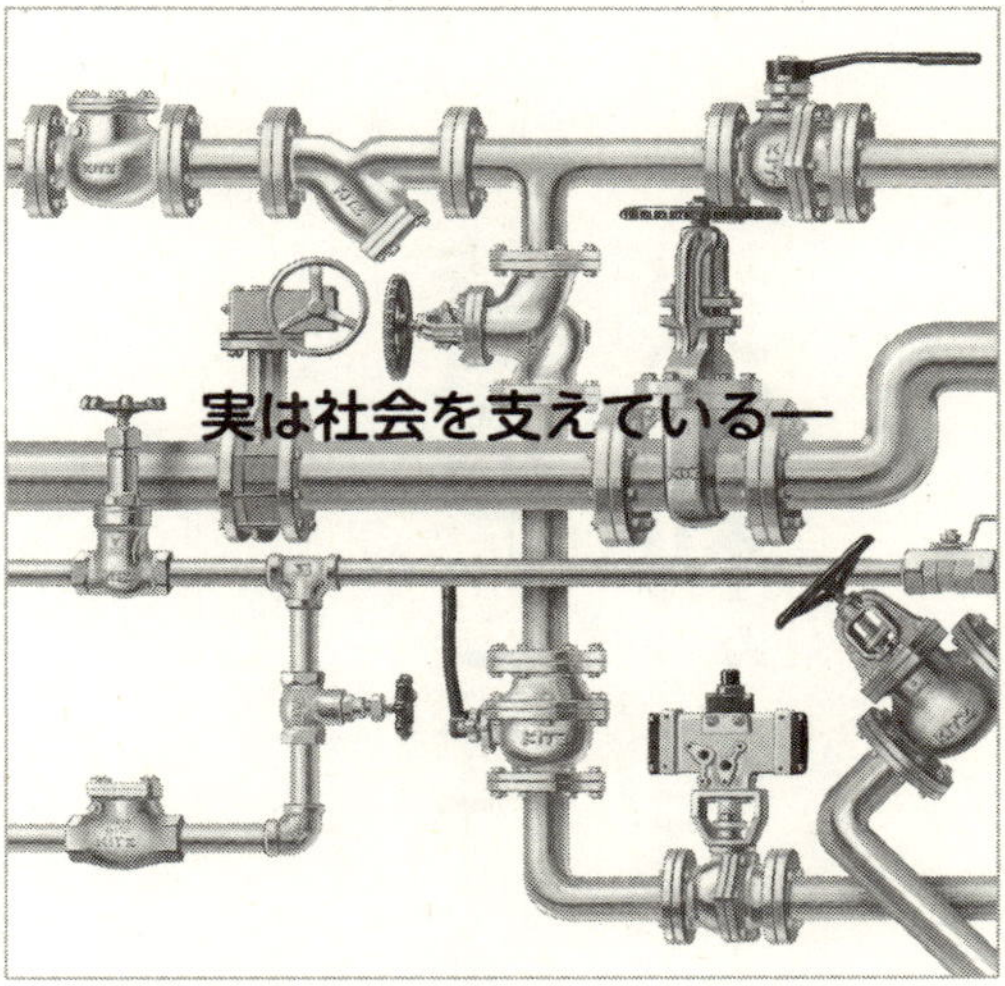

“バルブ”を身近に感じるアイデア募集！

皆さんは“バルブ”とは何かをご存知ですか？

バルブは、上下水道、給湯、ガス、空調など、
私たちの身近な生活フィールドから、
石油、化学、医薬品、食品など、あらゆる産業分野の生産プロセスに
至るさまざまなパイプに接続され、重要な役割を担っています。
キッツは国内シェア No.1 を誇る総合バルブメーカーとして、
バルブとはどんなものなのか、
もっと多くの方に知っていただきたいと思っています。
“バルブ”にピンときた方もピンとこなかった方もぜひ、
多くの人がもっとバルブを身近に感じるアイデアをお寄せください！

課題	“バルブ”を身近に感じるアイデア
ジャンル	キャッチフレーズ、テレビ CM、ラジオ CM
参考資料	キッツコーポレートサイト http://www.kitz.co.jp/ キッツ製品情報サイト http://www.valvekitz.net/

株式会社キッツ

キッツ

バルブを身近に感じるアイデア

カ キッツ

協賛企業賞

出野 留美（51歳）広島県

暮らしに〝弁利〟を。

▼協賛企業のコメント

キッツ
経営企画本部 広報・IR室長
向井真也さん

このたびは、協賛企業賞の受賞、おめでとうございます。バルブは、日常生活の中であまりその存在を意識されることはありません。今回は、そんなバルブを身近に感じることができるアイデアを募集しました。「宣伝会議賞」への協賛は初めての試みでしたが、予想を大きく上回るご応募をいただき誠にありがとうございました。社内では発想できなかったさまざまな視点からバルブにアプローチしていただき、改めて気づかされることも多くありました。1作品に決定することは非常に難しかったのですが、選考メンバーだけでなく、社員からの意見も取り入れて選ばせていただきました。バルブのことを「弁」とも呼びます。本受賞作品は、バルブが人びとの生活空間に存在することをイメージさせるとともに、バルブの機能や役割を端的に表現されている点に、多くの支持が集まりました。最後になりますが、受賞者をはじめ、ご応募いただきました皆さまに心から御礼申しあげますとともに、今後のますますのご活躍をお祈りいたします。

三次審査通過作品

加藤 晃浩 東京都 テレビCM

男が砂漠をさまよっている。

歩き疲れ、ついに倒れ込んでしまうが、砂の中に埋まっていたランプを発見する。こすってみると
ランプから魔人が出てくる。

魔人：願い事を一つだけ叶えてやろう。

男：み、水！水をください・・!!

魔人：よいだろう。それ、水だ。

　　　すると空から滝のように水が降ってきて男に直撃。まともに水を飲めないまま取り残される。

NA：水だけじゃ、水は飲めない。パイプを通った水はバルブで調整され、あなたの家に届きます。ラ
　　イフラインを支える会社。バルブは、キッツ。

林 太一 東京都

「いいんですか、全部漏らしますよ。」

飛田 哲志 愛知県

しめぇ感。

松本 慎平 東京都 ラジオCM

【うわさ篇】
男：俺がふられたこと、誰にも言うなよ。

カ キッツ

同僚男：当たり前じゃないか。
（オフィスの効果音）
女：ねえねえ、ふられたんだって？
先輩：飲み行くか。
部長：若いうちはいろいろ経験…
男：なんでこんなに大事なことを漏らすんだ！
NA：世の中には、大事なことを漏らす人がいる。
わたしたちは漏らしません、特に気体と液体は。
流体を制御する会社。バルブメーカー、キッツです。

二次審査通過作品

岩倉 義則　北海道
ゆるキャラであり、しめキャラ。

一次審査通過作品

浅野 俊輔　東京都
社員全員、マリオです。

新 拓也　東京都
バルブは、宇宙開発にも噛んでいる。

天沢 もとき　東京都
どれだけ制御できるかで、未来が変わる。

石村 朱音　神奈川県
回すって、ワクワクする。

市原 悠　東京都
中継ぎのファインプレーをご覧ください。

大槻 一徳　東京都
【嘘】マリオも社員でした

小笠原 清訓 千葉県
未来を、ひねり出すもの

奥村 伸也 東京都
冷静に流そう。

小田切 未邦 兵庫県
この国には、締めるとこしっかり締める存在が必要なんだ。

嘉藤 綾 大阪府
パイプを持っているだけじゃ、成功できない。

小佐井 和秀 大阪府
生活の弁をよくします。

小島 力 大阪府 テレビCM
「流れるプール編」
おっさん達で混雑し、水面も見えないような渋滞した流れるプールの中、憮然とした若い女性数人。
映し続けるが、停滞してほとんど流れない。
NA：きちんと流れた方がいい…
NA：ーあらゆる流れをバルブで支えるー
キッツ

島田 宏哉 静岡県
生命栓。

闕 彰一 東京都
バルブがあるから、エコできる。

孝田 純一 東京都
しめるヤツおらんと、みんなダラけるじゃん。

田辺 拳斗 千葉県
言われなくても省エネしてますから。

土田 悠樹 東京都
おしっこやうんちが止まらない。
ほら、人間に置き換えたら一大事だ。

土谷 真伊人 大阪府 テレビCM
わんこそばを食べに来た男。まだお椀に入っているのに、店員にどんどんそばを入れられてしまう。
男「まだ食べてないですよね？ちょっと待ってもらえますか」
店員「はーい！」
そう言いながらも、どんどんそばを入れてくる店員。
男「ちょっとちょっと!!」
店員「すみません！とめられないんです！」
NA「バルブがなかったらこんな世の中に。バルブなら、KITZ」
企業ロゴ。

寺町 信行 愛知県 ラジオCM
(以下：男性NA)
「ねえ
さっきから既読スルーに
落ち込んでるの？
オレのライン
どんだけスルーされてるか知ってる？
2000年。
ごめん、びっくりした？
2000年間、
民衆にスルーされてるの。
クレオパトラは
スルーしなかったけど。
うん、街のライフラインの話。
あと工場のプロセスラインも。
普通なら、
もっとひねくれちゃうけど
そこはやっぱさ、
手でひねれる程度に収まんないと。
オレが君をスルー？
まさか。
ボクはガスや液体しかスルーしないよ。ハハハハ。」
(以下：女性NA)
「健気でタフ。
そんなバルブを愛してる。
KITZ」

藤榮 卓人 神奈川県
ラインからの流出、防ぎたいですよね？

中澤 翔 大阪府
命を通す道づくり

中村 真 大阪府
目立ったら負けだからツライ（泣）

名引 佑季 大阪府
政治家のお口、バルブいるんじゃない？

成田 斐 大阪府
なんで水道管を工事して、水が出てこないか不思議だった。

西口 滉　東京都
バルブがないとトイレも困る。

西口 滉　東京都
心臓にもあるぐらい大事なもんってことです。

野村 剛　大阪府
社員よりも商品の方が雄弁です。

長谷川 佳史　東京都
蛇口をひねると水が出る、
がすごいと言われる本当の理由。

羽渕 徹史　千葉県
社会の接続資。

早坂 渡　東京都
暮らしの元締め。

林 次郎　東京都
資源には限りがある。だから止める技術が
大切なんです。

林 太一　東京都
水も空気も、やんちゃだから。

日比野 はるか　神奈川県
まじめにいい加減をつくっています。"

廣本 嶺　東京都
宣伝会議賞で、初めて知りました。

廣本 嶺　東京都
バルブは、理性です。

福西 京介　東京都
人の生きるをつなぐ会社

藤田 篤史　東京都
資源がない国だからできた技術だと思う。

細川 桂　東京都
「水道水が飲める」って言葉は、
バルブへの褒め言葉なんです。

牧 賢治　兵庫県
あの首相の発言にも、
バルブが必要だ。

牧 賢治　兵庫県
あの政治家の発言にも、
バルブが必要だ。"

丸山 清　東京都
しまった！
よかった！

三浦 洋恵　宮城県
緩急が持ち味です。

三上 佳祐　東京都
高度なひねり技。

水出 由香里　群馬県
止められるから、行き届けることができる。

水出 由香里　群馬県
調節のプロ。

水谷 真由子　愛知県
ライフラインの元締め。

南 忠志　東京都
街を引き締める。

箕浦 弘樹　岐阜県
温泉は、バルブがなければ、
ただの熱湯風呂です。

宮崎 悠二　東京都
漏らしてもいいなら、いらないものです。

向井 正俊　大阪府
「もったいない」の国は、きちんと止める。

向井 正俊　大阪府　ラジオCM
歌手：あぁー♪川の流れ
SE：（バルブを閉める音）
歌が止まる
NA：バルブはあらゆる流体の流れを止めます。
SE：（バルブを開ける音）
歌手：のよーにー♪
NA：バルブはキッツ

持木 宏樹　東京都
「しめる時はしめる」を、世界一知っている。

森井 聖浩　京都府
バブル崩壊より、
バルブ崩壊の方が、
おそろしい。

矢崎 剛史　東京都
家計にも、つけたい。

山内 昌憲　東京都
しめしめ。

山野 大輔　大阪府
理系から言わせると、バルブは名詞じゃなくて接続詞だ。

山本 恭子　長野県
締めるを諦めない。

吉野 利幸　愛知県
暮らしを守る開閉隊。

輿嶋 一剛　岐阜県
「むすんでひらいて」を世界中でしています。

Canon
make it possible with canon

あなたの本気が、パパとママを本気にする。

EOS Kiss X9

課　題

キヤノンの一眼レフ「EOS Kiss X9」で、
わが子を撮りたくなるアイデアを募集します。

ジャンル

自由

ターゲット

子どもの成長記録や家族の思い出をキレイにのこしたい、子育て世代のパパとママ。

商品のポイント

「EOS Kiss X9」は、小型・軽量の一眼レフカメラで、女性にも扱いやすいサイズ感です。
約2420万画素の高画質や、ピントをしっかり合わせられるオートフォーカス機能などが特長です。

伝えてほしいこと

スマホでの撮影が中心で、一眼レフでの撮影を「操作が難しそう」「取り扱いにくそう」などと
ためらっているパパ・ママたちへ。EOS Kiss X9で撮影することで、より自分たちの
ライフスタイルを輝かせてくれることが伝えられるような広告のご提案をお願いします。

詳しくはEOS Kiss X9のスペシャルサイトcanon.jp/kissをご覧ください。

キヤノンマーケティングジャパン

キヤノンの一眼レフ「EOS Kiss X9」で、わが子を撮りたくなるアイデア

カ

キヤノンマーケティングジャパン

協賛企業賞

中谷 吉就（24歳）京都府

ゴール後、ママが写真判定を要求した。

▼協賛企業のコメント

キヤノンマーケティングジャパン
ブランドコミュニケーション本部
宣伝戦略部 コンスーマグループ
阿食金太郎さん

このたびは協賛企業賞の受賞、誠におめでとうございます。子どもが生まれてから写真を撮る機会が増えるご家庭が多いと思いますが、そんな中でも子どものハレの日は、撮影チャンスも限られ失敗が許されない場面です。受賞作品は運動会という親子の一大イベントにおいて決定的瞬間を逃さないという一眼レフカメラの特長を上手く表現していたため、協賛企業賞に選出させていただきました。当社「ＥＯＳ Ｋｉｓｓ Ｘ９」の課題にご応募いただいた皆さまに感謝申し上げますとともに、ますますのご活躍をお祈りいたします。

三次審査通過作品

石原 佳典　愛知県　ラジオCM

男：運動会のために、カメラを買うぞ。
女：スマホでいいんじゃやない？
男：オリンピックを、スマホで撮影するカメラマンはいないだろ。
NA：わが子の晴れ姿は、キヤノンの一眼レフ「EOS Kiss X9」で。

柴本 純　東京都

運動会でスマホはちょっと。

仲田 一石　東京都

もう少し遠くで遊んできなさい。

松谷 拓哉　神奈川県

他の子は全員、背景です。

箕浦 弘樹　岐阜県

一等賞の瞬間、電話がかかってきた。

二次審査通過作品

磯部 亮太　大阪府
「小さい頃の写真ある?」は、
ある日突然やってくる

市島 智　東京都
こどもの頃の想い出は、こどもには選べない。

伊藤 史宏　愛知県
うちの子の膝っこぞうが
先にゴールしてたでしょ。

今成 真知子　東京都
ねえママ、思い出ってなあに?

内田 裕一朗　東京都
子供の晴れ姿は、離れて見守るものです。

江副 佑輔　福岡県
構えているから、
撮られたくなる。

江副 佑輔　福岡県
カメラを撮る姿も、
子どもにとっては思い出です。

江副 佑輔　福岡県
自然体かは、距離次第。

小川 裕康　愛知県
パパ、今年はゆっくり走ってあげようか?

小野 諒佑　兵庫県　テレビCM
ちっちゃい男の子がおっさん声でしゃべる。
男の子：それでアルバムつくる気か?正気かいな。
手元の画像にはｓｎｏｗなどで盛ったものばかり。
NA：成長を記録しよう。
商品のアップ。
男の子：かわいく撮ってや～。

柿本 和臣　福岡県
かすかに、うちの子が先着してた。

加藤 慶　東京都
小学校の運動会は、
たった6回しか開催されない。

河内 大輝 東京都
俺の孫だぞ綺麗に撮れ。

工藤 明 神奈川県
成長は、駆け抜けていく。

佐々木 一之 愛知県
小学校の運動会は、たった6回です。

中島 崇 埼玉県
カメラに気づいた子どもは、
応援されてることに気づいた子どもです。

仲田 一石 東京都
子どもは親のカメラを選べない。

中辻 裕己 東京都
当時のあなたは行方不明なのよ。

西岡 あず海 大阪府
カメラママン

長谷川 佳史 東京都
撮られた子は、撮る子に育ちます。

平田 直也 東京都
100人に見られるより、
100回見たい笑顔がある。

平林 亜未 長野県
もう少し遅く走ってなんて子供に言えない。

洞田 拓也 神奈川県
離れて撮ると、自然な表情がよく撮れる。

南 忠志 東京都
カメラで撮られると、応援されていると思う。

箕浦 弘樹 岐阜県
カメラを向けられると、子どももがんばる。

宮垣 亮汰 京都府
カメラを構えるのは応援になる。

八木 明日香 東京都
わが子以外、全員背景。

山下 祐輝 大阪府
幼児は急に止まれない。

一次審査通過作品

相羽くるみ　千葉県
おしゃれなフィルターなんて、
可愛いぼくらには無用です。

青木陽介　東京都
幼い記憶は、パパとママが作ってあげよう

安達岳　東京都
わが子の成長は、
シャッタースピードよりも早い。

阿部誠　福岡県
こどもの写りたがる時間は、短い。

阿部光博　東京都
荷が重いというより、荷物が重かった。

天沢もとき　東京都
わが子もキャラ弁も、いい顔してる。

荒井美矢子　海外
犬だって猫だって料理だって、
ぜんぶ「わが子」です。

荒木竜郎　東京都
カメラ機能じゃなくて、カメラで撮ろう。

荒木緑　東京都
子どもは、生まれてから最初の1年で
25㎝も変化します。

安樂直弥　福岡県
これがお父さんの目線だったんだ

飯田瑛美　東京都
娘の結婚準備は、
生まれたときから始まっている。

飯田祥子　福岡県
うぶ毛まで可愛いって天使かよ

飯田野杏　京都府
昨日抜けた前歯に、ピントが合っちゃうよ。

池田順平　海外
妻を撮ると、母が写る。

石井亜海　東京都
ふいに撮った、一生残った

石口翼　東京都
暗くても、うちの家族は明るい。

石塚啓　神奈川県
親は子どもの写真を
一生捨てない。

石山博之　千葉県
どれほど愛されて育ったかは、
写真を見ればすぐわかる。

糸井弘美　千葉県
うちの子を、
電話で撮るなんてできない。

伊藤孝浩　北海道
真面目なときに、ボケないで。

夷藤翼　東京都
ブレない愛で育てたい。

夷藤翼　東京都
写真のプロより、
子育てのプロにおすすめしたい。

夷藤翼　東京都
息子以外はスマホでいい。

伊藤美幸　愛知県
その顔は反則だよ。

伊藤美幸　愛知県
初めてのひとりトイレも、画になるなあ（笑）

伊藤康統　愛知県
脇をしめて撮らなくてもいい
一眼レフ。

伊藤康統　愛知県
こどもは
いろんなものに
隠れやすい。

カ

キヤノンマーケティングジャパン

井上ゆり枝　石川県
真剣なときは、両手を使う。

井美春香　三重県
一生懸命な子は、一生懸命な親の元で育つ。

井美春香　三重県
本気で頑張る姿を、
本気で撮らないでどうする。

上田貫太郎　東京都
目に焼き付けても、誰にも見せられない

上野勝　東京都
子供が書いたカメラの絵は、携帯電話だった。

上原和彦　東京都
片手では撮れないものがある

植村明弘　東京都
へぇー、それでこのとき、
頭を怪我してるんだね。

牛島陸　東京都
非日常は、日常の1コマに埋もれやすい。

打田倫明　神奈川県
子どもの時の写真がキレイだと、
育ちが良く見える。

江副佑輔　福岡県
笑えないボケがある。

江副佑輔　福岡県
家族への愛は、
ブレてはいけない。

江副佑輔　福岡県
スマホのカメラ機能は、
電話の着信を優先します。

大井慎介　静岡県
おててとあんよは、今しか撮れない。

大井慎介　静岡県
1歳6ヶ月は、たった30日しかない。

大井慎介　静岡県
村人Cなのに、王子様より主役っぽい。

大井慎介　静岡県
ママが男前になる。

大川裕矢　神奈川県
私はあの子のカーシャンです

大津節子　広島県
お母さん、わたし、どれ?

大坪航也　東京都
カメラを構えると、似たもの夫婦。

大森愛子　愛知県
わたしの育児。
母乳、寝かしつけ、そしてｋｉｓｓ。

岡以久馬　大阪府
シャッターチャンスと着信は、
突然やってきます。

岡建一郎　神奈川県
自撮りより、子撮り

小笠原清訓　千葉県
スマホはスマホで、用事がある

岡田英子　広島県　ラジオCM
妻：あなた見て、
これ、今まさにケンちゃんがゴールテープを切ろうとしてるとこ!
夫：おお、決定的な一瞬だな!
妻：でね、これが、ほんとにほんとに今まさにゴールテープを切ろうとしてるとこ!
でねでね、これが、ほんとのほんとのほんとに今まさにゴールテープを切ろうとしてるとこ!
NA：決定的な一瞬がいっぱい
どんなシーンも逃さない
連写も簡単、一眼レフは
キヤノンのＥＯＳ ＫｉｓｓＸ９

岡本英孝　福岡県
ブレた写真に限って良かったりする。

岡本圭史　千葉県
思い出は、思い出せないと思い出にもならない。

カ

キヤノンマーケティングジャパン

奥一将　愛知県
あなたのスマホ、疲れてますよ?

奥村明彦　東京都
あぁ、晴れだったね
市営グランドだったね
赤い服だったね

柏木克仁　神奈川県
一眼レフを構えると、
いい場所がキープできる。

片岡佳史　神奈川県
遠慮なく、成長していいぞ。

桂田圭子　滋賀県
この子から、目が離せない幸せ。

桂田圭子　滋賀県
母は、たった一枚の写真で、延々としゃべる。

加藤晋平　愛知県
子供は期間限定だから。

加藤千尋　東京都
思い出は時々確かめたい。

加藤佑一　東京都
昨日の息子には、もう会えない。

加藤佑一　東京都
1歳の息子と1歳1ヶ月の息子は別人です。

金澤海月　埼玉県
子供は遊ぶのが仕事。
それを残しておくのが親の仕事。

金山大輝　東京都
ファインダーを覗く間だけ、
子育ては趣味になる。

金山大輝　東京都
ひとの子まで、撮りたくなる。

金山大輝　東京都
写真を残すのも子育てです。

狩野慶太　東京都
いっしょに写ってない人が、
愛してくれた人です。

狩野慶太　東京都
「入学アルバム」も作ってあげたい。

鎌田真悠子　高知県
今までの誕生日は、ケーキが主役でした。

神蔵麻鈴　神奈川県
お母さん、このアルバムから
急に写真の腕あがった?

河内大輝　東京都
いつを撮ってもいつかのあの日。

川村公也　大阪府
一眼レフに着信はない

川村真悟　福岡県
親は、ブレちゃいけない。

河村龍磨　東京都
写真立てのわが子は、親離れしません。

北あかり　北海道
フォトジェニックが歩いてる。

北川秀彦　大阪府
あの子、こんな顔するんだ。

北川隆来　東京都
こども抱いていないときは、
ＥＯＳ Ｋｉｓｓを抱いている

北﨑太介　千葉県
どれだけじろじろ見ても、怒られない。

北原航　大阪府
すぐ撮れるから、すごく撮れる

木下恵修　東京都
子どもは、よく動く。

木村あけ美　東京都
じっとしていられないから、子どもなんです。

木村克輝　愛知県
今年の運動会は一生に一度。

串大輝　東京都
一眼は、からだ全部で撮りにいく。

串大輝　東京都
ちゃんと撮っておこう。
きっと、キミは覚えてないから。

串大輝　東京都
言われて思い出すより、
見て思い出す方がずっと多い。

楠本奈央　神奈川県
スマホを触っている姿より、
カメラを構えている姿で
子どもの記憶に残りたい。

工藤明　神奈川県
子供も歳を取る。

國井和弘　東京都
これは記録ではない。記憶だ。

藏道真琴　埼玉県
創刊、週刊わが子。

栗原孝　新潟県
ドキュメント18年間。

郡司嘉洋　東京都
だんだん離れていく息子に、
ファインダーの中なら近づける。

郡司嘉洋　東京都
大迫力のハイハイ。

慶本俊輔　東京都
少し目を離すと、子どもは成長する。

小池寿裕　東京都
隣の一眼レフに、娘の視線を盗られました。

後藤裕彦　東京都
こどもは、野生動物みたいなものだから。

小西裕斗　大阪府
より子供がカメラ目線になるのも、
一眼レフならではの機能なのかもしれない

小林建太　愛知県
祝、二足歩行。

小林建太　愛知県
楽しい時はブレやすい。

小林脩人　東京都
シャッターチャンスに一番巡り合えるのは、
母親だ。

小宮山玄一　東京都
パパとママがキスしてる。

齋田敏宣　大阪府
愛情だけでは、
最高の笑顔は
撮れない。

斎藤貴美子　埼玉県
ｋｉｓｓする前は、
夫と会話がありませんでした。

斎藤貴美子　埼玉県
母は、私をこう見ていたか。

斎藤貴美子　埼玉県
子どもには、親の知らない顔がある。

斎藤貴美子　埼玉県
子どもはいつも、想像のななめ上をゆく。

坂山修平　長崎県
その子の初めて、スマホでいいの？

崎山すなお　東京都
子どもができると、スマホの容量は写真で
すぐいっぱいになる。

崎山すなお　東京都
息子は、楽しい時ほど、よく動く。

崎山すなお　東京都
赤ちゃんは、すぐ終わる。

櫻井祥士　東京都
私が頑張っている時、
お母さんはウインクする。

颯々野博　大阪府
愛情がうつるんです。

佐藤由起子　東京都
ママ友が撮った写真の
わが子がかわいかった。
なんか悔しかった。

篠崎孔久　千葉県
お父さん、
応援しなくていいから写真撮りにきて。

柴本純　東京都
娘よ、おれに似てすまん。
せめていいカメラで写真を撮るよ。

十二善彦　新潟県　テレビCM
【運動会】篇
NA「プロ並みの写真を望むなら、」

（ジムにて）

上腕二頭筋を鍛えようとして、
軽量のダンベルに踏ん張る母親。

NA「こんなことをしなくても、」

（体育館にて）

右手を頭上に挙げ、もう一方の左手でホッピングの練習をしようとする先の母親。

NA「こんなこともしなくても、」

（学習室にて）

撮影関係の本の重要箇所に蛍光ペンを引きながら、頭をかきむしって理解に苦しんでいる先の母親。

NA「こんなこともやらなくて結構です」

（運動会にて）

100m走を走ってくる息子。

父兄の立見席の後列で、右手で頭上にEOS Kiss X9を構え、角度調整した液晶モニターを確認しながら、息子にシャッターを切り、一方の左手は口元に当てて、笑顔で声援をおくる先の母親。

その母親のシャッターの度に、100m走の最中の息子の写真が画面中央に大きく出来上がり、時間とともに縮小されて、画面の端へと消えていく。

NA「EOS Kiss X9なら、片手で楽々。角度調整できるモニターで、操作も簡単」

NA「ママのことを思ってつくった一眼レフ。

EOS Kiss X9」

所村久美子　東京都
写真は、想い出を忘れない。

白水衛　愛知県
もっと動け。

神宮龍斗　東京都
赤ちゃんは、不意に立つ。

神農あかり　三重県　テレビCM
子供…遊んではしゃいでいる
「あははは!!きゃぁ〜!」
お父さん…スマートフォンを片手に子供に近づく
「ストップ!そこで!動かないで!笑顔のままで!そう!いい感じ!そのまま動かないでね!!もう少しさっきの笑顔で!」
子供…お父さんの言うことがよく分からず戸惑い、表情が真顔になっていく
「…」
NA…「EOS Kiss X9なら、さっきの笑顔を見逃しません。」

新免弘樹　東京都
仔猫が仔猫のままで
いられる時間は、短い。

新免弘樹　東京都
運動会になると、
パパはキス魔になる。

新免弘樹　東京都
わが子は、
結ばれない恋人です。

新免弘樹　東京都
子育ては、
毎日が「こどもの日」だ。

菅谷敏通　大阪府
写真にも、母の味を。

杉井すみれ　東京都
一眼レフで撮ると
兄弟喧嘩はアクション映画になる。

杉井すみれ　東京都
このカメラ、そこにある
ペットボトルよりも軽いんです。

杉生茉優　大阪府
子どもの頑張る姿に
インスタ映えはいらない。

杉原秀明　神奈川県
どんなに楽しい思い出だって
記憶だけでは限界があります。

杉山万由子　東京都
やれやれ、また変なことを始めたな。
シャッターチャンス!

鈴木 一真　埼玉県
親は、もっと馬鹿になれ。

鈴木 聖太郎　愛知県
お祭り、花火、キャンプ。
子供が喜ぶイベントは、案外夜に多い。

鈴木 聖太郎　愛知県
子供が立つ舞台と、パパがいる客席は、結構
離れている。

鈴木 拓磨　北海道
カメラを練習しているうちに、子供は成長
してしまう。

鈴木 寿明　神奈川県
だって、
こどもの世界はローアングルだ。

鈴木 寿明　神奈川県
うぶ毛画質。

砂田 明穂　三重県
子どもが僕に敬語を使いだした。

關 彰一　東京都
カメラを構える、ママのウィンクはかわいい。

芹澤 高行　東京都
ママは、人差し指でも抱きしめる。

曽根 弘子　東京都
仕事ばかりしてないで、
パパの仕事をしてください。

髙木 守　東京都
シャッターチャンスは、
通知にジャマされやすい。

高澤 邦仁　東京都
子供との夏は二十回もない。

鷹巣 仁哉　東京都
スマホのカメラに、子どもは気付けない。

高橋 俊一　東京都
イタズラしてるわが子は、いい顔してる。

高橋 誠一　広島県
子供を撮るってスポーツだ。

瀧田 翔　東京都
撮る時間は、
子どもと向き合う時間でもある。

武井 宏友　千葉県
引力が、ちがう。

武井 宏友　千葉県
子どもの食いつきが、
スマホとはぜんぜん違う。

竹内 羽美　京都府
世界でいちばんお姫様。

竹田 豊　神奈川県
隣の子も、こっちを向いてピースする。

竹ノ内 希衣　神奈川県
可愛い瞬間は、
いつだってなんの前触れもない。

竹節 忠広　長野県
子どもの笑顔は、
予約できない。

竹本 幸美　東京都
思い出に、もっとこだわろう。

竹本 幸美　東京都
難しい時期は、レンズを通して見つめ合う。

舘脇 啓徳　神奈川県
「人前はいや」って言うから、
人混みの中からそっとＫｉｓｓをした。

田中 未来里　東京都
所詮、スマホレベルの可愛さでしょ。

谷口 梨花　東京都
妹ばっかり、ずるい。

田原 あすか　京都府
良いところで通知が入る

玉水 守　静岡県
運動会のゴールは意外と遠い。

俵 千晶　東京都
今すぐシェアも良いけれど、
あとから見たい大事な１枚も。

カ キヤノンマーケティングジャパン

月本 康正 東京都
人は、愛され育ったことを忘れてしまう。

月本 康正 東京都
親の愛情は、言葉にすると嫌われる。

辻田 雄亮 福岡県
絵にならなくても、思い出になる。

都築 弘太郎 宮城県
撮る人が楽しんでいるほうが、
撮られる人は楽しい。

堤 博文 東京都
ママがパパの撮った写真を睨んでいる。

鶴岡 延正 東京都
振り返ったとき、思い出があると心強い。

手代森 修 東京都
息子の寝ぞうと、主人の寝ぞうが一緒でした。

手代森 修 東京都
3歳の娘は、3年目の女優です。

手代森 修 東京都
オギャーから、お世話になりましたまで。

寺坂 純一 北海道
「産まれたから」は、
一眼レフを買う理由になります。

鳥越 達也 福岡県
名作は、子どもの頃にうまれやすい。

長井 謙 東京都
落書きされた。撮ってから、怒った。

長井 謙 東京都 テレビCM
○運動会の撮影篇
□運動会の徒競走で、カメラを構える親。
□息子がゴールする。
母「はいカットー!ちょっと、早く走りすぎ!
　ぶれちゃうじゃない」
父「あと、照明さん、日陰で暗くなってるよ。
　レフしっかり!」
照明さん「はい!」
□スタート地点に戻る子供たち
母「テイク13!よーい、はい!」
NA＆テロップ「という風には撮れないから。」
□商品カット
NA「ありのままの子供を綺麗に撮れる。
　EOS Kiss X9」

永江 秀隆 東京都
きっと忘れないのに、ずっと残したい。

中島 匠 神奈川県
いつも近くで撮れる訳ではないから

中島 優子 東京都
「新婦の子ども時代の写真、
ぜんぶピンボケしてたね」

中島 優子 東京都
運動会、
パパママはもう走らなくて大丈夫です。

中島 優子 東京都
娘の友だちが、私のカメラに写りたがる。

仲田 一石 東京都
息子のドヤ顔を、
旦那がドヤ顔で見せてきた。

仲田 一石 東京都
子は親のカメラを見て育つ。

仲田 一石 東京都
撮ってから叱ろう。

仲田 一石 東京都
子育ては二度楽しい。

仲田 一石 東京都
成長は一瞬の連続です。

中田 国広 埼玉県
赤ちゃんハイハイは想像以上に速い。
キヤノン一眼レフカメラ
EOS Kiss X9

永田 哲也 愛知県
父、38歳。
娘を撮るときは
小僧となる。

長縄 寛久 静岡県
この子が好きなKissの音

中村 和彬 愛知県
写真には、親の成長も写っている。

カ キヤノンマーケティングジャパン

中村 光祐　東京都
思い出は、両手で包もう。

中村 聡志　愛媛県
重さだけなら、
500㎖PETの方が、荷物になる。

中村 聡志　愛媛県
思春期は、
遠くから近づこう。

中村 駿作　兵庫県
パパは年金が心配だけど、
思い出には困らないぞ。

中村匡　大阪府
決定的瞬間が、暗かった。

中谷 吉就　京都府
子どもががんばれるのは、
お父さんとお母さんに見せたいからです。

成田 斐　大阪府
この写真が撮れたとき、父と母は、
二人だけで盛り上がったに違いない。

西口 滉　東京都
子供を見つめる時間があると
夫婦は円満になる。

西本 亜矢子　千葉県
ブレない子どもは、いないから。

西山 純平　京都府
あのワカメ、うちの息子です。

西山 智香　愛知県
静止を求められると、
こどもは写真を嫌いになる。

日塔 享宏　東京都
卒業式の保護者席はだいたい遠い。

野田 陽介　熊本県
逃した笑顔は大きい。

幟立 大樹　東京都
こどもはブレやすい生きものだ。

野村 京平　東京都
娘のボーイフレンドにも
ぼくは渋々、Ｋｉｓｓをした。

則本 桃子　京都府
大勢の人の中にいても、
目線をくれる息子。

橋口 賢一郎　愛知県
よその子も、よく撮れる。

橋本 彩矢　東京都
むずかしいことは
ぜんぶカメラがやってくれる

橋本 敬史　大阪府
休日をどう、とるか。日本の問題です。

橋本 寿弥　愛知県
スマホで撮った。
どこに行ったのかも思い出せなかった。

橋本 寿弥　愛知県
うまくなる、楽しさがある。

橋本 寿弥　愛知県
手軽に撮れると、
写真も手軽になってしまう気がする。

橋本 寿弥　愛知県
おとうさん、スマホの写真しかないの？

橋本 龍太朗　神奈川県
小さい頃から、
父は私を覗いてばかりいました。

長谷川 慧　東京都
このまま止まって欲しい時間を、
シャッターチャンスといいます。

長谷川 佳史　東京都
パパの育児を、ママが撮る。

初田 拓実　東京都
「こっち向いて」といわないのが、
いいカメラマンだ

初田 拓実　東京都
こどもの時間は短い

羽渕 徹史　千葉県
かわいい時代は、自撮りできないから。

浜田 英之　東京都
他人にはシェアしたくない思い出です。

キヤノンマーケティングジャパン

浜田 英之　東京都
スマホの進化は、子供の進化には勝てない。

早坂 あゆみ　東京都
子どもはいつだって進行形だ。

林 次郎　東京都
義母の、孫の写真引き伸ばし要求は、
けっこう多い。

原田 智光　山口県
近すぎると、気づかないことがたくさんある。

東 将光　東京都
子どもは、プロでも手こずる被写体です。

東山 秀樹　奈良県
付いているのは、カメラ機能だけです。

東山 秀樹　奈良県
着信音が、割り込まない。

日越 仁美　神奈川県
ブレない親でありたい。

飛田 哲志　愛知県
いいとこで、
電話かかってきたりしませんから。

日高 修一　東京都
子どもがじっとしているのは、
寝ている時くらいだ。

日比野 はるか　神奈川県
運動会に一眼持参の家族は、きっと大丈夫だ。

日比野 はるか　神奈川県
ママ友が本気カメラだと、
ちょっと負けた気がしてしまう。

日比野 はるか　神奈川県
子を撮って、初めて分かる親心。

平岡 和樹　東京都
いい写真があると、夫の実家も気まずくない。

平野 夏絵　静岡県
カメラ目線は、
いわゆる
カメラに集まる

平野 夏絵　静岡県
スマホがあれば、
何でもできるようで、
いっぺんにはできない

平林 亜未　長野県
カメラに電話は掛かってこない。

平林 亜未　長野県
運動会のかけっこのタイミングに緊急の
電話が来ないとは限らない。

平林 亜未　長野県
最新のスマホでも、運動会には不向きだ。

福島 亮介　東京都
スマホで撮るのは、他人みたい。

藤田 大地　岡山県
白熱した試合ほど、手振れがひどい。

藤原 美幸　東京都
親がカメラを構える姿を
嫌いな子どもはいない

舟木 将展　千葉県
カメラが薄っぺらいものだと
教えたくはないんだ。

船津 洋　京都府
本日のわが子は、本日限定。

古川 陽菜　愛知県
ブレない、かわいさ

保科 恵美子　東京都
最高の一瞬は、動いている中にある。

堀井 大　大阪府
訳のわからないポーズをしている。

本田 陽子　東京都
見たことのない表情は、
写真の中で見つけたりする。

眞木 雄一　石川県
それ、電話や。

松田 綾乃　東京都
世界一の寝顔が、トイレに水没した。

松田 尚樹　奈良県
撮り育。

松野伸幸　東京都
人は生まれつき、
レンズを向けると
少しがんばる。

松野伸幸　東京都
写真って、育児だ。

松野伸幸　東京都
親バカになれる人なんて、
親くらいしかいない。

松野伸幸　東京都
写真はいつか、
親から子へのラブレターになる。

松村菜那　東京都
いまの「いつも」は、いつかの「特別」

松本茜　東京都
小さい頃の記憶は、
写真に左右されるかもしれない。

水谷真由子　愛知県
かけっこビリでも
1位みたいな写りかたになった。

南忠志　東京都
母がボケを覚えた。

南忠志　東京都
思い出がブレてはいけない。

箕浦弘樹　岐阜県
可愛く撮るコツは、
子どもと目線を合わせることでした。

三宅幸代　大阪府
母は、スマホで撮れる時代に、わざわざ一眼
で撮ってくれました。

宮崎圭佑　熊本県
それとも加工に時間をかけるか。

宮崎圭佑　熊本県
ぶれてる写真は思い出と言いづらい。

宮崎響　大阪府
じっとしてたら、子供らしくないぞ！

宮本律　東京都
一番の絶景は、
家族と過ごす日常にある。

三吉学　岡山県
子どもの時間は、短い。

三吉学　岡山県
子どもの動きは速く、成長も早い。

向井正俊　大阪府
昨年の写真が悔しい写真になりました。

村上大樹　東京都
1日でも早く撮ってほしい。
将来喜べる思い出が減ってしまうから。

村上朋子　東京都
スター
ときどき
モンスター

村瀬直子　大阪府　テレビCM
□運動会。
入場門から
150人の小学1年生が走って入場。
男A：うわ、どこかわからんな
女B：たぶん、あれじゃない？
□女Bがスマホカメラで限界まで拡大する
が
小さくしか映らない。
女B：えー？もっと大きくならないのー？
□隣にKissを持って立つ女Cが
横目で女Bをみて、にやりと笑う。
Kissのファインダーをのぞくと
こちらをみてはにかむ娘と目が合った。
娘のはにかむ顔をアップで写す
NA：遠くの微笑みも逃さない。
EOS Kiss X9

元氏宏行　大阪府
他人の子でさえ可愛いと思えた。

元氏宏行　大阪府
ランチと子供の笑顔が、同じ撮り方なんて。

百瀬太陽　大阪府
人って自分の子ども時代が見たいものだ。

キヤノンマーケティングジャパン

森明美　東京都
隣の子より、可愛く撮りたい、
というのも親心。

森明美　東京都
場所取りなしで、
ベストポジションを抑えた。

森裕貴　東京都
娘のアルバムを作っていたら、
妻のアルバムになった。

森井翔太郎　鹿児島県
カメラってタイムマシンなのかもしれない。

森下正　福岡県
機種変するよりも。

守谷直紀　兵庫県
おたくの旦那さん、いいパパね。

守谷直紀　兵庫県
スマホより軽くなれないところを、
大切にしています。

森脇誠　京都府
子育ては、2回、楽しめる。

八重柏幸恵　北海道
キスがずっと、とまらない。

八木明日香　東京都
うちの子、俊敏でしょ。

安本実織　兵庫県
子どもの頃の写真は、
大人になって必要になる。

矢田夏也　東京都
この写真では、
あの肌の柔らかさを思い出せない。

矢内そらん　東京都
親の本気はけっこう伝わる。

柳元良　神奈川県
子どもをいちばん可愛く撮れる人は、親です。

柳元良　神奈川県
スマホの写真は、画像な気がする。

柳元良　神奈川県
すごくよく撮れたフツーの顔だ。

柳元良　神奈川県
写真は、思い出話になる。

柳元良　神奈川県
夫のシャッター音が、
まるで記者会見だ。

柳元良　神奈川県
思い出せることしか、思い出にならない。

柳元良　神奈川県
年ごろになった娘に、
こんなに近づけるなんて。

柳元良　神奈川県
いちばん撮りたい被写体は、
いちばん撮りにくい被写体でもある。

山岸勇士　愛知県
スマホで撮れない写真を、
スマホで投稿する。

山口達也　東京都
うちの子のハイハイは、臨場感がすごい。

山﨑健登　京都府
ママの愛で動くカメラ

山下祐輝　大阪府
生後367日記念って、昨日366日の
記念撮影したばかりじゃない。

山田大貴　東京都
一歩ずつ、見守る距離は、遠くなるから。

山田寛　兵庫県
ああ、あったねえ！

山根佑介　神奈川県
記憶なんていいかげんですから。

山本（飯田）朝子　東京都
最後列も独唱に見える。

山本（飯田）朝子　東京都
海外旅行はもうこの先ないからね。
名所でちゃんと笑うのよ。

山本 一樹 埼玉県
子どもの頃のすべての写真は、
記念写真だから。

山本 恭子 長野県
@お腹の外

山本修 東京都
振りかえると、縦向きの写真しかない。

山本修 東京都
おとなになったら、覚えていないから。

山本 千尋 大阪府
こんな顔見せるの、ママだけにしてね。

横田 裕也 福岡県
もう、懐かしい。
もう、成長してる。

横村 貴之 東京都
発表会に、スマホじゃ荷が重い。

吉岡 崇 東京都
パパ、
ボケがうまくなったね。

吉川 敦也 東京都
子どもの写真を一番喜ぶのは、
その子の子どもだったりする。

吉川 佳菜 東京都
ごはんは動かないけど、子供は動くんだから。スマホより、一眼レフ。

漁正晴 大阪府
なに張り切ってんの?と思ってました。
子供が産まれるまでは。

渡辺 龍彦 神奈川県
おとうさん、あの。
そんなに興奮しちゃあ、さすがにブレます。

吉川 文義 東京都 **テレビCM**
公園。遊ぶ自分の子供を望遠レンズも付けた大きくて立派な一眼レフを両手に、写真を撮るママA。
ママA:「笑って、笑って〜! あ、可愛い〜〜!」
でも、結構汗もかいており、かなりへとへと。
それをすぐ近くで嫉妬の視線で見るショルダーバッグを肩から下げたママB。
それをチラリしてやったり顔で見るママA。
次の瞬間、ママB、にんまりしてバッグからEOS Kiss X9を取り出し、自分の子供をパシャパシャ撮り始める。
そのカメラを見て今度は、逆に嫉妬の視線を送るママA。
画面が切り替わり、EOS Kiss X9のアップ。
NA:「子育てもカメラも楽にいきたい。
EOS Kiss X9。」
画面にCANONのロゴのアップが重なる。

吉川 麻梨子 兵庫県
ねぇ、なんでお姉ちゃんの
写真の方が多いの?

吉田 健 鹿児島県
子供の可愛いは、短い。

吉峯 健 奈良県
思い出作りは手を添えるだけ。

牛乳石鹸という会社の価値を伝える
リズム感のあるキャッチフレーズを募集します。

良いキャッチフレーズを全く新しい「牛乳石鹸の歌」を作る時の
メインフレーズにすることも考えています。

課　題：「カウブランド赤箱」をフラッグシップブランドとして持つ
牛乳石鹸共進社株式会社の企業キャッチフレーズ。

ジャンル：キャッチフレーズ

資　料：現在の「牛乳石鹸の歌」は
「牛乳石鹸ミュージアム」で検索し、当社ＨＰ内でご覧ください。
http://www.cow-soap.co.jp/event/museum/

ずっと変わらぬ やさしさを。
牛乳石鹸
牛乳石鹸共進社株式会社

牛乳石鹸共進社

「カウブランド赤箱」をフラッグシップブランドとして持つ牛乳石鹸共進社株式会社の企業キャッチフレーズ

カ

牛乳石鹼共進社

協賛企業賞

中尾 奈津子（29歳）東京都

よいものぎゅうぎゅう、ぎゅうにゅうせっけん。

▼協賛企業のコメント

牛乳石鹼共進社
マーケティング部 部長
上野正雄さん

このたびは協賛企業賞受賞おめでとうございます。今回は企業コピーを「リズム感のある」ものでという課題にいたしました。受賞されたコピーは、リズム感があり企業名が入っており、短いコピーの中に「ぎゅう」が3回もあって印象に残りやすい上、企業コピーとして成立しているところがよいと評価しました。当社が出展しているキッザニアや近隣の幼稚園で行っているイベントなどにも使えそうで、子どもがおもしろがって読んでくれることが期待できます。後になりましたが、いつもの赤箱ではなく、企業コピーでしかもリズム感のあるものという難題にご応募いただいた皆さまに感謝いたします。ありがとうございました。リズム感は無視で魅力的なコピーも多くありましたが、さすがに選べませんでした。今後のご活躍をお祈りします。

三次審査通過作品

大川 瞳　京都府
明日もきっといい匂い

林 恭子　大阪府
香水女に、負けるな私。

二次審査通過作品

植村 明弘　東京都
きっと、思い出って、こんな香り。

大野 勝司　千葉県
真っ赤な本物。

小笠原 清訓　千葉県
人生いろいろあったけど、
あの日あの時牛乳石鹼

岡本 和馬　東京都
おばあちゃんも、お母さんも、
私も、きっと私の娘も。

小西 裕斗　大阪府
野比家、さくら家、野原家、
磯野家、多分牛乳石鹼。

小林 鴻世　神奈川県
しあわせを、あわだてよう。

齋田 敏宣 大阪府
お疲れ様と、牛乳石鹸。

高原 龍彦 大阪府
やさしいあなたに使ってほしい

田原 あすか 京都府
ほっと、ミルク

千脇 貴靖 埼玉県
優しさは香るものだって初めて知った

中野 花心 東京都
好きな人の香り。

西村 友行 愛知県
いやなこともすべてすべすべ。

橋本 寿弥 愛知県
ウチの風呂には、牛がいた。

林 恭子 大阪府
私のほとんどは、お肌ですから。

堀 絢恵 愛知県
今日も元気に、汚れておいで。

南 忠志 東京都
一日の終わりは、やさしくされたい。

山本 晃久 神奈川県
明日は、手を繋ぐかもしれない。

一次審査通過作品

淺野 俊輔 東京都
いいね、おなじ香りのする家族。

淺野 俊輔 東京都
あなたのカドを、まるくする。

飯田 祥子 福岡県
ミルクふわふわ
お肌のごちそう

池上 千恵 岡山県
モーモーあわわ

池原 和 静岡県
牛乳は、お風呂上りだけじゃない。

石榑 康伸 愛知県
石鹸の香りは、
清潔の証し。

伊東順　神奈川県
パパ、お風呂でなら遊んだげる。

伊藤大樹　東京都
あなたが使えば、あなただけの形になる。

植村明弘　東京都
やさしく育てた、箱入り石けん。

植村明弘　東京都
愛情だけで、つくられている。

大石洋介　福岡県
母から子　子から孫へと
手渡す愛の牛乳石鹼。

大塚彩　東京都
今日を洗おう。

大野さとみ　大阪府
真っ赤な箱があったとさ。
真っ白な幸せはこぶ箱だとさ。

岡田量太郎　神奈川県
手を洗うと、いつものお母さんだ。

岡本真知　埼玉県
正直だけで、生きてきた

奥友恒　東京都
飲めるものからできてますから。

小野めぐみ　宮崎県
素顔の自分に戻るとき

柏木克仁　神奈川県
笑ってごらん、
洗ってごらん。

加藤晃浩　東京都
なんて贅沢なシンプルだろう。

河本菜緒　京都府
「ねえ、さわってみて。」

菊地史　神奈川県
やさしいかおりは、きみだった

金紗愛　東京都
こころ、からだ、ぜんぶ、あらう。

木村志穂　東京都
生まれたての、やさしさです。

木村志穂　東京都
生まれたてのやさしさ。

工藤明　神奈川県
自分をみがくには最適。

黒須幸喜　東京都
やさしさが、ぎゅっと詰まった、牛乳石鹼

黒田優花　新潟県
うん。
明日はいいこと、ありそう。

小林格　愛知県
おばあちゃんも、おかあさんも、
おんなじ香りがしていたね。
誰かのために選んだら、
優しさにたどり着くんだね。

小林格　愛知県
香りでいつも思い出す。
ママの香りは、優しい香り。

小林猛樹　千葉県
おばあちゃんも、おかあさんも、
わたしと同じ匂い。

小宮班誌　東京都
小さな石鹼、大きな優しさ。

酒井健一　大阪府
石鹼は、天然素材だ。

佐々木一之　愛知県
恋をした。石鹼を変えた。

佐事美咲　福岡県
肌は、私です。

佐藤洋一　東京都
生まれた時から肌友です。

佐野幹夫　東京都
肌思い企業

鹿田茉利　埼玉県
清くやさしく美しく。

牛乳石鹼共進社

篠﨑 美樹子　東京都
家族4人ですぐなくなる。
今は夫婦でゆっくり使う。

清水 可奈子　京都府
小さくなってもパワーは同じ、
牛乳石鹼、がんばるね！

神宮 龍斗　東京都
難しい顔を、優しい顔に。

鈴木 健一　東京都
肌が、ほっと一息ついている。

闞 彰一　東京都
きみの仕事は汚すこと、
ぼくの仕事は洗うこと。

平良 紳　神奈川県
あのひとのにおい

髙橋 慶生　東京都
からだを洗う。
こころも洗う。

塚谷 隆治　千葉県
百年品質。

塚谷 隆治　千葉県
石鹼は、愛だ。

月本 康正　東京都
泡立つ香りを覚えてる。
やさしい母を思い出す。

寺門 芳郎　大阪府
赤箱がある場所が、石鹼売り場。

成田 斐　大阪府
こんな香りの家族になりたい。

成田 斐　大阪府
小さくなった石鹼と新しい石鹼を重ねたら、
僕とパパみたいになった。

野田 貴之　大阪府
パパ、ラテ。
ママ、ラテ。
僕も、ラテ。

野村 京平　東京都
洗う、笑う、
生きていく。

華井 由利奈　東京都
肌にも、おいしいものを。

速水 伸夫　東京都
丁寧に生きる人の石鹼

福島 理紗　神奈川県
泡の中には優しさが詰まっているんだよ

福永 匠吾　神奈川県
明日の素肌をつくっていく

藤田 篤史　東京都
石鹼という化粧品をつくってる。

船越 一郎　東京都
肌からていねいに、生きていく。

堀田 陽祐　愛知県
肌は、やさしさを待っている。

堀宗 一朗　大阪府
ママ買って お牛の石鹼
白いシャボン

堀正 峻　東京都
0歳からもてる　ブランド品

堀正 峻　東京都
またがんばろって　思える白さを

前川 佳織　東京都
100年以上前から、
お肌のこと考えてます。

松下 清美　東京都
てのひらに、ふくらむやさしさ

松本 翼　東京都
今日を、洗う。

松本 直子　東京都
手のひらでつつむ、幸せがある。

三上 佳祐　東京都
わが家のお風呂の匂いです。

三島 直也　東京都
みるみるあふれる
ミルクの泡

カ

牛乳石鹸共進社

三島 直也　東京都
使い切るよろこびは、
牛乳石鹼で知りました。

山下 彰太　大阪府
小さくなるほどに、ありがとう。

山下 洋海　埼玉県
思い出は忘れても、
この香りは覚えてる。

由里 進一　兵庫県
洗うことは、いたわること。

吉川 長命　京都府
「どこにもある」をつくっていく。

吉田 誠　大阪府
愛情の形

吉村 圭悟　東京都
スーパーじゃ、
あんなに原材料を気にしているのに。

若山 美帆乃　東京都
頑張るあなたに、やさしすぎる石鹸を。

霧島酒造

「黒霧島のあるおいしいシーン」を表すキャッチフレーズ

協賛企業賞

★協賛企業賞オブ・ザ・イヤー

20歳になった娘と、20歳になった酒を飲む

木南 広明（37歳）東京都

▼協賛企業のコメント

霧島酒造
企画室 主任
大久保昌博さん

このたびは協賛企業賞の受賞、誠におめでとうございます。〝トロッとキリッと〟のフレーズでおなじみの黒霧島は、今年で発売20周年を迎えます。20年という歳月は、ひとりの子どもが成人するほどのとても長い時間です。受賞作品は、そんな20年という時間と黒霧島が発売されてからの20年を重ねることができ、自ずとその長さやこれまでの思い出をフラッシュバックさせる点が大変素晴らしく、選出させていただきました。また、親と子どもが黒霧島で乾杯をして会話するシーンがぱっと想像できる点と、そういったシーンに黒霧島もご一緒したいという想いも込めて決定いたしました。これからも、霧島焼酎が皆さまのさまざまなシーンにそっと寄り添える存在でいられるよう努めていきたいと思います。最後になりますが、受賞者をはじめ、ご応募いただいた皆さまに厚く御礼申し上げるとともに、今後のますますのご活躍をお祈り申し上げます。

三次審査通過作品

上田 拓也 東京都

「黒霧のせいだわ」「黒霧のおかげだよ」

谷口 梨花 東京都

いろいろ忘れたけど、うまかった。

土屋 憲佑 山梨県

ラジオCM

小学生：「先生～！ 遠足の水筒にミルクティーを入れて行ってもいいですか？」
先生：「んー、まぁいいでしょう！」
校長：「先生～！ 黒霧島はいいですかー？」
先生：「いいわけないでしょ!! 校長!!!」
校長：「がはばは！ 冗談冗談♪」
NA：「飲む前からも、饒舌です。黒霧島」

二次審査通過作品

浅野 俊輔　東京都

家に帰ると、親父は帰島していた。

大山 英輝　福岡県　ラジオCM

「免許返納」篇

孫娘「おじいちゃん、もう免許返納しない?」
祖父「なっ……!本当にいいのか?」
孫娘「うん。これからの運転は、私にまかせて」
NA「何も気にせず、飲んでほしい。黒霧島。でも、やっぱり」
孫娘「おじいちゃん、代行呼んでもいいかな?」

小島 功至　熊本県

最近の、よくわからん糖質ゼロと一緒にするな。

五犀 りら　東京都

世界で一番澄んだ霧

奈良 純嗣　秋田県

もうすぐ21世紀が20歳になります。

野村 一世　大阪府

霧島がなかったら、何を飲んでいたんだろう。

林 秀和　東京都

黒は何にでも合わせられる。

弘嶋 賢之　愛知県

久しぶりに、じぶんと話をした。

廣本 嶺　東京都　テレビCM

「仏壇」篇

仏壇から見た景色。
法事が終わり、兄弟が黒霧島を飲みながら食事をしている。
兄：いや、お前もようやく父親らしくなってきたよな。ちょっと前まで子供だったのに。
弟：兄貴だって、結構子供っぽいじゃないか。今でも母さんに怒られてるくせに。
兄：それを言うなら、親父なんて、死ぬ直前まで母さんに叱られてたぞ。
弟：じゃあ、親父が一番子供ってことじゃないか。
笑い合う兄弟。
兄：おっと、忘れてた。
仏壇に黒霧島を供える兄弟。
兄弟：かんぱい!
NA：思いをつなぐ。記憶をつなぐ。霧島酒造の黒霧島。

若杉 幸祐　東京都

最悪の一日を
最悪の一日（笑）に変える。

若杉 幸祐　東京都

ご飲用の際は、ケータイの電源をお切りください。

一次審査通過作品

青山 紀恵　東京都
まだまだ青い、黒霧島です。

青山 紀恵　東京都
何にも染まらなかった、二十年。

安達 岳　東京都
赤くなった顔を、黒霧島のせいにした。

天野 正晴　東京都
肉にクロキリ、魚にクロキリ、
会話にクロキリ。

鮎川 幹　千葉県
黒霧島が、ようやく大人になった。

鮎川 幹　千葉県
黒霧島は、聞き上手でした。

鮎川 幹　千葉県
黒霧島に救われた夜がある。

荒井 美矢子　海外
だまされた。
みんなで飲むからおいしいって、
ひとりで飲んでもおいしいやん。

飯田 啓貴　東京都
あいつは、20年前と同じ夢を語っていた。

石井 宏和　東京都
時間が、美味しい。

石川 知弘　東京都
20年前は親父と飲んでいた酒を、
今は息子と飲んでいる。

石川 知弘　東京都
「残さず食べなさい」と息子に言う。
「今日はもうやめなさい」と妻に言われる。

石塚 勢二　東京都
20歳のお祝いは、同い年のお酒で。

伊藤 陽　東京都
20年前、親父と黒霧島で乾杯した。
そして今日、息子と黒霧島で乾杯する。

伊藤 美幸　愛知県
料理は手を抜いた。でも、お酒は黒霧にした。

宇多 智彦　福岡県
ハタチのお祝いに、ハタチの黒霧島。

太田垣 学　奈良県
黒キリッ！

大野 勝司　千葉県
空気の読める20歳。

大野 忠昭　埼玉県
一杯飲むまで、心は会社にいた。

大野 忠昭　埼玉県
きょう、ひとりで、親父と飲んだ。

大野 忠昭　埼玉県
後悔は、酒で割れる。

大野 忠昭　埼玉県
呑み干すたび、許せることが増えていく。

大野 忠昭　埼玉県
飲まなければ、潰れていた夜がある。

大野 忠昭　埼玉県
俺の本音は、酒に弱い。

大野 忠昭　埼玉県
「やっぱりなんでもない」って、
言うつもりだったのに。

岡部 裕子　東京都
黒霧島の味を知った。酒の世界が広がった。

岡部 裕子　東京都
大人のスタートに、黒霧島。

岡部 裕子　東京都
私も新成人。

霧島酒造

岡本 英孝　福岡県
うまくいかなかった日の方が、
うまいような気がする。

小野 美咲　北海道
晴れの日も
雨の日も
霧の日。

柿本 和臣　福岡県　テレビCM
街で巡回中の警官が千鳥足の男に職務質問する。
警官「吐いてみて。」
男「ハァー。」
警官「なに飲んだの？」
男「黒霧島。」
警官「もっと吐いてみて。もっと頂戴。」
男「ハァー。ハァー。ハァー。」
NA「息まで美味しい。本格芋焼酎　黒霧島。」

梶野 迅　東京都
グラスとグラスが、お疲れ様のキスをした。

加藤 佑一　東京都
照れ隠しに、もう1杯。

金井 純一　東京都
引き立て役のときも、主役のときもある。

金澤 海月　埼玉県
ハタチです。
まだまだこれからです。

兼俊 紘子　北海道
あなたの人生の、最高の引立て役でいたい
―黒霧島―

北川 哲　東京都
おいしい料理を食べたとき、
父の目は黒霧島を探している。

北川 秀彦　大阪府
黒霧島が減った分だけ、思い出が増えていく。

北川 秀彦　大阪府
不愛想な父が私の結婚を喜んでくれてることを、黒霧島が教えてくれた。

北原 航　大阪府
黒霧島は気持ちで割る

北村 菜摘　神奈川県
父も、ひとりのサラリーマンだった。

小島 功至　熊本県
おイモ、若きも、黒霧島。

後藤 大樹　東京都
割り切れない恋には、黒霧島（ロック）。

後藤 裕彦　東京都
海の幸、山の幸、妻の幸、芋の幸、僕の幸。

小西 裕斗　大阪府
近い関係ほど、
なぜか「話そう」が言えなくて、
「飲もう」になる。

小西 裕斗　大阪府
部長として1日がはじまり、
酒好きとして1日がおわる。

斎藤 祐輝　東京都
彼女の前でカッコつけたくて、注文してみた。

柴田 賢一　茨城県
今夜はオレの話でも聞くか。

杉山 万由子　東京都
黒霧島で乾杯できる息子に育ってよかった。

関口 修　千葉県
「黒霧にしてくれ」っと肴が言ってるよ。

高石 幸典　東京都
金曜は、ため息さえもうまい。

高橋 久美子　大阪府
語ったことは覚えていないが、
何を飲んだかは覚えている。

田中 未来里　東京都　テレビCM
『霧島が好き過ぎる』篇
高校の授業中。黒板にいくつか問題を書いた後、解く人を先生があてている。
先生：この問題を、霧島、答えてみろ。
先生：じゃあ次のこの問題は…、霧島！
先生：それじゃ、この問題は…、霧島！
生徒：先生、霧島好きすぎだろ…。
NA：どうしても、霧島がいい。譲れない美味しさ、黒霧島。

田辺 拳斗 千葉県
20年間付き合える友達はなかなかいない。

土屋 憲佑 山梨県 テレビCM
ピアニストが美しい音楽を奏でている。
弾いている手のアップ。
ピアニストは黒い鍵盤のみで奏でていた。
C「黒が、うまい。」
曲をBGMに商品カット。
NA「黒が奏でる、美味いひととき。黒霧島」

堤 博文 東京都
みんなの思いが
私を二十歳にしてくれた

堤 博文 東京都
黒霧を選ぶ人は、
美味いものを選ぶんだよな

長井 謙 東京都
黒霧島を飲んでいるときに
思い出してることが、あなたの人生だ。

長井 謙 東京都
寂しく飲む、という贅沢。

長井 謙 東京都
ごめん、この後オレ会があるんだー。

長井 謙 東京都 ラジオCM
男「見た目は、黒霧島！」（渋い声）
女「味は、くろきりしまぁ〜」（甘い声）
男「見た目は、黒霧島！」（渋い声）
女「味は、くろきりしまぁ〜」（甘い声）
NA「見た目と味の、ギャップまで味わえる。
20年目の黒霧島」

長井 謙 東京都 テレビCM
○コミット篇
□ライザップ風のCM。男がガリガリでしょげている。
□音楽とともに、お腹が膨れ、満足げにお腹を叩く男
NA＆コピー「食欲に、コミットする」
□商品カット
NA「黒霧島」

中野 勇人 奈良県
「生瓶のお願い。

中本 悠里 千葉県
私が生まれた年から
お父さんに愛されているお酒です。

成田 斐 大阪府
20歳になれば、
こんなに楽しいことが待っている。

成田 斐 大阪府
その二十歳は、酔わせるのがうまかった。

西原 湧介 大阪府
20代で飲んでると、
ただ者じゃない雰囲気がだせる。

西山 純平 京都府
完敗の日も、乾杯の日に。

二羽 富士夫 石川県
グラスに黒霧島を注ぐと、
父の笑顔がいっぱいこぼれた。

二羽 富士夫 石川県
黒霧島は、大人の苦労を味わってから。

二羽 富士夫 石川県
赤ワインより、
黒霧島のにあう親父になりたい。

野上 知沙 大阪府
キリッとしてるあの人も、
思わずトロッと笑顔になる。

萩野 紀之 埼玉県
そろそろ大人な黒霧島。

長谷川 佳史 東京都
こんなに味のあるハタチは、そういない。

長谷川 佳史 東京都
泣いた日も黒霧。笑った日も黒霧。

服部 保悠 東京都
芋焼酎って苦手だった。
黒霧島に出会うまでは。

林 秀和 東京都
いいことがあった日は、
何故か黒霧島に手が伸びる。

春山 豊 東京都
息子が生まれた年に誕生した酒を、
息子と飲みたい。

平賀 千晴　千葉県
飲まれるほうも、ハタチになりました。

弘嶋 賢之　愛知県
同じ話に付き合ってあげよう。

廣田 顕久　岡山県
クセが強い生き方、してみろ。

福田 俊平　滋賀県
黒霧島がないと始まらない。
黒霧島があれば終わらない。

船越 一郎　東京都
おい、黒を持ってこられたら、
褒めるしかないじゃないか。

船越 一郎　東京都
おい、黒を持ってこられたら
怒れないじゃないか。

古土井 裕司　埼玉県
キリッとした親父をトロッとさせる。

堀 卓　福島県
この先も、あなたに愛されたい。

堀 正峻　東京都
父親になった日にオレがのんだ酒を
成人した息子が飲み始めた

堀内 一正　大阪府
大人になった黒霧島

牧野 英樹　東京都
クロキリあると、
キリがない。

増田 雅美　大阪府
伝説は20年でも造れる

見田 英樹　愛知県
今宵もロックの神が舞い降りた。

密山 直也　兵庫県
青は進め、赤は止まれ、黒は止まらない。

宮島 塁　東京都
ブームだけで20年は続かない。

三吉 学　岡山県
黒霧島の成人式に乾杯。

向井 千尋　大阪府
疲れても、
疲れてなくても、
しみ込んでいく。

持木 宏樹　東京都
ハタチは、イモだ。

持木 宏樹　東京都
ハタチなのに、味わい深い。

持木 宏樹　東京都
二十年もキリッとしてるヤツ。

森下 夏樹　東京都
部長が、ひろしに戻っていく。

八木 明日香　東京都
食べたら飲みたくなる。
飲んだら食べたくなる。

矢内 そらん　東京都
黒霧島がすすむ夜は、人生が動いている。

柳元 良　神奈川県
夫婦の会話が、
いつのまにか
恋人の会話になっていた。

柳元 良　神奈川県
子どもたちよ、大人はうまいぞ。

柳元 良　神奈川県
これが料理酒。

柳元 良　神奈川県
私と会話が弾んだ。

柳元 良　神奈川県
なんだ、うちの親、離婚しないんだ。

柳元 良　神奈川県
食事のたびに、大人になる。

柳元 良　神奈川県
今夜は、酔いたいというより、
話をしたい気分だ。

柳元 良　神奈川県
飲む、親孝行。

柳元良　神奈川県
親父は俳優を目指していたらしい。マジか。
NA「いい酒は、料理をもっと美味くする。黒霧島。」

柳元良　神奈川県
テーブルを片付けて、もう一杯。

柳元良　神奈川県
父は、母の料理が美味しい時、「酒がうまい」とよく言う。

山内昌憲　東京都
酔ったんじゃない、霧島とひとつになったんだ。

山内昌憲　東京都
20年前に生まれた君と乾杯しよう。

由里進一　兵庫県
今日の失敗に、乾杯しよう。

横山成香　千葉県
あなたの二十歳は何色でしたか？

若林淳一　福岡県　テレビCM
料理番組にて。
料理人「はい！これにて完成です！」
あまり美味しくない見た目の料理がアップになる。
感情もなく答えるアシスタント「あー、これは…美味しそうですねぇ（棒読み）」
完成した料理の画面にそっと料理人が黒霧島を添える。
アシスタント「あ！　これは美味しそうですねー!!」

カ
霧島酒造

はっきり言います。私たちすごいんです。でも…

挑戦者、求ム。

【 課 題 】これまでの作品を超越する破壊力あるキャッチフレーズ
【ジャンル】自由
【参考資料】http://www.kindai.ac.jp/archives/

法学部 経済学部 経営学部 理工学部 建築学部 薬学部 文芸学部 総合社会学部
国際学部 農学部 医学部 生物理工学部 工学部 産業理工学部 短期大学部 通信教育部

近畿大学
KINDAI UNIVERSITY

近畿大学

これまでの作品を超越する、破壊力あるキャッチフレーズ

協賛企業賞

大阪のユニバといえば、近大やろ。

竹ノ内 希衣（30歳）神奈川県

▼協賛企業のコメント

近畿大学
総務部 広報室 室長
加藤公代さん

世界初のクロマグロ完全養殖成功。志願者数4年連続日本一。世界を驚かせる研究、先進的な取り組みで、国内外のランキングに名を連ね、2016年には、吉本興業と包括連携協定を締結。大阪らしい「おもろい」研究や教育を展開し、「またやりよった」と言われる取り組みと、それを伝えるため、「これが大学の広告か」と驚かれるような広告作品を多数送り出してきました。大学界の、いや、世の中の常識をぶっ壊す。テーマパークどころじゃない、サプライズだらけの大学、ＫｉｎｄａｉＵｎｉｖｅｒｓｉｔｙ。ええ、そうです、大阪のユニバです。我々のイメージする姿をコピーに込めて下さったあなたに、協賛企業賞を贈ります。このコピーに恥じぬよう、これからもどんどん、絶叫アトラクションを仕掛けていきますので、乞うご期待！

三次審査通過作品

植村 明弘 東京都

入試に合格しただけでは、不合格です。

加藤 晃浩 東京都

「バナナはおやつに入るかどうか」を、真剣に研究したいと思う。

藤田 卓也 東京都 テレビCM

入学式。

学長の挨拶が始まる。

学長：今日は、みなさんの卒業式です。

会場がざわめく。

学長：常識とか、普通とか、世間体とか、そういうみなさんを縛るものから卒業しちゃいましょう。

そんなみなさんの入学を、心から歓迎します。

NA：支配からの卒業。近畿大学。

山口 良美 愛知県 ラジオCM

女A　近畿と韓国は近いよね？
女B　うん、近いね。
女A　近畿と中国も近いよね？

女B　近いね。
女A　じゃあ近畿とタイは?
女B　すごく近いね。
女A　えっ。じゃあ近畿とアメリカは?
女B　メチャクチャ近いよ。
女A　うそ? 近畿とロシアは?
女B　超近い。
NA　心の距離が近い。
交換留学など、国際交流が盛んです。近畿大学

二次審査通過作品

井上 史之　大阪府
バカを磨け

漆間 弘子　東京都
近大に騙されるな。

金山 大輝　東京都
ベンチャー大学や。

上口 颯也　千葉県
四年間で、一流のバカに育てます。

齋藤 大樹　東京都
世界とケンカする大学へ。

酒井 千佳子　北海道
西から目線

柴田 賢一　茨城県
近大でノーベル賞を獲れるようなことをすれば、ノーベル賞が獲れます!

城尾 裕介　東京都
馬鹿にされない、馬鹿になりたい。

鈴木 祥平　宮城県

**近大入学者の皆さま、
東大を蹴って入学してくれてありがとう**

髙木 守　東京都

東大に落ちたら、近大に行こう。

船橋 翔一　三重県

さよなら、近大

古澤 敦貴　大阪府

東大に落ちたら、近大へ行こう。

堀 卓　福島県

近畿大学を、疑え。

山口 泰尚　京都府

ミクロからマグロまで。

一次審査通過作品

青山 紀恵　東京都

受験戦争反対。

赤川 樹里亜　埼玉県

教授は全員魚をさばける

阿久津 香苗　大阪府

メーモン？それってうまいん？

浅井 義博　愛知県

（株）近大

浅井 義博　愛知県

開きすぎる扉にご注意ください。

安達 岳　東京都

結果を残すバカを育てる。

安達 岳　東京都

次の目標は、amazon

安達 岳　東京都

打倒、Google

穴山 博一　東京都　テレビCM

**【マグロくん～就活編～】
企業の就職面接のシーン
面接官とマグロの頭の被り物にスーツ姿の就活生。
面接官「だから、もうマグロはわかったから、ほか！ないの？」
就活生「えっ、あっ…その…」
面接官「社会はね、マグロで突破できるほど甘くないんだよ。」
NA：ポストマグロ、求む。近畿大学
（近畿大学のロゴだけのカット）**

天沢 もとき　東京都

進化してる大学で進化しよう。

有田 絢音　兵庫県

バカは治る。

有田 泉美　大阪府

養殖されようなんて思ってるやつ、すぐ放流するで。

石田 仁美　東京都

道を外れよう。

市川 晴華　東京都
最年少記録、もう無理やから、最高齢狙ってこか。

伊藤 陽　東京都
常識の壊し方、教えます。

伊藤 陽　東京都　テレビCM
合コンで自分の大学の出身者を自慢しあう若者達。
男A「俺の大学はタモリもいたんだよ。」
男B「俺の大学は嵐の櫻井君もいたよ。」
女A「あなたの大学は誰かいないの？」
男C「ウチ？マグロ。」
女A・B・C「キャー！すごーい！」

岩崎 祐久　大阪府
そのうち、かに道楽のカニも育てよう思てまんねん。

植村 明弘　東京都
私の近大が、世界に見つかってしまった。

植村 明弘　東京都
それ、近大生がやらかしました。

浦野 聖菜　奈良県
君の好奇心をこちょこちょ。

惠川 加代　群馬県
近畿大学4年間マンガ読み放題。

浴井 崇　京都府
止まるな、死ぬぞ。

江野澤 和夫　東京都
まじめにぶっ飛んでる。

大川 瞳　京都府
型破っていこ

太田垣 学　奈良県
いちばん入りやすい超有名大。

太田垣 学　奈良県
コスパ大。

大谷 拓也　東京都
止まると死ぬ大学。

大野 忠昭　埼玉県
「なんでやねん」から、進歩は始まる。

大野 忠昭　埼玉県
この仕事、授業でやったな。

大山 雄仙　愛知県
あなたの常識には、一度死んでいただきます。

尾形 ユウコ　佐賀県
蓄えろ。100年生き抜く力。

岡本 英孝　福岡県
上ではなく、前を目指している大学です。

奥谷 和樹　大阪府
近大破り、募集中。

奥村 明彦　東京都
近大の学生は創造しい。

梶野 迅　東京都
規格外の自分がいる。

加生 健太朗　神奈川県
化ける大学。

柏木 克仁　神奈川県
夢の加工所。

桂田 圭子　滋賀県
在学中に、社会人になった。

加藤 晃浩　東京都
答えを出すより、問題を探す。

加藤 千尋　東京都
挑戦者を待ち続ける、という挑戦。

加藤 直子　神奈川県
近大、ドリアン説。

門野 悠帆　東京都
「マグロ」な学生は来るな。

鎌田 浩光　山梨県
職業は、近大生です。

鎌谷 友大　東京都
近大vsアップル

亀井 亜季　京都府
夢を、やろうぜ

河内 大輝　東京都
ブームは去りました。もう実力です。

川上 慎平　大阪府
ゼロイチ力で世界を変えよう

北崎 太介　千葉県
変差値日本一!

北崎 太介　千葉県
ブラック大学

木村 志穂　東京都
世界でいちばん、自分の未来に近づける場所。

窪田 真一　長野県
教育は爆発だ!

栗原 孝　新潟県
偏差値は、偏見でもある。

黒坂 謙太　京都府
あかん、止まれへん。

児玉 純子　大分県
好奇心のブラックホール

後藤 裕彦　東京都
本気で、バカになろう。

後藤 裕彦　東京都
在学期間は、変態期間です。

齋田 敏宣　大阪府
近大の意味はな、世界に「近い大学」ちゅうこっちゃ。

佐々木 一之　愛知県
創設者の名前は、世を耕すです。

佐々木 由貴子　大阪府
マグロだけが頼みのツナではない

佐藤 直己　東京都
近畿大学に禁忌はない。

佐藤 泰広　東京都
好奇心を発明しよう。

柴田 竜樹　東京都
近大行くか、ベンツを買うか。

柴田 良祐　東京都
親孝行しよう。

柴田 良祐　東京都
教育を大阪名物に。

柴本 純　東京都
近大は、進み続けてないと死んでしまうんや。

島村 浩太　東京都
NINKI UNIVERSITY

清水 亨祐　東京都
新種のるつぼ

白石 文子　福岡県
志願者数全国1位。近大出身の社長数西日本1位。世界大学ランキング西日本私大1位。それが、どうした。

城川 雄大　富山県
世界に近い大学。

城川 雄大　富山県
調子の悪い大学より、調子に乗ってる大学。

新里 浩司　沖縄県
君の答えは。

杉井 すみれ　東京都
そう来たか近大。

瀬川 哲一　東京都
常識は、1回ごみ箱に捨ててきてください。

関口 尚将　兵庫県
成長は、変化だ。

高澤 邦仁　東京都
あなたはだんだん社会人になる。

高野 宏治　栃木県
学問は、儲かる。

高野 宏治　栃木県
正々堂々、学問で儲ける。

高橋 誠一　広島県
日本を品種改良だ。

高橋 徹　宮城県
つまらん広告しか出せない学校はつまらんで。

高橋 徹　宮城県
止まると死ぬんですわ。

竹内 眞一　埼玉県
人間開発研究所。

竹節 忠広　長野県
考え方を、考える。

田里 遥　神奈川県
止まれば、死ぬ。

田中 貴弘　東京都
近大生は、ぐにゃぐにゃ思考。

田中 博都　埼玉県
近畿留学。

谷 将光　東京都
近大、アマゾンを開拓する。

谷川 慎一　兵庫県
やりたいことは、やりつくすためにある。

塚谷 隆治　千葉県
新しい常識をつくろう。

土屋 憲佑　山梨県　テレビCM
学生達が試験を受けている。
学生『なになに？次の「オ」「モ」「ロ」から正しい答えを選べ？って、普通「イ」「ロ」「ハ」やろ!?』
NA『目の前の問題を、オモロがれ！近畿大学』

徳永 泰知　大阪府
受けるな、攻めろ。

徳永 泰知　大阪府
騙されたと思って、
いっぺん入ってみ？

長井 謙　東京都　テレビCM
○履歴書篇
□履歴書を書く大学生二人。
大学生A「なぁ、大学生活で学んだことって、書くの困らない？」
大学生B「分かる分かる！困るよねー」
大学生A「書くことがさー」
大学生B「ありすぎるよねー」
大学生A「え？」
□大学生Aの履歴書は、空欄。大学生Bの履歴書は、びっしり。
NA「４年間の密度が違います。近畿大学」

長井 奈緒子　東京都
まじめ狂ってます

長坂 祥治　東京都
マグロの次は、私だ。

中辻 裕己　東京都
地球の問題は、近大の問題だ。

中辻 裕己　東京都
あなたを自慢させてください。

中辻 裕己　東京都
常識持ち込み禁止。

中辻 裕己　東京都
近いから選びました。世界に。

中村 公雄　福井県
「変わっている」は、褒め言葉です。

永吉 宏充　東京都
スベらない、滑り止め。

並川 隆裕　東京都
ここで学べるのは、
おもろい世界のつくり方。

成瀬 元紀　山形県
ライバルはすしざんまい

成見 沙和　東京都
入学を反対されました。

西村 正明　東京都
近大は恥だが役に立つ。

西村 美希　愛知県
歴史に残る、近大史。

西村 優一　京都府
日本の大学教育に、メスを入れる。
そのメスで、マグロをさばく。

布田 雄帆　東京都
近大で稼ぐ。

則本 桃子　京都府
超近大化社会

八角 剛史 福岡県
近大乗っ取り計画でも、かまへんで。

林 次郎 東京都
偏差値以上に、期待値が高い。

速水 伸夫 東京都
ざわざわ大学

速水 伸夫 東京都
貴方をブースト
近畿大学

速水 伸夫 東京都
合格通知という挑戦状を
受け取ってみないか？

速水 伸夫 東京都
挑戦という社会貢献

速水 伸夫 東京都
革新の宝箱

東浜 有輝 京都府
学生を未来へぶっとばす

東山 秀樹 奈良県
起業する大学。

飛田 哲志 愛知県
総合学闘技。

飛田 智史 東京都
東大より社長を輩出している、近大。

平田 直也 東京都
大学って意外と柔らかい。

福田 瑞穂 東京都
さようなら、名ばかり大学。

藤里 宇征 東京都
関西留学

藤本 眞貴子 大阪府
テッペンは、たくさんある。
〜近畿大学〜

星合 摩美 東京都
ときどき新聞沙汰になってます。

星野 正太 宮城県
インスタ映えする青春を
過ごしたいあなたに。

堀江 成禎 京都府
職歴扱いされる学歴です。

前田 将 大阪府
ウケる？

正水 裕介 東京都
こんな世の中、夢だらけ。

松尾 栄二郎 東京都
奇抜（きば）っていこう！

松尾 佳典 京都府
100年後、答え合わせをしよう。

松本 亮 長崎県
日本の、すべり止め。

丸山 律子 東京都
大阪のコミュ力でグローバル展開しない
アホがどこにいるんや。

三上 佳祐 東京都
近畿留学。

三島 将裕 東京都
これからも志願者が増えるなら、
今がいちばん入りやすい。

水谷 真由子 愛知県
手ぶらでは卒業させません。

溝口 昌治 神奈川県
何を学んだかが、学歴です。

南 志穂 東京都
JKにモテモテやねん、
うらやましいやろ？
（※学長や教授の先生方の写真とともに）

南 忠志 東京都
先生がライバルです。

三宅 亜由美 兵庫県
次はどのジャンルに喧嘩売ったろか。

三宅 亜由美 兵庫県
関西ナンバーワン大学。（予定）

宮坂 和里 神奈川県
合格した。勉強しなきゃ。

宮崎 薫 兵庫県
号外！号外！
またやりました、近畿大学。

三吉 学 岡山県
答えは、ない。

向井 正俊 大阪府
あなたは、近大の4年間プロジェクト。

百瀬 太陽 大阪府
マグロ以外のネタもあるよ。

矢木 幹男 神奈川県
夢より野望。

藪本 牧子 大阪府
失敗はすべて、近大において行け。

山口 泰尚 京都府
君を熱いうちに打つ。

山田 智敬 山口県
広告がすごい？ 大学がすごいんや。

山田 龍一 長崎県 テレビCM
ＵＳＪまで、電車で73分。
海遊館まで、電車で70分。
梅田まで、電車で1時間。
難波まで、電車で50分。
あべのハルカスまで、電車で50分。
でも、一切関係ありません。

大阪のほぼ真ん中で、研究に青春、かけてます。
好きを貫くアホになれ、近畿大学。

山田 龍一 長崎県 ラジオCM
レポーター「近畿大学では、近大マグロに続いて『近大アホ』の養殖に成功した、という情報が入りました。」
レポーター「学生さんに聞いてみましょう。近大アホとはどういう存在なんですか？」
学生「研究が気になって気になって、それ以外のことが考えられなくなるんですよ。あぁぁぁ、もう研究が気になるので失礼します！」
レポーター「学生さんは走っていってしまいました。あれが『近大アホ』なんですね」
NA「好きを貫く、アホになれ。近畿大学」

山本 奈央 愛知県
いまどき、
出身大学なんかじゃ
生き残れないっしょ？

山本 悠哉 神奈川県
東京もなかなかやると、
聞いています。

横村 貴之 東京都
近大の魅力を1行で？… 無理や。

渡邉 香織 三重県
合格した喜びが、4年間続く。

「ここは僕がスマホで…」

「えっ！ここは私がカードで…」

ふたりはセゾンカードです。

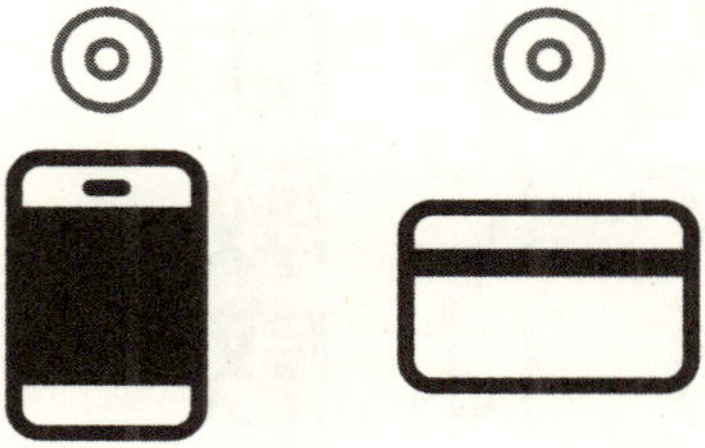

〈みんなをセゾンカードにするアイデア募集中！〉

【課題】スマホでも決済できるようになったセゾンカード。一人ひとりにあわせたお支払いが可能になりました。そこで、生活の100%をカード払いにしたくなった！と思わせるような広告アイデアを募集します。

【ジャンル】キャッチフレーズ、ラジオCM、テレビCM

【参考資料】「セゾンカード」で検索していただき、ホームページをご覧ください。

セゾンカード　検索

永久不滅ポイント　SAISON CARD INTERNATIONAL　UC

東池袋52

Debut Single

わたしセゾン

WEB公開中

PV視聴はこちらから

クレディセゾン

生活の 100% をカード払いにしたくなった!と思わせるような広告アイデア

協賛企業賞

橋口 賢一郎（38歳）愛知県

増税には敏感なのに、ポイントには鈍感なんですね。

▼協賛企業のコメント

クレディセゾン
営業企画部 部長
相河利尚さん

このたびは、協賛企業賞受賞、誠におめでとうございます。2019年には消費税率が10%になる予定です。今、世の中では、その負担の大きさや対策が話題となっています。「人は得をするよりも、損をしたくない思いの方が強い」（プロスペクト理論）ようで、2%の増税は話題になっても、セゾンカードで0・5%得をすることについては無関心な場合が多いようです。現金を使っても特典はありませんが、セゾンカード払いならポイントが貯まり、貯めたポイントを運用してさらに増やせる可能性もあるのです。このたび選出させていただいたキャッチフレーズの中に「鈍感」という言葉がありますが、ぜひ、セゾンカードのお得さには「敏感」になっていただきたいと思います。また、ポイントがいくつ貯まっているかご存じないお客さまも多いことから、「鈍感」という言葉はその意味にも捉えられると考えました。最後になりましたが、受賞者の方はもちろん、ご応募いただいた方々に心から感謝し御礼申し上げますとともに、皆さまの今後のますますのご活躍をお祈り申し上げます。

三次審査通過作品

三富 里恵 神奈川県

一銭の得にもならないのが、現金払いです。

二次審査通過作品

岡本 武士 大阪府

現金って、お金が掛かるのよね〜。

木島 由美子 東京都

現金はこれ以上、便利にもお得にもなれない。

北川 秀彦 大阪府

母の日はカードで。父の日はポイントで。

柴本 純 東京都

私の財布は指紋で開く。

大野 友輔 兵庫県 テレビCM

店員：お会計21，384円です。
男：はい。
店員：21，384円ちょうどお預かりします。ありがとうございました。
男：小銭を捨てる。
次の店へ
店員：10，584円ちょうどお預かりします。ありがとうございました。
男：小銭を捨てる。
次の店へ
店員：6，264円ちょうどお預かりします。ありがとうございました。
男：小銭を捨てる。
次の店へ
カードで払わないと、お会計ごとにお金を捨てています。

カ クレディセゾン

高橋 智史 東京都

もし、日本の国債をセゾンカードで一括返済できたら、約１兆５３４億６７６０万ポイントがもらえることになります。

中曽 敬済 千葉県

お札は、かさばる書類でもある。

中辻 裕己 東京都

人生であと何円、ＡＴＭに手数料を取られるのだろう。

中辻 裕己 東京都 ラジオＣＭ

母「あんたいつまで寝てるの！

早起きは三文の得と言って、健康にもいいし、早く起きなさい」

子「三文くらい、セゾンカードで買い物したらすぐ貯まるよ・・・ｚｚｚ。」

母「な・・・。若いんだからダラダラせず起きて！

若さは財産なのよ！二度と取り戻せないの！」

子「セゾンカードならポイントは永久不滅だから、失う心配はないの・・・ｚｚｚ。」

母「屁理屈ばっかり！もう朝ごはん抜きだからね。」

子「貯まったポイントは、すかいらーくの優待券やｎａｎａｃｏポイントに変えられるから、
朝ごはんはそれで食べます・・・ｚｚｚ」

母「・・・起きたら、そのカードの作り方を教えなさい。」

NA：永久不滅ポイントのセゾンカード。

成田 斐 大阪府

おじいちゃん、生きて。まだ、ポイントが残ってるのよ。

前田 香織 福岡県 ラジオＣＭ

夫：ママお誕生日おめでとー
妻：あら！この箱なあに？
夫：欲しがってた家電だよ
妻：えっ！開けていい？
ほんとだー立派なＡＴＭじゃない！
夫：これで買い物が楽になるな
NA：支払いをまとめるともっと楽。
支払うならクレジットカード

三島 将裕 東京都

この10円玉は、昭和30年からお風呂に入っていないのか。

矢島 源太郎 東京都

世界中のお店が、０・５％オフに。

安福 千恵 岐阜県

諸先生方、経費を全てカード決済にすれば、これ以上のクリーンアピールはないかと存じます。

青木 健太　千葉県
現金=10秒
カード=2秒
ポイントだけじゃなく
時間を産みだすカード
セゾン。

青山 紀恵　東京都
カードで買うと、
ポイントと家計簿が付いてくる。

淺野 俊輔　東京都
世界中で、ツケがきく。

天沢もとき　東京都
現金をなくせば、
偽札もなくなる。

天沢もとき　東京都
諭吉が、歴史上のお金になる。

天沢もとき　東京都
小銭は転がる。
お札は燃える。

新井 理恵　東京都
あ!お金ない!そんなときが、ない。

石井 瑞穂　長野県
財布忘れた
何も困らなかった

石黒 明希彦　山形県　テレビCM
少し暗めの表情で部屋の荷物をまとめる男性と、ベッドの上でクッションを抱きながらその様子を見つめる女性。
顔は合わせず男性から、
男「いつの間にかこんなに増えていたんだな…」
女「うん…」
荷物をまとめながら、
男「今までありがとう。」
女「…ありがとう。」
ふいに手を止めて、女性の方を向く。
少しの間の後、明るい表情に変わり、
男「これからも、よろしくお願いします!」
女性、座り直し笑顔で、
女「よろしくお願いします!」
場面変わり式場で誓いの言葉を発する男性。
男「二人の愛は、永久に不滅です!」
これまでも、これからも。
永久不滅ポイント。
セゾンカード。

伊藤 孝浩　北海道
受け取れ、みんなが汗水たらして触った金だ。

大井 慎介　静岡県
小銭を出すのがたいへんなお年寄りほど、
カードを使ってほしい。

大井 慎介　静岡県
カードで破産した人より、カードで得した人の方が、はるかに多い。

大井 慎介　静岡県
197,389円だって一瞬で支払える。

大井 慎介　静岡県
行列のできる店は、レジにも行列ができる。

大井 慎介　静岡県
夫の使途不明金がなくなった。

大野 さとみ　大阪府
もたない人が、モテている。

岡本 圭史　千葉県
世界中のレジ係が、泣いて喜んだ。

岡山 和也　東京都
得したいだけの人も。楽したいだけの人も。

奥谷 和樹　大阪府
本当に必要なものが、分かるようになった。

貝渕 充良　大阪府
サイフは、
お金を入れとくには、
セキュリティ性が低すぎる。

カ クレディセゾン

貝渕 充良　大阪府
知らない駅では、
意外とATMが見つからない。

貝渕 充良　大阪府
現金なんて引き出して、
お祝いでもあるんですか？

柿本 和臣　福岡県
月1で家計簿が届きます。

片岡 佳史　神奈川県
ぽっちゃり財布、さようなら。

金沢 政史　奈良県
ATMには儲けさせたくありません。
お支払いはセゾンカードで。

鎌谷 友大　東京都
落とし物で一番多いのは、お金だ。

河内 大輝　東京都
最安値でも現金じゃまだ高い。

河内 大輝　東京都
ポケットを膨らませて売られてる服はない。

川村 章平　埼玉県
あの人、レジで何したと思う？
現金で払ったんだよ！
ポイントつかないのに！

川村 章平　埼玉県
だからうちの親は、お年玉をいったん
回収して私の欲しい物をカードで
買ってくれていたのか。

木島 由美子　東京都
現金は誰も守ってくれない。
カードは皆で守ってくれる。

北崎 太介　千葉県
金遣いの荒かった父の遺産は、
5万円と500万ポイントでした。

北原 祐樹　新潟県
支払いの手間は、カードが負担しています。

北原 祐樹　新潟県
一万円札も、海外では紙切れと同じだ。

木村 あけ美　東京都　テレビCM
【荷が重すぎた男 編】
渋谷のスクランブル交差点。
行き交う人々の中、すごい形相の20代男性。
男性は鼻息を荒くさせ、なにかを踏ん張っ
ている様子。
男性は歩きたがっていた。
びくともしない3つの銀行のそれぞれの巨
大ATMを引っ張って・・・。
NA：現金を持ち歩くのは、荷が重すぎる。
アパレルショップ店内のレジ前に立つ男性。
男性が手にするスマホ画面はお支払いアプリ
「Origami」
男性、笑顔でスマホをかざす。

木村 瑠海　神奈川県
カードに変えるのめんどくさい、そう思っ
たあなたが一番カードに変えたほうがいい。

黒木 俊太郎　東京都
現金は、手数料のかかるぜいたく。

坂山 修平　長崎県
財布にお金をかける時代オワタwww

佐久間 友宏　福島県
セキュリティのない財布なんて。

佐久間 友宏　福島県
忘れない、落とさない、盗られない。

佐藤 かおり　兵庫県
時間はカードで買える。

柴本 純　東京都　ラジオCM
NA「これから生まれてくる子供たちは、お
金を目にすることなんてなくなってしま
うかもしれない。
そしたらきっと、彼らにとってお金とは、
愛とか、未来とか、サンタクロースとか
と同じものになる。
セゾンカードで、すべての支払いを」

城川 雄大　富山県
ポイントは、税金のかからない年収です。

城川 雄大　富山県
お金の重みは感じたいけど、
重さは感じたくない。

城川 雄大　富山県
1円玉は、製造に2円かかります。

城川 雄大　富山県
カギのない金庫が歩いてる。
あなたのことです。

杉山 万由子　東京都
本来なら小銭を触るたびに
手洗いすべきです。

杉山 万由子　東京都
かっこよく小銭を数えられる人はいない。

鈴木 敦子　千葉県
雰囲気のいいお店の近くにATMはない。

鈴木 一真　埼玉県
小銭（笑）

髙橋 寿俊　東京都
普通に暮らしてるだけで、
ハワイに行けました。

髙橋 伶　東京都
生活は豊かになるかわかりませんが、
生活で豊かになります

田辺 拳斗　千葉県
貯めると貯まる、どっちが楽だ。

玉木 洲太　東京都
日用品が、お買い得用品に。

月本 康正　東京都
お金を持ち歩くより、お金持ちに見える。

津留 鑑介　東京都
現金で払うなんて、贅沢だよ。

寺尾 一敏　滋賀県
ナマ、作る身になって。

寺尾 一敏　滋賀県
「三億円事件」そもそも…

德山 舞奈　兵庫県
まだ日本には、
指を舐めてお札を取る方がいらっしゃいます。

冨田 佳菜子　東京都
お金の匂いを感じさせない男。

中島 崇　埼玉県
ポイントは、買い物をした私の給料です。

中島 崇　埼玉県
改札を通るように、レジを通過した。

中村 聡志　愛媛県
窃盗事件で驚くのは、
盗まれたことより、
大金を持ち歩いてること。

中村 匡　大阪府
飲み屋でさんざん説教垂れたあと、
後輩に「3000円貸して」
という先輩は信用できるだろうか。

西口 滉　東京都
お金を払ったら、ちょっとお金を貰えた。

西﨑 綾花　愛知県
今月の食事代が来月の食事代となった。

早川 博通　東京都　ラジオCM
男：え？こんなのもカードで払うの？カードで払うとポイントが貯まるからって？なんだよゲンキンなヤツだなあ。え？カード？わかってるよ、だからゲンキンだって…え？現金じゃない？いやだからカードなんだろ？だから…
NA：セゾンカードは使った分だけ永久不滅ポイントが貯まる。お買い物からお支払まで暮らしのすべてをカードで、というゲンキンなあなたにおトクなセゾンカード。

早坂 渡　東京都
強盗は、まず現金を狙います。

林 恭子　大阪府
一万円札には、一万円の価値しかない。

林 次郎　東京都
カードは、
現金の良くないところを良くしたものだ。

飛田 智史　東京都
カード払いは、
後ろに並ぶ人たちへの思いやりだ。

平野 涼嗣　東京都
カード払いから、カードがなくなる日が近い。

カ　クレディセゾン

船越 一郎　東京都
衝動買いも、後悔させない。

程塚 智隆　神奈川県
小銭を数える彼の口が、開いていた。

堀野 洋介　東京都
「ちまちまやってんじゃないよ」の
「ちまちま」は、お金のことだと思う。

松田 孝一　東京都
もはや現金は、
冠婚葬祭用の金券なのかもしれない。

松野 卓　東京都
一生に一度のチャンスが、分割できます。

松野 卓　東京都
ＡＴＭを携帯してます。

松村 遼平　京都府
デートコースに、ＡＴＭは入れたくない。

三上 佳祐　東京都
一生ツイてる。

三島 直也　東京都
カードは不安だ、という人が減って
現金は不安だ、という人が増えています。

三島 直也　東京都
抗菌仕様の現金はない。

三島 直也　東京都
日本には「98円」が多すぎる。

三島 直也　東京都
１３６９４２円、ぴったり払えます。

水落 祥　大阪府
レジが男の見せどころ。

水田 匠生　神奈川県
0は0だけど、０・５は積もる。

溝口 昌治　神奈川県
財テクの一歩目。

光永 裕美　福岡県
コンビニ襲ったって、
もう現金なんて無いよ！

密山 直也　兵庫県
お金はもはや原子マネー。

密山 直也　兵庫県
ポイントと小銭、
貯まってうれしいのはどっち？

密山 直也　兵庫県
カードやスマホでの支払いが
いかにスムーズかなんて、
高速道路の料金所を思い浮かべれば
すぐにわかるじゃないですか。

密山 直也　兵庫県
レジの行列は、
レジだけのせいではない。

三富 里恵　神奈川県
銀行に行っている時間で、
たいていの買い物は終わる。

箕浦 弘樹　岐阜県
「給料日前」って、
本来うれしいことじゃない？

箕浦 弘樹　岐阜県
しまった、
回っていないほうのお寿司だったか。

箕浦 弘樹　岐阜県
初めての海外で、
おつりが合っているかなんてわかりません。

箕浦 弘樹　岐阜県
三次会。トイレに行くふりをして、
所持金を確かめに行った。

三宅 幸代　大阪府
母は消費税を７・５％で計算する。

宮坂 和里　神奈川県
カードの中の１万円は、
１万50円分の働きをする。

三吉 学　岡山県
正直なところ、楽だよね。

向井 正俊　大阪府
運命の人がセレブでした。

カ

クレディセゾン

村上 るり子　福岡県
お金を溜め込まない人はポイントを溜め込んでいる。

村上 るり子　福岡県
防災袋にセゾンカード。

村瀬 甲之助　東京都
もはや、「キャッシュレス」というより「財布レス」。

元氏 宏行　大阪府
ＥＴＣじゃない人、不思議じゃないですか。

元氏 宏行　大阪府
何でこんなに減っているんだ?の答えが、月末に届く。

元氏 宏行　大阪府
石だった時代をバカにしている場合か。

柳元 良　神奈川県
現金は、現金以上になれない。

柳元 良　神奈川県
経済大国ニッポンの、最大のＭＯＴＴＡＩＮＡＩだと思う。

柳元 良　神奈川県
お金があると、人は使う。

矢野 雄一郎　福岡県
なんであなたのお金をおろすのに、お金を払うの?

山内 昌憲　東京都
お金は、現金のまま使うのが一番もったいない。

山田 大輝　福岡県
増税分はポイントで取り返す。

山本 文子　熊本県
現金?荷物になるから置いていきなさい!

吉川 敦也　東京都　テレビCM

『ヒーロー現る』篇

レジで紙幣たちがアメリカ人の店員ともめている

論吉：「すみません、私で支払えないんですか？マジで学問すすめるわ！」
店員：「Sorry. You need to be Benjamin Franklin.」
一葉：「すみません、私で支払えないんですか？たけくらべ、知ってるでしょ？」
店員：「Sorry. You need to be Ulysses S. Grant.」
英世：「すみません、私で支払えないんですか？お客さまの中にお医者さんいますよ！」
店員：「Sorry. You need to be Alexander Hamilton.」

そこにセゾンカードが現れるも、だれにも止められない。
紙幣たちが唖然とする。

NA「世界で通用する顔を持とう」
クレディセゾンカード

吉村 圭悟　東京都
流通してるってことは、手当たり次第に触れられてるってことだ。

吉村 圭悟　東京都
ＡＴＭを探すのにスマホを使うのか、それとも支払うのにスマホを使うのか。

ココカラファイン

「ココカラ公式アプリ」がもっとダウンロードしてもらえるようなキャッチフレーズ

協賛企業賞

野口 祥子（43歳）熊本県

入れてる人だけ、得をする。

▼**協賛企業のコメント**

ココカラファイン
販促部 課長
笹木朋美さん

このたびは協賛企業賞の受賞おめでとうございます。ココカラ公式アプリの魅力をたくさんの方に感じていただき、思わずダウンロードしたくなるキャッチフレーズを今回の課題として募集しました。「お得」「節約」「忘れない」など、さまざまなテーマでご応募いただき、お客さまが感じる魅力とは何かということに改めて気づかされる作品も多く、選考は大変苦慮いたしましたが、「お得」がシンプルで一番ささると感じ、選出させていただきました。ココカラ公式アプリはココカラファインがもっと身近にもっと便利になるようにとの思いを込めて開発したアプリです。受賞者の方をはじめ、この思いを表現するキャッチコピーをご応募いただきました皆さまに、心よりお礼を申し上げますとともに、今後ますますのご活躍をお祈りいたします。

三次審査通過作品

ポイントカードばっかり貯めてないで、ポイント貯めませんか。

新免 弘樹 東京都

ポイントはほしい。カードはいらない。

丹野 美里 東京都

「カード無くした」を無くしたい。

中切 友太 東京都

二次審査通過作品

ポイントカードはいらないけどポイントは欲しい。

伊良原 領 北海道

あります！ と言って、ポイントカードが見つからないと恥ずかしい。

岩本 梨沙 大分県

スマホ、あまり忘れないですよね？

上條 直子 東京都

川村 公也 大阪府
サプリなアプリ

颯々野 博 大阪府
ポイントがどれだけたまっているかわからないカードは使わなくなる。

篠原 沙織 愛知県
ドラッグストアへ行く前に立ち寄る、ドラッグストア。

長井 謙 東京都
素人は、値札を見る。玄人は、スマホを見る。

中島 大介 大阪府
ポイントカードはいらないが、ポイントは欲しい。

中橋 和昭 東京都
パジャマで来てもいいですが、スマホは持ってきてね。

早坂 あゆみ 東京都
高いものを買ったときほど、ポイントカードが見つからないとくやしい。

飛田 哲志 愛知県
スマートポン。

藤田 篤史 東京都
せこく見えない。おしゃれに見える。

見田 英樹 愛知県
妻からの突然の買い出し命令は、ボクのポイントになる。

山本（飯田）朝子 東京都
私の主治医も入れていた。

一次審査通過作品

相川 耕平　東京都
ハッピーな副作用。

淺野 俊輔　東京都
さわるたびに。寄るたびに。

石根 亜紗美　東京都
逆にやらない理由ある?

伊藤 史宏　愛知県
財布が痩せた。

伊藤 史宏　愛知県
あ!　クーポン忘れ……てない!

伊藤 史宏　愛知県
ポイント残高って
カードじゃわからないよね?

伊藤 美幸　愛知県
お店に行かなくても、ポイントがたまる。

伊良原 領　北海道
体もポイントもお大事に。

伊良原 領　北海道
あなたを元気にするのは薬とポイントです。

岩本 梨沙　大分県
ポイントカードはよく失くす。
そんなあなたに。

上野 了　大阪府
サイフの中のポイントカードは、
見つかりにくい。

植村 明弘　東京都
レジの渋滞は、ポイントカードを探してい
る人が原因だったりする。

植村 明弘　東京都
カードはなくなる。アプリはなくならない。

植村 明弘　東京都
アプリは、なくさない。

植村 明弘　東京都
レジの前で、ポイントカードを探してたら、
行列ができてしまった。

榎本 祐大　愛知県
スマホカラファイン

岡 杏子　兵庫県
カード忘れましたが、スマホは持ってます。

小笠原 清訓　千葉県
カードはお得情報を教えてくれない

小笠原 清訓　千葉県
積極的な会員証です

小笠原 清訓　千葉県
カードは、よく忘れる

岡本 英孝　福岡県
病気も浪費も防げます。

岡本 英孝　福岡県
体にも家計にも優しいアプリです。

岡安希　愛知県
お買い物によく効きます。

奥村 明彦　東京都
アプリならスマートに出せる。

貝渕 充良　大阪府
ポイントカードをやめることが、
ポイントを貯める秘訣です。

貝渕 充良　大阪府
太った財布に効くアプリ。

貝渕 充良　大阪府
たくさんのカードから探すより、
アプリを探すほうが早い。

貝渕 充良　大阪府
レジでポイントカードを、
探す手間がなくなった。

ココカラファイン

貝渕 充良　大阪府
**ポイントカードは、いらないけれど、
ポイントは欲しい。**

柏木 克仁　神奈川県
おクスリ屋さんを楽しんでいますか？

加藤 佑子　東京都
**ポイントカード忘れました、は、
もう言わなくていいよ。**

金澤 海月　埼玉県
お得が自分からやってきた。

鎌谷 友大　東京都
毎日が、特売日になる。

上條 直子　東京都
**ポイントカードを探すより、
スマホを出すほうが早いでしょ？**

上條 直子　東京都
え、まだポイントカード使ってんの？

上條 直子　東京都
**私がポイントカードを探している間に、
隣のお客さんはスマホでレジを済ませた。**

上條 直子　東京都
**ポイントカードはなくすけど、
スマホはめったになくさない。**

上條 直子　東京都
**ポイントカードやクーポンで財布が太り気
味の方へ。ココカラアプリは、財布のダイ
エットサプリ。**

上條 直子　東京都
**1回のダウンロードと、
毎回ポイントカードを探すのと、
どっちが面倒くさい？**

上條 七海　東京都
あなたの健康インストール中

川村 真悟　福岡県
おトクは、ココロもカラダもゲンキにする。

木村 吉貴　神奈川県
元気とお得をダウンロードしよう。

木村 吉貴　神奈川県
元気の素をダウンロード。

栗原 正裕　東京都
カラダにサプリ。スマホにアプリ。

黒須 幸喜　東京都
健康をダウンロードする

小柴 桃子　東京都
片手でできる節約。

小西 尋子　京都府
アプリにしとけば、忘れない。

小西 尋子　京都府
ここのカード、何枚目だっけ…

小西 裕斗　大阪府
**おじいちゃん、スマホを始めてから
なにやら毎日通う店ができたらしい。**

小西 裕斗　大阪府
**財布に入れるのを忘れやすい。
コンドームとポイントカード。**

小林 格　愛知県
もうポイントカードを迷子にしない。

小林 猛樹　千葉県
**カードは無くしても、
スマホを無くす人は少ない。**

小林 猛樹　千葉県
病気になるとお金がかかる、から。

小林 猛樹　千葉県
健康への近道は、ダウンロード。

齋藤 邦衣　宮城県
**カード・クーポンの悪いところ、
全部無くしました。**

斎藤 佑介　東京都
特典が健康につながる

颯々野 博　大阪府
**ポイントは欲しい、
ポイントカードはいらない、あなたに。**

颯々野 博　大阪府
財布がメタボから、
まず、改めよう。

颯々野 博　大阪府
ポイントカードは、お得な日を教えてくれない。

颯々野 博　大阪府
彼女の前で
パンパンに膨れた財布は出しにくい。

佐藤 直己　東京都
買物しない人も得できる。
買物する人は、もっと得できる。

柴野 倫子　京都府
ここだけの話、
ポイントカードより、おトクです。

新里 浩司　沖縄県
病は気から。アプリはココカラ。

新免 弘樹　東京都
ポイントカードは、
財布をメタボにする。

鈴木 謙太　愛知県
スマホサプリ。

鈴木 謙太　愛知県
スマホが健康志向。

鈴木 謙太　愛知県
得をすると、もっと元気になる。

鈴木 謙太　愛知県
健康意識も上がる。

鈴木 謙太　愛知県
クーポンを財布で眠らせない。

鈴木 謙太　愛知県
お得を処方してくれる。

鈴木 進也　東京都
財布が薄くなりました。

関口 尚将　兵庫県
元気、ダウンロード中

高沢 真知子　東京都
ココロ、カラダ、サイフ、ゲンキ。

孝田 純一　東京都
今まで大きな声で言えなかったのは、
アプリの方がお得だからです。

孝田 純一　東京都
お得な日が分かるから。

孝田 純一　東京都
ごめんなさい。ポイントカードよりお得です。

高橋 英樹　大阪府
さあ、健康を
ダウンロードしよう。

武田 陽介　宮城県
よく行く店こそ、
お得に買いたい。

竹節 忠広　長野県
これで落とす心配はない。
家に忘れることもない。

竹節 忠広　長野県
買わなくても、
お店に行かなくても、
ポイントゲット。

竹節 忠広　長野県
おトクは最高のサプリ。

竹節 忠広　長野県
おトクに健康。

田中 克則　和歌山県
一番薬になるアプリ。

丹野 美里　東京都
ポイントカードを断捨離したい。
ポイントは残したまま。

手代森 修　東京都
アプリもサプリになっている。

手代森 修　東京都
「福」作用があります。

寺門 芳郎　大阪府
人生は健康でできている。

永井 絢　神奈川県
買わなくても貯まる。

ココカラファイン

長井 謙　東京都
ちょっとしたポイントは、
ちょっとしたサプリだ。

長井 謙　東京都
ただの暇つぶしが、節約術になっていた。

長井 謙　東京都
5秒でたまる、ポイント。

長井 謙　東京都
ダウンロードしたら、
ポイントまでついてきた。

長井 謙　東京都
暇つぶしで、ポイントをもらった。

長井 謙　東京都
スマホにする理由が、一つできた。

長井 謙　東京都
スマホにしかない、値引きシールがある。

中里 由佳　東京都
ダウンロードしない理由がない

中島 大介　大阪府
遊んで、節約。

中島 大介　大阪府
カードより、アプリを優遇します。

中田 国広　埼玉県
カモがネギと味噌持って
スマホに飛んでくる。
ココカラ公式アプリ

中田 国広　埼玉県
クーポンがポンポン届く。

中田 国広　埼玉県
クーポン券を探す時間でレジの列が長く
なった。恥ずかしかった。

中田 国広　埼玉県
私のメイクの30%は
アプリのクーポンでできている。

中田 国広　埼玉県
クーポンは切って持って渡すより、
見せるだけの方が便利。

中辻 裕己　東京都
商売さがったり。

中辻 裕己　東京都
家計の医学。

中辻 裕己　東京都
家計にも薬になった。

中原 大輔　東京都
サイフにもファイン。

西尾 雅吉　岡山県
ポイントカードは忘れても、携帯電話は忘
れない

西原 湧介　大阪府
買ってないのに、ポイントたまる。

西原 湧介　大阪府
携帯とカード。
どっちが忘れにくい?

橋場 仁　埼玉県
ポイントと健康がもらえた。

浜田 英之　東京都
おトクも、おクスリです。

浜田 英之　東京都
お大事に、ダウンロードなさってください。

早坂 あゆみ　東京都
ポイントカードを
減らして、
ポイントが増えた。

早坂 あゆみ　東京都
「まぁ、いいや」で、
どれだけのポイントを
失くしてきたんだろう。

早坂 あゆみ　東京都
期限切れのクーポン券が
レシートの間から出てきた。

早坂 あゆみ　東京都
ポイントカードを探しているときの
店員とお客の視線が痛い。

早坂あゆみ　東京都
いちばん断捨離したいのは、
お財布の中。

早坂あゆみ　東京都
ポイントカードは失くしても、
スマホは失くさないでしょ。

早坂あゆみ　東京都
あー、並んでいる間に、
ポイントカード
探しときゃよかった。

早坂あゆみ　東京都
ストレスフリーなポイントカード。

林 秀和　東京都
ポイントカードより、
ポイントが貯まりやすいなんて。

春山 豊　東京都
ポイントは好き。
かさばるポイントカードは嫌い。

春山 豊　東京都
持ち歩かないといけないカードにするか。
持ち歩いているスマホにするか。

春山 豊　東京都
ポイントカードが
セールの日を教えてくれますか。

泥谷 智史　埼玉県
ポイントカードはおトクな話を教えてはくれません。

飛田 哲志　愛知県
アプリはなくさない。

飛田 智史　東京都
ただでさえお得な薬局が、もっとお得になる。

日高 修一　東京都
スマホなのに、まだカード？

日高 修一　東京都
カードを家に忘れても、
スマホは家に忘れない。

日高 修一　東京都
レジで渋滞を作るのが、カードだ。

日高 修一　東京都
ポイントカードを持たずに、
ポイントが貯まった。

日高 修一　東京都
ポイントカードを探している時間は、
後ろの人を待たせている時間でした。

日高 修一　東京都
カードはなくしても、
アプリはなくさない。

廣本 嶺　東京都
ポイントは、人を元気にする。

藤田 篤史　東京都
また、忘れた！

藤田 篤史　東京都
スマホは膨らまない。

藤本 友美　東京都
見えないから、貯めづらかった。

船越 一郎　東京都
サイフも元気にするアプリ。

古川 俊二　東京都
アプリと薬は使いようなのだ。

正水 裕介　東京都
家計も元気に。

松尾 栄二郎　東京都
おサイフがかさばらないポイントカード。

松田 綾乃　東京都
カードじゃ、お得が目に見えない。

松田 綾乃　東京都
持ち歩くなら、厚さ0ミリ。

松田 綾乃　東京都
ココロ、カラダ、サイフ、ゲンキ。

松本 慎平　東京都
ポイントカードだらけで、
人前で財布を出すのが正直恥ずかしい。

松本 直子　東京都
カードあった気がする、が一番悔しい。

丸山 佑介　長野県
健康をダウンロードしよう。

三上 智広　北海道
金欠病に、ちょこっと効く。

三上 智広　北海道
ママのスマホに、小さなヘソクリ。

三杉 爽　東京都
カードを忘れて、取りに帰らなくてもいい

溝口 昌治　神奈川県
このポイントカードもらうの何枚目かな。

見田 英樹　愛知県
カードを探してる間、うしろの視線がイタい。

見田 英樹　愛知県
財布の中を、スマートにするアプリ。

見田 英樹　愛知県
男はアプリで主夫になる。

見田 英樹　愛知県
毎日の寄り道が、運だめしになる。

見田 英樹　愛知県
クーポンは、紙だと屑になりやすい。

見田 英樹　愛知県
お店に行かなくても、安い日がわかる。
それだけでも時間の節約です。

南 忠志　東京都
早起きしなくても得をした。

南 忠志　東京都
アプリにしかない効能がある。

宮崎 亮太　兵庫県
おかんがスマホの使い方を覚えた。

宮崎 亮太　兵庫県
母がスマホを覚えた。

宮崎 亮太　兵庫県
レジでまで
LINEをするか
ポイントためるか

宮村 亮大　神奈川県
膨らむのは、ポイントだけでいい。

宮村 亮大　神奈川県
カードは忘れても、スマホは忘れない。

向井 正俊　大阪府
部屋で見つかるクーポンは、
だいたい期限が切れてる。

向井 正俊　大阪府
もっと得をするために、カードを捨てました。

向井 正俊　大阪府
損した気分は、体に悪い。

向井 正俊　大阪府
お財布の健康に。

向井 正俊　大阪府
友達から聞くお得情報は過去形です。

村井 千佳　東京都
カードがなくてもポイントは貯まる。

村瀬 直子　大阪府
ポイントカードは増やしたくない。
でも、ポイントは欲しい。

森脇 誠　京都府
病は気から。健康はスマホから。

安川 良平　東京都
アプリにしか出来ない割引を!!

安本 実織　兵庫県
お得だと人に教えたくなる。
本当にお得だと人に教えたくなくなる。

安本 実織　兵庫県
店舗では分からないセール、開催中。

安本 実織　兵庫県
あ〜あ、それ10%安くなったのに。

八ツ橋 哲也　神奈川県
ダウンロードした人に効く。

八ツ橋 哲也　神奈川県
クスリを安くする効果があります。

八ツ橋 哲也　神奈川県
そうか、本当はもっと安く買えたのか。

矢野 雄一郎　福岡県
アプリは失くさない。

矢野 雄一郎　福岡県
健康を値引きしよう。

山田 龍一　長崎県
入れない理由が、思いつかない。

山中 彰　愛知県
あなたがカードを探す時間は、
後ろの人の待ち時間です。

山本（飯田）朝子　東京都
下を向いていじっても、
心が上向きになるんです。

山本（飯田）朝子　東京都
そうそう、これを買わなくちゃ、
を教えてくれる。

山本（飯田）朝子　東京都
スクラッチして、かゆみ止めを買った。

山本（飯田）朝子　東京都
キレイな人は、みんないじってる。

山本（飯田）朝子　東京都
さわるサプリ。

山本（飯田）朝子　東京都
ガラケーにしがみついてたお袋が、
スマホに変えた。

山本（飯田）朝子　東京都
元気な日も、元気がほしい日も。

山本（飯田）朝子　東京都
元気のサプリ、ファインのアプリ。

吉田 厚子　石川県
カードありすぎで、
さらに頭痛よ。

吉富 大倫　神奈川県
アプリデファイン

渡辺 純敏　長野県
アプリカラモファイン

「骨《こつ》粗《そ》鬆《しょう》症《しょう》」のこと、
もっとみんなに
知ってほしい。

20～30歳のピーク時に比べて骨の量が3割程度減少し、
骨折しやすくなった状態が「骨粗鬆症」です。
50歳以上の女性では3人に1人、男性では5人に1人が骨粗鬆症で骨折する可能性があります。
そこで以下のような広告アイデアを募集します。

■課　　題：骨粗鬆症が自分や身近な人に関わることだと考えてもらえるような広告アイデア
■ジャンル：自由
■参考資料：ホームページをご覧ください　http://www.jpof.or.jp/about/

公益財団法人
骨粗鬆症財団
JAPAN OSTEOPOROSIS FOUNDATION

詳しくは　骨粗鬆症財団

骨粗鬆症財団

骨粗鬆症が自分や身近な人に関わることだと考えてもらえるような広告アイデア

協賛企業賞

野坂 真哉 (39歳) 兵庫県

「生涯現役」その想い、骨まで伝わっていますか?

▼協賛企業のコメント

骨粗鬆症財団
事務局長
石井成幸さん

このたびは協賛企業賞受賞、誠におめでとうございます。当財団は初の試みとして宣伝会議賞に協賛させていただきました。「骨粗鬆症」の疾患啓発のキャッチコピーとして募集しましたが、予想以上のご応募をいただき、また力作揃いで選考に困るほどでした。「疾患」がテーマとなっているにも関わらず応募いただいた作品にはポジティブな表現が数多くあり、大変勉強になりました。「生涯現役」という言葉は、超高齢社会の日本において非常にポピュラーなものと考えますが、今回選考させていただいた作品ではそこに「骨」を結びつけていたことが大変新鮮で、健康長寿の社会を考える上で、身体を支える骨は大事だということがストレートに伝わってきました。この「生涯現役」を全身で感じとるという想いに強く共感し、協賛企業賞として選出させていただきました。最後になりますが、受賞者の方をはじめ本課題にご応募いただいた方全員の皆さまに御礼を申し上げると同時に、より一層のご活躍をお祈りいたします。

岡部晃太　大阪府

昨今のインスタブームで、ユーザー数は1,000万人を突破。実はこの数字、骨粗鬆症の患者数と同じなんです。

字引章　東京都

同窓会に行ったら、100歳の奴がいた。

杉山美帆　東京都　テレビCM

赤ずきんちゃんが祖母の腰に抱きつき見上げながら尋ねる。
祖母の顔は見えない。
赤ずきんちゃん：おばあちゃん、今日はどうして腰がまっすぐなの?
祖母：赤ずきんちゃん、それはね…
NA：骨粗鬆症には治療法があるからです。
　腰や背の痛み、腰が曲がるといった症状はお早めにお医者さんへ。
骨粗鬆症財団

田辺 拳斗 千葉県

しょボーン。

土屋 憲佑 山梨県 ラジオCM

おじいさん：は、は、は…は～くっしゅん!!
SE：ボキッ!!
孫：じ、じいちゃん!!!
NA：ありえます。くしゃみ一回、あばら一本…
骨粗鬆症のこと、もっと知りましょ。
骨粗鬆症財団

二次審査通過作品

上條 直子 東京都

骨は静かに折れている。

佐藤 日登美 東京都

人は、見えるところばかり鍛えたがる。

新免 弘樹 東京都

スマートホネじゃ、困ります。

関口 尚将 兵庫県

丈夫と大丈夫は違う。

田中 未来里 東京都 ラジオCM

『入ってます』篇
SE：コンコン
A：入ってまーす！
SE：コンコン
B：入ってまーす！
SE：コンコン
C：入ってませーん！
NA：3人に1人の骨は、骨の中身がちゃんと入っていません。骨粗鬆症を気にしよう。骨粗鬆症財団。

田辺 拳斗 千葉県
せっかく高級な骨伝導スピーカーを買ったのに。

田原 あすか 京都府
おじいちゃんの、骨壺はすごく軽かった。

箕浦 弘樹 岐阜県
ガラスの五十代。

一次審査通過作品

浅野 俊輔 東京都
2㎝以上身長が縮んだら、疑ってください。

新 拓也 東京都
運動不足は、寝たきりに繋がる。

阿部 裕一 埼玉県
今まで一度も転んだことがない人はいますか。

天沢 もとき 東京都
飲みすぎはダメだけど、
ビールは骨にいいらしい。

飯田 祥子 福岡県
歩く自由は生きる自由だ

飯塚 逸人 東京都
骨のある若者が少ないのは心配だが、
骨のあるお年寄りが少ないのは
もっと心配だ。

石井 雅規 千葉県 テレビCM
老人たちの小学校の同窓会。
小学校の集合写真（30名）の並びと同じように並んで写真を撮ろうとしている。
しかし、亡くなってしまったのか並んだのは20人くらいでスカスカ。
NA「年をとると、スカスカになる。」
並んでいる男が「こっちこっち」と手招きする。
遅れて来た同級生たちが並ぶと集合写真に写っている全員が揃う。
NA「骨の話です。」
いつまでも、骨と健康に。
骨粗鬆症財団

石川 知弘 東京都
鏡じゃ気づかない老いがある。

石川 寛之 京都府
7転び8検診

石川 りえ 東京都
あのおばあさん、腰が曲がってるんじゃなくて、折れてるらしいよ。

石榑 康伸 愛知県
ヒトはカルシウムが不足すると、
自分の骨を食べてしまう。

石塚 恒己 愛知県
骨折の原因は、ただの風邪。

石塚 勢二 東京都
転ばぬ先の杖より先に。

石塚 勢二 東京都
弱から強へ、骨は簡単に調整できない。

石塚 勢二 東京都
弱い自分を認めるのは、
悪いことではありません。

稲垣 弘行 埼玉県
がいこつになるのも
大変な世の中になりました。

稲垣 弘行 埼玉県
生きることは、骨が折れることだ。

今田 由希 東京都
骨が弱くなると、〝なんでもない〟ことが〝とんでもない〟ことに変わる。

今田 由希 東京都
背が縮んだのは、「歳のせい」じゃなくて「骨のせい」かもしれない。

今村 寛信 福島県
骨の折れる問題です。

上野 江奈 愛知県
保湿マスク1，000円、若見えファンデ12，000円、日光浴0円。

梅澤 諒 東京都
夫婦ゲンカで先に折れたのは、骨でした。

大久保 俊季 香川県
固口固固固

大城 昂 佐賀県
親が検査しないと、子供も検査しないと思う。

大関 健太郎 東京都
松ちゃんが鍛えてなかったら、浜ちゃんのツッコミで骨折するかもしれない。ツッコんだ浜ちゃんの方も骨折するかもしれない。

太田 ひかる 東京都
三人寄れば、だれかは骨折。

大野 さとみ 大阪府
骨の悲鳴は、聞こえない。

大野 忠昭 埼玉県
日本人のがん罹患率は50％。
骨が歳をとる確率は100％。

大野 忠昭 埼玉県
「牛乳飲みなさい」。
今度はおれが親に言う番だ。

大庭 万季 東京都
骨粗鬆症の人は、東京の人口くらいいる。

岡本 英孝 福岡県
医者も警察も
何かあってからしか動きません。

小川 晋太郎 神奈川県
母の骨折が、自分の挫折にもなりえる。

奥村 明彦 東京都
漢字も完治も難しい。

織田 みら 北海道
背が縮んだのではなく、
骨が縮んでいるのです。

音石 達矢 東京都
骨折は、予防できる。

小野寺 紅 埼玉県
踊れるガイコツになれると思ってた

折笠 雄一 神奈川県
「苦労する」ことを「骨を折る」と言うらしい。
私はそんな苦労したくない。

狩野 泰典 高知県
地道に人生歩んでも、コツコツと骨は衰える。

狩野 慶太 東京都
私が骨つきカルビだったら、
おいしそうに見えるだろうか。

鎌田 明里 茨城県
骨粗鬆症にかかる人は、
全国の「田中さん」の8倍以上いる。

川口 洋之 海外
幸せな老後は、
貯金だけでは手に入らない。

川口 洋之 海外
かしゆか、あ～ちゃん、のっちの誰かは、
骨粗鬆症で骨折する。

河原木 雄基 東京都
骨は勝手に痩せていく。

菊池 将哉 千葉県
三途の川で、流されないか心配だ。

北原 祐樹 新潟県
骨にやさしく。

木村 瑠海　神奈川県
「何もしてない」が原因でした。

黒木 俊太郎　東京都
母の言う「元気」に、骨密度は入ってこない。

郡司 嘉洋　東京都
何歳まで生きられるかより、
何歳まで歩けるかのほうが、
大切だと思う。

郡山 俊二　千葉県
おばあちゃんのすねは、
もう、あてにできない。

古郷 海児　神奈川県
若くてきれいなあの人に、
骨密度では勝っている

小柴 桃子　東京都
天国までは、自分の足で歩きたい。

後藤 裕彦　東京都
「転ばぬ先の杖」は、骨でできている。

小山 愛実　兵庫県
ダイエットすると、骨も痩せる。

坂入 貴行　愛知県
死因ではなかったが、原因ではあった。

坂入 貴行　愛知県
「どこも悪くなかった」の「どこも」に、
骨は入っていますか。

榊原 慎吾　愛知県　テレビCM
ガイコツの操り人形が3体。
映像の周りは白いモヤがかかっている。
〝ホネホネロック〟の音楽にあわせて踊る。
真ん中の人形が左の人形にぶつかった後、
右の人形にもぶつかる。
すると右の人形の骨だけ折れてしまう。
NA+S：女性は3人に1人が骨粗鬆症。
病院で寝ていたが、操り人形の悪夢で
目覚めた骨折をしている中年女性。
NA+Cl：身近な人も骨粗鬆症かも、
骨年齢測定を　骨粗鬆症財団

佐々木 貴史　東京都
長生きしたいですか？
それとも長く生活したいですか？

佐々木 庸子　東京都
ストレスが骨を弱くしていく。

字引 章　東京都
今のままでは、
70歳になる頃には、
120歳になってしまうらしい。

島田 寛昭　東京都
遺骨は砂のようでした。

清水 秀幸　東京都
孫に、ヒーローごっこで手加減された。

城川 雄大　富山県
天国の階段は、自力で登りたい。

新免 弘樹　東京都
カレシより、カルシウム。

杉森 舞　神奈川県
歩けなくなると、天国は近い。

杉山 雅樹　神奈川県
太る理由で、骨は痩せていく。

鈴木 ケン　神奈川県
最近、カタいオヤジが減った。

鈴木 ケン　神奈川県
団塊は、意外と折れる。

鈴木 里沙　東京都
丈夫な骨は、こころも支えてくれる。

高橋 侑也　東京都
財団があるほどの病気です。

武田 沙織　和歌山県
思いがけず、誰かを加害者にしないために。

武田 奈々　東京都
骨の不調は、予兆がない。

達橋 亜希　東京都
18歳が人生のピークです。あ、骨の話です。

田中 恵美子　東京都
骨に化粧水は、塗ってない。

田中 恵美子　東京都
その骨は、頭蓋骨かもしれません。

田中博都　埼玉県
母は、箸渡しもできなかった。

田辺拳斗　千葉県
カルシウム不足で骨がキレてます。

田辺拳斗　千葉県
筋肉と贅肉だけで健康を語るな。

谷将光　東京都
つまずける人生。

谷口友妃　京都府
おばぁちゃん、砂になっちゃった。

張愛莉　京都府
寝たきりになってしまった父、
始まりはただの腰痛だった。

土屋憲佑　山梨県
転べるって幸せだ。

寺戸葉菜　兵庫県
命の次に大切なものは、骨かもしれない。

長井謙　東京都
「あれっ?
前は背伸びしたら取れてたのに…」

長井謙　東京都
日常が、ハラハラの冒険になる前に。

長井謙　東京都
骨を、爆弾にする。

長井謙　東京都
転べる、幸せ。

長井謙　東京都
長生きした。寝たきりで。

長岡勇人　宮城県
母、軽量化。

中島優子　東京都
一度きりの人生の最後を
寝たきりにしない。

永末晃規　滋賀県
子どもは、おじいちゃんとジャングルジムの
区別がつきません。

中田国広　埼玉県
トイレで力んだら、肋骨を折った。

南雲聖華　埼玉県
骨粗鬆症財団
介護中
母を支えて
骨を折る

二羽富士夫　石川県
骨がつよければ七転八起、
骨がよわければ七転八倒。

野口祥子　熊本県
家は強度を診断する。
あなたの体は?

橋口賢一郎　愛知県
壁ドンした。腕が折れた。

橋本寿弥　愛知県
定年退職の胴上げで骨折。

羽渕徹史　千葉県
人込みだった。骨が怖くて動けなかった。

浜田英之　東京都
あの人の評価が高いのは、
姿勢だと思う。

早坂あゆみ　東京都
きんさん、ぎんさんの骨密度は
どれぐらいだったんだろう?

春山豊　東京都
心配している健康に、
骨が含まれている人は少ない。

樋口千晃　広島県
遺骨になってもこの世に残る。

平山智子　宮城県
あんなに頑固だったのに。
こんなに簡単に折れるなんて。

弘嶋賢之　愛知県
寝たきりへの一歩に、しないために。

福坂済　神奈川県
折れたのは、心だった。

力

骨粗鬆症財団

福島 亮介 東京都
マッサージで骨が折れた人もいます。

藤曲 旦子 東京都
コントみたいに、骨折する。

星野 正太 宮城県
骨は丈夫、は大きな誤解

洞田 拓也 神奈川県
狭くて、転びやすい日本だから。

正水 裕介 東京都
じいじとばあば、触っちゃだめよ。

増田 ななこ 大阪府
孫は骨にくる。

増田 ななこ 大阪府
孫の「だっこ!」がわたしを脅す。

松田 綾乃 東京都
ずっと元気でいるのも、親の責任だ。

松本 くるみ 長野県
やわらかい握手なんて、いやだ。
かたい握手を交わしたい。

間宮 結以 東京都
ダイエットで痩せた。骨も痩せていた。

丸山 健太 神奈川県
おはよう、骨折しました。

三上 佳祐 東京都
骨折は、早期発見できる。

三上 智広 北海道
なんてインスタ映えする遺骨だろう。

溝口 昌治 神奈川県
カラダは骨から弱っていく。

溝口 昌治 神奈川県
お父さん、
すべってもいいけど、転ぶのは心配よ。

見田 英樹 愛知県
熱き抱擁という名の鯖折り。

箕浦 弘樹 岐阜県
コルセットは一度きりがいい。

宮本 律 東京都
まさか、骨から老けるとは。

村松 佳奈 長野県
ぼくをおんぶしてから、おじいちゃんはずっとベッドにいます

元氏 宏行 大阪府
ダイエットを成功した経験のある人に
残念なお知らせがあります。

森下 夏樹 東京都
転ぶだけで、人は死んではいけない。

森下 夏樹 東京都
人間の全ての動きは、
骨折する可能性を秘めている。

泰永 麻希 東京都
長生きするほど、骨折り損だなんて。

柳 凪沙 神奈川県
杖なんかついてたら、
孫と手を繋げないじゃない。

山内 昌憲 東京都
もう、骨折しはじめてるかもしれない。

山田 大輝 福岡県
年金とカルシウムは
足りなくなる可能性があります。

山田 龍一 長崎県
街のすべてが、あなたの骨を折りにくる。
骨粗鬆症って、そんな病気です。

山本 (飯田) 朝子 東京都
死因は、この段差です。

山本 恭子 長野県
レントゲン映えを意識。

山本 恭子 長野県
腰に願いを。

山本 桃子 埼玉県
クシャミをするのも命懸け

湯田 旭 京都府
老後は、老いる前に決まる。

吉川 敦也 東京都
骨は顔より老けやすい

骨粗鬆症財団

ママ、ちゃんとカルシウムとりなさい。

輿嶋 一剛　岐阜県

死ななくても、人生は終わる。

吉村 圭悟　東京都

ポッキリいって、ポックリいった。

吉村 圭悟　東京都

「経費精算する=コンカーする」

となるようなアイデアを募集!

CONCUR

日本のサラリーマンは

「経費精算」に生涯52日を捧げる。※1

コンカーは経費精算の自動化を進めています。

コンカーは、36,000社、4,500万人に利用される

世界標準の出張･経費管理クラウドシステム。

国内でも売上No.1。※2 でも、認知度がまだまだ足りません。

今も経費精算に面倒な思いをしているあなたを

ラクにしたいと思っています。

コンカーの特徴

圧倒的な実績

世界でも国内でも売上No.1 。7年間の紙の領収書保管を義務づける規制の緩和や、スマートフォンでの撮影による領収書の提出が認められたのは、コンカーの推進力です。

経費を使う対象から自動化

全国タクシー/Uber、Suicaなどのカードの交通費、ホテルやAirbnbの宿泊費、Sansanによる同席者確認といった他のサービスと直接連携し、経費入力を自動化します。

出張手配と経費管理を統合

経費が多く発生する出張。出張中の経費支出を正確に自動取込し、出張手配情報をそのまま引き継ぎ、経費精算を手早く完了させます。

利便性を犠牲にせず、経費管理を高度化

企業の接待･出張･経費支出ルールの自動チェックで不正を防止。さらに、企業の支出情報を経費明細まで見える化、分析をカンタンにしてコスト削減も実現します。

経費精算とは?

- 業務上必要な交通費、出張費、接待費などを従業員が立替払いし、後ほど会社に請求することを経費精算と呼びます。
- いまだに多くの企業では、紙とExcelによる手作業で経費精算が行われています。
- 経費管理のシステムは、経理や総務の部長が導入判断をすることが多いです。

※1.2016年3月マクロミル調べ ※2.ITR「ITR Market View:予算・経費・就業管理市場2017」経費管理市場:ベンダー別売上金額シェアで3年連続1位(2014-2016年度予測)

※**ジャンル**/自由　※**課題**/「経費精算する=コンカーする」となるようなアイデアを募集します。

※**参考**/●https://www.concur.co.jp/　●https://newspicks.com/news/1686584

●ディスカヴァー・トゥエンティワン「戦略PR 世の中を動かす新しい6つの法則」(本田哲也 著)　●東洋経済新報社「Think! 別冊No.9」

コンカー

「経費精算する=コンカーする」となるようなアイデア

協賛企業賞

森下 夏樹（27歳）東京都

精算したお金は、返ってくる。清算した時間は、返ってこない。

▼協賛企業のコメント

コンカー
代表取締役社長
三村真宗さん

このたびは、協賛企業賞の受賞、誠におめでとうございます。企業の働き方改革が求められる昨今、経費精算のために帰社し、時間をかけて申請するビジネスパーソンは少なくありません。そんな状況をコンカーのクラウドサービス「Concur Expense」を使って解決していただければと思い、「経費精算する＝コンカーする」となるような作品を募集しました。この受賞作品では、経費精算という業務が日本のビジネスパーソンから生涯52日という貴重な時間を奪っているという問題を適切かつ端的に表現されており、多くの皆さまから共感いただける作品であると実感しました。このようなビジネスパーソンの悲哀を失くすべく、多くの皆さまにコンカーを使って経費精算をしていただけるよう、今後も努めてまいります。最後になりますが、受賞者をはじめ、ご応募いただいた全ての皆さまに御礼申し上げるとともに、より一層のご活躍をお祈りいたします。

庄司 俊介　愛知県

「経費精算する」口頭でいうと1.71秒。「コンカーする」口頭でいうと0.91秒。これだけでも0.2秒効率化できている。

林 次郎　東京都

がんばってるな。なんだ精算か。

与座 郁哉　愛知県

こん（な簡単だったの）かー

二次審査通過作品

齋田 敏宣　大阪府

その出張は私が行きます。精算は他の誰かに。

田辺 拳斗　千葉県

よい月末を。

古川 俊二　東京都

なんでもかんでも電子化すりゃいいってもんだな。

一次審査通過作品

今田 由希　東京都

「雑務」だと思っていることは雑になりがちだ。

岩佐 祥子　神奈川県

堂々と手を抜こう。

岩本 梨沙　大分県

お金をとことん尾行する。

植村 桃子　東京都

「けいひせいさん」は、ほぼ「ひせいさん」だ。

岡田上　兵庫県

犯人はコンカーと叫んでます！精算な事件です！

岡本 英孝　福岡県

営業は外にいないと。

貝原 史祐　神奈川県

人類は、メンドクサイで進化する。

加藤 晃浩　東京都

今までは紙だった。コンカーにしたら神だった。

上條 直子　東京都　テレビCM

（教室でテストが返却されている。一人の生徒が、答案を手に先生のところへ向かう。）
生徒：「先生、採点ミスです」
教師：「どれどれ…いや、これは君のミスだ」
生徒：「そんなはずありません！」
（アップになる答案。「彼らは経費を精算する。」を英訳する問題。生徒の答えは'They concur.'）
生徒：「『経費精算』は'CONCUR'でしょ?!」
NA：「会社をラクにする会社、コンカー。」

河村 龍磨　東京都　テレビCM

『待つ男篇』
男がスマホを見ながら、何かを待っている。その姿は競馬の実況中継を見ているように見える。
男「来るか、来るか、来るか、来るか、来るか、来んかー」
残念そうな顔をする男。しかし、また顔つきを変え、叫びだす。

男「来るか、来るか、来るか、来るか、来るか、来んかー」
また残念そうな顔をする男。
しかし、また顔つきを変え、叫びだす。
男「来るか、来るか、来るか、来るか・・・」
スマホに経費精算の連絡が来て、ガッツポーズをする男。
男「コンカー」
S：経費精算が待ち遠しい。
コンカーのロゴ。

川本直輝　大阪府
領収書をインスタ映え。

北﨑太介　千葉県
経費精算なんて、一生懸命やるもんじゃない。

北﨑太介　千葉県
経費清算する：55画
コンカーする：10画

木村望　福岡県
領収証の紛失は、
小学生の忘れ物よりも多いと思う。

小口章治　静岡県
コンカーする？それとも残業する？

小島功至　熊本県
出張にも最後のオチが必要です。

後藤裕彦　東京都
机上の精算は、もうおしまい。

後藤裕彦　東京都
神戸市議会は、まっさきに導入すべきだ。

小西裕斗　大阪府
人を動かすで働くと書くけど、
効率よく動かさないと
働いてないのと一緒です。

小西裕斗　大阪府
だれでもできる作業を、
だれにもさせないのが、理想です。

佐々木一之　愛知県
"0"なのか"6"なのか!?
字が汚い俺は、大助かりだ。

柴田賢一　茨城県
海外のビジネスマンも
同じことで悩んでたんだって、
ちょっとうれしくなった。

柴田賢一　茨城県
コンカー議員になったら、
みんな信用するのに。

白地倫子　山口県
ごめん、領収書、洗っちゃった。

鈴木ケン　神奈川県　テレビCM
小学生の子供と母親がリビング学習。
母親「1000円を持っていたA君が果物屋さんで100円のリンゴを3つ買いました。」
母親「あと200円の梨を二つ買いました。」
母親「残りのお金はいくらでしょう？」
子供「うーん。」
母親「簡単だよ。」
子供「うーん。」
母親「あれ。わからない？リンゴが300円で梨が…」
子供「そうじゃなくて。これ接待用？勘定項目何？」
母親「・・・!?」
（会社帰りでネクタイを外しながら呟く）
父親「会社の金は、難しいよな・・・」
NA「お金は本来、もっと簡単であるべき」
NA「余計な心配はコンカーにお任せください」

芹澤高行　東京都
プレゼン前に「落ちる」「落とす」は、
聞きたくない。

竹節忠広　長野県
めんどくさいことは、
自分でやらない。

田中健太　東京都
OB訪問で
午前中は何をしていたか訊かれた。
…精算だ。

田中健太　東京都
今日はまだ精算しかしてない

田辺 拳斗　千葉県
月末までと言われると、月末まで出さないのが人間です。

玉熊 文乃　東京都
せっかくの集中力を、経費精算に使いたくない。

寺尾 一敏　滋賀県
時は金だった。

長井 謙　東京都
政治家の皆さん、ご検討ください。

長井 謙　東京都　テレビCM
□森林伐採の映像
□行き場をなくす森の動物たち
NA「領収書で、大切な資源を削る前に。経費精算を自動化する、コンカー」

長尾 剛貴　千葉県
時代遅れとはわかっていたけど、誰も取り組まなかったこと。

浪岡 沙季　東京都
営業と経理の抗争に、決着がついた。

野口 祥子　熊本県
残業を減らせと言われた。どの時間を削ればよいのだろう。

野口 祥子　熊本県
外へ出てこそ営業だ、と言った部長が、今すぐ戻って来いと言う。

林 次郎　東京都
仕事の内なのに、仕事と評価されにくいのが経費精算だ。

林田 淳　東京都
まだ紙で、ＩＴ企業と名乗れますか？

東 将光　東京都
経費精算を頑張っても、給料が増えることはない。

日高 修一　東京都
外出先から申請したら、海外にいる上司に承認された。

平野 あゆみ　神奈川県
それ、いまだにソロバンを使っているようなものですよ。

平野 夏絵　静岡県
永田町でも必要です

平野 夏絵　静岡県
過去は精算済の社員ばかり

福田 瑞穂　東京都
経費精算は、誰がやっても経費精算以上の成果は得られない。

藤田 大地　岡山県
労働時間は、意識だけでは減らせない。

船越 一郎　東京都
英語を使わない、グローバル化があります。

船越 一郎　東京都
スキマ時間に、早く帰る準備ができる。

前田 満　愛知県
主役じゃない。けど大事。

町田 香苗　東京都
無駄を仕事と呼んでいた。

松村 遼平　京都府
なんで、大学の部活と企業が同じ方法をとっているのか。

松村 遼平　京都府
インスタ世代はコンカー世代。

三上 智広　北海道
長時間労働の「長」の部分。

三島 直也　東京都
精算が面倒なのは、面倒な精算をしているからです。

見田 英樹　愛知県
コンカーは、無駄に強い。

光川 和子　兵庫県
「働き方改革」って、まずこういう事じゃないですか？

南 忠志　東京都
1年に、月末は12回やってくる

三宅 幸代　大阪府
日本の会社は、本業に割ける時間が短すぎる。

向井 正俊　大阪府
キン、コン、カーで帰りましょ。

向井 正俊　大阪府
交通費が渋滞です。

向井 正俊　大阪府　テレビCM
居酒屋の入り口に、
予約の団体名が書かれた札。
「○○会社　経理部」
「△△会社　経理部」
「××会社　経理部」
「□□会社　経理部」
NA：経費精算を楽にしよう。
コンカー。

元氏 宏行　大阪府
空き時間は、出張中の方がある。

森 裕治　東京都
平社員のあなたにも秘書をおつけします。

矢崎 剛史　東京都
精算で、終電逃した。領収書が一枚増えた。

山崎 亮　大阪府
必要だけど無駄な時間。

山下 祐輝　大阪府
精算されたのはストレスでした。

山本 恭子　長野県
こ、の滞、り、は御社、の非効、率性で、す。

横山 成香　千葉県
改札を手動から自動にするようなもの。

吉村 圭悟　東京都
社長はいいよね、秘書がいるから。

渡辺 純敏　長野県
どうぞどうぞ、手抜きしてください。

Continental
The Future in Motion

黒くて、丸くて、ゴムでできていて…
タイヤによって、性能ってそんなに違うの !?

課　題　コンチネンタルタイヤを知らないドライバーの方々に「そうだ💡コンチネンタルタイヤを履いてみよう!」と思ってもらえるアイデア

ジャンル　自　由

参考資料　http://www.continental-tire.jp/

コンチネンタルタイヤが選ばれる理由 ▶ 創業146年。ドイツで生まれ培われたテクノロジー ＋ ヨーロッパ車新車装着率トップクラスの実績 ＋ ヨーロッパの有力自動車雑誌や専門誌のアワードを数多く受賞

コンチネンタルタイヤ・ジャパン

コンチネンタルタイヤを知らないドライバーの方々に「そうだ!コンチネンタルタイヤを履いてみよう!」と思ってもらえるアイデア

力

コンチネンタルタイヤ・ジャパン

協賛企業賞

浅野 俊輔（45歳）東京都

クルマは急に止まりたい。

▼協賛企業のコメント

コンチネンタルタイヤ・ジャパン
マーケティング&コミュニケーション
マネージャー
宮川直子さん

このたびは、協賛企業賞受賞おめでとうございます。購入交換サイクルが長く、多くの人にとって興味を持ちにくいタイヤ。まだまだ認知度の低い日本市場でコンチネンタルタイヤをより多くの人に知っていただきたい。安全のために妥協を許さないその開発の精神や性能をわかりやすく伝え、「そうだ！コンチネンタルタイヤを履いてみよう！」と思ってもらえるためのアイデアがほしいという想いから、宣伝会議賞に協賛いたしました。今回の作品は、私たちに馴染みの深い交通標語がすぐ頭に浮かぶ親しみやすさと、クルマの気持ちから、タイヤの重要性を伝えるユーモアで、コンチネンタルタイヤが安全なドライビングのために最も重要な性能のひとつと考え、開発に取り組んでいるブレーキング性能の重要性を上手に表現している作品であるという点で、社内投票の結果この作品を選ばせていただきました。最後になりましたが、ご応募いただいたすべての方に厚く御礼申し上げるとともに、今後のご活躍をお祈り申し上げます。どうもありがとうございました。

三次審査通過作品

矢野 健太郎 大阪府 テレビCM

シーン1：
とあるショッピングモールのキッズコーナー。
たくさんの子供たちに混ざってミニカーで遊ぶ息子。
シーン2：
「ブーンブーン」と大きな声でミニカーを走らせる子供たちの中で、
「・・・」と黙って大人しくミニカーで遊ぶ息子。
それを少し心配そうに見つめるパパとママ。
シーン3：
帰りの車の中、チャイルドシートでスヤスヤ眠る息子をミラーで見ながら、
パパとママが、話をしている。
ママ：「初めてのお友だちでちょっと緊張しちゃったのかな・・・」
パパ：「いや、ごめん。俺が選んだタイヤのせいかもしれないいな」
シーン4：
静かな車内、スヤスヤ眠る息子。
シーン5：
コンチネンタルタイヤのロゴ

二次審査通過作品

小笠原 清訓　千葉県
ねえ、ちゃんとしたゴム、つけてる?

尾見 和則　東京都
F1層に人気です。

加藤 嘉一　千葉県
21世紀、まだまだ車はタイヤで走っている。

金井 優昌　宮城県
**足下をすくわれることも、
足下に救われることもある**

三吉 学　岡山県
全欧が履いた。

向井 正俊　大阪府
ぶつけたくない車に選ばれている。

向井 正俊　大阪府　テレビCM
カーアクションを上映中の映画館。
観客の顔が冷めている。
NA：コンチネンタルタイヤには、ヒヤヒヤしません。

一次審査通過作品

淺野 俊輔　東京都
タイヤは、最初にはたらく安全装置です。

天沢 もとき　東京都
上が指令を出しても、
下が優秀じゃなきゃ
こたえられない。

飯塚 逸人　東京都
クルマを買うときに、
タイヤの説明を受けましたか?

石川 知弘　東京都
オレの運転とは思えない。

岩﨑 あかね　千葉県
タイヤは気分で換えられない。

岩本 梨沙　大分県
安心して缶ジュースが飲める。

上田 拓也　東京都
確信を持って生み出し、7万回疑う。

植村 明弘　東京都
あなたの愛車には、
愛タイヤはついていますか?

カ

コンチネンタルタイヤ・ジャパン

大沢 裕巳　埼玉県
ドイツ車じゃなくてドイツ輪

大谷 拓也　東京都
路面は変えられない。タイヤなら変えられる。

柿本 和臣　福岡県
デート中のタイヤトラブルは冷める。

片岡 佳史　神奈川県
コンチネンタルに、グレードアップ。
タイヤの話です。

金井 純一　東京都　ラジオCM
「覗いて」篇
女「ねえ、あなたに見てほしいの」
男「オ、オレに？」
女「うん。すっごいの履いてるから」
男「そ、そんなにすごいのか!?」
女「うん。ちゃんと下から覗いてね」
男「わ、わかった！下から覗けばいいんだな!?」
女「…どう？」
男「…お前、本当にすっごいの履いてるな！」
NA「人に自慢したくなるタイヤ。コンチネンタルタイヤ。」

鎌谷 友大　東京都
おいしいタイヤより、
目立つタイヤより、
地道なタイヤ。

鎌谷 友大　東京都
速い車が選ぶタイヤは、
きっとよく止まる。

木田 秀樹　東京都
いい車乗ってるのに、そのタイヤですか？

北崎 太介　千葉県
お父さんの運転は、眠くなる。

郡司 嘉洋　東京都
タイヤが事故を防いでも、
ニュースにはならない。

小島 功至　熊本県
一瞬懸命。

小西 裕斗　大阪府
タイヤは、第0のエアバッグと、
とらえてみる

坂口 拓司　東京都
男は、ゴムで心地よさが変わることを
知っている。

佐久間 友宏　福島県
命を預かるものを、価格で選ぶか性能で
選ぶかで未来は違ってくる。

字引 章　東京都
気持ちよさは、
下半身で決まる。

白川 順一　東京都
靴を買う時、何足履いて決めますか。

新開 章一　静岡県
大陸から、良いものだけを
取り入れてきたのが、日本です。

杉井 すみれ　東京都
息子が描く車の絵はタイヤがかっこいい。

關 彰一　東京都
自動車大国ってことは、
タイヤ大国でもあるんです。

芹澤 高行　東京都
狭い島国には、よく止まるコンチネンタルを。

竹ノ内 希衣　神奈川県
本音は小さい声に出る。

竹ノ内 希衣　神奈川県
プロポーズはコンチネンタルで。

竹節 忠広　長野県
「はっ」としても、
「ほっ」とする。

田中 博都　埼玉県
道を走るのはタイヤなんです。

田辺 拳斗　千葉県
雨の日に走ってこその車です。

津田 洋志　宮城県
タイヤくらいは外車にしたい。

コンチネンタルタイヤ・ジャパン

寺尾 一敏 滋賀県
弘法は筆を選ばないのではなく、選ぶのが上手かったのだと聞く。

寺坂 純一 北海道
「車は急に止まれない」という言葉は、ドイツにはない。

寺坂 純一 北海道
同じ道でも、同じ状況はない。

長井 謙 東京都 ラジオCM
○最新カーナビ篇
SE「ポン」
カーナビ「まもなく、右方向です」
運転手「はーい」
SE「ポン」
カーナビ「まもなく、左方向です」
運転手「はーい」
SE「ポン」
カーナビ「まもなく、子供が飛び出してきます。ブレーキをかけてください」
運転手「え?うわ!」
SE「キキー」
運転手「っほ、危なかった」
NA「そんなカーナビは、まだ開発されていないから。急ブレーキでも安心のタイヤなら、コンチネンタルタイヤ」

中島 大介 大阪府
タイヤを変えた。何も起こらなかった。

中田 国広 埼玉県
車を買い替える前に、
タイヤを変えませんか?
コンチネンタルタイヤ

中辻 裕己 東京都
クルマは素足で走ってる。

中辻 裕己 東京都
クルマの乗り心地は、
あなたとの居心地になる。

中辻 裕己 東京都
ミスは減らせない。事故は減らせる。

中野 勇人 奈良県
痔に、やさしいタイヤに交換。

永吉 宏充 東京都
コンチネンタルタイヤを
履いてるタクシー1台お願いします。

橋本 寿弥 愛知県
はがき1枚分の大きさで、
タイヤは車を支えている。

花田 光希 神奈川県
マナーモードでも大丈夫です。

日比野 はるか 神奈川県
父の日に、安全を贈ろう。

弘嶋 賢之 愛知県
雪の日ほど、急いでいる。

弘嶋 賢之 愛知県
安全運転のために、
乗る前にできる事があります。

弘嶋 賢之 愛知県
出産祝いに、コンチネンタルタイヤ。

弘嶋 賢之 愛知県
間違えたのは、
運転操作じゃなくて、タイヤ選びでした。

広瀬 裕太郎 東京都
アウトバーンがあるドイツだからこそ、
開発できたタイヤです。

廣田 顕久 岡山県
話の続きは、クルマの中で。

藤田 篤史 東京都
送り迎えをする日は、雨の日が多い。

古屋 順一朗 東京都
安全にスペアはない。

古渡 彩乃 京都府
外車は買えなくても、
外タイヤは買える。

星合 摩美 東京都
欠点は、助手席の彼女が爆睡することです。

松尾 栄二郎 東京都
未来のクルマにも、
きっとタイヤは付いている。

カ　コンチネンタルタイヤ・ジャパン

松村 遼平　京都府
14万本の犠牲から生まれた、1本のタイヤ。

三上 智広　北海道
車は保険で直るけど、
貴方はなかなか治らない。

水谷 真由子　愛知県
全世界で試走済み。

溝口 昌治　神奈川県
クルマを作る側が選んだタイヤ。

見田 英樹　愛知県
深まったほうがいい溝もある。

密山 直也　兵庫県
歩行者に、エアバッグはない。

密山 直也　兵庫県
君を守る？そのタイヤで？

密山 直也　兵庫県
こどもができて、
タイヤが気になりだした。

密山 直也　兵庫県
命は付け替えられない。

南 忠志　東京都
リタイヤさせない。

箕浦 弘樹　岐阜県
毎年電車で行っていた旅行を、
今年は車で行くことにした。

三宅 幸代　大阪府
クルマは夫が選んだ。タイヤは私が選んだ。

宮村 亮大　神奈川県
走ることは、止まることの繰り返しだ。

山内 昌憲　東京都
命は、テストできないから。

山本（飯田）朝子　東京都
大移動が得意な民族の、傑作です。

渡邉 鉄平　東京都
良いタイヤを履いているクルマは、いい主人
に恵まれている。

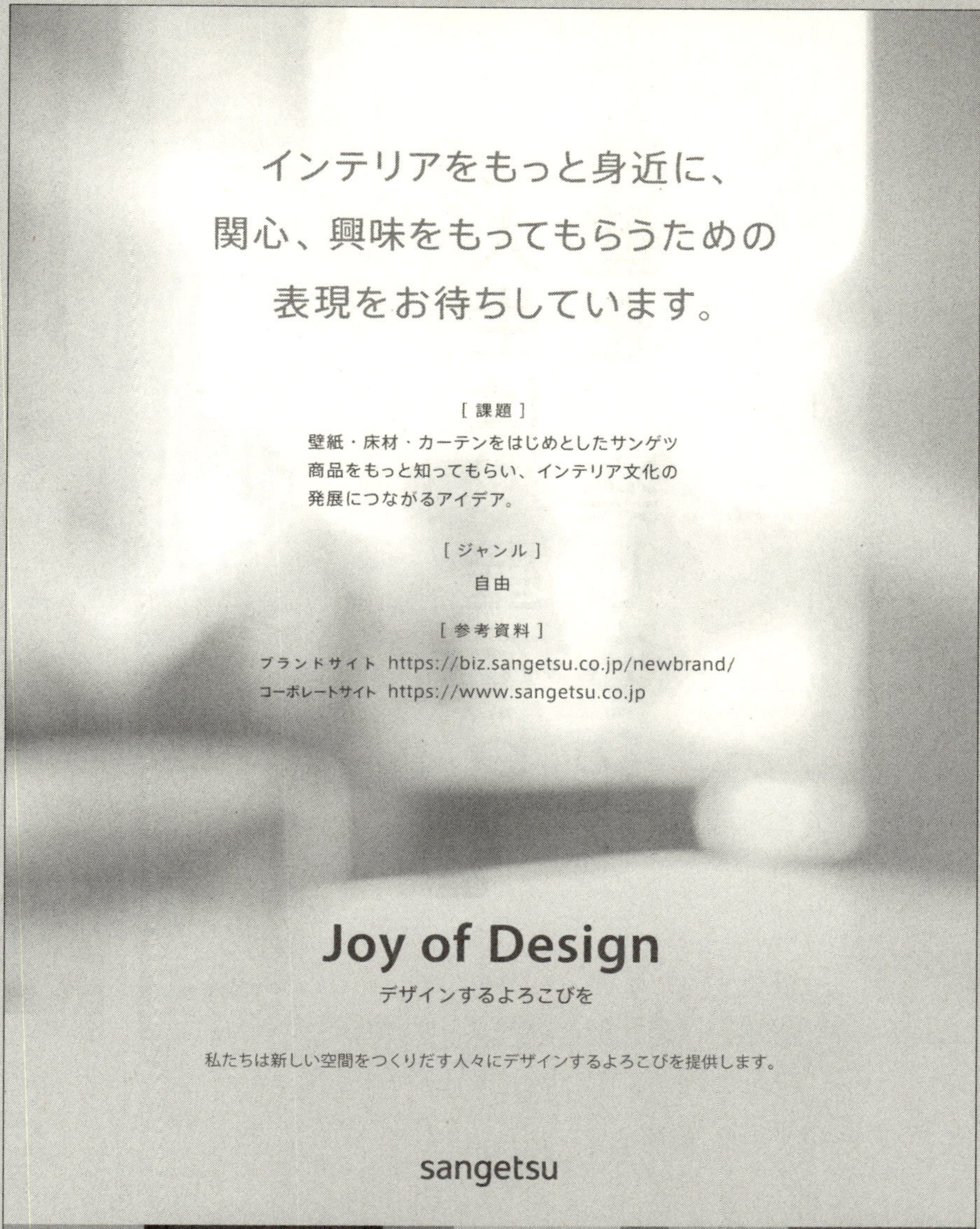
インテリアをもっと身近に、
関心、興味をもってもらうための
表現をお待ちしています。
[課題]
壁紙・床材・カーテンをはじめとしたサンゲツ
商品をもっと知ってもらい、インテリア文化の
発展につながるアイデア。
[ジャンル]
自由
[参考資料]
ブランドサイト https://biz.sangetsu.co.jp/newbrand/
コーポレートサイト https://www.sangetsu.co.jp
Joy of Design
デザインするよろこびを
私たちは新しい空間をつくりだす人々にデザインするよろこびを提供します。
sangetsu

サンゲツ

壁紙・床材・カーテンをはじめとしたサンゲツ商品をもっと知ってもらい、
インテリア文化の発展につながるアイデア

協賛企業賞

菅野 幸子（42歳）山形県

人生は、壁だらけ。壁を、楽しもう。

▼協賛企業のコメント

サンゲツ
代表取締役 社長執行役員
安田正介さん

このたびは、協賛企業賞の受賞、誠におめでとうございます。本受賞作品は、人生に立ちはだかるシリアスな「壁」と、生活を豊かに彩る「壁」という、誰しもが身近に感じる2つの「壁」をキーワードにした、ストレートかつインパクトのある作品です。乗り越えていかなければならない人生の「壁」を前向きにとらえ、それを楽しもうというアイデアは、今回の課題であるブランドメッセージ『Joy of Design』に通じるものであり、その点に共感し、社内投票で多くの支持が集まりました。今回が初めての協賛でしたが、実に多くのご応募をいただきました。これまで気づかなかった新たな視点からのアイデアや、発想の転換による表現に溢れた印象深い作品ばかりでした。この場を借りて受賞者をはじめ、ご応募くださった皆さまに深く御礼申し上げます。

部屋は、あなたの第二印象です。

小田 道夫 石川県
向井 正俊 大阪府

テレビCM

上司と部下の会話。
壁の前で2人のアップ。
上司：この部屋リフォームしたんだよ。
部下：へぇー。
上司：どうだ、俺のセンス。
部下：いいですね。
上司：ここの壁紙、俺が選んだんだぞ。
部下：あのー…。
上司：なんだ、おかしいか？
部下：出てもらえませんか。
カメラが引くとその部屋はトイレだった。
上司：お、すまん。
NA：デザインすると、愛着がわく。
サンゲツ。

二次審査通過作品

石榑 康伸　愛知県
施設の母に、カーテンを贈った。
顔色が良く見えた。

岩崎 新　神奈川県
壁が、床が、
「こういう店です。」と言っている

金井 優昌　宮城県
帰りたくなる家にすることも、
働き方改革かもしれない。

中田 国広　埼玉県
兄は北欧に、私は夕ヒチに住んでいる。
一家の夕食は、1階の南フランスだ。
サンゲツ

中田 慎吾　東京都
大好きな人に「ガラが悪い」と言われました…

奈良 純嗣　秋田県
生活は壁だらけ。

弘嶋 賢之　愛知県
子どもがコーディネートした部屋を、
子ども部屋とよびたい。

水口 有　千葉県
ヨーロッパからバリに移住しました。
住所は、変わりません。

向井 正俊　大阪府
白と白と白で、悩んだ。

山中 彰　愛知県
部屋の印象は、壁の印象です。

一次審査通過作品

朝倉 尚哉　兵庫県
アートの中に住んでみたくありませんか？

浅野 俊輔　東京都
あ、この気分、ください。

阿部 誠　福岡県
うちの昭和感は、壁紙のせいだった。

阿部 誠　福岡県
このままだと、死ぬまで同じ床。

荒井 美矢子　海外
家が明るくなると、人も明るくなる。

石塚 勢二　東京都
殺風景は、風景を殺すと書く。

稲垣 弘行　埼玉県
引っ越しました。住所は同じです。

上野 太誠　東京都
家って、笑うんだよ。

宇多 智彦　福岡県
外から見える、うちのカーテンが愛おしい。

大野 忠昭　埼玉県
寝たきりの母は、
どうやって気分を替えたらいいんだろう。

岡山 和也　東京都
取り立てに来たヤクザは、
お茶してくつろいで帰った。

奥村 明彦　東京都
髪を切るかわりに
カーテンを変えた。

加藤 嘉一　千葉県
インテリアは、家の内臓。

金井 優昌　宮城県
スマホの壁紙は気にするクセに。

河内 大輝　東京都
思い出す家は、いつも内側だ。

菊池 将哉　千葉県
新たな一面を作りませんか。

木村 幸代　埼玉県
あの部屋、あの風、あのカーテン。

小西 裕斗　大阪府
脱・寝るだけの家
新・友がくる家

小林 建太　愛知県
インスタ映えする背景に。

澤田 桃子　東京都
床の色をかえた。部屋の広さがかわった。

島村 浩太　東京都
グローバル化は、俺の部屋で起きている。

新里 浩司　沖縄県
ぶち壊せない壁がある。家に。

新免 弘樹　東京都
お部屋が死んでる人たちに。

鈴木 里沙　東京都
日常空間をアートする。

芹澤 高行　東京都
この世から、殺風景をなくしたい。

高澤 邦仁　東京都
元カベに未練はない。

高澤 邦仁　東京都
引っ越さない新生活もある。

高見 大介　東京都
ハウスが、ホームに仕上がってきた。

武田 陽介　宮城県
「この人とは結婚できないな」と、
カーテンを見て思った。

竹ノ内希衣　神奈川県
こだわるって楽しい。

竹節忠広　長野県
何でも良い、と思う人はどうでも良い。

田實晶　兵庫県
家賃以上の部屋にしよう。

田中克則　和歌山県
あなたの家のニオイは苦手だけど、
あなたの家の彩りは好き。

田中貴弘　東京都　テレビCM
ドラキュラがインタビューに答えている。
「日中は基本的にカーテン閉めて
部屋で過ごしてるんで、
インテリアにはこだわってますね。
壁紙も大好きな血の色にしてみました。
落ち着いちゃって、
夜も出歩く気がなくなっちゃいます。
ハハハハハ」
コピー：思いきり、自分を出そう。
サンゲツのインテリア

寺門芳郎　大阪府
家を着替えよう。

永井絢　神奈川県
貼るインテリア。

長井謙　東京都　ラジオCM
妻「ねえ、あなた。スカイツリーもいったし、
浅草もいったし、次はどこ行く?」
夫「よし、じゃあ、家に行こうか!」
妻「そうね、家に行きましょう!」
NA「家を、新鮮なスポットにする。サンゲツ」

長井謙　東京都　テレビCM
□刑務所。囚人が、それぞれ壁紙の違う牢
屋で楽しく暮らしている。
NA「牢屋だって、快適になる。デザインす
る喜びをサンゲツ」

中辻裕己　東京都
今死んだら、走馬灯が白黒な気がする。

中辻裕己　東京都
引っ越さなくても、気分は引っ越せる。

成田斐　大阪府
夫婦のマンネリ化は、
壁紙が救えるかもしれません。

成田斐　大阪府
妻の背景は、黄色の方がいいかもしれない。

橋口賢一郎　愛知県
乗り越えられない壁は、張り替えましょう。
話のすり替え?いえ、模様替え。

橋口賢一郎　愛知県
乗り越えられない壁なら、
いっそ張り替えてみましょう。

羽渕徹史　千葉県
部屋がスッピンだ。お化粧しなきゃ。

飛田哲志　愛知県
カーテンをしめたら、そこは雪国でした。

平野神菜　大阪府
人生の3分の1が睡眠時間なら、
部屋で過ごす時間はそれ以上だ。

平野夏絵　静岡県
保育園落ちた
さっ、模様替え

弘嶋賢之　愛知県
家はずっと未完成。

弘嶋賢之　愛知県
うちのカーテンを褒めた友人を褒めたい。

弘嶋賢之　愛知県
トイレだって、インスタ映え。

廣住和良　静岡県
母さん、俺にカーテンを選ぶ自由をください。

廣住和良　静岡県
彼女の部屋のカーテンが今、
彼をドキドキさせています。

藤曲旦子　東京都
家に飽きたのではない、
壁に飽きたのだ。

本條秀樹　大阪府
いい壁紙は、
あなたが絵になります。

本田 深夜　東京都
壁って、自由に変えるために白いんですよ？

松田 綾乃　東京都
趣味は住むことです。

松本 敦子　埼玉県
片付けだけじゃ、つまらない。

三浦 秀雄　秋田県
うちを着替えよう。

三上 佳祐　東京都
好きでも嫌いでもない壁紙と、同棲している。

三上 智広　北海道
築18年。お年頃。

三島 直也　東京都
なんだか垢抜けない部屋、
の「なんだか」を変えます

水谷 真由子　愛知県
床の色を壁紙より暗くすると、
部屋を広く見せることができます。

密山 直也　兵庫県
住みたい家を買うより、
住みたい家にするほうが安い。

密山 直也　兵庫県
人生をいちばん変える方法は、
いちばんよく見る景色を変えることです。

密山 直也　兵庫県
見慣れた部屋は、
見飽きた部屋でもある。

密山 直也　兵庫県
部屋を変えて
いちばん変わったのは、
家族の表情でした。

密山 直也　兵庫県
スマホの待ち受けを
変えるだけで気分が変わるなら、
部屋の壁紙を変えたら
どうなってしまうのだろう。

宮村 亮大　神奈川県　テレビCM
サンゲツのインテリアで
おしゃれにデザインされた部屋の中で、
外国人女性のきれいなモデルさんが灰色の
地味なジャージを着て、
床に寝そべり頭をひじで支え、こちらを見
つめている。
NA：だらしない私を、それなりに見せてく
れる。
　人もデザインするインテリア。
　サンゲツ。

三吉 学　岡山県
自分転換。

向井 正俊　大阪府
コウモリが不気味なのは、
住んでる場所のイメージだと思う。

向井 正俊　大阪府
わが家にグッドデザイン賞をください。

村上 朋子　東京都
居心地をつくろう。

泰永 麻希　東京都
床かべ天井 揃ってます。

山下 祐輝　大阪府
カーテンを買うだけでも、レジャーになる。

山中 彰　愛知県
インテリアを考えるとき、二人は新婚に戻る。

山中 彰　愛知県
寝室は、部屋全体が寝具です。

山中 彰　愛知県
壁は、家の中で
いちばん大きなキャンバスです。

山野 大輔　大阪府
表情豊かな壁紙が、赤ちゃんをあやしていた。

山本（飯田）朝子　東京都
ふーん、こんな部屋に住んでいるんだ、が、
えーっ、こんな部屋に住んでいるんだ、
になる。

横田 歴男　東京都
さよなら元カベ。

横田 歴男　東京都
奥行きは変えられないけれど、
奥行き感は変えられる。

横田 歴男　東京都
「白い壁」というだけで、百種類も選べます。

吉岡 崇　東京都
カフェみたいな家もできる。
家みたいなカフェもできる。

吉岡 崇　東京都
つい長居しちゃう、の
「つい」は設計されている。

吉岡 崇　東京都
「いい家ですね」の
半分以上は、
壁と床でできてる。

吉原 太郎　兵庫県
カーテンを替えた、
丁寧に生きている気がする。

吉村 圭悟　東京都
朝起きて、最初に会うのは部屋です。

若林 淳一　福岡県
実家をかえさせてもらいます！

サントリー

デカビタ C が飲みたくなるようなキャッチフレーズ、ラジオ CM

協賛企業賞

林田 淳（31歳）東京都

自分の背中は、自分で押せる。

▼協賛企業のコメント

サントリーコミュニケーションズ
宣伝部 クリエイティブグループ 課長
岡 ゆかりさん

このたびは、協賛企業賞の受賞、誠におめでとうございます。また、今回当社課題にご応募くださった皆さまに御礼申し上げます。それぞれの視点で「デカビタC」の魅力を表現いただき、私どもも多くの気づきを頂戴することができました。今回の受賞作は、シンプルながらも押しつけがましくなく、お客さまが「デカビタC」を手に取るきっかけを与えられる作品だと感じました。最後になりますが、受賞者をはじめ、ご応募いただいた皆さまに御礼申し上げるとともに、より一層のご活躍をお祈り申し上げます。

三次審査通過作品

小西 裕斗　大阪府

先生！宿題が少なすぎます！

飛田 哲志　愛知県

主婦に働き方改革なんて、ない。

廣本 嶺　東京都

誰でも、吉田沙保里。

宮村 亮大　神奈川県　ラジオCM

男性1：田中さんはまだ若いから、全然疲れてないでしょ。
女性1：田中さんはまだ若いから、ほんと元気ね。
男性2：田中さんはまだ若いから、筋肉痛なんてないんじゃない？
女性2：田中さんはまだ若いから。
男性3：田中さんはまだ若いから。
女性3：若いから。
男性4：若いから。
女性4：若いから。
田中：理由は若さじゃない。きょうも飲んでます、デカビタC。
サントリー。

サ　サントリー

渡辺 純敏 長野県
でかした日も、しでかした日も。

二次審査通過作品

浅野 俊輔 東京都
夫が出勤を「出動」と言う。

石川 知弘 東京都
「無理するなよ」と言いながら、仕事を頼むな。

石山 博之 千葉県
「ファイト」を、何発も。

小西 裕斗 大阪府
※清涼飲料水なので、薬事法で効果・効能を宣伝することが禁じられています

野村 亜矢 神奈川県
起きていたのに、目が覚めた。

藤田 卓也 東京都
うまいこと言うヤツより、
デカいこと言うヤツの方が好きだ。

松野 卓 東京都
いざというとき、神様は頼りにならない。

丸山 佑介 長野県
飲むと人が変わる。

柳元 良 神奈川県
今日は飲んじゃいなよ。ね？

一次審査通過作品

赤木 基純　岡山県
ため息を雄叫びに変えろ！

淺野 俊輔　東京都
飲まなきゃやってらんない昼もある。

淺野 俊輔　東京都
スマホより先に、
わたしのバッテリーが
切れそうだ。

淺野 俊輔　東京都
あーたし元気になぁーれ♪

淺野 俊輔　東京都
エナジー、飲ストール。

淺野 俊輔　東京都
飲んだらノルなぁ。

淺野 俊輔　東京都
出張じゃない。遠征だ。

荒井 洋真　東京都
Cじゃない、ランクAだ。

飯田 啓貴　東京都
疲れが楽しくなってきたら一人前。

石川 知弘　東京都
頼むから、冷蔵庫に入っててくれ。

石塚 啓　神奈川県
楽しい仕事は、
楽しそうな人にやってくる。

石塚 恒己　愛知県
飲んでるときは、上を向ける。

石塚 勢二　東京都
やる気はあるけど、やるのはカラダ。

石山 博之　千葉県
部活のあとにも、
部会のあとにも。

伊藤 美幸　愛知県
高校生にも、飲みたい日がある。

伊藤 康統　愛知県
絶対に負けられない戦いは
サラリーマンにもある。

稲川 諒和　愛知県
体の中から「がんばれ」が聞こえる。

岩佐 祥子　神奈川県
美味いか美味くないかで言えば、強い。

岩本 梨沙　大分県
元気は消耗品。
チャージしていこう。

植村 明弘　東京都
シャキッという、効果音が聞こえた。

江副 佑輔　福岡県
ビ男ビ女

江副 佑輔　福岡県　ラジオCM
【母のたより】篇
SE：(留守電の録音)
母：今日、お母さんはお父さんに間違われ
ました。
SE：(電話が切れる)
NA：見た目は疲れで変わるから。
デカビタCで見返そう。
SL：サントリー

大熊 圭一　埼玉県
飲料、というより、燃料。

大城 昂　佐賀県
限界点を、通過点に、変えてやれ。

岡本 英孝　福岡県
朝はお姉さん、夕方はおばさん。

岡本 英孝　福岡県
私、飲むとスゴイんです。

小田 道夫　石川県
お、お前の背中から、
メラメラしたものが、見えるぞ！

小田道夫　石川県
未来よ、かかってきなさい。

貝渕充良　大阪府
部活が終わって、宿題をするのもボクだ。

笠間悠　神奈川県
疲れたと口にしない人は、
デカビタを口にしている人だ。

加藤晃浩　東京都
なんだよ、
もっとエネルギッシュな絵文字ないのかよ。

加藤晃浩　東京都
俺に金棒。

加藤千尋　東京都
バテるな、青春。

金沢政史　奈良県
足りないからデカくしました。

狩野慶太　東京都
帰宅部の本番は、帰宅後だ。

狩野慶太　東京都
残業を減らす会議で、残業した。

狩野慶太　東京都
仕事は、ロスタイムからが長い。

狩野慶太　東京都
出社前に一杯やってきました。

上口颯也　千葉県
自分にする差し入れ。

菅野翔　東京都
「デカビタ買いに行ってました」は
サボっている感じがしない。

菅野翔　東京都
やる気、元気、自販機

北川秀彦　大阪府
美しい夜景は、残業でできている。

衣笠友加里　兵庫県
最後の炭酸

木村有花　千葉県
疲れている方が、美味しい味がするのね。

栗原孝　新潟県
俺に、ガツン。

小柴桃子　東京都
元気ってたぶんこんな味。

小島功至　熊本県
日常生活は、
体力の限界で引退できない。

小島功至　熊本県
出世レース公認ドリンク

小島力　大阪府　ラジオCM
視力検査風景
医「はい、こちら見えますか？このCの向いている方向を答えてくださいね」
「じゃ、これは？」
患「前向きです」
医「え？」
患「前向きです」
医「え？いやこのCがどっちを向いてるかって…」
患「だから前向きです」
NA：いつだって、Cは前向き。デカビタC！

後藤裕彦　東京都
未成年だって、
飲まなきゃやってられないよな。

小西裕斗　大阪府
おまえ、シラフだよな!?

小林優介　東京都
飲み干したら、君はきっと上を向いている。

小宮山玄一　東京都
「いまやるところだったのに」と言う息子の手に、デカビタCがあった。

齋藤大樹　東京都
大人はいいよね、お酒があって。

定藤健志　兵庫県
正念場って、長丁場のことが多いから。

颯々野博　大阪府
三浦知良選手が現役を続けられる理由が、
ここにある。

颯々野博　大阪府
1日に、何回も、お疲れ様ですという国だから、エナジードリンクは、大きいほうがいい。

柴本純　東京都
たいていのエナジードリンクは、もうちょっと飲みたいところでカラになる。

柴本純　東京都　ラジオCM
NA「思わず『つかれた』と口にしてしまったら、すかさず『なんちゃって』と付け加えてみましょう。」
男性「つかれたー、なんちゃってー。あはは一」
NA「ね、ちょっと気持ちが楽になるでしょ。つかれた時は『デカビタC』。」

島崎純　長野県　ラジオCM
【カラオケ】篇
ヤングマンのサビが流れる。
歌う男：すばらしいY・M・A　Y・M・A
聞いてた男：おい、Cはどうした。
NA：Cが足りていない人に、デカビタC。
サントリー。

嶋田義治　熊本県
自販機で落ちてくる音まで元気だ。

城川雄大　富山県
A案もB案もボツだったときのデカビタC。

新免弘樹　東京都
総理、1本いかがですか。

新免弘樹　東京都
鬼のような疲れは、退治しよう。

鈴木謙太　愛知県
美フレッシュ。

鈴木聖太郎　愛知県
「うまい！」の声が、すでにでかい。

鈴木正昭　東京都
この黄色い飲み物は、あなたの透明な汗にかわる。

田中貴弘　東京都
日本は、ちょっと元気を出しすぎるくらいでちょうどいい。

田中未来里　東京都
病は気から、元気はCから。

玉木洲太　東京都
学生は、ずっと繁忙期。

玉水守　静岡県
やる気の起爆剤

坪内孝真　愛知県
スタミナ足りてる？

鶴岡延正　東京都
ゴクン、ドクン。

中垣雄介　東京都
青春の100ページに。

中島優子　東京都
飲む追い風。

中島優子　東京都
延長戦の多い人生に。

中嶋悠太　東京都
あと42.195kmのときも、あと5cmのときも。

仲田一石　東京都
先輩たちが飲みはじめた。マジで逆転する気だ。

仲田一石　東京都
やばい、部長が定時前に飲みはじめた。

中田国広　埼玉県
ゲップまでさわやかパワフル
サントリー　デカビタC

長縄寛久　静岡県
自販機から元気よく飛び出してくる

中村駿作　兵庫県
ため息より、おたけびをあげよう。

並川隆裕　東京都
歴史は、元気なやつらがつくってきた。

西本亜矢子　千葉県
がんばり屋さんに臨時休業はない。

野村亜矢　神奈川県
えっ、もう金曜!?

則本桃子　京都府
親父も飲んでた。疲れてるのか。

長谷川佳史　東京都
飲む声援。

早坂あゆみ　東京都
若いほど、消費するエネルギーも大きい。

早坂あゆみ　東京都
イクメンに休日はない。

林恭子　大阪府
そうか、私に足りないのは、刺激だったのか。

林次郎　東京都
じぶんを元気にするのも仕事のうちだ。

林次郎　東京都
口に出すより口から入れたほうが、
やる気は出る。

林次郎　東京都
むしろ残業しないために飲んでほしい。

林次郎　東京都
体よ、俺についてこい。

日高修一　東京都
凄い営業にはなれなくても、
元気な営業にはなれる。

日高修一　東京都
オレの代わりは、オレしかいないんだ。

平嶋さやか　茨城県
私たちには、落ち込んでる時間もない。

洞田拓也　神奈川県
勇気はあるけど、
席を譲る元気がありません。

松平節　東京都
失恋して、抱きついた。

三上佳祐　東京都
1時的に、老人の時がある。

三上佳祐　東京都
「こんにちは」より、
「お疲れ様」が多い国。

三上佳祐　東京都
優先席に座りたい若者へ。

溝口昌治　神奈川県
青春に必要なのは、行動力です。

見田英樹　愛知県
情熱には燃料が必要だ。

見田英樹　愛知県
ため息はゲップが消してくれた。

南忠志　東京都
青春は消耗戦だ。

南忠志　東京都
コーヒーを飲んでいると、休んでいるように見える。
デカビタを飲んでいると、頑張っているように見える。

箕浦弘樹　岐阜県
できる先輩は「おはよう」が大きい。

宮崎圭佑　熊本県
ゲップがエネルギッシュ。

宮地克徳　群馬県
先に、生きかえっておく。

村上伊周　東京都
徹夜したくないあなたへ。

村上伊周　東京都
24時間戦うよりも、1時間で終わらせたい。

村中優　東京都
部活帰りは、いつも1緒。

森明美　東京都
野菜ジュースにも、
栄養ドリンクにも、
足りないもの。

八重柏幸恵　北海道
大なりCなり。

矢澤佳子　東京都
仕事は運動。

矢澤 佳子　東京都
生まれ変わるより、生き返る方が簡単だ。

矢澤 佳子　東京都
俺は俺にやさしくされたい。

矢澤 佳子　東京都
スキンケアよりビタミンケア。

矢澤 佳子　東京都
今日のうちに、今日をやり直したい。

安本 実織　兵庫県
運転手にも、ガソリンを。

柳元 良　神奈川県
社会は納期でできている。

山本 悠哉　神奈川県
年中夢中

山本 悠哉　神奈川県
燃えていたと気付いたのは、
しばらく後のことでした。

横江 史成　宮城県
なんだよ俺、まだまだいけるじゃん。

吉川 文義　東京都
デカいことは、Cことだ。

吉峯 健　奈良県
エネルギー、がぶ飲みっ

吉村 圭悟　東京都
疲れやすい歳になると、
疲れる仕事が振ってくるもんだ。

吉本 恵美子　東京都
同期が昇進、俺は傷心…。

吉本 恵美子　東京都
「今週がヤマだ！」と、
先週も言われた。

若杉 幸祐　東京都　ラジオCM
「差し入れ」篇
男オフ：残業していた部下に、
男：これ、差し入れ。
男オフ：と言って栄養ドリンクを渡したら…
部下：パワハラですか？
男オフ：と言われた。
はぁ…そう受け取るか…。
NA：そこは、デカビタぐらいがちょうどいい！
あくまで清涼飲料水！
サントリーデカビタC！

若林 淳一　福岡県
「もうひと頑張り」が詰まっている。

渡辺 盛彰　茨城県
デカビタCと写真を撮ると
なんか小顔にみえない？

Shinagawa City
品川区

いっぱいある魅力をイマイチ伝えきれていない品川区を
エッジの効いたインパクトのある表現でアピールしてください。
面白ければ少々自虐的でも破天荒でも構いません。
あなたが感じた品川区を思いっきり表現してください。

課　題：魅力いっぱいなのに伝えきれていない品川区を強烈にアピールするアイデア
ジャンル：自由

参考資料
品川区ホームページ　http://www.city.shinagawa.tokyo.jp/

詳しくはこちらで
品川区　検索

品川区

魅力いっぱいなのに伝えきれていない品川区を強烈にアピールするアイデア

サ

品川区

協賛企業賞

石倉 大介（28歳）東京都

東京の玄関、というより、リビング。

▼協賛企業のコメント

品川区
企画部 広報広聴課 報道・プロモーション担当課長
木村浩一さん

石倉大介さま、受賞おめでとうございます。そして、品川区の課題にご応募くださいました全ての皆さまに、厚く御礼申し上げます。石倉さまの作品は、いつの時代も「東京の玄関」である品川区の特長を押さえたうえで、さらにそこから一歩足を踏み入れると、人情あふれる住み心地の良いまちが広がる様子を「リビング」と表現。品川区のまち並みの魅力や区民のポテンシャルにフォーカスを当て、新たな区の魅力として提示されたところが、大きな評価ポイントとなりました。ありがとうございました。品川区はこれからも、訪れてみたい、住み続けたいと思っていただけるよう、「わ！しながわ」を合言葉に、区民の皆さまとともに、区の魅力発信を続けてまいります。今回ご応募くださいました皆さま、本紙をご覧くださっている皆さまの今後のご活躍をお祈りいたします。

二次審査通過作品

上田 貫太郎 東京都

「都心」よりも
「都心に近い」の方が都合が良い

小西 裕斗 大阪府

下町の商店街で買ったコロッケを、
できたてのままタワマンで食べた。

髙橋 伶 東京都

いいかい?ここでお魚さんを見てるんだよ?
パパはお馬さんを見に行くからね

成田 斐 大阪府

東京駅まであと少しであることをお知らせする
場所ではありません。

眞木 雄一 石川県

ナンバープレート区。

松岡 孝治 東京都

品川区にないもの「品川駅」
品川区にあるもの「お台場」

横江 史成 宮城県

付き合うなら港区、結婚するなら品川区。

一次審査通過作品

浅野 夋輔 東京都

あるじゃん。
少子高齢化問題のこたえ。

天沢 もとき 東京都

人口を育てる街。

庵 貴政 群馬県

戸越銀座。
銀座と名乗り続ける精神力をほめてください。

石原 佳典　愛知県
災害に弱いと言われてきたから強くなった。

伊良原 領　北海道
町のような街。

上嶋 敦之　東京都
人が生きることは、人と生きることだから。

植村 明弘　東京都
こちら、つまらない品ですが。

太田 香澄　静岡県
どうも、港区と目黒区のお隣、品川区です。

大野 さとみ　大阪府
つっかけで、世界へ。

小笠原 清訓　千葉県
あと一歩の区だが、
その一歩を踏むのはあなたであってほしい。

奥村 伸也　東京都
東京は騒がしすぎるから、品川に住んだ。

加美 智之　東京都
ちゃんと眠る街。

加美 智之　東京都
休みに遠出しなくなる街。

加美 智之　東京都
近所に出たくなる街。

加美 智之　東京都
住むとご近所主義になる。

川越 弘子　東京都
ふるさと代行中。

河村 龍磨　東京都
あの東海道新幹線が素通りできなかった街。

木村 有花　千葉県
彼とのデートは、品川だったから、
良く見えてたのね。

小泉 峻介　静岡県
あなたが想像している品川は、
品川区ではないと思う

齋藤 義之　東京都
東京に疲れました。
品川区に帰ります。

嵯峨 麻衣子　東京都
生きてく強さを、
街からも。

柴田 賢一　茨城県
東京は、玄関が一番気持ちいい。

柴田 賢一　茨城県
みんなが働くそばでのんびり暮らすの、
楽しいですよ。

柴田 賢一　茨城県
貝塚が残ってるくらい、
昔から住みやすい場所でした。

柴田 賢一　茨城県
品川に住んでできないことは、上京くらいだ。

字引 章　東京都
ランドセルが、揺れる町。

庄司 俊介　愛知県
子どもが住みやすい街は、
みんなに住みやすい街だ。

新免 弘樹　東京都
品川区には、
福都心がある。

鈴木 正昭　東京都
足立区にも荒川区にも板橋区にも江戸川区にも大田区にも葛飾区にも北区にも江東区にも渋谷区にも新宿区にも杉並区にも墨田区にも世田谷区にも台東区にも千代田区にも中央区にも豊島区にも中野区にも練馬区にも文京区にも港区にも目黒区にも、品がない。——品川区

芹澤 高行　東京都
全国の少子化を、心配しております。

芹澤 高行　東京都
このままがいいので、
あんまり宣伝しないでください。（品川区民）

高橋 誠一　広島県
鉄オタ親子が、
私に目を輝かせて薦めてきた。

竹節 忠広　長野県
上京してきた親がホッとした。

サ 品川区

竹本 幸美　東京都
「何もないよ」は強がりでした。

田里 遥　神奈川県
目立ったら終わりだと思ってます

田畑 亮　埼玉県
意外と遊べる。意外と住める。

千葉 みどり　神奈川県
うちの芝生はまっ青です！品川区

月本 康正　東京都
23区でスゴロクを作ったら、たぶん分かれ道。

寺尾 一敏　滋賀県
何にもない、素敵な街だよ。

長井 謙　東京都
また、グルメロケしてるよ。

中切 友太　東京都
子どもの地元は、親が選ぶ。

中島 崇　埼玉県
子どもができたことで
不幸になる人がいてはいけない。

中曽 敬済　千葉県
末代まで祝ってやる！

中辻 裕己　東京都
あんまり言うと
上司まで引っ越してきそうだ。

中辻 裕己　東京都
隣人の顔をニュースで知るような街はいやだ。

橋本 潤　岡山県
「新幹線の品川駅必要なの？」で、
お馴染みの品川です

橋本 啓志　大阪府
マッチ棒で作れる区。

浜田 英之　東京都
新幹線が、降りなよと言った。

浜田 英之　東京都
東京に疲れたら、
故郷に帰らないでください。

早坂 渡　東京都
変わりゆく街、を、眺める街

古川 幸一郎　大阪府
品川区から引っ越したら、
品川区に引っ越したくなった。

星合 摩美　東京都
品川でパンダ生まれねぇかなぁ。

星合 摩美　東京都
ひとつだけ一番になれるなら、
一番愛される区になりたいなぁ。

星合 摩美　東京都　ラジオCM
NA：踏んづけられても、蹴り飛ばされても、
あなたが大好きです！
SE：ゴジラの鳴き声
NA：訪れるすべてのゲストを歓迎します。品
川区。

丸山 翼　東京都
東京をコンクリートジャングルと言った人は、
きっと品川区民じゃない。

丸山 翼　東京都
地元って、家族と住みたい街のことだと思う。

三島 直也　東京都
家族水入らず、と言うけれど
やっぱり水はいると思う。

見田 英樹　愛知県
恋はどこでもできるけど、
愛を育む場所は限られてくる。

見田 英樹　愛知県
東京では、
Wi-Fiより大切な繋がりがある。

南 忠志　東京都
野菜は八百屋、肉は肉屋で買いたい。

南 忠志　東京都
俳句が作りやすい場所だな。

向井 正俊　大阪府
社長、品川支社をつくりませんか。

向井 正俊　大阪府
子供が生まれると、街が優しくなりました。

向井 正俊　大阪府
ママ、ぼくはここで余生をおくるよ。

向井 正俊　大阪府
「東京で子供と楽しく過ごしています。」
このメールだけを頼りに品川に来た。

山植 克也　東京都
世界新記録でも予選敗退でも、
きっと帰りは品川で乗り換える。

山内 昌憲　東京都
働く女性の多い街で、どんなママになろう。

山田 大輝　福岡県
私たちは住み続けたいと答えなかった人が、
1割もいたことを反省しています。

山本（飯田）朝子　東京都
「ソース」と聞いて、
フレンチかウスターか迷う街。

山本（飯田）朝子　東京都
妊娠がわかったとたん、
ダンナさんは品川の物件を探し始めた。

山元 武　静岡県
レインボーブリッジが入った夜景は、
レインボーブリッジからは見えません。

輿嶋 一剛　岐阜県
こどもは商店街で育てたい。

若林 淳一　福岡県
本当の品川の認知度は低いのかもしれない。

課題

“なんとなく”で自動車保険を
選んでいる人たちに、
「おとなの自動車保険に加入したい！」
と思わせる、キャッチフレーズ募集。

おとなの自動車保険

〈 ジャンル 〉 キャッチフレーズ
〈 参考資料 〉 おとなの自動車保険 検索

SAISON INSURANCE
セゾン自動車火災

セゾン自動車火災保険

“なんとなく” で自動車保険を選んでいる人たちに、
「おとなの自動車保険に加入したい!」と思わせるキャッチフレーズ

サ

セゾン自動車火災保険

協賛企業賞

浪岡 沙季（25歳）東京都

理由がある安さは、安心だ。

▼協賛企業のコメント

セゾン自動車火災保険
マーケティング部 部長
袴田法明さん

このたびは協賛企業賞の受賞、誠におめでとうございます。また、ご応募くださいました皆さま、誠にありがとうございました。応募作品は、それぞれの視点で「おとなの自動車保険」を表現されており、私どもも多くの気づきを得ることができました。大変素晴らしく個性ある作品が多くあるなか、今回の受賞作品は、「おとなの自動車保険」の特長をシンプルに、そしてはっきりと表していました。また、当社が課題のひとつとしている「ダイレクト自動車保険に対するなんとなくな不安感」を払拭できる作品であると感じられました。「安さ」というキーワードが与えるネガティブな側面を打消し、上手く「安心」につなげていると感じられたこの作品は、審査にあたった社員の多くの支持を集めました。素敵な作品をありがとうございました。最後になりましたが、受賞された浪岡沙季さまをはじめ、ご応募くださいました皆さまに感謝いたしますとともに、今後ますますのご活躍をお祈り申し上げます。

三次審査通過作品

濵中 稜　千葉県

なんだ、おとなも知らないことばかりじゃないか。

林 恭子　大阪府

平等って、いちばん不平等

二次審査通過作品

並川 隆裕　東京都

アラフォー、アラフィフ、アラお得。

那谷 玲子　大阪府

日本には大人用が少ない。

廣本 嶺　東京都

自動車保険は、不平等であるべきだと思う。

北條 崇　兵庫県

40・50代は、いいカモでした。

正水 裕介　東京都

ゴールド免許は金になる。

松尾 栄二郎　東京都

こういうの、学割以来でうれしいね。

松田 将得　東京都

5億なんて
僕、持ってません

見田 英樹　愛知県

映画「タイタニック」を
ハタチで観に行った方に朗報です。

一次審査通過作品

浅野 俊輔　東京都
ドライバー歴20年。
保険は若造のままでした。

伊﨑 匡志　東京都
人間ドックのD（要治療）判定は、
血圧、脂質、保険料。

伊﨑 匡志　東京都
人間ドックの判定で
「高過ぎ」と出た、
コレステロールと保険料。

石塚 勢二　東京都
長年の安全運転にご褒美を。

石山 博之　千葉県
50歳は、こんなに節約できる歳だったのか。

石山 博之　千葉県
保険を変えたら、
ローンが短くなった。

内田 英樹　神奈川県
軽からセダンに乗り換えました。

大野 勝司　千葉県
あなたの経験を評価してくれる保険です。

奥谷 和樹　大阪府
事故っても、ママに甘えるつもり？

貝渕 充良　大阪府
ママは車の運転をするときだけ、
40歳に戻る。

金久保 岳史　東京都
むしろ、若者が入りたい。

北原 祐樹　新潟県
40代・50代の事故率は低い。が、あなたが
事故するかどうかは関係ない。

佐々木 貴智　東京都
自動車保険も、
歳を取れば高くなると思っていた。

颯々野 博　大阪府
保険を見直して、損をした大人はいません。

佐藤 隆弘　宮城県
年齢を、人生の経験値と考える。

柴田 賢一　茨城県
おとなの長所と、
おとなの短所を知っている保険です。

柴田 賢一　茨城県
安いのではなく、
正しい保険料なんです。

柴田 賢一　茨城県
「安全」の中に「安い」も入ってる。

高橋 花苗　京都府
35歳過ぎてから安くなる
自動車保険があるなんて、知らなかった。

竹節 忠広　長野県
保険料が高くても、
事故の確率は低くならない。

竹節 忠広　長野県
高い保険料で安心しない。

谷川 司　石川県
重ねた年は無駄ではない。

土井 麻南美　東京都
年齢に合わせてファッションを変えるように
保険も変えよう。

土井 麻南美　東京都
いざという時の味方が、
普段を苦しめる敵になってはいけない。

長井 謙　東京都
高い保険会社は、
いらないオプションを売るのがうまい。

中奥 拓人　北海道
何十年も乗って無事故ってありえる？

中垣 雄介 東京都
その保険、大人がチャイルドシートに座っているようなものです。

中島 崇 埼玉県
スピードを出しすぎないあなたが、保険料を出しすぎていませんか。

那谷 玲子 大阪府
子供用と老人用はいろいろあるけど。

橋本 寿弥 愛知県
もう、生き方は変えられない。保険は変えられる。

浜田 英之 東京都
おじさんじゃなくて、大人になったことを示そう。

春山 豊 東京都
安い自動車保険じゃなくて、安くなる自動車保険が欲しい。

飛田 智史 東京都
20代の俺なんて、信用できたもんじゃない。

飛田 智史 東京都
「あの頃は」なんてよく言うわりに、保険はあの頃のままでした。

飛田 智史 東京都
おじさんだって得したい。

廣本 嶺 東京都
安いなんて、立派ね。

藤田 篤史 東京都
誰のために余分な保険料を払ってるの？

船越 一郎 東京都
年齢ではなく、その経験に価値がある。

船越 一郎 東京都
冒険した数だけ、安全がある。

松村 遼平 京都府
娘からも、満員電車内でも、あたりが厳しい中年男性に、おとなの自動車保険だけが優しかった。

三浦 秀雄 秋田県
誰も祝ってくれない誕生日だが、保険だけ優しくなってくれた。

三上 佳祐 東京都
「40歳」は、長所です。

三上 佳祐 東京都
オヤジが、ちやほやされている。

三上 智広 北海道
値段で選んだのに、本当に役立ったのは値段以外のことだった。

三島 直也 東京都
高い金額を払うのが大人だと思ってた。

見田 英樹 愛知県
保険料を、世界一ムダな出費と定義する。

見田 英樹 愛知県
オールインワンには、余計なものも含まれる。

宮坂 和里 神奈川県
お金を守るための保険で、お金を無駄にしていた。

八重柏 幸恵 北海道
つきあいだけで、保険に入るんですか。

八重柏 幸恵 北海道
なんとなく、じゃ、だめなんだ。

柳元 良 神奈川県
教習所では教わらない問題です。

山内 剛 熊本県
「宝くじが当たったらどうする?」より考えたほうがいい。

山中 彰 愛知県
給料は上がらないのに、保険料ばかりが上がっていた。

山中 彰 愛知県
熟練ドライバーでも、払いすぎは見落としがちだ。

山本 恭子 長野県
統計学上の信用を、あなたの信用にしませんか。

年齢が上がるごとに安くなる保険なんて
本当にあるんですか?

横山 成香 千葉県

皆さんのご不満から産まれました。

吉村 茂 東京都

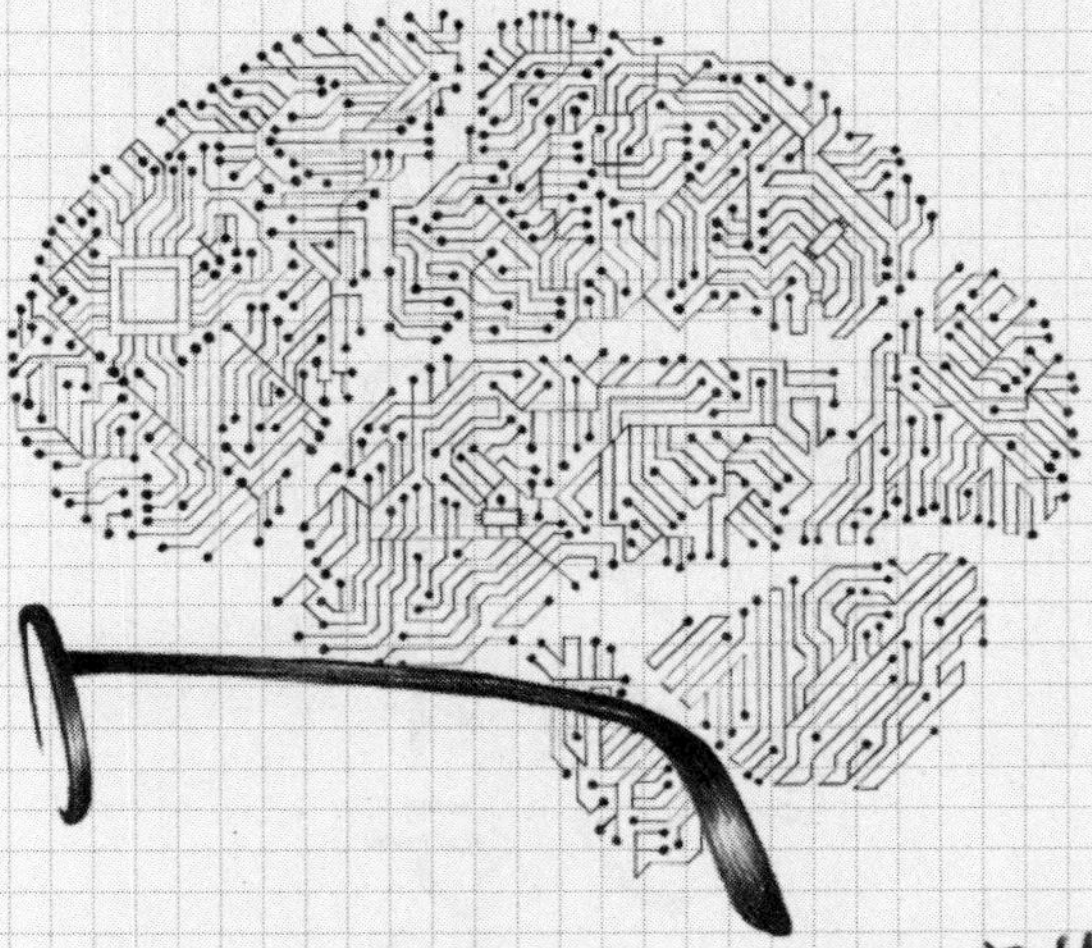

エンジニアの脳をキュンとさせる
コピーを募集します。

NGワード
「家族」「親子」「お父さん」
「絆」「プラモデル」「工作」

メカニカルエンジニアや建築士など、あなたが普段の生活で出会わないようなターゲットに響くコピーのアイデアを募集します。全然想像がつかないという場合は、化学工業日報、日経ものづくり、日経産業新聞など、ターゲットが読んでいる新聞や雑誌に目を通して、どんな内容が刺さるのか、研究してみてください。かなりマニアックな課題だからこそ、応募数が集まらないことを覚悟して、出題しています。裏を返すと、競争倍率が少ないので受賞のチャンスかも？何卒よろしくお願いします。

課題　あらゆる産業現場のエンジニアに「技術パートナー」としてセメダインを想起させる広告アイデア

ジャンル　キャッチフレーズ

参照　http://www.cemedine.co.jp/

CEMEDINE

セメダイン

あらゆる産業現場のエンジニアに「技術パートナー」としてセメダインを想起させる広告アイデア

協賛企業賞

戸田 収（29歳）東京都

そのアイデアを、セメダインは笑わない。

▼協賛企業のコメント

セメダイン
経営企画部 広報室
篠原 泉さん

受賞おめでとうございます。何かを「つくる」ためには、それを形にするための「つける」技術が不可欠です。身の回りにある、スマホやPC、自動車、飛行機、船舶、橋梁など、あらゆるものづくりの「最先端」は、エンジニアが描きだした設計図によって実現されました。そして彼らのアイデア実現のために、あらゆる課題を解決するハイレベルな接着技術をセメダインは提供してきました。セメダインは、ものづくりの現場に寄り添い、ともに挑戦を続けています。今日も、工業や建築の、あらゆる現場のエンジニアが、未来につながる設計図を描いています。彼らが新しいアイデアに挑むとき、これまでにない課題にチャレンジすることがあっても、不可能だと言われることがあっても、セメダインはその挑戦に寄り添うパートナーであり続けたいと考えます。今回は、そうしたものづくりのチャレンジを後押しする「技術パートナー」としてのセメダインを力強くイメージさせる本作品を、協賛企業賞といたしました。素敵な作品をありがとうございます。最後になりましたが、今回のこの課題にご応募いただいた全ての方に厚く御礼申し上げます。

二次審査通過作品

ヒビに塗れば、補修は補強になる。
見田 英樹　愛知県

一次審査通過作品

役に立つ、は、見えにくい。
浅野 俊輔　東京都

ネジの大きさには、限度がある。
浅野 俊輔　東京都

CAD図面にセメダインは描かれない。
浅野 俊輔　東京都

透明なもう一つのパーツだ。
天沢 もとき　東京都

アイデアとアイデアをくっつける。
天沢 もとき　東京都

もしかしたらできるかも剤。
天沢 もとき　東京都

あらゆる産業の隙間を狙っています。
飯塚 逸人　東京都

全幅の信頼がなければ、
この一滴は垂らせない。
石榑 康伸　愛知県

つくるは、つくからはじまる。
石塚 勢二　東京都

接着力が、説得力。
石橋 賢　島根県

くっついた信頼は離れない。
伊藤 史宏　愛知県

セメダインで自由になる設計図がある。
伊藤 史宏　愛知県

技術と技術をつなぐ技術。
岩尾 美優　長野県

もはや、部品と呼ぶほうがふさわしい。
植村 明弘　東京都

好奇心を組み立てよう。
大野 さとみ　大阪府

プロの仕事は、軽いノリではできない
小笠原 清訓　千葉県

つけ物屋さん
小笠原 清訓　千葉県

セメダインは
「着」眼点が違う。
奥村 明彦　東京都

つく・る
勝田 竜也　東京都

職人の仕事には、
汗以外にも欠かせない一滴がある。
金森 規浩　東京都

穴のいらないネジ。
狩野 慶太　東京都

狩野 慶太　東京都
図工にも施工にも。

狩野 慶太　東京都
一滴のネジ。

川村 真悟　福岡県
その技術の限界を、塗り替えたい。

川村 真悟　福岡県
あなたと、組み立てたい未来がある。

川村 真悟　福岡県
世の中の不具合は、ズレにあり。

神田 真理子　青森県
セメダインがあるから、
技術者はいろんな事に挑戦したくなる

菊池 将哉　千葉県
あらゆる面で、お世話になります。

北浦 俊　千葉県
「ものづくり」は、「ものつなげ」だ。

北島 大揮　東京都
先端から、最先端まで

黒坂 謙太　京都府
技術は、技術でつながっている。

慶本 俊輔　東京都
理想と現実を接着します。

小島 功至　熊本県
B to B（部品と部品）のあいだの会社。

小島 功至　熊本県
凹+凸=□

小島 功至　熊本県
ガタガタいうやつ、静かにします。

小島 功至　熊本県
私たちの得意分野は、
理想と現実の隙間です。

後藤 裕彦　東京都
いまと未来をつなぐもの。

小西 裕斗　大阪府
時代の最先端に、くっついていく。

小西 裕斗　大阪府
固める技術が、設計を柔軟にする。

崎山 すなお　東京都
部品が減ることは、だいたいメリットだ。

崎山 すなお　東京都
接着なら、部品数を減らせる。

佐々木 庸子　東京都
情熱をくっつけて離さない。

佐藤 泰広　東京都
きっとUFOにも使ってる。

佐藤 洋一　東京都
見えないかたちで、かたちを作る。

品川 昌之　東京都
セメダインがなかったら、
日本の建造物の多くは未完成

柴田 賢一　茨城県
セメダインは、
接着方法の常識だけ壊しました。

柴田 賢一　茨城県
ボルトより、はやく着く。

清水 脩平　東京都
部品たちのキューピット

下山 勉　岡山県
一滴で、世界を創る。

城川 雄大　富山県
塗るだけで、ネジにもクギにもなれる。

城川 雄大　富山県
セメダインがなければ、ただの部品でした。

城川 雄大　富山県
技術の裏側にくっついてます。

城川 雄大　富山県
どうも、B to Bのtoです。

鈴木 一真　埼玉県
この世界に、「1」を生み出すもの。

鈴木 謙太　愛知県
間に入るだけで、
あらゆる問題を解決してきた。

孝田 純一　東京都
新発明は、
今あるモノとモノを
くっつけて生まれたりする。

高橋 誠一　広島県
くっつけて壊せ、技術の壁。

月本 康正　東京都
その仕事、セメダインが間に入ります。

土肥 匡晴　東京都
その技術をあきらめるのは、
くっつけてからでも遅くない。

戸田 収　東京都
奇抜な発想も、むちゃくちゃなアイデアも、
セメダインは笑わない。

中島 珠美　神奈川県
意外なモノがくっつくと、
新しいモノになる。

中野 由喜　東京都
片思いにも使えたらいいのに

中村 聡志　愛媛県
柔軟な発想を、かっちり固める。

浜田 英之　東京都
技術者をノリノリにする、ノリ。

林 次郎　東京都
一緒に解決したい気持ちも強力です。

原 おうみ　東京都
つくるは大体、
くっつくるだ。

檜谷 廉太朗　北海道
母の心臓は、
セメダインの力を借りて動いている。

平野 夏絵　静岡県
結果は、
くっついてくる

廣本 嶺　東京都
技術がくっつくと、未来になる。

古澤 敦貴　大阪府
そののりしろが、のびしろに変わる。

正水 裕介　東京都
図面にない、実物にある。

松井 亮　石川県
復活のキューピットです。

松谷 典之　愛知県
付かず離れずよりも、付いて離れず。

丸山 浩樹　千葉県
接着剤は、インフラだと考える。

三島 直也　東京都
完璧なんてない世界で、
完璧をつくらなければならない。

宮村 亮大　神奈川県
夢と現実を、くっつける。

宮村 亮大　神奈川県
見えない部品。

村上 るり子　福岡県
人類が何でも創ってしまうから何で
もくっつけられるようになりました。

村松 紳一郎　静岡県
アイデアと現実を接着しよう。

村山 純平　東京都
アレとコレがくっつけばなぁ、
はアイディアの宝庫です。

山岸 勇士　愛知県
ずっと、1つの部品だと思っていた。

山中 彰　愛知県
無理難題に、決着を。

山中 彰　愛知県
ネジは、ネジより小さなものを、
留められない。

山中 彰　愛知県
現場から騒音が減った。

山中 彰　愛知県
塗る、部品。

山中 彰　愛知県
その作業と、その作業も、くっつきます。

ひとの体にネジはない。

横田 歴男 東京都

ヒラメキは、「一瞬」よりも「一滴」だ。

若林 淳一 福岡県

セントラル警備保障

CSP セントラル警備保障の全国での認知度を向上させるためのアイデア

サ セントラル警備保障

協賛企業賞

小柴 桃子（29歳）東京都

テレビCM

「本能寺の」篇

本能寺の変の現場。
明智光秀が陰謀を図り、織田信長の城へ侵入・・・しようとするが警備につかまる。
警備「こんな時間にどうしたんですか？」
明智「いやーちょっと織田さんに用が・・・」
警備「あなた最近行動ちょっとおかしいですよね。カメラで見てたんですよ」
明智「えっ」
NA 安全を、命を守る仕事。
CSPセントラル警備保障。

▼協賛企業のコメント

セントラル警備保障
経営企画部
広報宣伝・IR室長 兼 担当部長
佐藤 康さん

小柴桃子さん、協賛企業賞おめでとうございます。あなたの作品は当社のCMでは今までにないような斬新な発想で、社内でも多くの社員に評価されました。一般の方と警備員との関わりは、道路工事や商業施設、あるいは鉄道、空港などの公共交通施設での関わりが多くを占めると思います。一方、会社や工場、駐車場、マンションやご自宅、等々、セキュリティサービスは当社始め全国９０００社以上もの同業者が私たちの生活のあらゆる場面で社会の安全安心を担っています。今回の課題である「当社の全国区での認知度向上」に限定せず、多くの皆さま方が警備業界に目を向けられたことに感謝申し上げます。最後になりましたが、今回ご応募いただきました皆さま方に心より御礼を申し上げます。

三次審査通過作品

石原 佳典　愛知県　テレビCM

男：CSPって、ビートルズの身辺警護をしたことがあるんだよ。
女：だから、あの4人は、安心して、横断歩道を渡れたのね。
男：いやいや、来日した時だよ。
NA：あれから51年。セントラル警備保障。

二次審査通過作品

板垣 外　東京都

その時、歴史が動かなかった。

寺門 眞一　兵庫県

不十分な安全を、危険と呼ぶ。

古屋 順一朗　東京都

危険も幸せも起こってから気づく。

山下 祐輝　大阪府

世の中が新しくなれば、
世の中に新しい弱点が増える。

一次審査通過作品

浅野俊輔　東京都
最悪の事態を、いつも想定しています。

浅野俊輔　東京都
今日もどこかで「万が一」は起きている。

阿部亮介　東京都
守りたいものがあるって、幸せな人生だ。

天沢もとき　東京都
警備のある一人暮らしは、
孤独じゃない。

石榑康伸　愛知県
企業も家庭も、
犯罪には受け身だ。

石原佳典　愛知県　テレビCM
男1：もしもし、今、CSPが警備しているビルの前にいるけど、ここから、CSPが警備しているお前の家まで、どう行けばいいの？
男2：近くに、CSPが警備している工場があるだろ？そこを右に曲がれば、CSPが警備しているマンションがあるから、そこをまっすぐだよ。
NA：様々な施設の警備を。セントラル警備保障。

伊藤美幸　愛知県
武器は、愛と勇気。

馬野恵里花　兵庫県
守ってくれるのは、
パパと、彼氏と、セントラル。

江畑弘　大阪府
悪い人にはよく知られています
CSPセントラル警備保障

大泉林太郎　東京都
誰もいないはずの家に帰るのは、少し怖い。

大野さとみ　大阪府
この世の「死角」をなくしたい。

岡本英孝　福岡県
一番の財産は、家族の安全です。

貝渕充良　大阪府
人では出来ない警備と、
人しか出来ない警備を。

貝渕充良　大阪府
仕事の日には、自宅が心配。
休みの日には、会社が心配。

嘉藤綾　大阪府
毎日を、事件前と考える。

嘉藤綾　大阪府
どの警備会社を選ぶかは、
誰に命を預けるかと同じです。

金沢政史　奈良県
安心は見えませんが、
安全は確認できます。

狩野慶太　東京都
ハワイに行ったのに、
家のことばかり考えていた。

上村風太　東京都
つながってしまう社会に、
つながらない安心を。

河内大輝　東京都　テレビCM
「お散歩」編
森の中を女の子が歌いながら歩いている。
女の子：♪ある日〜森の中〜くまさ〜んに〜出会〜った
するとと突然警備員が横の草むらから出てくる
男：大丈夫ですか！？
女の子：だ、大丈夫です・・・歌の話なので・・・
男：よかった・・・失礼しました。
警備員、草むらの中へ戻っていく。
NA：このくらい、あなたを守りたい。
CI：CSPセントラル警備保障

北川 哲　東京都　ラジオCM

若い女性の会話
女1「この間、私、25歳の誕生日で。つき合っていた彼が、こっそり私の部屋に来て、サプライズで、部屋をバラで飾り付けてくれたらしいの！」
女2「らしい？」
女1「飾り付けてる最中に、セントラル警備保障の人に連れて行かれちゃったから」
NA「あなたの部屋を、予期せぬ侵入者から守ります。セントラル警備保障」

北原 祐樹　新潟県

なんとかなる、は何もしないと同義です。

小林 建太　愛知県

何もないことに全力です。

小林 鴻世　神奈川県

警備員のいないビルを狙ったと、容疑者は供述しています。

小林 鴻世　神奈川県

立っているだけだと思われることほど、光栄なことはありません。

鮭瀬 直樹　千葉県

守れないものは、ありません。

佐々木 一之　愛知県

家族と離れて暮らす、俺が心配だ。

庄司 俊介　愛知県

人は人でしか守れない。

太洞 郁哉　大阪府

安心して生活してもらうために、私たちは安心しません。

竹村 弥生　徳島県

守りたい人がいることは幸せです。

田中 恵美子　東京都

何かあったら、何もできない。

田中 未来里　東京都　ラジオCM

『申し出』篇
男：お父さん！僕に…、僕に…、お父さんも守らせてください！
父親：え？
NA：大切な人の家族も守りたい。シニア向け見守りサポートもある、セントラル警備保障。

田中 未来里　東京都　テレビCM

『大事な話』篇
実家で、改まった様子で父親に話しかける20代の娘。
娘：お父さん、話があるの。いつも守ってくれていて…、会社でも、自宅でも、出先の商業施設でも…。
父親：どこのどいつだ！
娘：お父さんのことも守って欲しいって言ったら「ぜひ」だって！
父親：え？
NA：シニア向け見守りサポートもあります。セントラル警備保障。

田中 未来里　東京都　ラジオCM

『プロポーズ』篇
男：僕に、僕に君を一生守らせてください！
女：間に合ってます。
NA：一生守ってもらうなら、安心できるプロがいい。セントラル警備保障。

田中 未来里　東京都　テレビCM

『いつも見られている』篇
警察署で、警察官に相談をしている女性。
女：私が何時に家を出るかも知っているし、帰宅時間も知ってるんです…。
警官：なんてやつだ。
女：平日だけじゃなく、土日も見られているみたいで…。
警官：それじゃあ、毎日じゃないですか！
女：そうなんです…。だから、私、私…。
警官：大丈夫です、我々警察が守りま…
女：私、とっても安心できるんです！
警官：え？
NA：あなたをしっかり見守っています。セントラル警備保障。

田中 裕亮　長野県　ラジオCM

〜寝起きドッキリ篇〜
男性リポーター
「（小声）おはようございます。
それではこれから、
みんなのアイドル、
みなみちゃんの寝起きドッキリに行きま

す。」
鍵を開ける
ドアを開けると同時に鳴り響く警報音
ディレクター
「（軽く舌打ちしつつ）はい、カットカット!!」
男性リポーター
「すみません。すみません。」
ディレクター
「誰かこの音止めて!」
女性アイドル
「えー、またですか～?」
ディレクター
「ごめんね、もう1回お願いしてもいいかなぁ」
男性リポーター
「本当にすみません」
NA
「どんな時でも、あなたの暮らしを守ります」
ディレクター
「テイク60!よーい、はい!!」
男性リポーター
「おは」
警報音カットイン
今度はリポーターの声に警報が反応してしまう
NA
「セントラル警備保障」

坪内 孝真　愛知県
自ら守れない。だからこそ、万が一に備えたい。

中里 由佳　東京都
だれかを守りたいと思えるこころを、守りたい

中島 大介　大阪府
万が一って、0.01%もある。

中島 崇　埼玉県
無事をつくる仕事。

中田 国広　埼玉県
110番のその前に。
CSPセントラル警備保障

中辻 裕己　東京都
家を守ることに関しては、誰もが初心者だ。

野村 一世　大阪府
「誰でもよかった」に、あなたも含まれていた。

長谷川 佳史　東京都
私たちの仕事は、犯罪者をつくらせないことでもあります。

羽渕 徹史　千葉県
「何もなかった」は、何もしないことでは、実現できません。

浜田 英之　東京都
「あの家は、危険だ」と泥棒が言った。

平野 夏絵　静岡県
人の集まるところには、悪い人も集まる

廣本 嶺　東京都
人を守れるのは、人だけだ。

堀井 大　大阪府
危険は、危険を忘れたときが一番怖い。

松田 綾乃　東京都
愛だけじゃ、守りきれないから。

三上 佳祐　東京都
日本から、留守をなくす。

三上 智広　北海道
今日も事件現場に、CSPの文字は無かった。

三島 将裕　東京都
いちばんの防犯は、狙われないこと。

溝口 昌治　神奈川県
日本が安全と言われることが、何よりうれしい。

宮村 亮大　神奈川県　テレビCM
ビートルズの「Help!」が流れる。
曲中の「Help!」のタイミングでビートルズのメンバーの叫ぶような表情の静止画が映る。
画面下部には英語の歌詞と和訳が出る。
Help!（メンバーの静止画①）I need somebody
助けて!誰かが必要なんだ
Help!（メンバーの静止画②）Not just anybody

助けて!誰でもいいわけじゃないんだ
Help!(メンバーの静止画③)Youknow I need someone Help!
NA:助けて!僕には誰かが必要なんだよ
NA:助けます。というか助けました。
ビートルズも警備したCSPセントラル警備保障。

三吉 学 岡山県
知らないって、無防備だ。

向井 正俊 大阪府
きてくれる。
いてくれる。

村上 朋子 東京都
「大丈夫」の重みを
一番知っている会社です。

安本 実織 兵庫県
日本のセントラルは、警備保障です。

柳元 良 神奈川県
あなたも、警備の対象です。

山内 昌憲 東京都
親孝行は、離れていてもできる。

山下 りえ 大阪府
国の信頼を守っています

山田 大輝 福岡県 ラジオCM
(ビートルズ『Help!』より)
SE:Help!
セントラル警備保障スタッフ:はい!
SE:Help!
セントラル警備保障スタッフ:はい!
SE:Help!
セントラル警備保障スタッフ:はい!
NA:来日したビートルズの警備も担当しました。
みなさまのHelp!に応えます。
CSPセントラル警備保障

與嶋 一剛 岐阜県
大切なひとを守るあなたを守りたい。

渡辺 純敏 長野県
安全は選ぶものだ。

ソーエキサイト

「Hailey'5 Café」を知らない人が、友人や恋人を誘って行ってみたくなる広告アイデア

協賛企業賞

濵中 稜（19歳）千葉県

ドアを閉めたら心が開いた。

▼協賛企業のコメント
ソーエキサイト
ネットカフェ事業部 運営グループ
ブランドマネージャー
西田将輝さん

このたびは協賛企業賞の受賞おめでとうございます。インターネットカフェをテーマにしたアイデア募集ということで、コミックや映画などさまざまな切り口からのアイデアを頂戴しました。その中でも受賞作品は、個室空間とコンテンツを通じて人と人との関係を近づけられる場所でありたいという、私たちの想いにマッチする作品として、協賛企業賞に選出いたしました。同じような視点の作品もありましたが、「ドアを閉めたら心が開いた。」という一文の中に、「Hailey'5 Café」の構造的特徴と、お互いの距離が縮まる心理的特徴の2点を見事に表現されている点を評価させていただきました。最後に、たくさんの作品をご応募をいただいた皆さまに厚く御礼申し上げるとともに、今後のご活躍をお祈りいたします。

三次審査通過作品

阿部 伸也 埼玉県

テレビCM

Hailey'5 Café の個室。
年配の男性と若い男性が向かい合って座っている。
若い男性：お父さん、話があります
年配の男性：何だよ、急に改まって
若い男性：ノリカさんを僕に下さい
年配の男性：えっ？
若い男性：…やっぱ、リアクションってそんな感じかな？
年配の男性：うーん、娘を持った父親のキモチがわからんからな
若い男性：オヤジ、もう1回練習していい？
NA：いろんな練習もできます。
防音効果の高い完全個室のネットカフェ「Hailey'5 Café」

大洞 篤 東京都

人をダメにするカフェかもしれない。

松本 修造 東京都

ご利用は戦略的に。

サ ソーエキサイト

松本透　東京都
お二人きり様ですね。

三上智広　北海道　テレビCM
「同棲」篇
渋谷を歩くカップル。
男「ねぇ、そろそろ、俺たち同棲しない？」
女「え？」
男「1時間だけ」
NA「まるで、渋谷と池袋にマイルーム。
完全プライベート空間。Hailey'5 Caféでくつろぐ二人。Hailey'5 Café」
女「ネカフェも変わったねぇ」

二次審査通過作品

青山紀恵　千葉県
本当に好きな人とは、
イチャイチャするより、ダラダラしたい。

大野勝司　千葉県
今日、みんなで引きこもらない？

河合信太朗　東京都
「明日、映画見て、カフェ行って、カラオケして、・・」
「ハードじゃない？」
「ハードじゃない」

武田 沙織　和歌山県
おそとでおうちデート。

長井 謙　東京都
飲み物の好みと、漫画の好みと、
映画の好みが、一気に分かった。

橋場 仁　埼玉県
オチャオチャしない？

早坂 あゆみ　東京都
おこもり会しよう！

藤田 篤史　東京都
家にいる時は
こんな感じなんだ、この人。

堀野 洋介　東京都
急なヒマに。

松野 伸幸　東京都
ねーねーおねえさん、
僕と一杯どうですか？
じゃあ、一冊は？
じゃあ、一曲は？

山田 龍一　長崎県
ここで別のことしてても楽しめる人が、ずっと一
緒にいられる人だと思う。

一次審査通過作品

相川 栞　大阪府
くっついてもいいです。
漫画読んでもいいです。
くっついて漫画読んでもいいです。

青山 紀恵　東京都
君のひざ枕が、プラチナシートだ。

青山 紀恵　東京都
同棲生活、3時間ください。

赤川 樹里亜　埼玉県
家に呼べない男による、
家（仮）に呼ぶための場所。

新井 理恵　東京都
仲良しポイント、たまる。

荒幡 周平　東京都
漫画「大丈夫。今日のデートは、オレたち
が付いいてる」

飯塚 逸人　東京都
おかんが突然入って来こない。

板家 明　東京都
「好き」を解放する場所。

一ノ瀬 真生　東京都
大人が子供になれる場所

井手 宏彰　福岡県
歌ってるから、漫画読んでて。

伊藤 史宏　愛知県
喋らないで、肩だけつけて。

伊藤 美幸　愛知県
このカフェではいつも膝枕を注文する。

稲垣 弘行　埼玉県
あなたは５００円の本当の価値を知ることになる。

植村 明弘　東京都
「うちでＤＶＤを見ようよ」は、怪しまれるから。

遠田 俊介　東京都
３時間１２００円から始める同棲。

遠田 俊介　東京都
「うちくる?」より、ハードル低めのお持ち帰り。

遠藤 友康　東京都
思いっきり笑って
思いっきり泣いていい場所。

遠藤 友康　東京都
ワンコインで深まる、二人の距離。

大内 茉穂　神奈川県　ラジオＣＭ
女１「じゃ、そろそろ帰ろっか」
女２「……あっ！　そっかここ家じゃないんだ！」
NA：「家よりおちつく場所ができました。
Hailey'5 Café」

大熊 瑞穂　東京都
彼との相性が一番わかるのって、
マンガの選び方かもしれない

太田垣 学　奈良県
ラブカフェ。

大野 聡馬　東京都
ダラダラ、ハラハラ

岡山 真大　神奈川県
そんなとこに、ホクロあったんだね。

貝渕 充良　大阪府
ヤバイ、自宅より落ち着く。

門野 悠帆　東京都
あなたたちの〝最後の砦〟でありたい。

門野 悠帆　東京都
オトナ専用こども空間

河内 大輝　東京都
一緒に違う本を読も。

河内 大輝　東京都　ラジオＣＭ
『本気の』篇
NA：もしあなたが休日を家でダラダラ過ごすと。
男：ふぁあ〜（アクビ）
NA：もしあなたが休日をHailey'5 Caféでダラダラ過ごすと。
男：ふぁぁぁぁぁぁぁぁぁぁぁぁぁぁぁぁぁぁ
あああああああああああ〜
NA：このくらい違います。本気でダラダラするなら、Hailey'5 Caféへ。

藏道 真琴　埼玉県
自分の部屋より騒げる。

幸田 絵美　東京都
「家で映画みない？」よりは誘いやすい。

小久保 樹里　東京都
あなたの景色が知りたくて、
３巻後ろを歩いてる。

小西 尋子　京都府
丑三つ刻に、大爆笑

小林 鴻世　神奈川県
何するかは行ってから決めようよ。

小林 鴻世　神奈川県
君も読んでるふりならいいのに。

佐久間 友宏　福島県　テレビCM
ロックフェスの映像
ミュージシャン「盛り上がってるかー!!」
観客「イエ―――イ!」
ミュージシャン「まだまだいけるかー!!」
観客「イエ―――イ!」
ミュージシャン「次の曲に行」
(映像が止まり、ネットカフェの個室が映る)
女「ちょっとトイレに行ってくるね」
男「えっ」
NA「この上ない、臨場感。
Hailey'5 Café。」

庄司 俊介　愛知県
私は、ほぼ渋谷の住人。

城川 雄大　富山県
0次会で来た。
3次会でまた来た。

神宮 龍斗　東京都
もう始発?まだ帰りたくない。

神宮 龍斗　東京都
「終電なくなっちゃった…」彼女がハイリー
に誘っている。

菅谷 敏通　大阪府
ふたりだけの貸し切り映画館。

杉井すみれ　東京都
遠慮がいらない友達んち

杉井すみれ　東京都
漫画をマイクを使って音読、そんな贅沢な
こともできます。

関根 頌子　東京都
終電を逃してしまったので
仕方なく小躍りして向かう。

田中 貴弘　東京都
彼女が初めて
「わたし、帰りたくない」と言った。

田中 貴弘　東京都
二人きりになっても、一線を越えない安心感。

田辺 拳斗　千葉県
オートロックフェスティバル。

田辺 拳斗　千葉県
デートコースをフルコースで。

田辺 拳斗　千葉県
原作と実写を一緒に。

永井 景都　茨城県
趣味を知ることは、「好き」への近道です。

長井 謙　東京都
あぁ、そうだ。デート中だった。

長井 謙　東京都
ねぇ、この後のディナー、本当に行く?

長井 謙　東京都
彼女がとうとう、あぐらになった。

長井 謙　東京都
最終巻の感動を、話せる人が隣にいる。

長井 謙　東京都
もたれ合いながら、別々の世界に入っていた。

長井 謙　東京都
俺が感動している横で、
彼女は大爆笑していた。

中島 大介　大阪府
せっかくのデート、座席を運に任せたくない。

中島 優子　東京都
リビングにも、書斎にも、
寝室にもなる。

中島 優子　東京都
騒ぎたい大人を応援したい。

中島 優子　東京都
どんなに泣いても、笑っても、怒られない。

中島 優子　東京都
渋谷か池袋で
誰んち行くか迷ったら、
一番近いハイリーんちへ。

中島 優子　東京都
落ち着けるシブヤを、
ようやく発見。

中田国広　埼玉県
沈黙がやって来ても
マンガ達が助けてくれるよ。
Hailey'5 Café

中辻裕己　東京都
終電を逃して、翌日の終電で帰った。

中辻裕己　東京都
彼女の「帰りたくない」を初めて聞いた。

中辻裕己　東京都
部長と朝まで読み明かした。

中辻裕己　東京都
東京には、夢の国と夢の部屋があるらしい。

中辻裕己　東京都
やらしいことをする暇もなかった。

中村友昭　熊本県
行きは友だち、帰りは恋人で。

仲吉蘭　北海道
手にとる作品で、近づいたり深まったり。

野田和穂　東京都
彼女が一度も時計を見ませんでした。

橋場仁　埼玉県
何もしない、をしにいこう。

橋場仁　埼玉県
「落ち着くね」って、
ボクは全然落ち着かなかった。

橋場仁　埼玉県
恋心と下心のあいだ。

橋本寿弥　愛知県
二人っきりの、映画館。

花輪えみ　千葉県
おうちデート体験、してみない？

濵中稜　千葉県
二人だけの映画館を。

早坂渡　東京都
このあと、二人で読みに行かない？

林次郎　東京都
一件で済むデートがある。

林次郎　東京都
それがさっきまで文句言ってたやつの顔かよ。

林秀直　東京都
最近二人きりが足りてないわ

春山豊　東京都
時間を潰せるネットカフェはあったけど、
時間を忘れるネットカフェは初めて。

日高修一　東京都
朝帰りのつもりが、
昼帰りになった。

廣本嶺　東京都
彼氏が、子供になった。

廣本嶺　東京都
家でマンガを読む彼氏はかっこ悪いのに、
外でマンガを読む彼氏は、かわいく見える。

藤井晴日　東京都
ホテルじゃない、二人きりになれる場所。

藤井晴日　東京都
とっておきの秘密基地を紹介したい。

藤里宇征　東京都
彼の紹介した漫画が、
私の好きな漫画になっていた。

船越一郎　東京都
映画館みたいな迫力で、家みたいに喋りたい。

船津洋　京都府
くつログイン。

堀野洋介　東京都
カラオケが苦手？漫画読んでなよ。

本徳智洋　静岡県
まるで、おうちデート。

眞木雄一　石川県
3時間、同棲しませんか。

松尾健介　大阪府
ソロ充。

松尾健介　大阪府
ひざまくらで観る映画は、
最高だ。

松本 修造　東京都
行くわ〜そと！実は〜うち！

丸山 律子　東京都
インスタント同棲

三上 佳祐　東京都
僕と彼女しかいないのに、背中を押された気がする。

三上 佳祐　東京都
3時間、同棲してみた。

三上 佳祐　東京都
清楚な彼女がくつろぐ姿は、おじさんだった。

三上 佳祐　東京都
アニメを見た後のテンションで、アニソンが歌える。

三上 佳祐　東京都
貸切の映画館ともいえる。

三上 智広　北海道　テレビCM
「待ち合わせ」篇
Hailey'5 Caféで待ち合わせするカップル。
女「待った?」
男「ぜんぜん?」
女「今日このあと、どこ行く?」
男「うん、今、調べてたところ」
男女（オフナレ）&SP
「待ち合わせをして、そのままいた」
女（オフナレ）
「どっか行かなくちゃ、デートじゃないの?」
男女（オフナレ）
「Hailey'5 Café」

水谷 真由子　愛知県
満喫。

溝口 昌治　神奈川県
「今日、帰りたくなっちゃった」と彼女は言った。

三富 里恵　神奈川県
映画デート、居酒屋デート、家でまったりデート、どれでもできる。

三富 里恵　神奈川県
居酒屋にも、映画館にも、ホテルにもなる。

三富 里恵　神奈川県
読み放題、飲み放題、歌い放題、遊び放題。

宮坂 和里　神奈川県
私たち、ネットカフェまで行きました。

村岡 愛理　東京都
あなたの青春を　知りにきました

森田 宏　東京都　テレビCM
女の子が自分の部屋にてメイクをしている
目のメイク・・・
口のメイク・・・
部屋を出る
玄関の姿見で洋服をチェック
バッチリ決まって満足な表情
母親「今日はそんなにオシャレしてどこ行くの。」
女の子（笑みを浮かべ）「漫画喫茶だよ。」
〜大人のための漫画喫茶・ネットカフェ Hailey'5 Café〜

山下 祐輝　大阪府
ティータイムのつもりが9時間いた。

横田 歴男　東京都
プライベートは家にある。プライバシーは、ココにある。

横田 歴男　東京都
入るときは二人で。出るときは一組で。

横村 貴之　東京都　テレビCM
カップルがネカフェで漫画を読んでいる
女：私このシーン好き！
男：俺も！
隣の部屋のおっさん：俺も！
NA：2人の会話を聞かれたくないなら
完全防音のネットカフェ
Hailey'5 Café

吉崎 裕樹　岡山県
私の家よりも楽しくて、彼の家よりも安全。

萬 正博　兵庫県
ネットカフェに行ったはずの兄が、声をからして帰って来た。

カップルホイホイ。

渡邊 侑資　岐阜県

モヤモヤしています!

本当は身近でスゴいものなのに、なかなかうまく伝えられない。
そんな歯がゆさを感じている私たち大同特殊鋼のことを
「おもしろい!」と思っていただけたら、
そのワケを他の方にも分かりやすく伝えていただけませんか?
このモヤモヤをあなたのアイデアで晴らしてください!

各賞の選出に関わらず、良い作品は新聞・雑誌向けの広告にドンドン使わせていただきます!

【 課 題 】 大同特殊鋼のことを、より多くの人に知ってもらうアイデア
【ジャンル】 自由
【参考資料】 企業サイト http://www.daido.co.jp/
スペシャルサイト http://www.daido.co.jp/about/pioneer/index.html

大同特殊鋼
DAIDO STEEL GROUP Beyond the Special

大同特殊鋼

大同特殊鋼のことを、より多くの人に知ってもらうアイデア

タ

大同特殊鋼

協賛企業賞

飛田 哲志（37歳）愛知県

「目立つ」より「役立つ」が仕事です。

▼協賛企業のコメント

大同特殊鋼
総務部 広報室 広報室長
市原剛次さん

このたびは協賛企業賞の受賞おめでとうございます。当社は今回が初めての協賛でしたので、皆さまから作品を応募していただけるかとても不安でしたが、大変多くの方々にご応募いただき感激しています。当社は2016年に創業100周年を迎えましたが、会社の知名度が低いことが長年の悩みでした。また、私たちが取り扱っている特殊鋼という素材は、広く社会や産業に貢献しているにも関わらず、その存在自体があまり知られていないという葛藤やもどかしさも抱えておりました。今回、そのような悩みを課題にさせていただいたところ、色々な視点からの応募をいただきました。議論を重ねた結果、『「目立つ」より「役立つ」が仕事です。』というキャッチフレーズを選ばせていただきました。この作品は、特殊鋼の役割と私たちの自負を見事に表現しており、当社に興味を持っていただき、特殊鋼を身近に感じていただけるフレーズだと思います。最後に、たくさんの課題の中から当社を選んで応募していただいた皆さまに心より感謝申し上げますとともに、今後のますますのご活躍をお祈り申し上げます。

三次審査通過作品

阿部 伸也　埼玉県

鉄棒も鉄道も、鉄ではなく特殊鋼でできている。

宮村 亮大　神奈川県　ラジオCM

女1：わ！あそこにも。ここにも。ねえ、美香の後ろにも！
女2：え、なに、なに、幽霊!?あんた見えるの!?
女1：ううん、特殊鋼。
女2：へ？
NA：いたるところに使われています。
大同特殊鋼。

二次審査通過作品

小島 功至　熊本県

世の中の空想は、特殊鋼で現実になる。

齋藤 義之　東京都

社名からは想像できないくらい身近な会社です。

中田 国広　埼玉県

儲かるステーキ店は切れ味の良いナイフを使ってる。大同特殊鋼

山本（飯田）朝子　東京都

さびない発想。

世界には、素材待ちの発明がたくさんある。

若杉 幸祐 東京都

一次審査通過作品

資源のないこの国で、この技術はひとつの資源だと思う。
浅野 俊輔 東京都

知らない人はたくさんいても、関係のない人は1人もいない。
石川 知弘 東京都

わたしたちの製品も職人です。
岩﨑 あかね 千葉県

見えないところで、未来を見つめている。
植村 明弘 東京都

知られていないことも自慢のひとつです。
江野澤 和夫 東京都

知らずに触れてる高技術。
大野 さとみ 大阪府

進化を支えるには、変化が必要でした。
奥村 明彦 東京都

素材は、
デザインよりも、機能を変える。
貝渕 充良 大阪府

知名度は低いが、人気は高い。
貝渕 充良 大阪府

父を救ったのは、チタンの弁でした。
貝渕 充良 大阪府

鉄だと思っていたものは、
全部鋼でした。
川崎 貴之 埼玉県

近すぎて、気づかない。
菅野 美枝 埼玉県

もっと人に近づく素材になろう。
菊池 将哉 千葉県

優れた材料は、優れた設計を生む。
串 大輝 東京都

いい部品は、設計を変える。
串 大輝 東京都

製品というより解決手段
久保田 正毅 愛知県

ニッポンの技術を、支える技術。
郡司 嘉洋 東京都

科学の技術の発展は、
化学の技術で加速する。
小島 功至 熊本県

いのちをのせる、飛行機とか、
いのちをすくう、医療機器とか。
小西 裕斗 大阪府

技術の次元を一つあげる金属
小西 裕斗 大阪府

願いを叶えるために進化した素材。
小西 裕斗 大阪府

特殊鋼がなければ、車がエコを語るのは
50年後だったかもしれない
小西 裕斗 大阪府

特殊鋼が使われている製品に
行列ができていると、
こっそり喜んでいます。
崎山 すなお 東京都

今日の世界初が、
未来の常識になっていく。
塩井 知憲 愛知県

タ

大同特殊鋼

瀬尾 雄平　東京都
世界が変わる、その先に

高島 望　愛知県
特殊であることが、仕事です。

竹節 忠広　長野県
技術を実現する技術。

竹節 忠広　長野県
世界中が必要とするメイドインジャパン。

立林 宏典　東京都
知られてないことが、我が社の誇りです。

玉熊 文乃　東京都
世界に合わせて、形を変える。

長井 謙　東京都
柔軟な金属。

長井 謙　東京都
鋼の可能性が、未来の可能性だ。

中島 崇　埼玉県
その姿を変えることは、
常識を変えることである。

中島 優子　東京都
ボールペンの先端から、最先端まで。

長縄 寛久　静岡県
見たことのないヒット商品

中村 公雄　福井県
未来を創る、部品です。

中村 公雄　福井県
進化を加速させる。

中村 公雄　福井県
未来のパーツをつくってる。

成田 斐　大阪府
製品を見ても分からなかったが、
製品をつかっているものを見たらわかった。

羽渕 徹史　千葉県
知らなくて誰も困らない。
でも、なければ誰もが困る素材。

日高 修一　東京都
プリウスＰＨＶは、
アイディアだけじゃ完成しなかった。

船越 一郎　東京都
会社名は知らないけれど、
製品は毎日見ていた。

船越 一郎　東京都
その安心も、鋼でできてる。

船越 一郎　東京都
鋼の可能性は、
人類の可能性でもある。

船越 一郎　東京都
鉄に使命を与える会社。

堀田 陽祐　愛知県
特殊は、可能性を生む。

松尾 栄二郎　東京都
未来をカタチにする素材

松尾 健介　大阪府
ネジ1本から、
ＩＴ革命まで。

松本 慎平　東京都
金属というより生き物に近い。

松本 亮　長崎県
特殊であり続けることは、
先頭を走り続けること。

三上 佳祐　東京都
製品は売れているが、社名は売れていない。

水谷 真由子　愛知県
地球の未来は特殊な素材でできている。

向井 正俊　大阪府　テレビCM
ショッピングセンターで、トイレに入る男性。
個室が全部閉まっている。
SE：コンコン
中の人1：入ってます。
SE：コンコン
中の人2：入ってます。
SE：コンコン
中の人3：入ってます。
走って別のフロアのトイレに行く男性。
また個室が全部閉まっている。
男性：ここも入っているのか…。
NA：いろんなところに、鋼、入ってます。
大同特殊鋼。

大同特殊鋼

森歩　富山県
「車が空を走る」
そんな未来を挑戦し続けるのが
大同特殊鋼です。

森下　夏樹　東京都
自然だけではつくれなかった。
人間だけでもつくれなかった。

矢野雄一郎　福岡県
曲がらない強さと曲がっても折れない強さ。

山崎　愛二郎　岡山県
鉄は見かけによらない

山本（飯田）朝子　東京都
思えば、大同が活躍する物に
惹かれた子ども時代だった。

吉尾　康秀　東京都
想像を絶する創造を。

若杉　幸祐　東京都
その世界記録は、
人類の進化か、素材の進化か。

若杉　幸祐　東京都　テレビCM
「タライ」篇
通勤中のサラリーマン。
オフィス街を歩いていると、
彼の頭上にだけ次々と
金ダライが落ちてくる。（理由は不明）
特にリアクションすることもなく、
平然と歩いていく男。
落下し続ける、無数の金ダライ。
カン、カン、と繰り返される直撃音。
そして最後の1個が頭を直撃するが、
そのタライだけ、当たった音が少し違う。
「おや?」という表情で、そのタライを拾う
男。
男「クロムの含有率が高い・・・」
と真顔でつぶやく。
NA：鋼合金のプロフェッショナル。
大同特殊鋼。

若杉　幸祐　東京都　テレビCM
「UFO」篇
宇宙人がUFOで東京に襲来する。
パニックになる街。逃げ惑う人々。
そんな中、一人のビジネスマンが意を決して、
UFOから降りてきた宇宙人の元へ歩み寄
り、おそるおそる話しかける。
男「こ、このUFOの・・・素材は?」
NA：まだ無い鋼の可能性を求めて。
大同特殊鋼。

渡辺　純敏　長野県　テレビCM
■ドラゴンクエスト編
画：勇者が宝箱をあける。
テロップ：はがねのつるぎを手に入れた！
画：勇者が剣の裏側を見る。
テロップ：大同特殊鋼の刻印を見つけた！
画：勇者がニヤリとする。
NA：特殊な鋼を造る会社、大同特殊鋼。

ウォーターサーバーを
使いたくなる
キャッチフレーズを募集します。

私たちはダイレクトメール事業の他、実はウォーターサーバーの比較サイト
「ウォーターサーバー比較@ランキング」を運営しています。
今まで培ってきたSEOやWEBマーケティングのノウハウを活かすために始めましたが、
何年も運営しているうちに、もっといろんな人にウォーターサーバーの良さを知ってもらいたい、
使いたいと思う方を増やしていきたいと考えるようになりました。

[課 題] 私たちはウォーターサーバー利用者を増やしたいと考えており、
ウォーターサーバーを使いたくなるキャッチフレーズを募集します。

[ジャンル] キャッチフレーズ

[参考資料] https://incorporationlive.com

DM SOLUTIONS ディーエムソリューションズ株式会社

ディーエムソリューションズ

ウォーターサーバーを使いたくなるキャッチフレーズ

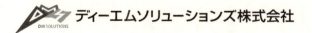

タ

ディーエムソリューションズ

協賛企業賞

山下 祐輝（35歳）大阪府

天然水まで徒歩3秒。

▼**協賛企業のコメント**

ディーエムソリューションズ
バーティカルメディア事業部
事業部長
木村和央さん

このたびは協賛企業賞の受賞、誠におめでとうございます。皆さまよりご応募いただいた作品の中から1作品だけを選考することは至難の業でした。どれも甲乙つけがたく、最終的にバーティカルメディアチームのメンバーの投票をもとに決定させていただきました。今回の受賞作品ですが、「ウォーターサーバーの便利さが簡潔にわかりやすく表現されている」「天然水が手軽に飲めることを簡潔に説明していてわかりやすい」「買いに行く手間が省ける・天然水がすぐ飲めることが簡潔に表現されているし、印象に残る」と好評な意見が多く、選出させていただきました。最後になりますが、受賞者の方をはじめ、今回ご応募いただきました皆さまには重ねて御礼申し上げるとともに、今後のさらなるご活躍を心よりお祈り申し上げます。

三次審査通過作品

溝口 昌治　神奈川県

生活水準を上げよう。

二次審査通過作品

浅野 俊輔　東京都

水は、
買い物袋のなかでは
ダンベルになる。

伊藤 均　東京都

まいにち使える、備蓄水。

川崎 貴之　埼玉県

午前3時のママへ。

土居 春香　愛媛県

誰だって、家の水で育つ。

中村 貴子　千葉県

いつものために
もしものために。

東山 秀樹　奈良県

名水は、家に湧かない。

輿嶋 一剛　岐阜県

災害のときも、水がおいしい。

一次審査通過作品

浅野 俊輔　東京都
水を買うと、
ゴミも一緒に
買っていた。

浅野 俊輔　東京都
冷蔵庫を狭くする犯人は、
ペットボトルでした。

天沢 もとき　東京都
水でからだの中を洗ってる。

天沢 もとき　東京都
うちには飲み水用の蛇口がある。

石川 知弘　東京都
おばあちゃん、
もう水は買いに行かなくていいんだよ。

石川 知弘　東京都
出産祝いに。

石塚 勢二　東京都
いつ開けた？口つけた？の不安がない。

一法師 智恵子　東京都
水が空気のような存在になりました。

伊東 順　神奈川県
生まれてくる赤ちゃんのために。

伊藤 美幸　愛知県
災害のとき、お湯は心があたたまる。

伊藤 康統　愛知県
モバイル蛇口。

伊藤 康統　愛知県
蛇口を自由に。

伊藤 康統　愛知県
水が減っていくのは
しあわせの証拠です。

伊藤 伶奈　東京都
冷蔵庫に余裕ができました。

岩﨑 あかね　千葉県
ううん。水かえただけ。

上野 了　大阪府
いつものときも。もしものときも。

植村 明弘　東京都
水を買うというより、運んでいた。

鵜飼 真史　愛知県
赤ちゃんは、お湯が沸く時間を考慮しない。

臼井 千夏　東京都
家に山が来る。

江副 佑輔　福岡県
水、運んだ。
腰、やった。

大重 卓也　大阪府
水道管のなか、見たことがありますか？

小川 晋太郎　神奈川県
敬老の日のプレゼントに、
ウォーターサーバーを。

織田 翼沙　神奈川県
ちょこっとだけ、お湯がほしいシーンって、
実は結構ある。

織田 翼沙　神奈川県
離乳食から、水割りまで。

柿本 和臣　福岡県
深夜3時のミルクもある。

加藤 晃浩　東京都
家族の命を救う水にもなる。

加藤 佑一　東京都
ウチのもう一つの蛇口は、山に繋がっています。

河内 大輝　東京都
水は呼べる。

木河聡　愛知県
水道水は飲み水専用じゃない

北川秀彦　大阪府
赤ちゃん用に買って、みんなで使っている。

郡司嘉洋　東京都
はじめから冷えている。
はじめから沸いている。

小西裕斗　大阪府
重たい飲み物が、主婦業を大変にしている。

齋田敏宣　大阪府
水を思うことは、
家族を思うこと。

佐藤穣　東京都
キャップもラベルもはがさない。

柴田尚志　神奈川県
その時、リビングに貯水タンクがあった。

庄司俊介　愛知県
飲み会1回分の費用で、
1カ月の安全な水が使える。

白石文子　福岡県
オフィスに置くだけで、福利厚生になる。

鈴木寿明　神奈川県
ブラック企業も。
オフィスにあると、
グレーに近づく。

鈴木寿明　神奈川県
祖父は今日、
ヤカンの火を消しただろうか。

芹澤高行　東京都
災害時、コンビニからペットボトルが消えた。

平響　東京都
地震だ、水が出ない、
でもウォーターサーバーがあった。

竹節忠広　長野県
「水」ではなく、
「お水」と呼びたい。

竹節忠広　長野県
都会はおいしい水に憧れる。

竹村弥生　徳島県
我が家のゴミから、ペットボトルが無くなりました。

田中優梨　岐阜県
災害時、
すぐに安全な飲み水用意できますか？

玉水守　静岡県
分別ゴミの日が楽になる。

丹野美里　東京都
赤ちゃんに飲ませたくない水は、
大人だって飲みたくない。

辻村龍　東京都
やまのかわ
あなたのいえへ
ながれだす

寺尾一敏　滋賀県
天然水、常備。

長井謙　東京都
リビングを、オアシスに。

中島崇　埼玉県
買い物を重労働にしていたのは、
2リットルの水のせいでした。

中島崇　埼玉県
妻は家族のために、2リットルのダンベルをもって買い物から帰ってくる。

中島崇　埼玉県
そういえば、
母は水を買いに行くとき車を使っていた。

岃網知也　石川県
名水百選は、
100ヶ所しかない。

成田斐　大阪府
沸かし過ぎないというエコ。

西本亜矢子　千葉県
生きるって、水を飲むことだ。

西山純平　京都府
日本の資源は水だと思う。

ディーエムソリューションズ

野崎 美夫 東京都
千利休もきっと使う。

野村 京平 東京都
水に、隠し味はいらない。

長谷川 佳史 東京都
私が80歳になったとき、
2ℓの水を買ってこれるだろうか。

濱口 真衣 愛知県
蛇口をひねれば飲料水が出る国で、
それでも私はこれがいい。

早坂 渡 東京都
カップ麺が、ほんとに3分。

早坂 渡 東京都
ガスも時間も水道も、いらない。

林 恭子 大阪府
出産祝いは、どうだろう。

林 恭子 大阪府
冷蔵庫で幅をきかせていたのは、
ペットボトルでした。

林 次郎 東京都
ミルクができるまでの時間は、子どもが泣
いてる時間です。

林田 淳 東京都
おいしいものにはお金をかけるのに、安全
なものにはお金をかけないんですか。

春山 豊 東京都
水道水を出す男の家がいいか、
ウォーターサーバーの水を出す
男の家がいいか。

東島 未來 東京都
カップ麺なのに、罪悪感すくなめ。

福西 隆宏 東京都
まだ蛇口をひねってるの?

藤田 篤史 東京都
早くのど渇かないかな。

藤田 篤史 東京都
ペットボトルの置き場所にも、
家賃を払っている。

藤田 篤史 東京都
熱湯が出てくる
ペットボトルはありません。

藤田 卓也 東京都
いのちのきほん。

藤曲 旦子 東京都
非常用にもなる。

船山 敬祐 京都府
カップラーメンの3分に、
お湯を沸かす時間は含まれていない。

古渡 彩乃 京都府
まるで、山の水。

洞田 拓也 神奈川県
水って、冷蔵庫に入ってないほうが便利だね。

正水 裕介 東京都
この国で水にこだわらないのは、
もったいない。

松尾 健介 大阪府
これからは、
お水のぶんも買い物できるね。

松本 修造 東京都
妊娠中の妻孝行に。

松本 雅功 東京都
水を節約するようになりました。

真本 大生 大阪府
飲む、インテリア。

真本 大生 大阪府
飲めるインテリア

水野 早希 東京都
うちの子、もう自分でミルクを作るのよ。

溝口 昌治 神奈川県
お年寄りは、
水を運ぶのも火を用心するのも難しい。

密山 直也 兵庫県
ところで水道を掃除したことありますか?

タ

ディーエムソリューションズ

箕浦 弘樹　岐阜県
ちょっとだけお湯が必要な時は、
案外、日常でたくさんあります。

箕浦 弘樹　岐阜県
赤ちゃんのミルクづくりは、
時間との闘いでもある。

箕浦 弘樹　岐阜県
いきなりお湯が使えるから、
料理がはかどります。

箕浦 弘樹　岐阜県
夫は、まだ米を変えただけだと思っている。

宮崎 圭佑　熊本県
子どもができると、
口にするものが気になりだす。

宮本 裕志　東京都
水で時短

向井 正俊　大阪府
おいしいと、大切にする。

矢島 佑一郎　東京都
水とお湯がでるだけなのに、
何だか未来の装置みたい。

安本 実織　兵庫県
便利を求めたら、防災もできました。

箭内 蓉子　東京都
料理はいつも、水から始まる。

山下 祥　東京都
ウォーターサーバーは防災グッズだと思う。

山田 龍一　長崎県
買い置きの水が、
こんなに部屋を狭くしていました。

山中 彰　愛知県
赤ちゃんから目を離さずに、
ミルクが作れます。

山根 由紀　東京都
朝、即スープが作れる。

山本 文子　熊本県
足が悪くなった両親にも、
毎日美味しい水を届けたい。

渡辺 純敏　長野県
ウォーターサーバーがないと、
うぉたうぉたする。

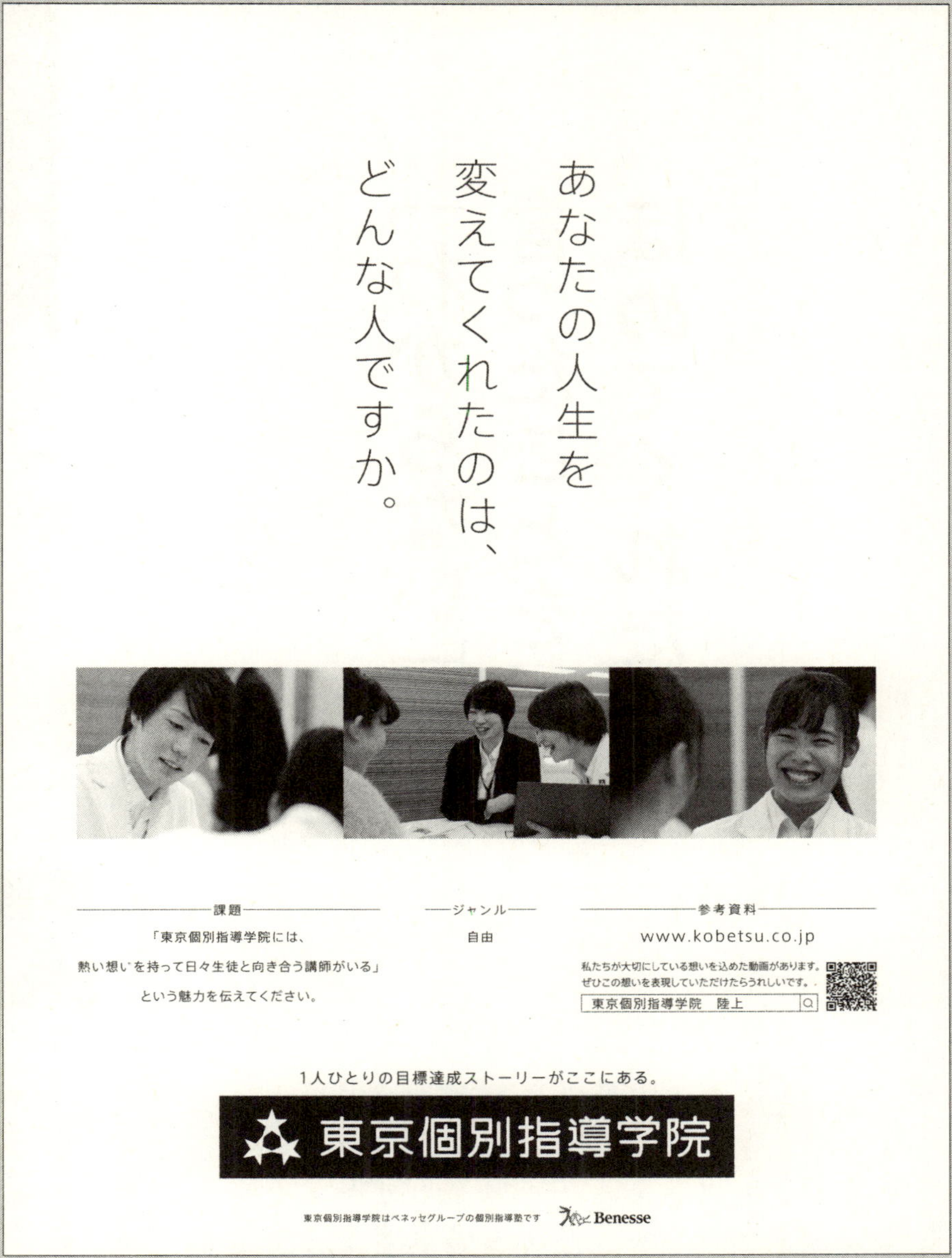
あなたの人生を
変えてくれたのは、
どんな人ですか。
課題
「東京個別指導学院には、
熱い想い"を持って日々生徒と向き合う講師がいる」
という魅力を伝えてください。
ジャンル
自由
参考資料
www.kobetsu.co.jp
私たちが大切にしている想いを込めた動画があります。
ぜひこの想いを表現していただけたらうれしいです。
東京個別指導学院　陸上
1人ひとりの目標達成ストーリーがここにある。
東京個別指導学院
東京個別指導学院はベネッセグループの個別指導塾です
Benesse

東京個別指導学院

「東京個別指導学院には、熱い想いを持って日々生徒と向き合う講師がいる」
というアイデア

タ

東京個別指導学院

協賛企業賞

三上 智広（46歳）北海道

「わからない」と言ったことを、ほめてくれた。

▼協賛企業のコメント

東京個別指導学院
マーケティング部 部長
早川剛司さん

このたびは数ある協賛企業の中から、当社の課題にご応募いただきまして、誠にありがとうございました。当社の事業活動、教室での提供サービスに想いを馳せて考えていただいたことを重ね重ね御礼申し上げます。当社の価値は「人」です。大学生を中心とした講師たちは皆一様に、お子さまお一人おひとりの目標達成に向け、ともに寄り添い伴走していく熱い想いを持って、指導にあたっています。そんな教室現場で生まれる価値をいかにして表現していくか、マーケティングチームとして日々悩む頭の中で、このキャッチコピーを目にした時、当社らしいリアリティある教室でのやり取りが思い浮かび、思わずニヤリとしてしまいました。キャッチコピーだからと奇をてらったものでもなく、塾をご活用いただくお子さまの純粋なお気持ち・インサイトに対して、ストレートに表現いただいた点を評価させていただきました。このたびは、受賞おめでとうございました。

三次審査通過作品

山本（飯田）朝子　東京都

「分からなくなったのはここからね」と初めて言われた。そうそう。

弘嶋 賢之　愛知県

先生は、その子を予習している。

二次審査通過作品

小笠原 清訓　千葉県　テレビCM

・やったぜオヤジ篇

合格発表。
父親と子供が、掲示板を見る
父親：あ、あった！
子ども：オヤジ、やったー！
抱き合う二人。
子ども：これでようやく大学生だな。
父親：ああ、25浪した甲斐があったよ。
NA：その努力、正確ですか？
東京個別指導学院

金山 裕美　東京都

勝てる選手には、専属コーチがついている。

高津 勇星　東京都

僕のペンが止まった。ちゃんと授業も止まってくれた。

坂口 大輔　東京都

間違え方のクセまで知っている。

鈴木 謙太 愛知県
子供は皆んな、わかればできる子

羅川 航嗣 愛知県
先生が授業中、私ばっかり当ててくる。

中田 国広 埼玉県
笑顔と集中力が絶えない80分。
東京個別指導学院

中村 有史 東京都
いいところを ひとつ 具体的にほめる

二羽 富士夫 石川県
うんこが教えてくれるのは、小学6年生まで。

二羽 富士夫 石川県
こどもに必要なのは、
ゆとり教育ではなく、ひとり教育です。

濵本 尚也 新潟県
君を一生幸せにします。
私と勉強してください。

平野 あゆみ 神奈川県
そっか、自信って、あったかいんだ。

藤田 篤史 東京都
授業についていけない子についていきます。

堀江 成禎 京都府
履歴書に書かない母校がある。

本條 秀樹 大阪府
わたしの顔すら覚えていない先生に、
わたしの夢を託していいのだろうか。

眞木 雄一 石川県
私ばっかり当てられる。

宮村 亮大 神奈川県
理解度を、表情で見抜かれる。

森岡 賢司 東京都
ひとりでできるまで、ふたりでやろう。

横山 裕紀 東京都
一生懸命な人が隣にいると、一生懸命になれる。

一次審査通過作品

親にはなれなくても、親身にはなれる。
粟飯原 由貴　東京都

ぼくがいちばん、
ぼくをあきらめていた。
秋本 龍斗　東京都

授業は、会話だ。
淺野 俊輔　東京都

定員は1名です。
淺野 俊輔　東京都

キミがいないと授業がはじまらない。
淺野 俊輔　東京都

まず、キミのことを勉強させてください。
淺野 俊輔　東京都

答えは、先生の顔といっしょに浮かぶ。
淺野 俊輔　東京都

愛はＡＩに勝る。
阿部 光博　東京都

ドラマの様な先生に出会ってみませんか？
天野 そよ香　愛知県

私には7人の生徒がいる。

私には7つの数学がある。

荒木 拓也　東京都

「明日は休みにしよう」

という教え方もあります。

荒木 拓也　東京都

合格の喜びは、
ガッツポーズではなく、ハイタッチで。
飯田 瑛美　東京都

生徒ができないときは、
まず自分の教え方を疑う。
飯田 啓貴　東京都

入試の日、問題文が、
先生の声で聞こえた気がした。
石井 文恵　東京都

受験勉強の最大の敵は「孤独」なのだ。
石神 直也　東京都

点数だけで評価するなら、
ＡＩにだってできる。
石川 知弘　東京都

なぜだろう、
合格したのにちょっと寂しい。
石川 知弘　東京都

受験勉強が辛かったのは、
1人で戦っていたからだ。
石川 知弘　東京都

勉強が苦手だったんじゃない。

学校の授業が苦手だったんだ。

石川 知弘　東京都

子どもは見捨てられると、気づく。
石塚 啓　神奈川県

子どもの頃、
自分が可能性だらけなんて、
気づかなかった。
石塚 啓　神奈川県

遠くから見守ってなんかいません、
至近距離で見守っています。
一法師 智恵子　東京都

できないんじゃなくて、

「わからない」が言えないだけでした。

一法師 智恵子　東京都

1対1で、勝ちました。
伊藤 大樹　東京都

志望校じゃなく、夢を聞いてくれた。
伊藤 美幸　愛知県

自信をくれた人は、忘れない。
井上 裟貴　神奈川県

「わかりません」が怖くない
上田 貴太郎　東京都

植村 明弘　東京都
受験に大切なのは、競争ではなく伴走です。

植村 明弘　東京都
「ガンバレ」の声が近い。

植村 明弘　東京都
すべてが、「ここだけの話」です。

植村 明弘　東京都
ぼくのクラスは、ぼくしかいない。

植村 明弘　東京都
私の得意科目は、君です。

植村 明弘　東京都
志望校に合格して、寂しい。

宇多 智彦　福岡県
君に、一人でやり抜く集中力はあるか。

岡 建一郎　神奈川県
さぁ、一対一だ。

岡部 由紀子　神奈川県
苦手克服できた経験は、人生の自信

小川 紗輝　愛知県
志望校を選ぶように、先生だって選びたい。

貝渕 充良　大阪府
勉強しなかったんじゃない、
勉強する相手がいなかったんだ。

笠間 悠　神奈川県
同じ×でも、原因は違う。

笠間 悠　神奈川県
二人三脚の方が、早く走れることもある。

柏木 克仁　神奈川県
先生なら、どうやって解くかを考えた。

片山 頌子　東京都
スマホ、居眠り、ラクガキが
できない距離で教えます。

片山 頌子　東京都
東京個性別指導学院

加藤 晃浩　東京都
向き合っていても、
目指している方向は同じです。

金久保 岳史　東京都
かゆい所に指導が届く。

川村 真悟　福岡県
もっと勉強しとけばよかった！
という後悔は、早ければ早いほどいい。

河原木 雄基　東京都
ひとりで解いた問題より、
ふたりで解いた問題の方が、忘れない。

菊池 将哉　千葉県
悔しさを共感してくれる人は、
なかなかいない。

北川 秀彦　大阪府
みんなに合わせた授業は、
誰にも合わない授業です。

北川 秀彦　大阪府
定員1名。

北川 秀彦　大阪府
まず、君の予習をします。

北原 祐樹　新潟県
学び方が変わる。結果も変わる。

木村 幸代　埼玉県
「わかる」への道は、それぞれ違うから。

國井 和弘　東京都
「わからない」と言える人間が一番賢いのです。

熊谷 愛　秋田県
問題を見たら、答えと先生の顔が浮かんだ。

河野 稔　東京都
みんなに話す声なんて、
僕には全然、届いてなかった。

後藤 裕彦　東京都
先生の先生は、あなたです。

後藤 裕彦　東京都
成績が1番とビリの生徒を
平等に教えるのは、差別だと思う。

後藤 裕彦　東京都
わからないところが、
わかりあえる。

小林 建太　愛知県
わからないを一人ぼっちにさせない。

小林 鴻世　神奈川県
誰もが、教室の最前列。

小林 鴻世　神奈川県
私たちの先生じゃなくて、私の先生だ。

小林 猛樹　千葉県　ラジオCM
先生：出席をとります。佐藤くん。
生徒：はい。
先生：よし。今日も、お休みはいませんね。
NA：個別にトコトン指導します。
東京個別指導学院

小林 猛樹　千葉県　テレビCM
■1人の先生を20人の生徒が取り囲んでいる。喧嘩の様相。
先生：一対二十か。お前ら、それでいいのか？
■先生が1人の生徒を指差す。
先生：佐藤、差しで勝負だ。
■二人の生徒が進み出る。
NA：個別指導は、東京個別指導学院。

齋田 敏宣　大阪府
いいパスを出すから、
決めてくれ。

阪中 昭夫　東京都
志望校は違うのに、授業は同じだなんて。

佐々木 貴智　東京都
サボリがバレた。ボクを見ててくれた。

佐藤 博昭　東京都
運命の出会いは、恋愛以外にもある。

佐藤 博昭　東京都
できちゃった。と言ったら、
彼よりも喜んでくれました。

島田 淳平　京都府
クラスメイトは1人もいない。

島村 浩太　東京都
個別だから、
落ちこぼれ方が分からない。

清水 亨祐　東京都
あの時先生が言ってくれたこと、
いま生徒に言っています。

庄司 俊介　愛知県
できない生徒は、やっていないだけです。

白石 文子　福岡県
頼ることも、教えてくれた。

白石 文子　福岡県
嫌いなのは、勉強じゃなくて先生だった。

城川 雄大　富山県
クラスのレベルより、
わたしのレベルに合わせてほしい。

新宅 諭　静岡県
二人三脚が、
徒競走よりも速いことだってある。

新免 弘樹　東京都
ひとりで戦うより、
誰かと戦ったほうが、
勝てそうな気がする。

鈴木 謙太　愛知県
「わからない」を言える環境。

関 佐和子　東京都
運命の人は、恋人だけとは限らない。

関根 頌子　東京都
「勉強」というより
「自分」を教えてくれた。

太洞 郁哉　大阪府
先生に弱みを握られた。安心だ。

高橋 誠一　広島県
答えがいつも目の前にある。

高橋 誠一　広島県
勉強につまずく瞬間も見逃さない。

高橋 侑也　東京都
学校では成績を上げた。
塾では実力が上がった。

高橋 順子　埼玉県
生徒とは向き合いません。
同じ方向を向いていますから。

高山 勇輝　東京都
AIには、愛で負けない。

竹川 妙高　東京都
先生だって受験生だ

武田 奈々　東京都
泣いてても、笑ってても、1人じゃなかった。

武田 道生　東京都
僕の先生は、ペンだこにも詳しい。

竹田 豊　神奈川県
受験勉強が終わるのが、ちょっと淋しいです。

竹節 忠広　長野県
先生との距離は、
合格への距離。

日月 雅人　東京都
クラスがないから、負け組もない。

田中 博都　埼玉県
辛かった。苦しかった。
でも、また会いたくなった。

田中 未来里　東京都
個性には、個別でしか対応できない。

谷口 梨花　東京都
いちばん勉強していたのは、先生でした。

土屋 憲佑　山梨県　ラジオCM
母：先生！うちの子この前の学校の模試で、
　900点満点中、2点だったんですが…
講師：ってことは、のびしろが898点も
　ありますね！！
母：えぇっ？
NA：キミののびしろ、グングン引き出すから。東京個別指導学院！

手代森 修　東京都
テストが0点だとしたら、
教え方が0点だという事。

寺尾 一敏　滋賀県
熱いと言われてきた私は、
ここで講師となった。

田路 裕基　兵庫県
せっかくの不正解を大切にします。

斗内 邦裕　北海道
AIにはできない、愛がある。

富田 正和　東京都
人は、一生懸命な人に相談したくなる。

中島 大介　大阪府
君がさぼったら、先生のせいだ。

中島 崇　埼玉県
分かってるフリはさせません。

中島 崇　埼玉県
分からなくなっても
授業は進んでしまうから。

中島 崇　埼玉県
キミができるまで、次に進みません。

中島 優子　東京都
かけこみ寺って、場所じゃなく、
人のことだったんだ。

中田 国広　埼玉県
答えは教えてくれない。
答え方を教えてくれる。
東京個別指導学院

中田 国広　埼玉県
？はジャンプアップの大チャンスだ。
東京個別指導学院

中田 国広　埼玉県
解らない壁にぶつかった時、
小さなヒビだけ入れてくれる。
東京個別指導学院

中辻 裕己　東京都
はい、よく間違えました。

中野 勇人　奈良県
好きになった、
だから、負けられない。

中村 公雄　福井県
目標への架け橋となる。

中村 匡　大阪府
勉強が苦手なのではなく
先生が苦手なだけでした。

中村 匡　大阪府
親があきらめても
講師はあきらめない。

タ

東京個別指導学院

中村れみ　東京都
合格を前提に、
お付き合いさせていただけませんか。

浪岡 沙季　東京都
勉強が苦手な子は、まだ良い先生と
出会えてないだけかもしれない。

西山 雄貴　北海道
まだ伸びる君を
信じる大人が、ここにいる。

幟立 大樹　東京都
2人なら、
わからなくても恥ずかしくない。

萩原 慎哉　兵庫県
友達には教えたくない。

橋口 賢一郎　愛知県
先生、好きになったのはあなたのせいです。
三角関数。

橋本 知慧美　東京都
間違った努力をしている生徒を、
救いたい。

橋本 寿弥　愛知県
勉強が嫌いも、個性だと思う。

長谷川 輝波　東京都
努力の文字には、二つの「力」がある。
きみと、先生だ。

浜田 英之　東京都
東京個別指導学院も、進路だと思う。

早川 竜也　愛知県
先生、嫌いじゃないですけど、
もう5センチ離れてください。

早坂 あゆみ　東京都
問題を考えるときは、
先生の口調になっている。

早坂 あゆみ　東京都
問題文の行間から、
先生の声が聞こえてくる。

林 恭子　大阪府
みんな一緒で大丈夫なら、
今頃、みんな東大生。

春山 豊　東京都
みんな参考書は選ぶくせに、
先生は選ぼうとしない。

東 将光　東京都
「分かりません」と伝えられる授業は、
意外と少ない。

東 将光　東京都
授業に置いて行かれたのではない。
授業があなたに合わせられなかったのだ。

樋川 こころ　東京都
わたしのことをよく知らないで
「がんばれ」なんて言わないで。

平賀 千晴　千葉県
集団では、質問が疑問のままになる。

平賀 千晴　千葉県
手を挙げる恥ずかしさは、無駄なストレスだ。

平野 夏絵　静岡県
第一志望の学校と、好きな子の名前は、
学校では、言えなかったりする

弘嶋 賢之　愛知県
私が間違えると、私より悔しそう。

弘嶋 賢之　愛知県
個別より、子別。

藤田 篤史　東京都
本気で向き合ってくれた大人を
子どもは一生忘れない。

藤曲 旦子　東京都
1対1で、延長戦に入りました。

細田 哲宏　香川県
任せなさい。先生たちは、毎年受験してる。

細田 哲宏　香川県
生徒の点数は、私たちの点数でもある。

洞田 拓也　神奈川県
がんばるところを、間違えさせない。

前田 辰弥　兵庫県
「できるまでやる」のは、生徒だけではない。

眞木雄一　石川県
数学が苦手だったんじゃなくて、
数学の先生が苦手だったんだ。

松尾栄二郎　東京都
キミの成績が、先生の成績。

松田孝一　東京都
勉強で大事なのは、
先生との相性だ。

丸山翼　東京都
僕の字から、先生の声がした。

三上佳祐　東京都
生徒に前例はない。

三上智広　北海道
落ちこぼれるのは、
落ちこぼれそうな瞬間を
見逃しているからだ。

三上智広　北海道
ここでは、間違えることが勉強です。

三島将裕　東京都
わかったフリは、
染み付いたら取れない。

溝口昌治　神奈川県
ボクの頭が悪いんだと思ってました。

見田英樹　愛知県
ひとりでは、自分の道がわからなくなる。
大勢では、自分の意思がわからなくなる。

密山直也　兵庫県
みんなちがう大学なのに、
みんな同じ勉強でした。

南忠志　東京都
学校の先生を休ませたい。

箕浦弘樹　岐阜県
先生は、あきらめることを教えてくれない。

宮坂和里　神奈川県
先生はキミを勉強します。

宮崎響　大阪府
皆に遅れて咲くサクラも美しい。

宮村亮大　神奈川県
先生との距離が、合格への距離だ。

向井正俊　大阪府
勉強が、つまらないのは、
教え方がつまらないからです。

向井正俊　大阪府
ずっと視線を感じる塾。

向井正俊　大阪府
秘策は生徒から生まれた。

向井正俊　大阪府
勉強嫌いは、先生がつくっている。

向井正俊　大阪府
試験中、先生の声で思い出した。

森明美　東京都
同じ時間を無駄に使わない。

森岡賢司　東京都
仲良くなると、サボらなくなる。

守谷直紀　兵庫県
小さな気持ちを見逃さない距離。

安福千恵　岐阜県
たくさん励まされた人は、
いつか、たくさん励ますことが
出来る人になれる。

山口雄己　埼玉県
「わかりません」って
誰にでも言えるわけじゃない。

山中理之　東京都
集団塾では恥ずかしくて
質問すらできないいきみへ。

吉田竜裕　東京都
代わることはできない。
でも変えることはできる。

渡邉光　東京都
生徒に負けたくない。

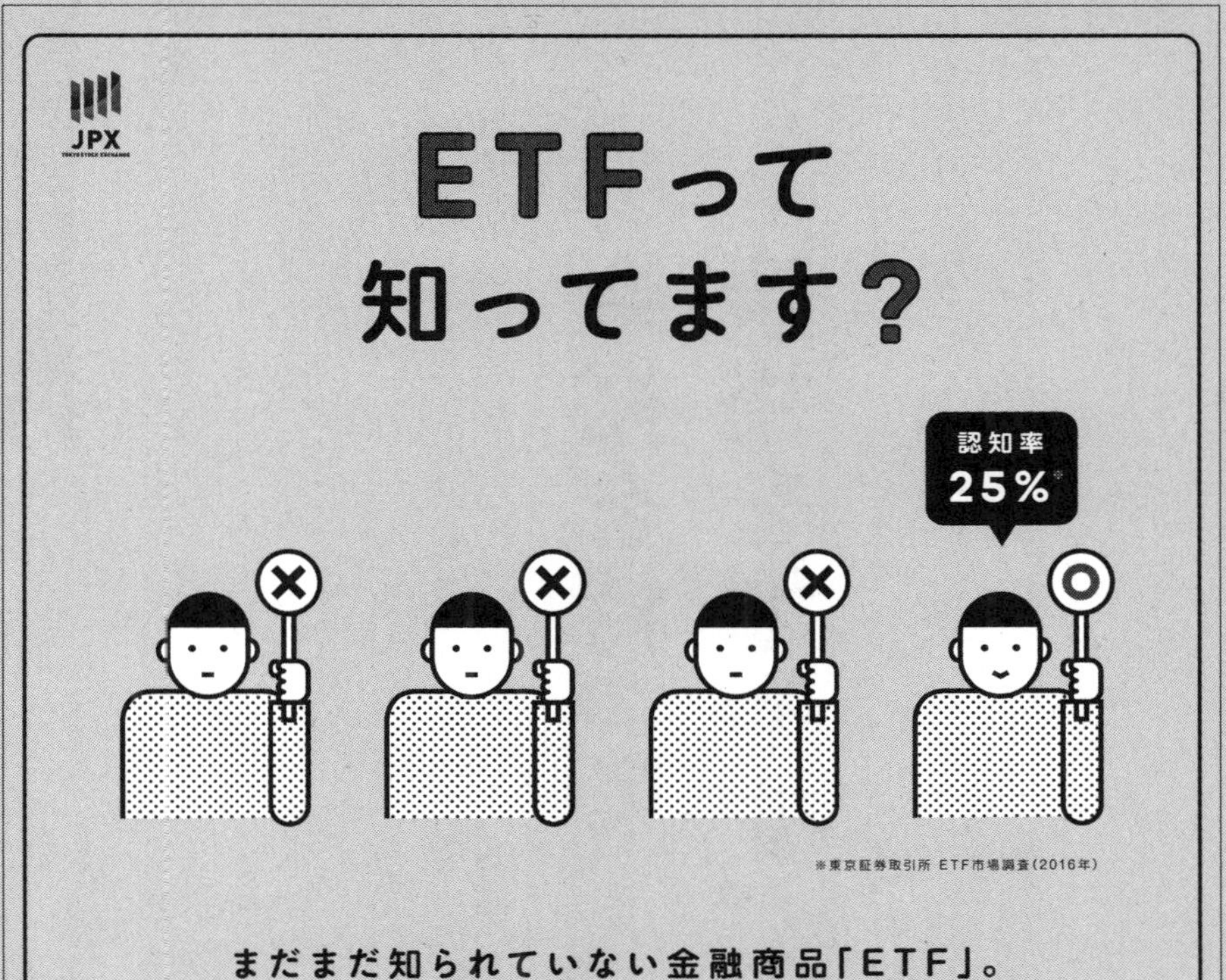
そこで...みなさま! みんなから親しまれる
ETFのキャッチフレーズを考えてください。
課題
募集ジャンル
テレビCM
参考資料
ETFについて学ぶなら
東証マネ部！ インフォグラフィック
http://money-bu-jpx.com/
news/infographic/

東京証券取引所

ETF の魅力が伝わるキャッチフレーズ、テレビ CM

タ

東京証券取引所

協賛企業賞

向井 正俊（32歳）大阪府

余裕を持って、余裕を増やす。

▼協賛企業のコメント

東京証券取引所
金融リテラシーサポート部
調査役
吉田貴弘さん

このたびは、協賛企業賞受賞、誠におめでとうございます。また、当社課題にご応募くださった皆さまには厚く御礼申し上げます。お題が「ＥＴＦ」という金融商品であり、取っつきにくい方も多かったと思いますが、我々では考えも及ばないような視点の作品も多く、たくさんの気付きを頂戴することができました。中でも今回の受賞作品は、端的にＥＴＦの特徴を表現しており、しかも言葉がリズミカルで記憶に残りやすい作品と思い、選ばせていただきました。また、語感から『長期投資』が想起される点も、我々の目指す方向性と合致しました。まだまだ認知度の低いＥＴＦではありますが、この受賞コピーがキッカケとなり、多くの方に知っていただければ大変嬉しく思います。最後になりますが、受賞者の方をはじめ、ご応募いただいた皆さまに感謝するとともに、今後のますますのご活躍をお祈り申し上げます。

三次審査通過作品

佐々木 一之　愛知県

これからの時代は、お金にも働いてもらわないと。

二次審査通過作品

柿本 和臣　福岡県

同じ給料なのに違う生活している。何かしているはず。

竹ノ内 希衣　神奈川県

来年着ない服を買うくらいなら。

廣本 嶺　東京都

テレビCM

「ETF親子」篇

家で議論する父娘と、そばで洗い物をしている母。

父：ETF！

字幕：E（ええか）T（東京なんて）F（不安だらけやぞ）

娘：ETF！

字幕：E（えっ）T（父ちゃんの考え方）F（古っ）

父：ETF！

字幕：E（遠足で）T（訪ねたくらいで）F（ファンになったのか）

娘：ETF！

字幕：E（ええとこ）T（たくさん）F（増えてるんやで）

父：ET…

東京証券取引所の社員が登場する。

社員：ETF！

字幕：Exchange Traded Fund

社員：ETFは、手軽に分散投資が始められる商品になっており

…おっと、失礼いたしました。

社員が立ち去る。

父：ETF！

娘：ETF！

洗い物をしている母にズームイン。

母：（カメラ目線で）Exchange Traded Fund

NA：東京証券取引所。

見田 英樹　愛知県

お金と一緒に知識もコツコツ貯まる。

一次審査通過作品

安達岳　東京都
あなたって昔から、
優柔不断でチンタラしてて、
ＥＴＦに向いてるわね。

飯塚逸人　東京都
今日も日本中の大企業が、
オレの資産を増やしにかかってる。

市村大祐　東京都
スリルがないのがデメリット。

大野友輔　兵庫県
資産運用は、お金がない人ほどするべきです。

小笠原清訓　千葉県
一日一回ドキドキできるだけでも楽しい

貝渕充良　大阪府
景気に左右されるより、景気を左右したい。

桂田圭子　滋賀県
最寄りの銀行に、一生投資ですか。

金井優昌　宮城県
日本の未来を透視はできないが、
日本の未来に投資はできる。

金井優昌　宮城県
日本の成長を、
今まで以上に喜べるようになりました。

金井優昌　宮城県
銘柄選びに悩む時間も、コストです。

北川秀彦　大阪府
人は働きすぎ、お金は休みすぎ。

北川秀彦　大阪府
経済が気になるなんてかっこいい。

北原祐樹　新潟県
投資のリスクをとるか、
老後のリスクをとるか。

小西裕斗　大阪府
残業続きで、クタクタで、相場も見る余裕
がないボクが、上場銘柄に投資できている
ワケ。

小林猛樹　千葉県　テレビCM
■鰯が群れで泳いでいる。
NA：魚も。
■渡り鳥が群れで飛んでいる。
NA：鳥も。
■シマウマが群れで移動している。
NA：動物も。
■街を行き交う人々の雑踏。
NA：リスクを知っている。
■東京証券取引所ロゴ。
NA：複数銘柄への分散投資は、ＥＴＦ。
東京証券取引所。

小林猛樹　千葉県　テレビCM
■リスが木の実を食べている。
NA：リスは冬に備えて、複数の穴に木の実
を埋めます。人はリスクに備えて、複
数の銘柄に投資します。ただリスは穴
の場所を忘れてしまうことがあります。
■東京証券取引所ロゴ。
NA：複数銘柄への分散投資は、ＥＴＦ。
東京証券取引所。

榊祐作　東京都
「ちょっと贅沢しよう」を、「ちょっと投資し
よう」にしませんか？

佐々木一之　愛知県
妻以外に連れ添うものを。

颯々野博　大阪府
この国の成長を、信じているなら。

佐藤仁康　東京都
毎日の夕飯で、
コロッケがカニクリームコロッケになった。

柴田賢一　茨城県
株式投資に時間を投資するのは
もったいないというかたに。

竹田 豊　神奈川県

1万円分の本を買うなら、1万円分のETFを買った方が、勉強になる。

竹ノ内 希衣　神奈川県

お母さん、お年玉運用しておいて。

竹ノ内 希衣　神奈川県

「投資って、なんかコワい。」というあなたの浪費のほうがよっぽどコワい。

都築 弘太郎　宮城県

名前が初心者むけじゃない、最も初心者向けの投資。

徳田 隆志　東京都　テレビCM

「結婚相談所編」（CM）
女2人、白いテーブルをはさみ、男性のプロフィール写真を並べながら話をしている。
相談員（女、以下：相）「お相手の職業のご希望はございますか？」
女「んー、公務員とか？」
相「貯金みたいで、手堅いですよねぇ」
女「芸人さんともいいかも♪」
相「おぉー。FXぐらい、リスキーですよ。一発のチャンスはありますけど」
女「でもやっぱり、安定してるけど成功する可能性もある、大企業勤務がいいかなぁ」
相「ETFのような人ですね！　しかも、コストが安くて、気軽に試せる」
女「うん。ETFに決めた！」
NA「結婚相手も、金融商品も、好みに合わせて慎重に選びましょう。ETF」

徳田 隆志　東京都　テレビCM

「デビュー編」
リング上、ボクサー、トレーナーの二人、コーナーに座って試合開始を待つ。テンション高め（SE：歓声！　E！　T！　F！）（繰り返し）
トレーナー（以下：ト）「デビュー戦だ、準備はいいか」
ボクサー（以下：ボ）「はい！」
ト「練習の通りにやるんだぞ」
ボ「わかってます！」
ト「言ってみろ！」
ボ「身分証と、印鑑、銀行口座と、マイナンバーを用意！　証券口座を開設します！」
ト「それから！」
ボ「自分にあった商品を選びます！」
ト「詳しく！」
ボ「株式、債券、不動産に、非鉄金属！　国内、海外、種類が豊富！」
ト「よし！」
ボ「手数料が低くて、積み立てにも向いている、初心者に最適ーーー!!!」
NA「資産運用のデビュー戦にオススメ。ETF」（ゴング）

斗内 邦裕　北海道　テレビCM

レストラン、隣同士のテーブルに、恰幅の良い外国人男性と、和服のスリムな日本人女性。

恰幅の良い外国人男性がアップに。注文した分厚いステーキが届き、切り分けて美味しそうに、肉だけを食べ続ける。

日本人女性がアップに。様々な色のネタの握り寿司と、茶碗蒸し、小鉢など、多種類の色とりどりの器が並び、少しずつ色々と食べている。

2人が横並びに映り、それを背景に、ETFの分散投資の例を、カラフルな円グラフや補助円グラフで示す。

NA：食事も、投資も、バランスが大切です。

2人が横並びに映り、肉だけを食べて、付け合せの残った皿の外国人男性と、全部残さず食べて、合掌している日本人女性を映す。

NA：手軽にバランス良く、分散投資できるのが、ETF。

詳しくは、ETFで検索。

SE：クリック音

中島 誠実　愛知県

ニュースで一番つまらなかった日経平均の報道が一番面白くなった。

根津 歩美　東京都

いつの間にか投資をギャンブルだと思っていた人へ

橋口 悦子　東京都　テレビCM

父：うんとこしょ！どっこいしょ！

なかなか大きな株は手間が掛かるな。

しかし、隣の畑は小ぶりだが良い株が、楽々収穫出来ていいなぁ。

なんていう品種なんだ？

子：ETFっていう新種の株らしいよ。

父：ＥＴＦか。今度はうちもその種を蒔いてみるか！
NA：コストが安く、リスクが少ない。初心者のあなたにぴったりの投資信託はＥＴＦです。
東京証券取引所

平川 舞　千葉県
世界をまたにかけるのに、パスポートはいらない。

平野 夏絵　静岡県
こつこつ、ゆくゆくお金のある人生

弘嶋 賢之　愛知県
本当に堅実なひとは、貯金だけじゃ不安です。

弘嶋 賢之　愛知県
チキンなあなたに、キチンと投資。

廣本 嶺　東京都　テレビCM
「分散彼氏」篇
3人の男に囲まれている女。
男A：俺だけじゃなかったのかよ！
男B：3人同時になんて…。
男C：お前は誰を選ぶんだ!?
女：ひとりだけなんて選べないわ…。だって、ひとりに賭けるより、分けて投資した方がリスクが少ないでしょ!?
NA：分散投資で、安心。東京証券取引所のＥＴＦ。

藤平 直人　神奈川県
連れ添うなら地味でも質素なやつがいい。

藤平 直人　神奈川県
我が家は「私」「妻」「ＥＴＦ」のトリプルインカム

藤平 直人　神奈川県
本当にお得な話は誰も教えてくれない

星合 摩美　東京都
人生100年と聞いて、ゾッとしたあなたに。

松田 綾乃　東京都
これ以上人生にリスクはいらない。

松田 佳子　北海道
心配で眠れなくなる投資は嫌だ。

松野 伸幸　東京都
ながーい老後のために、5分だけ勉強しませんか。

松野 伸幸　東京都
お金があるからじゃない、お金がないからするんだ、資産運用は。

三上 智広　北海道　テレビCM
「チョコの詰め合わせ」篇
女性が、縦3マス×横3マス=9マスのチョコレートの詰め合わせで説明。
チョコレートは全て違う種類。

女性
「このチョコレート1個が、株とすると、このチョコだけ、いっぱい買うのが『株取引』。
おまかせで詰め合わせたものを買うのが『投資信託』。
投資信託は値段が変わるのが1日1回。
詰め合わせでも、リアルタイムで値段が変わって、好きな時に売り買いできるのが『ＥＴＦ』」
男性
「詰め合わせって、得した気分になるよね」
NA
「市場とリアルタイムで連動する金融商品『ＥＴＦ』。
少ない額から始められる、デザインされた投資です」
CI
ＪＰＸ

宮村 亮大　神奈川県　テレビCM
宇宙人が細長い人差し指をゆっくり前に突き出す。
NA（英語ネイティブの発音）：イーーー（Ｅ）ティーーー（Ｔ）
その指がテレビのリモコンのボタンを押す。
テレビから経済ニュースが流れる。
NA（英語ネイティブの発音）：エーーーフ（Ｆ）
テレビを見ながら熱心にメモを取る宇宙人。
NA：ＥＴＦならテレビの経済ニュースで値動きを簡単にチェックできます。
安定的な資産運用は、

NA（英語ネイティブの発音）：ETF。
Japan Exchange Group。

向井 正俊 大阪府
来月の旅行が、
梅の間から、
松の間になった。

向井 正俊 大阪府
投資と聞いて、大金を想像していませんか。

向井 正俊 大阪府 テレビCM
花を持った小さな女の子が、
男の子の前へ行く。
女の子：たくやくん、大人になったら結婚しよう。
別の男の子のとこへ行く。
女の子：あつしくん、大人になったら結婚しよう。
別の男の子のとこへ行く。
女の子：けいすけくん、大人になったら結婚しよう。
NA：最初は、分散投資から。
女の子：誰か立派になーれ。
NA：ＥＴＦ。東京証券取引所。

山口 達也 東京都
日銀が買うなら、オレも買う。

与座 郁哉 愛知県
「景気が良い」が、初めて他人事でなくなった。

與嶋 一剛 岐阜県
資産の運用って、世界の応援なんだ。

東放学園

東放学園グループの４つの専門学校を表現したキャッチフレーズ

協賛企業賞

田辺 拳斗（26歳）千葉県

世の中をつまらないと思ってる人に向いてます。

▼協賛企業のコメント

東放学園
入学広報センター 広報宣伝部 部長
丸山宗法さん

田辺拳斗さま、このたびは受賞おめでとうございます。そして、本校の課題のキャッチフレーズに応募してくださったすべての皆さまに御礼申し上げます。ＴＢＳの教育事業本部を前身として誕生した本学園にとって、「エンタメ」という言葉は宿命のような単語。今回はそれに代わるような新しい言葉（表現）でキャッチフレーズをつくりたいと考えて協賛させていただいたのですが、ご応募してくださったキャッチフレーズの数々はその思いを反映したとても興味深いものばかりでした。中でも田辺さまのキャッチフレーズはまさに本学園が一番メッセージを伝えたい高校生に響くものだと思いました。そうなんです。「つまらない」と感じている高校生に本学園は向いているのです。東放学園はこれからもエンタメ業界の人材育成のパイオニア校として努力していきます。田辺さま、それからご応募してくださった皆さま、本当にありがとうございました！

三次審査通過作品

安本 実織　兵庫県

好きなままではオタク。仕事にすればプロ。

二次審査通過作品

東山 秀樹　奈良県

卒業生は、テレビの中。

安髙 康裕　福岡県

踏みだす勇気も、才能です。

三浦 秀雄　秋田県

はい、本番2年前！

天沢 もとき　東京都

自分の勉強したいことは、高校までの科目になかった。

与座 郁哉　愛知県

世界はまだまだつまらない。

田辺 拳斗　千葉県

人生、本番5秒前。

一次審査通過作品

浅野 俊輔　東京都

在学期間は、リハーサル。

浅野 俊輔　東京都

ボクの夢を、家族は笑った。講師は笑わなかった。

阿久津 香苗　大阪府

先が読めない未来をつくる。

タ　東放学園

庵 貴政　群馬県
変、は個性だ。

石倉 大介　東京都
「つまらない」は自分のせいだと思う。

石原 佳典　愛知県
行動力は、いちばんの才能です。

伊藤 美幸　愛知県
険しい道のほうが、楽しい。

稲垣 弘行　埼玉県
テレビの中の人は意外と多い。

岡本 武士　大阪府
人間を、学ぼう。

加藤 晃浩　東京都
それがあなたの、本当の顔なんだね。

唐澤 和　京都府
テレビの向こうに行ってみないか。

菊池 将哉　千葉県
本番五秒前、が目の前に。

黒川 憲子　愛知県
地道な近道がある。

慶本 俊輔　東京都
夢を叶えると、次の夢が生まれる。

郡山 俊二　千葉県
年中夢中。

郡山 俊二　千葉県
わたし、卒業したらデビューです。

小林 猛樹　千葉県
俺を泣かせたあいつを、笑わせてやる。

小林 猛樹　千葉県
あの若いの使えるな。
どこから来たんだ?

小宮山 玄一　東京都
学生生活を満喫したいなら、大学へ行ったほうがいい。

小宮山 玄一　東京都
ようやく挫折を味わえる。

柴田 賢一　茨城県
「やりたい!」が、
「できます!」になる。

字引 章　東京都
入って、出て、なる。

島村 浩太　東京都
人と違う、と褒められる学校。

清水 脩平　東京都
バカだなぁ。は、ここでは褒め言葉だ。

清水 雄平　東京都
100点でも、0点でも褒められる世界。

新免 弘樹　東京都
社会人になるか、
業界人になるか。

鈴木 謙太　愛知県
Youtuberに負けるなよ。

鈴木 寿明　神奈川県
人の心を動かす為に。
まずは親くらい説得しよう。

羅川 航嗣　愛知県
本気で遊んでいたら、先生にほめられた。

高森 真吾　千葉県
ある意味、総理大臣より影響力がある仕事です。

武田 陽介　宮城県
裏方の、
脇役の、
主役。

竹ノ内 希衣　神奈川県
してやられたい。

田嶋 成美　東京都
どこにもない教科書を見せてやるぜ。

田辺 拳斗　千葉県
受験じゃなくてオーディションです。

鶴岡 延正　東京都
キミの人生をいい意味で狂わせる。

寺町 信行　愛知県
YouTuberは、しょせん素人です。

長井 謙　東京都
感性を、歓声に。

長井 謙　東京都
ユメに、コネを。

長井 謙　東京都
学校というか、現場です。

中村 聡志　愛媛県
日本中が泣いたシーンよりエンドロールで父が泣いた。

中村 太輔　京都府
あなたがいないから、テレビはつまらない。

根本 曜　東京都
生みの苦しみも味わえる。さあ、つくろう。

浜田 英之　東京都
迷走も、全力疾走だと思う。

早坂 渡　東京都
未だ見ぬ感情は、君が創るのかもしれない。

平松 泰輔　北海道
君の感性が、歓声になる。

福島 滉大　埼玉県
才能にも、味方が必要だ。

タ

東放学園

船越 一郎　東京都
好き、に生きる。

星合 摩美　東京都
最高のエンタメは、まだこの世に生まれていない。

堀野 洋介　東京都
この国には、もっと息抜きが必要だ。

三浦 秀雄　秋田県
失敗も、おいしい経験です。

三上 智広　北海道
笑った奴らを、笑わせてやれ。

三上 智広　北海道
卒業したら、現場が同窓会。

三上 智広　北海道
客席から見るか、ステージから見るか。

三上 智広　北海道
狭き門でも、門はある。

溝口 昌治　神奈川県
感動は、科学かもしれない。

宮坂 和里　神奈川県
テレビの、予備校です。

宮本 俊史　東京都
あの時の感動は、誰かが作ったものでした。

向井 正俊　大阪府
反対した父が、笑ってる。

柳元 良　神奈川県
あなたの覚悟を、才能にする学校。

柳元 良　神奈川県
サラリーマンになるのを諦めてください。

柳元 良　神奈川県
あなたの特技は、このままだとずっと特技です。

柳元 良　神奈川県
いつまで夢みたいなこと言ってるんだ。さっさと叶えなさい。

柳元 良　神奈川県
あのとき笑ったやつらを、泣かせてやれ。

山内 昌憲　東京都
つまんないのは、君か、世界か。

萬 正博　兵庫県
卒業するときは即戦力。

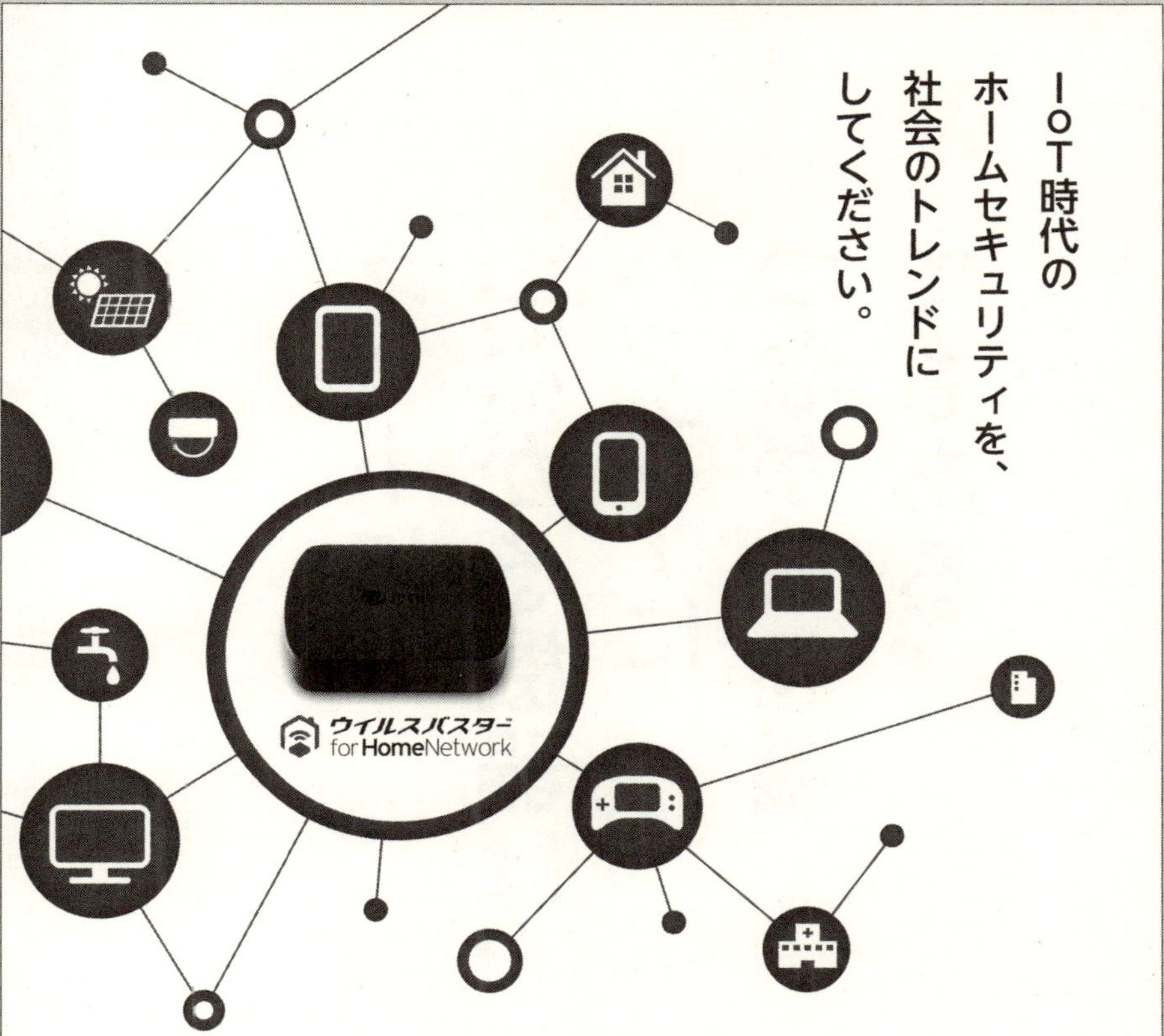

暮らしの中の様々な機器や製品がネットワークにつながるIoTの時代は、
私たちの家庭のネットワークにも厳重なホームセキュリティが必要です。

課　題	**ウイルスバスター for Home Networkが日本中のご家庭で使われるアイデアを募集します。**
ジャンル	自由
製品概要	ウイルスバスター for Home Networkは、ご家庭のネットワークに接続する機器を外部からの攻撃や有害サイトへのアクセスから防御するホームネットワークセキュリティです。
参考情報	製品の詳細 ▶ http://safe.trendmicro.jp/products/vbhn.aspx 製品担当の思い ▶ http://safe.trendmicro.jp/products/vbhn/technicaltopics.aspx

TREND MICRO™

トレンドマイクロ

ウイルスバスター for Home Network が日本中のご家庭で使われるアイデア

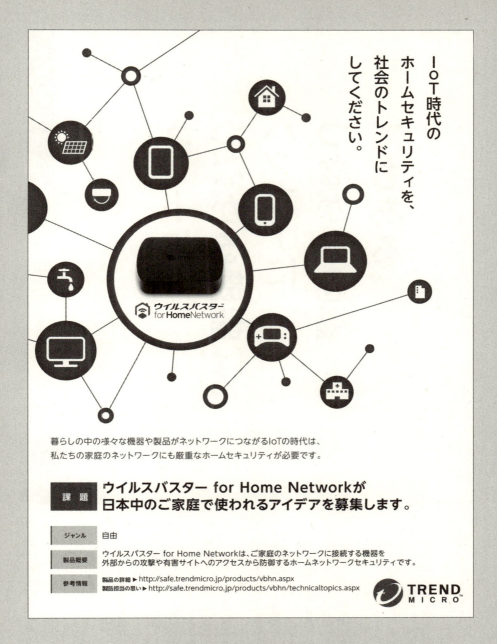

タ

トレンドマイクロ

協賛企業賞

森岡 賢司（27歳）東京都

ネットにつながる機器は、ハッカーにつながる危機でもある。

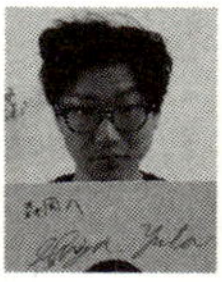

▼**協賛企業のコメント**

トレンドマイクロ
コンシューママーケティング部
部長
徳永信幸さん

このたびは協賛企業賞の受賞、誠におめでとうございます。今回の課題は、あらゆる機器がインターネットにつながるＩｏＴという新たな潮流の中で、これまであまりなじみの無かった家庭内ネットワークセキュリティ製品について、その必要性の理解と利用を促進するという難しさがありました。

受賞作品は、今後スマート家電をはじめとした多くの機器がインターネットにつながっていく家庭環境において、さまざまな面で利便性が高まる一方でインターネット接続に伴うリスクも高まることを、シンプルかつ分かりやすく表現しているコピーであると考え、選ばせていただきました。今回、受賞作品以外にも数多くの応募をいただきました。ご応募いただきました皆さまには深く感謝し心より御礼申し上げます。皆さま方のより一層のご活躍をお祈り申し上げます。

三次審査通過作品

中村 聡志　愛媛県

家電を守れば、家庭は守れる。

二次審査通過作品

浦上 芳史　愛知県

ネットとつながる家電は、犯罪者ともつながる家電です。

生越 悠介　京都府

つながりすぎるって、こわい。

澤田 桃子　東京都

パソコンだけ守ればいい。は、もう古い。

竹ノ内 希衣　神奈川県

最新の家電を買ったら、勝手にＩｏＴ時代に突入してしまったあなたへ。

中辻 裕己　東京都

寝ている間に、妻が知らない男を侵入させていた。

西村 美希　愛知県

その検索履歴、他人が見てるかも。

橋口 賢一郎　愛知県

「ネットワーク」言い換えると、「侵入経路」。

林 次郎　東京都

いろいろつながる時代は、まとめて守るものが必要です。

宮田 尊安　愛知県
あなたのパソコンは、世界中の泥棒ともつながっている。

森岡 賢司　東京都
便利な時代になったもんだ、と、ハッカーも思っている。

一次審査通過作品

池田 順平　海外
家にいたのに、盗まれた。

石井 貴之　神奈川県
ネットワークにも戸締まりを

石井 倫太郎　神奈川県
まるで、玄関あけっぱなしの留守宅。

石塚 啓　神奈川県
スマホが乗っ取られた。
生活が乗っ取られた。

石橋 賢　島根県
被害現場は自宅。
家族は留守じゃありませんでした。

一法師 智恵子　東京都
パソコンを見られるって、
パンツを脱ぐより恥ずかしい。

伊藤 美幸　愛知県
スマート家電はなくても、
ゲーム機はありますよね？

伊藤 美幸　愛知県
学習用タブレットを、
学習だけに使う子どもは少ない。

江國 翔太　東京都
ドアに鍵を掛けていれば安心な時代は、
終わりました。

太田 ひかる　東京都
「ネット使い放題」は、ウイルス侵入し放題。

大西 健次　岡山県
知らないうちにテロリスト

大西 健次　岡山県
冷蔵庫にウイルスが入ってたら、
ゾッとしませんか？

岡田 裕介　愛知県
冷蔵庫も、風邪を引く。

奥村 伸也　東京都
ストーカーの相談件数は約2万件。
ネット犯罪の相談件数は約13万件。

奥村 伸也　東京都
ネット犯罪の相談件数は、
ストーカーの相談件数の6倍。

小野 美咲　北海道　テレビCM
【友人訪問】篇
(抽象的空間に、くつろぎながら漫画を読んでいるたかし。)
SE：ピンポーン
たかし：「あいてるよ～。勝手に入ってきて～。」
友人：「ちぃーっす。」
たかし：「うぃーす。なに、今日なんかあったっけ？」
友人：「いや、別に。これ持ってこようと思って。」
(友人が謎の物体を見せる)
たかし：「なにそれ？」
友人：「ウイルス。」
たかし：「はっ!?ちょっ、お前、何もってきてんだよ！」
友人：「いや、だからウイルスだって。」
(平然としている友人が、ウイルスを誤って落とす。）
友人：「あっやべ、落としちった。」
たかし：「ちょいちょいちょいちょーーーい!!」
（飛び起きるたかし。）
（スーパーイン、商品カット。）
S：そいつは親しいフリしてやってくる。
NA：ご自宅のネットセキュリティー、万全ですか？
友人：「もう、たかしったら無防備なんだからぁ～！」（ふざけた口調で）
たかし：「出てって・・・。」
（CI）

小畠 翔　大阪府
玄関のカギを忘れて、被害者になった。
ネットのカギを忘れて、加害者になった。

狩野 慶太　東京都
電子レンジが自殺した。

川上 沙耶加　東京都
あなたも知らない、
息子の秘密を守る。

菊池 将哉　千葉県
この家に、知らない家族が増えました。

木島 由美子　東京都
家に鍵をかけなかった
あなたが悪いのです。

木村 有花　千葉県
乗っ取られるのは、その日常。

木村 瑠海　神奈川県
あなたのスマホは、
家族以上にあなたの秘密を知っている。

清宮 里美　神奈川県
いたちごっこにも負けない。

黒木 俊太郎　東京都
お子さんは、
あなたと同じくらいはスケベです。

小佐井 和秀　大阪府
近ごろの泥棒は、姿が見えません。

後藤 裕彦　東京都
すべての家は、無法地帯に建っている。

小西 裕斗　大阪府
我が家の冷蔵庫がウイルスに感染した。

小西 裕斗　大阪府　ラジオCM
たかしがエロいのは、
ぜんぜんだめじゃないよ。
パソコンにダメージをあたえる
エロいサイトがだめなんだよ。
アダルトサイト閲覧通知機能
ウイルスバスター for Home Network

小宮山 玄一　東京都
「知らない人についていっちゃダメだからな。」と言っているパパは、いつも知らない人のサイトを見ている。

小宮山 玄一　東京都
インターネットのウイルスに、季節はありません。

坂本 信之介　東京都
「今日の下着は黒ですね」って、
なんで？何このキモいメール。

佐々木 貴史　東京都
あなたができるテロ対策。

佐藤 晋　東京都
セキュリティのプロが自宅で使いたいツール。

佐藤 晋　東京都
我が家のボディーガードは日給53円。

塩田 高太　東京都
熱も出てなかったので
父も母も感染には気づきませんでした。

篠田 萌　新潟県
密かに私にアタックしてる人がいるって親友のウィルスバスターが教えてくれました。

新宅 諭　静岡県
友達の友達が、良い人とは限らない。

新免 弘樹　東京都
初詣の時しか、
家内安全を願わない日本人に。

杉山 万由子　東京都
あなたの家庭、免疫ゼロです。

芹澤 高行　東京都
賊は、冷蔵庫から侵入した。

曽根 弘子　東京都
IoT（I　いつでも　o　おまえを
Tターゲットにできるぞ）時代。

高橋 英樹　大阪府
人類の歴史は、ウイルスとの戦いです。

竹内 恵子　愛知県
家電にもSPを。

田中 健太　東京都
世界に繋がっている。
世界に繋がってしまっている。

田中 貴弘　東京都
ウイルス感染を心配しながら見る
エロサイトは、いまいち興奮できない。

田中 貴弘　東京都
ネットは便利だけど、
犯罪者にはもっと便利です。

田中 博都　埼玉県
容疑者35億人。

田辺 拳斗　千葉県
小学生の息子が、100万円を請求してきた。

田原 あすか　京都府
「ずっと君のことを見てる。」
は好きな人だから嬉しい。

田村太　大阪府
家のネットは、
世界中のならず者とつながってる。

内藤 雅之　東京都　ラジオCM
父：お父さんに全部、アカウントを教えなさい。
娘：えっ・・・
娘（NA）：私が脅威にさらされる前に。
NA：ウイルスバスター　for Home
Network
TREND MICRO

中切 友太　東京都
うちの掃除機が、犯罪に加担しているなんて。

中田 国広　埼玉県
ランサムウェア？ユニクロの新商品か？と父は言った。
ウイルスバスター for Home
Network

中田 国広　埼玉県
AMAZONはAmazonではない。
ウイルスバスター for Home
Network

中辻 裕己　東京都
今のところ、電波の届かない山奥に引っ越すか、ウイルスバスターかの2択です。

中辻 裕己　東京都
治安のいい街を選んで、治安の悪い家に住んでいた。

中村 聡志　愛媛県
正直な話、
娘の個人情報は
国家機密よりも重い。

永吉 宏允　東京都
家電も風邪を引く。

浪岡 沙季　東京都
泥棒は、玄関や窓以外からもやってくる。

浪岡 沙季　東京都
ウイルスの犯人は、パパお気に入りのサイトでした。

浪岡 沙季　東京都
家が安全すぎて、鍵をあけっぱなしだ。

西村 美希　愛知県
玄関の監視カメラで、自分たちが見られている可能性もある。

西脇 亨　大阪府
わが家を要塞にする。

西脇 亨　大阪府
情報を奪われた。人生を奪われた。

西脇 亨　大阪府
世界には、100万種以上の
コンピューターウイルスがいる。

西脇 亨　大阪府
「なんとかなる」なら、
こんな製品つくりませんでした。

西脇亭　大阪府
世界とすぐつながる。
世界からすぐ狙われる。

西脇亭　大阪府
ＩｏＴ時代は、ネット犯罪の好機です。

西脇亭　大阪府
ウイルスの特技は、進化です。

西脇亭　大阪府
透明のドロボーだと思ってください。

西脇亭　大阪府
わが家は、侵入者を歓迎していた。

西脇亭　大阪府
ネットは、便利と危険につながる。

西脇亭　大阪府
日本のネットセキュリティは、
先進国で最下位です。

西脇亭　大阪府
家も風邪をひく。

林 次郎　東京都
ケチると笑えぬオチがつく。

林 正人　東京都
テレビが感染源になるとか、
思ってもみなかった。

日比野 はるか　神奈川県
家じゅう戸締りしてるけど、
電波があきっぱなしです。

福田 瑞穂　東京都
目に見えないものには、
目に見えないお守りを。

藤田 卓也　東京都
治安のいいこの国で、
ネット上の治安がいちばん悪い。

藤本 公司　大阪府
あなた、素っ裸ですよ。

船越 一郎　東京都
ウチの冷蔵庫のフリをしていた。

堀 克史　福岡県
ウイルスって風邪のウイルスか？って聞いて
きたおやじにお勧めした。

前多 勇太　東京都
この家は、内側から入れそうだな。

正水 裕介　東京都
35億人があなたの家につながっている。

松木 康大　千葉県
大切なものは会社より家にある。

松原 史恵　富山県
洗濯機が風邪をひく時代に。

丸岡 葉子　京都府
今時、犬でも服を着ます。
お宅は裸でいいんですか？

三上 智広　北海道
冷蔵庫がウイルスに感染した。

水谷 真由子　愛知県
うちのｗｉｆｉが町内の無料スポットに
なっていた。

溝口 昌治　神奈川県
私たちにとっての便利なものは、
犯罪者にとっても便利なものです。

密山 直也　兵庫県
ウイルスがゴキブリだったら、
迷わず対策するでしょう。

宮岡 達　東京都
息子のベッドの下からは、
なにも出てこない時代です。

村上 伊周　東京都
冷蔵庫からはじまるテロもある。

森岡 賢司　東京都
お家の外からアクセスできるなんて、
泥棒にとっては天国だと思う。

森岡 賢司　東京都
ネットにつながりっぱなしのお家は、
犯罪者ともつながりっぱなしです。

森岡 賢司　東京都
家をハッキングできる時代です。

森岡 賢司　東京都
スマートなハッカーが今目をつけているのが、
スマート家電です。

山沖 一慎　神奈川県
自分の棺桶にはＨＤＤを入れてくれ、
と願う人々へ

山崎 舞　北海道
自宅にいても、
盗まれ続けているかもしれない。

山下 英夫　神奈川県
親がどんなに気をつけていても、子供が
拾ってきたウイルスでまとめて発症します。

山下 英夫　神奈川県
スマートさが、あだになる。

山下 英夫　神奈川県
気づかないうちに、
自宅が他人のものになっていた。

山田 龍一　長崎県
ネットを意識しなくなった時代が、
一番危険なのかもしれない。

山本（飯田）朝子　東京都
ミサイルはアラートしてくれるが、
サイバーテロは知らせてくれない。

萬 正博　兵庫県
まさか、冷蔵庫から情報が漏れるなん
て・・・。

若杉 幸祐　東京都
フィッシング詐欺を、
釣具の押し売りと
思っていた母へ。

セロテープ
登録商標
セロテープの原料は
天然素材
※写真はセロテープの原料となっている木材を育成している森です。
70th
2018年、セロテープは発売70周年を迎えます。
1948年の発売以来、長年にわたって皆さまにご愛顧いただいてきたセロテープ。
実は環境にやさしい天然素材でできているのですが、まだまだ認知が進んでいません。
そこでセロテープが、木材パルプや天然ゴムから作られている
地球にやさしいエコ製品であることを、
多くの方に知ってもらえる広告アイデアを募集します。
課　題　セロテープ70周年に際し、セロテープが環境に優しいことが伝わる広告アイデア。
ジャンル　自由
参考資料　http://www.nichiban-cellotape.com/
NICHIBAN
詳しくは
ニチバン　セロテープ

ニチバン

セロテープ 70 周年に際し、
セロテープが環境に優しいことが伝わる広告アイデア

ナ

ニチバン

協賛企業賞

小島 功至（38歳）熊本県

天然モノは、貼りが違う。

▼**協賛企業のコメント**

ニチバン
取締役執行役員 テープ事業本部長
原 秀昭さん

このたびは、協賛企業賞の受賞おめでとうございます。今年「セロテープ」発売70周年を迎えるにあたり、この製品が実は木材パルプや天然ゴムからつくられており環境に優しいことが伝わる広告アイデアを募集させていただきました。ご応募くださった全ての皆さまに御礼申し上げます。そのなかでも本作品『天然モノは、貼りが違う。』は「セロテープ」の本来の機能である「貼る」と「天然素材」の要素を組み合わせて、なおかつ「新鮮さ＝プレミア感」を表現した秀逸さがとても印象に残りました。また、手間暇をかけて「セロテープ」を製造している工場風景と寿司職人の丁寧な寿司づくり風景に、同じ「手間暇をかけた丁寧なモノづくりの良さ」を重ね合わせました。最後になりますが、受賞者の方をはじめ、ご応募いただきました皆さまに心から御礼申し上げるとともに、今後のますますのご活躍をお祈り申し上げます。

三次審査通過作品

石井 雅規 千葉県 テレビCM

早朝の森。木の枝からセロテープが沢山垂れ下がっている。
NA：「セロテープ農家の朝は早い。」
枝からセロテープを収穫する農家。
S：「※イメージ映像です。」
NA：「セロテープは、天然材料から作られています。」
ニチバン・セロテープ

柴田 賢一 茨城県 ラジオCM

SE：小学校の授業風景
先生：みんな、夏休みの自由研究や工作は持ってきた？
　机の上に出してみて〜！
SE：机の上に物を置く音
先生：木でできた貯金箱。お菓子の箱でできたおもちゃ。
　自由研究をまとめた子もいるわね。えらいえらい。
　あれ・・・サクヤくん。
　セロテープだけ置いて、それは何？
子供：先生。ニチバンのセロテープは天然素材だけでできてるんです。
先生：そ、そうなんだ・・・。
子供：これが一番の発明だと思ったので、これを提出します。

先生：なるほどね！でもこれはニチバンの研究結果よね？
NA：環境にやさしいセロテープは、おかげさまで70周年。
ニチバン。

矢野 佑典 東京都

セロテープは、土に還ります。

二次審査通過作品

大石 洋介 福岡県 ラジオCM
男：セロテープの原料は70年間ずっと天然素材なんだって。
女：それでうちのおばあちゃん優しいんだ。
男：えっ、どういうこと？
女：70歳でずっーと天然だもん。
NA：ずっとやさしい　ずっとセロテープ。

黒川 憲子 愛知県

実は、天然です。

小林 猛樹 千葉県 ラジオCM
寿司屋：へい、いらっしゃい。
客：大将、今日のおすすめは？
寿司屋：いい天然ものが入ってるよ。はい、セロテープ。
NA：天然素材で出来ています。ニチバンのセロテープ。

小林 猛樹 千葉県 テレビCM
■事業仕分けの会議で発言する議員。
議員：我が国の環境問題、一番でなければダメなんでしょうか？
■議員に応える議長。
議長：いいえ、環境問題はニチバンがいいんです。
■セロテープのアップ。
NA：環境に優しい、天然素材で出来ているニチバンのセロテープ。

藤田 篤史 東京都

わたし、天然なんです。

松尾 健介 大阪府

セロテープは、木製です。

柳元良　神奈川県

胸を張れるテープ。

山本江美奈　京都府　ラジオCM

A：「『海のミルク』といえば？」
B：「牡蠣！」
A：「『畑の肉』といえば？」
B：「大豆。」
A：「じゃあ『森のテープ』といえば？」
B：「何だそれ…？」
NA：森林の天然素材でできた、ニチバンのセロテープ。

一次審査通過作品

愛甲祥太　宮崎県

知らぬ間に、エコロジストになっていた。

浅井絵美　京都府

実は、天然なんです。

安達岳　東京都　ラジオCM

「お風呂は？」

「やっぱ天然温泉でしょ」

「うなぎは？」

「やっぱ天然ものでしょ」

「好きなタイプは？」

「やっぱ天然な子かなぁ」

「テープは？」

「そりゃ天然素材でできたセロテープだよ」

この国は、天然が好きだから。

ニチバンのセロテープ

安達岳　東京都　テレビCM

二人組のどろぼうに襲われてる女性とその子供。
女「息子だけでも助けてください!!」
兄貴「うるせえ!!」
女・息子「ひい！」
兄貴「よし、こいつらをこれで縛っておけ!!」
子分「へい兄貴!!」
女性とこどもをセロテープで縛る子分
女「（あ、天然素材でできてるセロテープで縛ってくれてる。この人ほんとはいい人だわ）」
T：セロテープを使う人は、きっと優しい人だ。
子どもに話しかける女
女「きっと助かるから怖がらなくて大丈夫」
兄貴「うるせえ！これでも食いながら黙っとけ！」
子どもの口にチョコを入れるどろぼう
ニチバン

天野力栄　東京都　ラジオCM

女　えっ、このセロテープ、木材パルプを使っているから有毒ガスが出ないの？
男　しかも芯は再生紙を使用しているんだ
女　一番いいじゃないの
男　一番じゃないよ、ニチバンだよ
NA　環境に優しいセロテープ、ニチバン

生田実　東京都　ラジオCM

後輩　先輩、腹減りましたね
先輩　ああ、そうだな
後輩　そういえばセロテープって天然素材でできているんですよね
先輩　ああ、自然のものだな
後輩　じゃあ、食べれますかね？

先輩　いやいやいや
NA　天然ですが食べれません　ニチバンのセロテープ

活野 創　東京都
実は天然キャラなんです。

井駒 一絵　神奈川県
自然と、キレイに。

石井 雅規　千葉県　テレビCM
遭難者たちが切り株を見つける。
A「年輪で方角がわかるぞ！」
切り株を覗くと、芯まで詰まったセロテープになっている。
B「なんでセロテープなんだ。」
NA「セロテープは木材などの天然素材からできています。」
愕然としている遭難者の横を「こんにちは！」といって遠足の小学生たちが通り過ぎていく。

石井 雅規　千葉県　テレビCM
女性がセロテープをテープ台に取り付けようとして落としてしまう。
オフィスを転がるセロテープ。廊下、階段を転がり街に転がっていく。
追いかけていく女性。街を転がり抜け、山の中に入っていくセロテープ。
山の入り口で追いかけるのをやめた女性。
女性「セロテープが山に帰っていった。」
山から女性の元へ戻ってきたセロテープ。
女性「セロテープが山からやってきた。」

NA「セロテープは天然素材で出来ています。」

石関 恵子　神奈川県　ラジオCM
おじいちゃん：セロテープも70周年か。じいちゃんと同じだな。
女の子：おじいちゃんも天然素材なの？
NA：実は環境にやさしい天然素材でできています。セロテープはニチバン。

石関 恵子　神奈川県　ラジオCM
おじいちゃん：セロテープも70周年か。じいちゃんと同じだな。
女の子：おじいちゃんも天然素材なの？
NA：実は環境にやさしい天然素材でできています。セロテープ。

いしはら なまこ　東京都
この星で貼りつけるのが得意です。

石原 佳典　愛知県　テレビCM
環境問題を訴えるポスターが貼ってある。
男：あのポスター、セロテープで貼ってないよ。
女：環境問題を訴えているのに、環境を破壊しているって、何の冗談よ。
NA：セロテープは、環境にやさしい天然素材でできている。ニチバン。

伊東 岬　神奈川県
実は、自然を考えてます。

伊藤 美幸　愛知県　テレビCM
寝ているコアラのアップ。
画面がひくと、セロテープにつかまって寝ている。
NA：セロハンの原料となる木材チップには、主にユーカリを使用しています。ニチバンのセロテープ。

伊藤 美幸　愛知県　テレビCM
深夜、ある家の部屋から話し声が聞こえる。
「肌触りがいいわ」
「やっぱり天然が一番だよね」
「気持ちがいいな」
朝になり、小さな男の子が紙でつくったロボットや動物を取り出すと、またセロテープを使って工作をはじめる。
にっこりほほ笑むロボットや嬉しそうな動物たち。
NA：やさしい天然素材でできています。セロテープ。

伊良原 領　北海道　テレビCM
子供が絵本のページが取れて泣いている。
そこにお母さんがセロテープをもってきて、セロテープで本を直す。
お母さん：本もセロテープも木からできているのよ。
子供：へー。
子供が喜んでまた絵本を読みだす。

岩崎 新　神奈川県
原料名には、もれなく「木」が隠れてる。

岩崎 新　神奈川県
修理屋ですから。
自然を壊すようじゃ、カッコがつきません。

岩崎 新　神奈川県
自信を持って、燃えるゴミへどうぞ。

岩中 幹夫　岡山県
昨日は、樹でした。

上嶋 敦之　東京都　テレビCM
公園を歩く、幼稚園帰りの親子の会話。
男の子が、木を見上げて不思議そうに尋ねる。
男の子：「はっぱは、どうやってくっついてるの？」
お母さん：「うーん、どうしてかな？」
男の子が、幼稚園で作った工作を見ながら言う。
男の子：「セロテープでくっついてるの？」
お母さん：「そうかも、ね」
手を繋いで、木漏れ日の下を歩く親子の背中。
コピー＆NA：「セロテープは、天然素材でできています。」
コピー＆NA：「70年目の、セロテープです。」

上濱 武士　東京都
しっかりと「とめる」責任があります。
封も。
CO_2増加も。

楳田 佳香　東京都　ラジオCM
【学校の校庭でタイムカプセル掘り起こし】
男：あ、あった、タイムカプセル！
（ガサガサ中身を開封する音）
女：え、私の手紙、勝手に開封したの誰？
NA：ニチバンのセロテープは天然素材からできています。

江野澤 和夫　東京都
よく使うものほど、よく知らない。

太田 健司　長野県
透明なテープをつくることは、透明な空気をつくること。

大谷 拓也　東京都　テレビCM
【謝罪会見編】
記者やカメラマンが座って待っている謝罪会見場。
ドアから関係者が入ってくる。
社長「この度は、セロテープが環境にやさしい製品だと言うことについて、今まで皆さんに伝えきれておらず申し訳ございませんでした。」
フラッシュとシャッター音とが鳴り響く。
記者「なぜ、今まで隠していたんですか!?」
社長「決して隠していたわけでは無いんです。製品のパッケージや、WEBにしっかりと記載しておりました！」
記者「言い訳ですか!?認知されていないという現状についてどう思われているんですか？」
社長「本当に申し訳ないと思っております。ただ、セロテープは、天然素材。環境にやさしいんです。それだけは信じて下さい。」
泣き崩れる社長。
やまないフラッシュのなか関係者に支えられ退出する社長。
MC「お時間ですので、質問は以上にさせていただきます。」
記者「ちょっと待って下さい！逃げるんですか!?ちょっと!?」
NA「セロテープは、環境にやさしい「バイオマスマーク」認定商品です。70年間ずっと天然素材。」ニチバン

岡 芳行　大阪府
環境問題にくっついて考えてます。

小田切 拓　茨城県
地球にも、財布事情にも、使う人にも優しい。

梶野 迅　東京都
密着した想い。

片塩 宏朗　東京都
本性は別れる時にバレやすい。

勝浦 千賀　神奈川県
わたし 天然なんです。

勝田 竜也　東京都
意外と天然なんだね。

勝田 竜也　東京都
意外と天然です。

加藤 三明 石川県
ビビビビッ。森の音。

川村 真悟 福岡県
ムダ使いを、とめるテープ

北﨑 太介 千葉県
70年も使われてるのに、
何も問題を起こしていません。

北原 航 大阪府
無添加のほうを使おう。

清野 つづみ 神奈川県 テレビCM
小学校低学年の息子が、
セロテープを使って工作をしている。
母「もう、また、こんなにペタペタペタペタ張って」
息子「自然に還してあげてるんだよ」
(息子の笑顔からカメラが下がって、息子の手のひらの工作品が映る。紙とセロテープでできた森の模型が本物の森の映像に変わっていく)
NA「セロテープの原料は天然素材。70年間、自然に優しいセロテープでありつづけています。そして、これからも。」

清宮 里美 神奈川県 ラジオCM
先生：これは環境問題のことがよく説明できている壁新聞ですね。
マジメな小学生：先生！記事の内容ばかりほめないでください。貼りつけたテープもニチバンのセロテープなんですよ。
先生：へっ？
小学生：先生知らないんですか？原料には木材チップに天然ゴム、巻芯だって再生紙を使用し、とことん環境に配慮したテープなんですよ。これこそが僕が伝えたかったことです。
NA：燃やしても安心。ニチバンのセロテープ。

栗原 英 広島県 テレビCM
「父娘」篇
(幼少期回想)
娘が破いた絵本をセロテープで直す父
父「はい、これでまた読めるよ。」
娘「うん、ありがとう！」
父「絵本もセロテープも、森から生まれているんだよ。感謝しないとね。」
(現在)
森の中で、樹木を診て回る娘
娘のNA「お父さん、私は今、樹木医の仕事をしています。お父さんとの、あの日のことが忘れられなくて。そして、森に恩返ししようって思ったの。」
(自宅にて)
自分の子どもの絵本を、セロテープで直す娘
娘「はい、直ったよ。森に感謝しないとね。」
娘の子ども「うん、ありがとう！」
NA「未来へつなぐセロテープ、ニチバン」

黒坂 謙太 京都府
つなぎたいのは、モノだけじゃない。

小林 猛樹 千葉県
未来を考える人は、使っている。

小林 猛樹 千葉県 テレビCM
■女性が古い手紙を封筒ごと燃やしている。
女：昔の想い出は、燃やしてしまおう。
■封筒の封の所に貼ってあるセロテープのアップ。
NA：これも燃やせます。1948年の発売当初から天然素材で出来ていますから。ニチバンのセロテープ。

小林 猛樹 千葉県 ラジオCM
音楽：♪赤い靴 はいてた 女の子 異人さんにつれられて 行っちゃった♪
男：この歌の「異人さん」てフレーズ、俺ずっと「良い爺さん」だと思い込んでた。
女：私もね、セロテープって石油で出来ていると思い込んでた。
NA：そういう人多いんです。セロテープは、天然素材で出来ています。ニチバン。

小林 猛樹 千葉県 テレビCM
■森の木にセロテープが実っている。
NA：森からの贈り物、ニチバンのセロテープ。

塩田 泰之 東京都 テレビCM
□画面いっぱいに緑の森林
□その森林（の画面）にセロテープを何本も貼り付ける。
透明なので景色は変わらない。
□ロゴとナレーション
「自然は変わらない。地球にやさしい、天然素材のセロテープ。ニチバン。」
□商品のアップ。

柴田 賢一 茨城県 ラジオCM
男1：ふぅ・・・。
銀行強盗のファーストステップは成功だ。トニー。人質のやつらを縛るロープを出せ。
男2：ジュン兄貴、ロープ忘れたよう。
男1：（小声で焦って）おい！本名で呼ぶなよ！おい、そこにセロテープがあるじゃないか。なにもないよりはマシだ。そいつで縛っとけ。
男2：「セロテープの原料は天然素材からできています。」地球に優しいんだなあ・・・
男1：パッケージ読み込んでる場合じゃないだろうが！セロテープを切って渡せ！
SE：テープを出して切る音
男1：たった数センチかよ！
男2：兄貴。地球には優しくしようよ。
男1：ダメだこりゃ。ズラかるぞ！
男2：開けちゃったこのセロテープはいただいていく！これ千円札！置いとくから！
男1：損してんじゃん！
男2：でも地球に優しい！
男1：この仕事向いてないよ！
NA：地球に優しくしたくて、天然素材でつくっています。セロテープは70周年。ニチバン。

島崎 純 長野県 テレビCM
【ホームルーム】篇
先生：みんな顔ふせて。正直に答えれば、先生はおこりません。セロテープを、ビニールだと思っていた人は手を挙げてください。
生徒が全員挙手したのを確認し、先生もそっと手を挙げる。
NA：セロテープは天然素材でできている。発売70周年。ニチバン。

嶌田 紀章 埼玉県 テレビCM
スーパーの青果コーナー。
栗
ぶどう
セロテープ
柿
りんご
が陳列されている。
客：何でここにセロテープがあるんですか？
店員：セロテープも、木から採れるものなので。
客：へー！
NA：樹木の天然素材、セロテープ。ニチバンから。

島村 浩太 東京都
食べそうになった本能は間違っていなかった。

庄司 俊介 愛知県
使うことに後ろめたさはない。

杉井 すみれ 東京都 テレビCM
○「親子の再会」篇
違う方向から紙が、セロテープが走ってくる
紙（父親の声）「ひさしぶり（やさしくささやくように）」
セロテープ（少年の声）「ひさしぶり！（嬉しそうに）」
紙がセロテープにハグをする、キスをする
効果音は「ペタッ」
セロテープと紙のキスでカット
NA「感動の再会。セロテープも天然素材から出来ています。ニチバン」

鈴木 謙太 愛知県
土に歓迎される。

高砂 英明 京都府 ラジオCM
上司：何回いったら分かるのかね！ミスばかりして、おんなじ所ばかり破いて！今度やったらクビだよ、クビ！
SE：ビビビー（セロテープを伸ばす音）
NA：破れた場所にはセロテープ
上司：だいたいキミは反省の態度というものを知らない…
SE：ビビビー（セロテープを伸ばす音）
NA：うるさい上司にもセロテープ

上司：んんんー（口を塞がれて喋れない上司）
NA：セロテープは植物系の天然素材だから安心

高原 龍彦 大阪府
木◎（セロテープ）

武田 陽介 宮城県 ラジオCM
♪～環境音（木々のざわめき／ことりのさえずり）
NA：ダメージを補修し、まとまりのある美しい紙へ。
ボタニカルな成分が
環境にもやさしい。
痛んだ紙に、
天然由来のセロテープを。
ニチバン。

竹節 忠広 長野県
使いやさしい。

竹本 幸美 東京都
指先から、エコ。

田原 あすか 京都府
地球にかえらせていただきます。

玉木 洲太 東京都 テレビCM

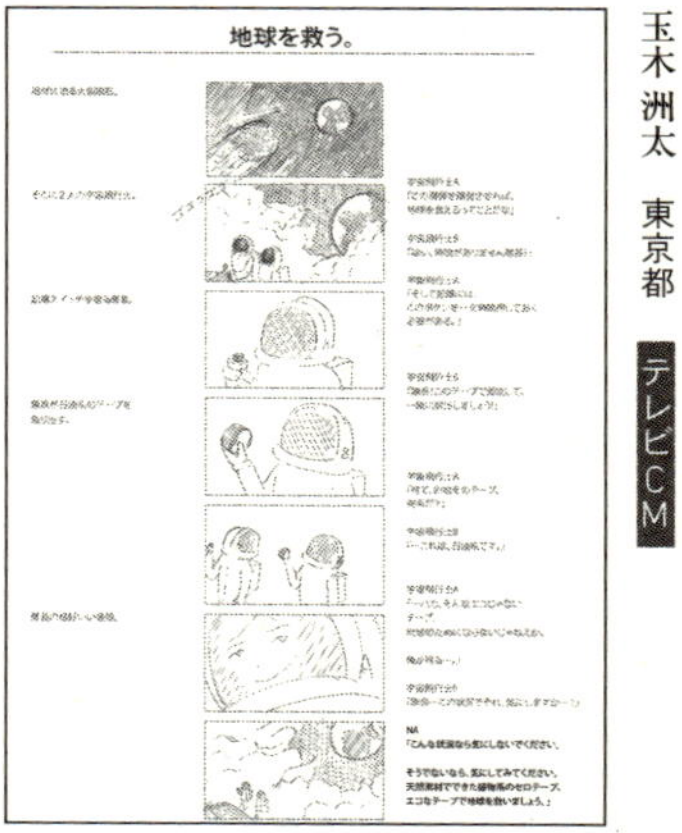

津久井 将嗣 神奈川県
自然が、イチバン。

筒井 花梨 東京都
セロテープは燃えるゴミです。

堤 博文 東京都
すみません。こう見えて天然なんです。

栃本 久美子 神奈川県
天然だから愛される。

斗内 邦裕 北海道 テレビCM
40代だが頭髪の薄い老けた感じの父親と、高校生の娘。休日の昼、居間にいる。父、セロテープを自分の顔に貼って、変な顔にしだす。
父：ちょっと、セロテープ取ってくれ。
娘：はい。…ちょっと、お父ちゃん、大丈夫…。
（父がおかしくなったかと疑う）
父、鏡を見ながら、セロテープを貼って鼻を思いっきり上げたり、目尻を上げたりして、ストッキングでもかぶったような変な顔にしている。
父：大丈夫て、セロテープは天然素材やから、安心やねん。
娘：そうやなくて、何で、顔にセロテープ貼ってんねん。
父：社長の息子が専務で入社して、歓迎会があんねん。そんで、何か出し物やれって言われてんけど、お父ちゃん何にも芸がないさかい、一発芸で変顔したろ思うて。もし気に入られたら、出世でけるかも知れへんし。どや！
娘：うわ！おもろ！係長は無理でも、宴会部長にはなれるで！
セロテープの原料の木材チップ、天然ゴムなどと、製造過程を映し、最後に商品と社名をバックに
NA：セロテープは、樹木と天然ゴムから作られています。環境にやさしい、セロテープはニチバン。

斗内 邦裕 北海道 ラジオCM
母：ちょっと、セロテープ取って。
娘：はい。…ちょっと、お母ちゃん、何してるん。
母：目尻が下がってきたからな、上げよう思って。キャットメイク言うんやて。
娘：え！セロテープで止めんの？
母：セロテープは、原料が全部天然素材や

から、安心やねん。どや!
娘:確かに、目尻は上がったけど…。え、
上から筆ペンで直に…。
NA:セロテープは、樹木と天然ゴムから作られています。
環境にやさしい、セロテープはニチバン。

長井 謙　東京都　テレビCM
□工場の煙突から、煙が出ている。
□子供がセロテープで、工場の煙突の穴をふさぐ
□煙が止まる。
NA「セロテープは、製造時の有害ガスの発生を食い止めてます」
□商品カット
NA「環境にやさしい天然素材の、セロテープ」

中切 友太　東京都　ラジオCM
SE:ビリッ(紙が破れる音)
ママ:あら、メモ帳破れちゃった。
子供:ママ、どうぞ。
ママ:あらけんちゃん、セロテープ貸してくれるの?優しいわね~、地球にも。
NA:セロテープは、地球に優しい天然素材でできています。ニチバンのセロテープ。

中里 大一　北海道
胸をはっても、いいですか。

中里 大一　北海道　ラジオCM
【友人との会話編】
ある日の休日。友人と遊びに行く最中、クルマの中での会話。
友人:「そういやお前、彼女できたんだって?どこに惹かれたんだよ?」
男:「ん~、天然なところかな~。いつもピタッとくっついて離れないし、ベタベタしてくるのもまたいいっていうか~。自然環境にやさしいっていうのもたまらないよね~。70年みんなから愛されるのもうなずけるっていうか~」
友人:「えっ、お前の彼女って70歳なの!?」
NA:「愛されて70年。天然素材でできているニチバンのセロテープ」

中里 大一　北海道　ラジオCM
【合コン編】
とある居酒屋。合コンも中盤に差し掛かり、隣に座った女の子と話している。
女:「私~、天然なんですよぉ~」
男:「またまた~。本物の天然は、天然なんて言わないよ」
女:「本当なんですってばぁ~」
男:「本当に天然なら、こうやってベタベタくっつかないから」
女:「信じてよぉ~」
NA:「本当に天然素材でできている、ニチバンのセロテープ」

中島 大介　大阪府
燃え尽きるまでが、役割だと思っている。

中野 勇人　奈良県
セロテープは、
エコテープだ。

長屋 孝夫　愛知県　ラジオCM
(ヂィ　ヂィー　ヂィ　ヂィーなど、セロテープを使用する時に出る音)
NA:森の音が聞こえませんか。
セロテープは天然素材から生まれました。
70年前からエコでした。

那須 麻美　東京都
白でも黒でもない、透明です。

奈良 純嗣　秋田県
地球がイチバン

西 大貴　大阪府
いくつもの木が育ってしまうくらい長い間、自然を想い続けています。

林 次郎　東京都
素材は自然のものですが、自然にははがれません。

林 秀和 東京都 ラジオCM
天然もの篇
SE：スーパーの生鮮売り場のようなガヤ
店員：らっしゃい、らっしゃい！いいのがそろってるよ！
男性A：うーん、最近は養殖が増えてるなぁ。
女性：そうね、天然ものってなかなか無いわね。
SE：ビーーーッ（セロテープを引き出す音）
男性B：はい。
男性A：え？
SE：ビーーーッ（セロテープを引き出す音）
男性B：はい。
女性：ど、どうしたの？
男性B：セロテープ。
男性A：それはわかってるけど。
男性B：これ、天然素材でできてるんだ。
NA：みんなが使うものだから、天然素材でできている。セロテープは、ニチバン。
男性A：それ、ちゃんと使えよ。

樋口 大二 東京都
切った貼ったの世界だからこそ、優しくありたい。

日高 修一 東京都
技術だけが、人工だ。

日高 修一 東京都
しっかりくっついて、
しっかり離れ、しっかり還る。

日比野 はるか 神奈川県
生まれ変わることも、
生まれ変わらせることも、使命です。

平田 直也 東京都
実は、私って天然なんだ。

平野 あゆみ 神奈川県 テレビCM
「石油王の恋」編
去ろうとする女性に追いすがる石油王。
石油王「なぜ、木こりを選んだんだ…私だって君を幸せにしてあげられるんだ！石油なら、ほら、余るほどある！」
女性は黙って微笑み、首を左右に振る。
石油王「なぜ…」
NA「だって、石油じゃつくれない。森から生まれるセロテープ。ニチバン」

平野 あゆみ 神奈川県 ラジオCM
「木こり」編
湖の精「あなたが落としたのは、ポリプロピレンで作られたテープですか？塩化ビニールで作られたテープですか？」
木こり「そ、素材のことはよく分かりませんが、特売で買ったセロテープです…」
湖の精「正直な木こりよ、褒美にセロテープの原料をあげましょう」
木こり「えっ…」
SE：地響き。
木こり「これは…木材？」
NA「選ぶなら、森から生まれたセロテープ。ニチバン」

平野 夏絵 静岡県 ラジオCM
実はいいのかなって、思ってました。
古紙を出す時の、セロテープ。
セロテープは環境にやさしい、天然素材だったんですね。

廣本 嶺 東京都
セロテープは、2回、役に立つ。

廣本 嶺 東京都
「ちょっと貼りたい」と
「地球を守りたい」を支える。

藤原 美幸 東京都
罪悪感ゼロ、テープ

船越 一郎 東京都 ラジオCM
誕生以来、100％天然素材。
使えば使うほど、やさしく馴染んで、うるおうようなツヤのある紙に。
老若男女すべての人に愛され続けて、70年。
ニチバンのセロテープ。

本田 亮介 東京都
自然をペタッとよくしたい。

前野 花梨 東京都
自然を壊さないから続いてきた

町田 香苗 東京都
よく作り、よく遊び、そのまま捨ててよし。

松尾 栄二郎 東京都
今使っているのは、生まれ変わりかも。

松尾 栄二郎 東京都 テレビCM
清水アキラの、研ナオコ、谷村新司、坂田利夫など、セロテープを使ったものまねが次々と写される。
テロップ：「天然素材だからって、顔用ではありません。」
NA「天然素材のセロテープ。」

松尾 健介 大阪府
幹はセロテープに。葉はコアラに。

松田 将得 東京都
うっすらなのに必要不可欠

松本 慎平 東京都
地球にやさしいってわかると、ちょっと長めに使っちゃう。

丸山 律子 東京都
土へ還らせていただきます。

丸山 律子 東京都
環境破壊も、とめています。

丸山 律子 東京都 テレビCM
合コン
セロテープ、女2人と男3人で合コンをしている。
男1：セロテープちゃんって普段どんな感じなの？
セロテープ：よく天然って言われます～
男2：え、天然ってどういうこと？
セロテープ：セロハンは木材パルプから作られた、生分解するフィルムです。石油で出来ているプラスチックの透明テープのように化石資源を枯渇する心配がありません。
男3：本当の天然なんだね。
テロップ：ニチバン

三上 智広 北海道 テレビCM
「○」篇
白い背景にスーパーで構成。
スーパーの「○」は、すべてセロテープの実物を使って。
NA「ご存知でしたか、セロテープは天然素材でできてること」
SP「W○○D」
NA「だから、環境に優しい」
SP「G○○D」
NA「セロテープは今年、発売70周年」
SP「7○」
NA「環境に優しいこと、これからも続けていきます」
SP「○○（無限大）」 ※2個並べて∞マークを表現
NA「壊れた環境は、テープでは直せないから」
破れた森の写真をテープで直す映像。
NA「ニチバンのセロテープ」
商品カット

溝口 昌治 神奈川県
戦後真っ只中の時代から、ずっとエコ。

見田 英樹 愛知県
人と環境の関係も、破れないように。

見田 英樹 愛知県
エコ活動も引っ張っている。

南 忠志 東京都
紙が求めている。

美濃和 陸 東京都 ラジオCM
（効果音）
木々が揺れる音
鳥のさえずり
水が流れる音
セロテープを引っ張る音
セロテープをギザギザの金具で切る音
NA：全部、自然の音
セロテープは、天然素材でできています。

宮垣 亮汰 京都府 ラジオCM
セロテープを勢いよく引っ張ると鳴る「ビーーーー!!」という音が数秒間流れる。
女性の声「環境破壊は止めなさい！」
NA「天然素材でも、使いすぎは環境によくないよ。ニチバンのセロテープは天然素材。」

宮崎 圭佑 熊本県
知らずにエコなう。

宮村 亮大 神奈川県 テレビCM

セロテープを丁寧に扱い、壁にポスターを貼る男性。
NA：貼るときは、やさしい。
NA：捨てるときは…
雑にポスターを剥がし、セロテープを指でぐちゃっと丸める男性。
男性はセロテープの付いたポスターをゴミ箱に投げるようにして捨てる。
男性が振り返りカメラ目線で話し始める。
男性：天然素材でできているため、焼却時に有害ガスが発生せず、CO_2の発生量も少ないため、環境にやさしいんです！
NA：貼るときも捨てるときもやさしく。ニチバン。
ニチバンのロゴと、その下に「セロテープ70周年」の文字が出る。

村上 正之 愛知県 テレビCM

●仲良し篇
シーン1：破れたA4用紙。
A4用紙：痛いよ、痛いよ～。セロテープくん、助けて。
セロテープ：まかせて。ほら、もう大丈夫。
シーン2：手のアップが写しだされ、破れたA4用紙にセロテープを貼る。
A4用紙：ありがとう。
セロテープ：ところで、久しぶりだね。
A4用紙：そうだね。僕たち、森の木から生まれた、同じ天然素材だもんね。
セロテープ：これからも、ずっと、よろしくね。
NA&テロップ：セロテープは天然素材です。ニチバン。

村田 芳乃佳 京都府 ラジオCM

a「優しくてな、見た目は透明感があって儚くて、」
b「ああ、いいねえ」
a「天然なんだけどちゃんとこれからのこととか考えてるし、いざとなったらめちゃくちゃ頼れるし…ちょっと粘着質なところもあるけど（笑）」
b「（笑）」
a「そんなところもいいなって思っちゃうっていうか。…、なんていうか、さ、もう…もっとあいつのいいところみんなに知ってもらいたい」
b「…」
a「でも、俺だけが知っておきたい気もするんだ」
b「…好きなんだな、そのこのこと」
a「…」
b「…」
NA：［セロテープは地球に優しい天然素材でできています］
b「そんなこと言って使い終わったらポイするんだろ」
a「や、やめろよそんな言い方！」

安福 千恵 岐阜県 テレビCM

静まりかえった夜のオフィス。
掲示物を貼付けているセロテープ4枚のうち、1枚がめくれかかっている。
テープ1：「あ、ワタシ、そろそろかな。」
テープ2：「そうだね、そろそろだね。」
テープ3：「さびしくなるなぁ。」
テープ4：「僕、あの、あの、す、好きでした。」
ついにテープ1が壁から剥がれ、スローモーションでゆっくり落ちていく。
景色は一転して森林へ。テープがひらりと土の上に落ちる。
NA：森へ、お帰りなさい。セロテープは70年前から天然素材。
S：ニチバン。

柳元 良 神奈川県

地球が続かないと、企業も続かない。

山内 昌憲 東京都

自然の力で貼っている。

山内 昌憲 東京都

セロテープは、天然キャラです。

山下 英夫 神奈川県

温暖化が問題になるずっと前から。

山中 彰 愛知県

作る道具が、壊す素材であってはならない。

山内 理実 埼玉県

燃えるゴミでいいんだ。

山本 恭子 長野県

woodsなgoods。

吉尾 康秀 東京都

セロテープは環境保全も繋ぎ止める。

吉尾 康秀 東京都 テレビCM

かつらが被せられる頭。

付け髭が貼られる鼻の下。

テープカッターから7、8cmの長さで切り取られるセロテープ。

それにより上向きの状態で固定される鼻。

谷村新司になった清水アキラ。その顔。

NA：セロテープの主原料は天然素材。だから素肌にも安心。

ステージ。

スポットライトの下、谷村新司のものまねで「昴」を熱唱する清水アキラ。

NA：とは言うものの、素肌への不必要なご使用はお控えください。

S：NICHIBAN

吉岡 京治 福岡県 テレビCM

1948年の映像。当時実際に存在した宣伝カーで全国を巡回している映像。

NA：セロテープ。それは身近なものをつなげるテープ。1948年の発売当初は全く売れませんでした。

1964年の映像。オリンピックのポスターをデパートの掲示スペースに貼っている。

NA：しかし、地道な普及活動が功を奏し、今では長年愛される商品となりました。

1980年の映像。とある定食屋のメニューを店員が壁に貼っている。

NA：天然素材でできていて、環境への配慮がされているので、焼却しても安心です。

2000年の映像。とある大学の係員が、入試の合格発表を掲示板に貼っている。その後、掲示板の前で歓喜する若者たちの映像。

NA：2018年に70年の歴史を迎えたセロテープは、今後も皆様の生活に寄り添います。

現代の映像。一般的な家庭のリビングで誕生日会の飾りつけをしている。セロテープで様々なものを貼っている。

ニチバンロゴ

吉川 文義 東京都 テレビCM

セロテープのお馴染みの箱を背景にした豪華ステージ。

セロテープを持って踊る芸者さんたち。

そんなステージ中央には演歌歌手の北島三郎さん。

S：北島三郎「函館の女」

北島三郎：（前奏の後）貼～るばるピタで70ね～ん。し～ぜんの素材で70ね～ん。

歌の途中で、画面に重なるセロテープの絵とニチバンロゴ。

N：おかげさまで70周年。これからも自然素材。セロテープはニチバン。

吉田 厚子 石川県 テレビCM

若い母親と幼稚園年中さんの男の子がお帰りで、手を絆いで歩いている後ろ姿。

（台詞・男の子）「セロテープはなんで指にねばねばしないんだろう?」

母親、答える。

（台詞・母親）「天然素材だからよ。」

カラスがカーと鳴き、赤い夕日が沈む、絵。

吉田 真理子 東京都 テレビCM

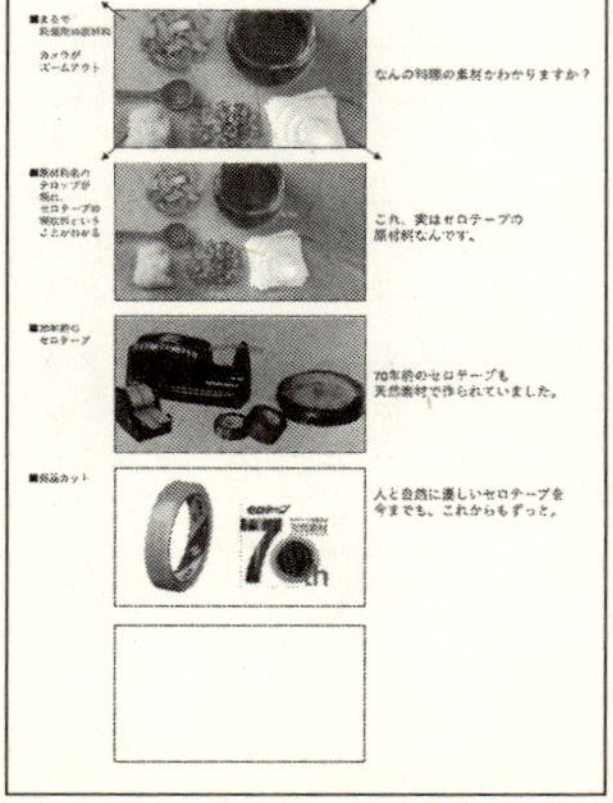

若林 淳一 福岡県

どの家庭にも、どの職場にも、どの未来にも。

若林 淳一 福岡県

隠し事がないから、透明です。

若林 淳一 福岡県

つなげてきたのは、地球の未来。

鷲田 満　東京都　テレビCM

～手術室にて～
医師　セロテープでも貼っとけよ
助手　えっ、でも
医師　大丈夫だよセロテープは天然素材なんだから
助手　えっ、で、でも
医師　だから大丈夫なんだって、セロテープは天然素材なんだから
ジミー大西が手術台に寝そべってそのやりとりを見ている
医師　天然には天然だろ　大丈夫だよ
NA　セロテープは天然素材で70年

渡邊 侑資　岐阜県　ラジオCM

SE：パチパチ…（燃やす音）
少年：おじさん、これも燃やせる？
男：燃やせるけどいいのかい？
　彼女との大切な思い出の手紙だろ？
少年：あ、大丈夫です。封はセロテープで止めてあるから地球にもやさしいんで。
男：いや、そういう問題じゃなくてさ。
NA：セロテープは燃やしても環境にやさしい。
SL：ニチバン。

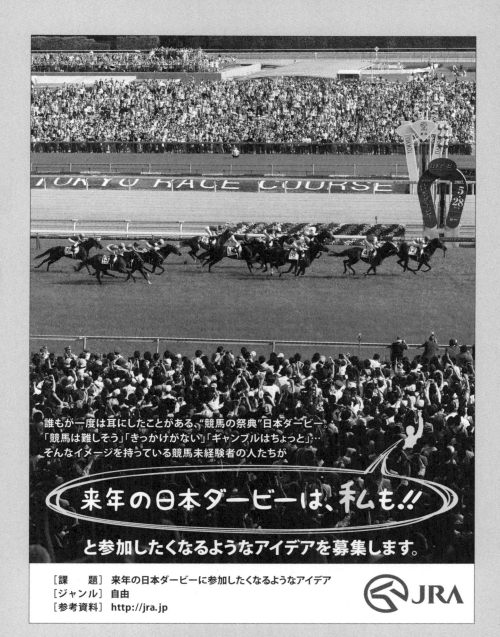

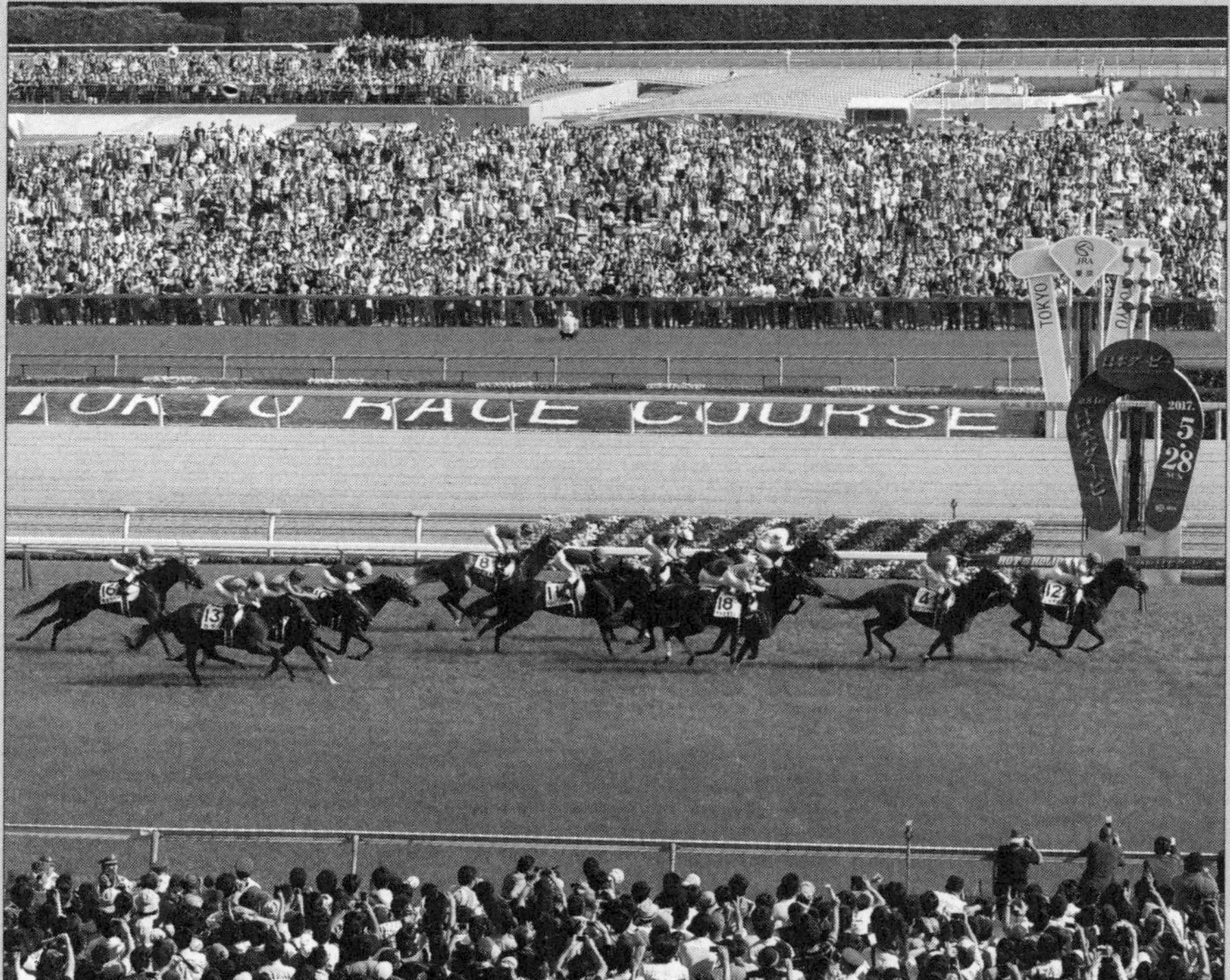

日本中央競馬会

来年の日本ダービーに参加したくなるようなアイデア

ナ 日本中央競馬会

協賛企業賞

本当の「一生に一度」を観に行こう。

小林 謙太郎（56歳）長野県

▼協賛企業のコメント

日本中央競馬会
理事
福井紳弥さん

小林謙太郎さま、協賛企業賞の受賞おめでとうございます。また、日本中央競馬会の課題にご応募くださった皆さま、誠にありがとうございました。応募作品の中には、日本ダービーに特化していないものの、競馬の魅力を伝える優秀な作品も数多く存在し、選考過程においてさまざまな気付きを得ることができました。受賞作品は、日本ダービーの特徴かつその魅力の大きな部分を占める「一生に一度」という点を捉えたうえで、日本ダービーへの参加を直接的に誘っている点が、これまでありそうで意外と無い魅力的なものだと感じました。また、作品の意図に、『人間は何度も「一生に一度のお願い」と口にしてしまうが、日本ダービーは文字通りサラブレッド（競走馬）にとって一生に一度』ということを踏まえて「本当の」という言葉を足した点にも心惹かれました。審査過程で意見が割れる中、ターゲットに近い新卒職員や女性職員にこの作品を推す人が多かったことも、決め手のひとつとなりました。皆さまもぜひ、本当の「一生に一度」を観に来てください。

三次審査通過作品

北田 一喜 東京都

ワカタカ、カブトヤマ、フレーモア、ガヴアナー、トクマサ、ヒサトモ、スゲヌマ、クモハタ、イエリユウ、セントライト、ミナミホマレ、クリフジ、カイソウ、マツミドリ、ミハルオー、タチカゼ、クモノハナ、トキノミノル、クリノハナ、ボストニアン、ゴールデンウエーブ、オートキツ、ハクチカラ、ヒカルメイジ、ダイゴホマレ、コマツヒカリ、コダマ、ハクシヨウ、フエアーウイン、メイズイ、シンザン、キーストン、テイトオー、アサデンコウ、タニノハローモア、ダイシンボルガード、タニノムーティエ、ヒカルイマイ、ロングエース、タケホープ、コーネルランサー、カブラヤオー、クライムカイザー、ラッキールーラ、サクラショウリ、カツラノハイセイコ、オペックホース、カツトップエース、バンブーアトラス、ミスターシービー、シンボリルドルフ、シリウスシンボリ、ダイナガリバー、メリーナイス、サクラチヨノオー、ウィナーズサークル、アイネスフウジン、トウカイテイオー、ミホノブルボン、ウイニングチケット、ナリタブライアン、タヤスツヨシ、フサイチコンコルド、サニーブライアン、スペシャルウィーク、アドマイヤベガ、アグネスフライト、ジャングルポケット、タニノギムレット、ネオユニヴァース、キングカメハメハ、ディープインパクト、メイショウサムソン、ウオッカ、ディープスカイ、ロジユニヴァース、エイシンフラッシュ、オルフェーヴル、ディープブリランテ、キズナ、ワンアンドオンリー、ドゥラメンテ、マカヒキ、レイデオロ。同じ馬が2度勝つことはない。それが、日本ダービー。

芹澤 高行 東京都

3歳のかけっこは、どうしたって応援したくなる。

土屋 憲佑　山梨県　ラジオCM

SE：ザパ～ン！（泉から人が出てくるような音）
おばあちゃん：あんたが落としたのは、この金の斧かい？それともこの・・・
木こり：ちょ、ちょっと待って！女神様って、こんなおばあちゃんなの!?
おばあちゃん：あ～、孫は日本ダービーに行ってるんで、あたしゃ代役だよ。
木こり：えぇ～!!??
NA：そこに女神は、きっといる。幸運の女神に会いに行こう！日本ダービー！ＪＲＡ

寺門 眞一　兵庫県

最終コーナーを曲がると、風景は少しゆっくりに見える。

長井 謙　東京都　ラジオCM

母「いけーー、3番、させーーーー!!!」
息子「ねぇ、ママ、僕の運動会のときより、応援してる」
父「たかし、あれが、ママだ」
NA「本気の応援を楽しもう。日本ダービー、始まる。ＪＲＡ」

二次審査通過作品

青木 光仁　富山県

私、こんなに大きな声が出せたんだ。

佐々木 貴智　東京都

入場料200円で、人生最大の感動を。

定藤 健志 兵庫県 ラジオCM

男1：最初から飛ばしちゃってるあいつは俺だ。（やんちゃ風に）
女1：先頭について行って最後においしいところもっていくあの子は、わたし。（大人な感じで）
男2：前がやりやってる隙にサッと追い抜く彼は、僕ですね。（クレバーな感じで）
女2：最初は置いて行かれても、あきらめないで走る君は、あたし！（純情そうな声で）
NA：ダービーには、ターフを駆ける自分がいる。行こうよ、日本ダービー。JRA

林 寿子 大分県

ただ走る、ということの美しさ。日本ダービー

日高 修一 東京都

日本最高のレースなのに、観戦料金200円。

船越 一郎 東京都

どうせ見るなら、最高峰。

若林 淳一 福岡県 ラジオCM

とある会議。
男性「では、これより売上報告いたします。
うまく仕上がったこの商品ですが、現在、ライバル商品との差はアタマ一つ。
ですが、ライバル商品はスクミがあるためズブズブになると思われます。
その結果、本商品が差し、来年度にはハナ差。
大穴のターゲット層に本商品がササれば、ニゲキリで翌年度にはクビ差になるかと思われます。」
上司「ちょっとキミ、どうした？」
NA「きっと、キミも夢中になる。」

一次審査通過作品

浅井 誠章 神奈川県
父の宝箱には外れ馬券が入っている。

浅井 誠章 神奈川県
ぼっちゃん、ご立派になられて。

浅野 俊輔 東京都
あー、あの馬の前にニンジンぶらさげたい。

浅野 俊輔 東京都
まくっても、いいわよ。

阿部 玲奈 北海道
リアル ドドドド

新谷 建人 東京都
天才が、天才を乗せて走る。

安東 成喜 兵庫県
わずか2分26秒で12万人が沸騰する。君もその熱い渦に揉まれてみないか。

飯田 祥子 福岡県
一番笑った名前に丸を付けた

家田 亮 愛知県
春、ダービー、夏、秋、冬。

日本中央競馬会

庵貴政　群馬県
wikiより抜粋。
蛭子能収は基本的にやらない。

石川雄介　愛知県
子供に言おう、「あの場にいた」と。

石塚啓　神奈川県
競走馬の天下一武道会。

板垣外　東京都
血は選べない。でも、抗える。

板垣外　東京都
さえない両親から、とんでもない怪物が生まれることもある。

板家明　東京都
「瞬間」だけがあった。

伊藤美幸　愛知県
12万人の歓声を聞いたことはあるか。

稲川諒和　愛知県
感動する息子を見て感動する。

岩崎新　神奈川県
少年、
ここにもライダーがいるよ。

植村明弘　東京都
声って出すもんじゃなくて、
出ちゃうもんなんだね。

植村明弘　東京都
10万人の静寂と歓喜を聞け。

植村明弘　東京都
その日、日本で一番熱い場所。

大井慎介　静岡県
歓声というより悲鳴に近い。

大井慎介　静岡県
コンサート　5000円
映画　1800円
日本ダービー　200円

大井慎介　静岡県
優勝賞金2億円。時給にしたら48億。

大野さとみ　大阪府
お父さんたちが、泣きやまない。

大森進　東京都
勝つか負けるかの一瞬、
命はもっと鮮やかになる。

岡田ふみ　東京都
一生に一度のデートをしよう!

岡本英孝　福岡県
損した人は誰もいない。

岡本英孝　福岡県
外れたのに笑顔なのはなんでだろう。

岡本圭史　千葉県
デートに誘う時、「競馬に行こう」と「ダービーに行こう」では、成功率が違うと思う。

奥谷和樹　大阪府
君の声援で、彼は名馬になる。

貝渕充良　大阪府
どの馬が勝っても、ドラマになる。
どの馬が負けても、ドラマになる。

柿本和臣　福岡県
彼女が吠えた。

片岡博和　福島県
父と娘が同じ道を歩む。
こんなに素敵な運命があるだろうか。

片岡佳史　神奈川県
85回目からでも、遅くない。

加藤晃浩　東京都
ゲートが開いてから、
僕の口も開きっぱなしだった。

金井優昌　宮城県
お父さんも、
あの馬みたいに頑張っているんだよ。

金山大輝　東京都
国民投票に行こう。

金山大輝　東京都
君の悔しがる顔が好きだった。

鎌田 明里　茨城県
100円が、2669万円に。
これ実話です。

鎌谷 友大　東京都
皇帝も、怪物も、貴公子も、
帝王も、英雄も、通った道。

鎌谷 友大　東京都
すべての馬が、作品です。

軽部 陽子　東京都
絶対に負けられない戦いは、馬にもある。

河内 大輝　東京都
日本のおっさん、いい顔するじゃん。

河内 大輝　東京都
負けたと言う人はいる。
損したと言う人はいない。

河内 大輝　東京都
たまに娯楽費が黒字になっちゃう。

河内 大輝　東京都
勝てばギャンブル、負ければスポーツ。

河内 大輝　東京都
僕たちを見て、
男の人は「いけ！」と言うけど、
女の人は「がんばれ！」と言ってくれます。

河内 大輝　東京都
賭けてくれた人のために、ぼくはがんばるよ。

川村 章平　埼玉県
最近、泣きました？
競馬は泣けますよ。

北川 哲　東京都
ウサイン・ボルトでも最下位です。

桐ヶ谷 あすみ　東京都
「現場を知らないで、何が
分かるんですか？」と若い奴に言われた

工藤 明　神奈川県
いい大人が
3歳に泣かされるかもしれません。

桑江 良尚　愛知県
五輪まで待たなくても、
感動と興奮味わえます。東京で。

郡司 嘉洋　東京都
本気で泣いているおじさんを見た。

小泉 峻介　静岡県
最近、叫んだことがありますか？

小西 尋子　京都府
同世代の頂上戦、ひとごとじゃないな。

小西 尋子　京都府
知らないオヤジと、一緒にドキドキした

小林 鴻世　神奈川県
ダービーが来るたび、きっとこの感動を思
い出す。

小林 鴻世　神奈川県
彼女が横で、本命の名を叫んでいる。

小林 鴻世　神奈川県
ダービーのドラマは、AIにも予測できまい。

小林 猛樹　千葉県
あたしも総理も平等だ。

近藤 学　東京都
明日の一面が目の前で。

崎山 すなお　東京都
その興奮は、1年に2分半しかやってこない。

佐々木 貴智　東京都
あなたは、伝説の目撃者です。

笹本 裕史　東京都
良馬がゆく。

定藤 健志　兵庫県　ラジオCM
息子のNA：ダービーの後、パパは泣いていた
息子：どうしたの、馬券外れたの？
父親：当たったさ。だから泣いてるんだ。
息子：よかったね。じゃあお金に換えてもら
おうよ。
父親：いいんだ。これは。お前にもいつかわ
かるさ。
息子のNA：そう言って、パパはその馬券を僕
にくれた。お守りだって。
NA：そのレースには馬券を超えた愛がある。
日本ダービー。

ナ
日本中央競馬会

佐藤 かおり 兵庫県
二十歳になったらダービーに投票しよう。

佐藤 穣 東京都
2分半。ハイライトだけの戦い。

塩田 高太 東京都
え、そんなに声量あったんだ。

柴田 賢一 茨城県
頑張れって叫んだら、頑張ろうと思った。

清水 秀幸 東京都
今日、12万人くらいと遊んできたんだ。

末森 恵生 山口県
テレビでは瞬きしないで見守るくせに、競馬場では目を閉じて祈ってる人が意外に多いんですよ。

末森 恵生 山口県
この一瞬が「歴史的瞬間」になるのなら、私はその目撃者と言えるのです。

鈴木 麻琳 東京都
いいおしりだ。
この子に決めた。

高石 幸典 東京都
馬にも、一生に一度のレースがある。

高橋 俊一 東京都
ダービーの話から、取引がはじまった。

竹田 豊 神奈川県
2018/5/27(日)に、これ以上のインスタ映えポイントはないでしょ。

田辺 拳斗 千葉県
4年も頑張った馬たちを、
2分だけ応援してほしい。

谷口 直哉 佐賀県
今始めれば、
10年後にはダービー歴10年になる。

手代森 修 東京都
五月病は約3分でぶっ飛ばす。

徳丸 晃大 東京都
甲子園って、
5回もチャンスがあるんだってね。

長井 謙 東京都
宝くじだったら、こんなに叫んでない。

中田 国広 埼玉県
2018年5月27日まで生きて感動と興奮が足りないと感じたら。
JRA
日本ダービー

中田 国広 埼玉県
心に100万馬力をつけに行こう。
JRA
日本ダービー

中田 国広 埼玉県
何かを全力で応援した事、最近ありますか?
JRA
日本ダービー

中田 国広 埼玉県
選挙の出馬ばかり見てても
楽しくないでしょ?
JRA
日本ダービー

中辻 裕己 東京都
戦争は嫌い。競争は好き。

中平 真之祐 東京都
3歳にして、すべてを背負う。

中村 匡 大阪府
妻「あれ?今日仕事?」
夫「うん、マネジメント研修」

浪岡 沙季 東京都
ちょっと叫びに行かない?

浪岡 沙季 東京都
応援しているようで、応援されている。

成田 斐 大阪府
情熱という人間らしさを
馬は呼び戻してくれた。

日塔 享宏 東京都
3歳と聞いたら、
応援せずにはいられなかった。

野村 京平　東京都
インスタ映えなんて、
忘れるほどの興奮を。

野村 京平　東京都
自分に少し、
ムチが入った。

橋本 寿弥　愛知県
どうせみるなら、最高峰のレースから。

濵斉之　北海道
こんなに誰かと話したい月曜日は、
いつぶりだろう。

浜田 英之　東京都
脚本があるとしたら、
どんな人物が描いたのだろう。

東山 秀樹　奈良県
「ダービー見てきた」で、
上司との会話のゲートが開く。

樋川 こころ　東京都
来年は、彼氏を置いていこう。

平井 健一郎　東京都
走るために進化した動物

平田 直也　東京都
帰り道、思わず走っちゃう。

藤井 晴日　東京都
最後まで諦めない姿を見た。
私も何かをやり遂げたくなった。

藤田 篤史　東京都
テレビの前で応援しても、
馬には聞こえない。

藤田 篤史　東京都
12万人の歓声を聞いたことがあるか。

船越 一郎　東京都
何万もの大人たちが、
子供のような目をしている。

船山 敬祐　京都府
ボルトより、断然速い。

船山 敬祐　京都府
美脚、ずらり。

古屋 順一朗　東京都
人は走る姿に何かをかさねる。

洞田 拓也　神奈川県
頼む、早く帰ってきてくれ。

洞田 拓也　神奈川県
目に入る数字すべてが、運命の数字に見える。

堀水 芽依　東京都
地鳴りがした
風を感じた
思わず叫んでいた

本田 亮介　東京都
ジェダイじゃなくても、
こっちのホースは感じられる。

前田 亮　埼玉県
生まれた時から、ライバル。
出会うまでに、3年
決着は、わずか160秒。

牧野 孝洋　東京都
あんな風に必死に生きてみたい。

松田 尚樹　奈良県
甲子園決勝4万人、W杯決勝8万人、
日本ダービー14万人。

松本 慎平　東京都
負けたはずの父が、
おめでとうと叫んでいました。

真本 大生　大阪府
応援に責任をもてるスポーツです。

萬亀 信弘　大阪府
努力が、天才を超える瞬間が見たい。

三浦 秀雄　秋田県
ロスト馬ージン。

三上 佳祐　東京都
六本木から渋谷までを、2分半で走るレース。

三上 佳祐　東京都
嵐のコンサートより、人がいる。

三上 佳祐　東京都
行ってみたら、一年後の予定が決まりました。

三上佳祐　東京都
ネットで馬券を買える時代に、
12万人が集まる。

三上佳祐　東京都
この一体感は、「バルス」以上だと思う。

三上佳祐　東京都
ひとつの競技のために、
新聞が発行されている。

三島直也　東京都
日本最速の馬が
目の前で走ります。

水野たくや　東京都
80歳まで生きたとしても、
80回しか見られない。

宮﨑薫　兵庫県
馬の名前から、既にドラマがはじまっている。

向井正俊　大阪府
空気がドキドキしている。

向井正俊　大阪府
日本に1頭しかいない馬が生まれる。

百瀬太陽　大阪府
誰が勝っても奇跡。

森岡賢司　東京都
一生のお願いを今年も願おう。

森下夏樹　東京都
隣のおじさんとハモった。

森下夏樹　東京都
負けたのに、楽しかったね。

森下夏樹　東京都
僕は熱かったねと言った。
彼女はかわいかったねと笑った。

森下夏樹　東京都
パパ、子どもみたいにはしゃがないの。

守谷直紀　兵庫県
7000頭が一斉にスタートを切った。
3年前に。

柳元良　神奈川県
「この日のために生まれてきた」が、
嘘じゃない。

柳元良　神奈川県
アドレナリンは、
こう出すんだよ。

柳元良　神奈川県
隣のおっさんの顔が、
ぐしゃぐしゃだ。

与座郁哉　愛知県
血統の決闘だ。

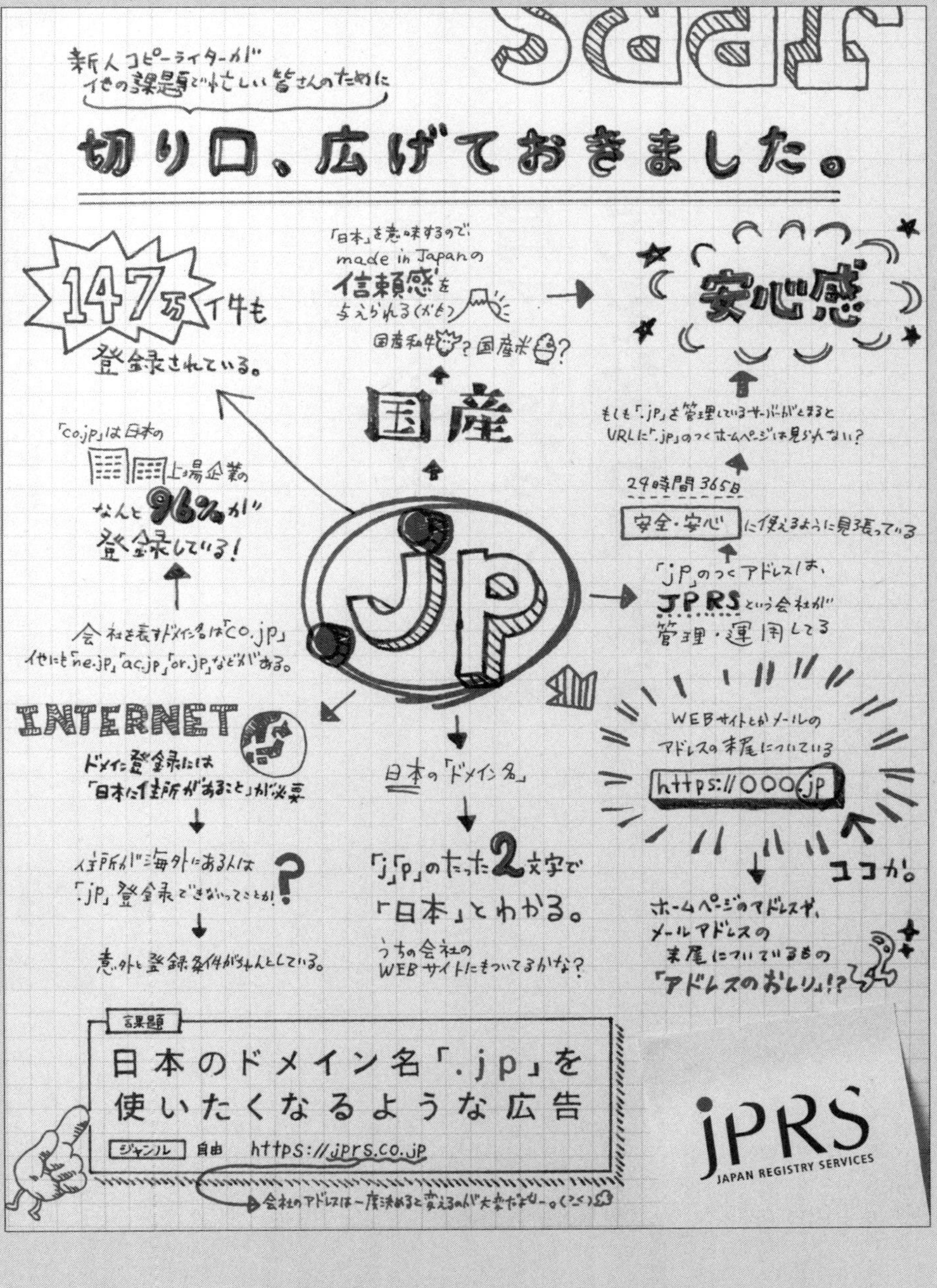

日本レジストリサービス

日本のドメイン名「.jp」を使いたくなるような広告アイデア

協賛企業賞

ナ 日本レジストリサービス

浅野 俊輔 (45歳) 東京都

上場企業と、肩ではなく尻をならべよう。

▼協賛企業のコメント

日本レジストリサービス
広報宣伝室 室長
園木 彰さん

協賛企業賞の受賞、誠におめでとうございます。ＪＰＲＳからは「日本のドメイン名『.ｊｐ』を使いたくなるような広告アイデア」をテーマに作品を募集しました。ドメイン名は「https://○○○.jp」など、ＵＲＬやメールアドレスの末尾に当たる文字列で、日常的に意識している方は多くはないかもしれませんが、インターネットの安定的な運用には不可欠なものです。皆さまには、『.ｊｐ』の魅力を多種多様な視点から表現した力作をお寄せいただき、選考に際して多くの気付きを頂戴しました。今回は、『.ｊｐ』を多くの企業さまにご登録いただいていること、特に「『co.jp』は日本の上場企業の96％（最新の調査では97％）が登録している」というファクトをユーモラスに表現されている本作品を選ばせていただきました。最後になりますが、受賞者の方をはじめ、ご応募いただいた皆さまには改めてお礼申し上げるとともに、今後のますますのご活躍をお祈り申し上げます。

三次審査通過作品

藤田 篤史　東京都

謝罪メールが、迷惑メールになっていた。

二次審査通過作品

井美 春香　三重県

アドレスも、広告の一つと考える。

林 次郎　東京都

ネットの中では、ちゃんとうしろを見て歩きなさい。

寺門 眞一　兵庫県

スーツにビーサンみたいなアドレスじゃ、落ち着いて商談もできない。

山本 恭子　長野県

アドレスだってハッピーエンドがいい。

一次審査通過作品

浅野 俊輔　東京都

たった3文字で、セキュリティ費用は大幅に削減できる。

植村 明弘　東京都

そのアドレスで、「きめ細かいサービにこだわっている」と言われても。

浅野 俊輔　東京都

プレゼン内容はともかく、御社は信頼できるよ。

大塚 彩　東京都

１００の仕掛けより「．ｊｐ」

上田 拓也　東京都

たかし、．ｊｐじゃない会社なんて辞めておきなさい。

ナ　日本レジストリサービス

大塚 恭平 埼玉県
.jpがついていないのは工事現場で
ヘルメットを着けないのと同じことです。

貝渕 充良 大阪府
セキュリティソフトが、
アクセスを拒否した。

貝渕 充良 大阪府
犯人なわけないじゃないですか、
だって、アドレスが .jpですよ。

貝渕 充良 大阪府
隣のそば屋は、
ネットでは海外にあった。

勝嶋 桃里 大阪府 ラジオCM
女性同士の会話
A「国産がいい、国産がいいっていうけど、
やっぱり高いとねぇ」
B「うちの息子に味の違いなんてわかるのかしら？（笑い声）」
C「でも安心安全のブランドよねぇ」
A「まぁたしかに…」
C「それに私たちも毎日使ってるし」
B「ま、まぁ、リッチね…」
C「お二人共私にいつも送ってくれるじゃない！」
AB「…ん？」
隠れたところに、身近な国産
.ジェーピー

菅野 光輝 埼玉県
広告会社にお願いしなくても、
ブランディングできます。

菊池 将哉 千葉県
素晴らしいコンペも、3文字で落ちる。

菊池 将哉 千葉県
名刺を配る度に、スパムも添えている。

北川 秀彦 大阪府
URLは、一番のキャッチコピーです。

木原 将希 大阪府
一瞬で国外に連れていかれるなんて、
誰だって恐いよ。

小島 功至 熊本県
戦略的に練ったビジネスモデルが、
感覚的に選んだドメインで台無しです。

小西 裕斗 大阪府
ある銀行の、
融資基準のひとつだという噂がある。

小西 裕斗 大阪府
Googleが信頼度が高いと判断しているから、検索上位に .jpが現れやすいのです。

小西 裕斗 大阪府
よく知らない国に異動になっても、
「和食屋」を見るだけで信頼してしまう感じ。

小西 裕斗 大阪府
.jpしか見ちゃだめよ、
から始めるネットリテラシー。

小宮 央 東京都
余計な前置きはいらない。

小宮 央 東京都
想像ですが、
.jpのメールは
開封率が高いと思う。

颯々野 博 大阪府
引き合いが全くないのは、営業マンのせいじゃなかった。

柴田 賢一 茨城県
社運を賭けたメールが、
迷惑メールフォルダにIN。

菅谷 敏通 大阪府
どんなにお金を出しても、
使えない企業がある。

高橋 誠一 広島県
HTMLコードは完璧なのに「.jp」じゃないなんて。

竹節 忠広 長野県
業績は信用についてくる。

田中 恵美子 東京都
.coの宣伝会議賞にも協賛する、
懐のふかさ！

寺門眞一　兵庫県
手の込んだキャンペーンが泣いていた。

寺門眞一　兵庫県
ただの記号か、付加価値か。

冨岡航　東京都
飾りじゃないのよ末尾は。

永井絢　神奈川県
一流企業になる宣言。

浪岡沙季　東京都
うますぎる話だが、
.jpがついているので本当みたいだ。

橋本寿弥　愛知県
大手感が出る。

橋本寿弥　愛知県
世界と戦う、準備のひとつだ。

林恭子　大阪府
犯人は、ちゃんとしっぽを出している。

林次郎　東京都
創業100年の会社でも、
2文字で信頼は失われる。

林秀和　東京都
何かごまかしたいことでもあるんですか?

春山豊　東京都
説得力は語尾にでる。

日高修一　東京都
地域活性化に成功した島根県海士町の
URLは、
town.ama.
shimane.jpだ。

平田直也　東京都
「めでたしめでたし」の終わり方で安心す
るように、「.jp」の終わり方は安心する。

廣本嶺　東京都
インターネットに接続する機会が増えたと
いうことは、インターネットのトラブルに
遭う機会が増えたということだ。

藤田篤史　東京都
取得してない企業は、
取得できなかった企業と
思われつつあります。

藤田篤史　東京都
クライアント内では、
ウイルスと呼ばれていた。

藤田篤史　東京都
防衛省も「.jp」です。

堀田陽祐　愛知県
社運を賭けたイベントの案内が、迷惑メー
ルフォルダに・・・。

堀野洋介　東京都
同じ商品なら、
こっちで買おうよ。

松野伸幸　東京都
クリックひとつで世界中を飛び回れる、
「.jp」はそんな時代の故郷です。

三上佳祐　東京都
じゃない方ドメインで、いいんですか?

三上佳祐　東京都
論より、.jp。

三上智広　北海道
ラストはやっぱり、コレでしょう!

三島直也　東京都
審査をゆるくした方が、
儲かるんですけどね。

見田英樹　愛知県
個人こそ、第一印象。

密山直也　兵庫県
「信じて」の三文字なんかより信じられる、
三文字がある。

箕浦弘樹　岐阜県
ちょっとふざけたアドレスも、
それらしく見えます。

箕浦弘樹　岐阜県
「なんかヤバそう」の「なんか」は、
見たことのないドメインのことだと思う。

箕浦弘樹　岐阜県
お金をかけずに、ちゃんとした会社に見せ
る方法があります。

ナ

日本レジストリサービス

与座 郁哉　愛知県
すごくいい会社なのに、末尾が残念。

与座 郁哉　愛知県
靴と同じく、意外に人は見ています。

箕浦 弘樹　岐阜県
「和製」は応援したくなる。

宮垣 亮汰　京都府
安心して興奮していいドメイン。

宮垣 亮汰　京都府
「だまそう」と思ってないなら、付けるべきだ。

宮垣 亮汰　京都府
ばあちゃん、とりあえず「．jp」探せば大丈夫だから。

宮崎 圭佑　熊本県
このサイトやば・・・くないな。

向井 正俊　大阪府
情報で大切なのは、出どころです。

柳元 良　神奈川県
「怪しい」と思われた時点で、マイナスからスタートということになります。

山下 祐輝　大阪府
日本人はブランドに弱いのに、日本のブランド力には気づかない。

山下 祐輝　大阪府
住んでいることがメリットになる国に住んでいます。

山本（飯田）朝子　東京都
ビジネススーツを着ている人が、ビーサンを履いて商談に来るような違和感。

パナソニック

パナソニックの電動アシスト MTB「XM1」が日本で大流行するアイデア

協賛企業賞

奥村 明彦（64歳）東京都

ハ

パナソニック

限界なんかに挑戦しない。

▼協賛企業のコメント

パナソニック
宣伝・広報部 宣伝制作課
西川俊三さん

このたびは協賛企業賞の受賞、おめでとうございます。今回の「電動アシストMTBの新しい楽しみを広げる」というテーマに対して、とても多くのご応募をいただきました。その中でも、「電動アシスト」であることと、狙うターゲットのインサイトを強く感じさせていただいたものが、本作品になります。これまでの自分の力の限界に挑戦するという「ガチ」な価値観を逆手に取って、商品がもたらす「イマドキ」の楽しみ方を的確に表現されたコピーだと感じました。最後になりましたが、多数の中から当社の課題にご応募いただいた皆さま、本当にありがとうございました。今後も皆さまが、お身体の限界に挑戦することなく、素晴らしいコピーを生み出されていくことを心よりお祈り申し上げます。

三次審査通過作品

小林 鴻世 神奈川県

息子のために買ったことになっている。

佐々木 一之 愛知県

向かうところ、坂なし。

千葉 龍裕 東京都

地球にとって、日本は島ではなく山である。

二次審査通過作品

奥村 伸也 東京都

今朝は24人抜き。

佐々木 貴智 東京都

現在、電波の届かない場所を走っております。

金井 優昌 宮城県

オトナの補助輪。

柴田 賢一 茨城県

パパソニック。

狩野 慶太 東京都

坂道が、近道になった。

柴田 賢一 茨城県

パナい。

清水 淳一 東京都
かっこいいのに、楽だ

新免 弘樹 東京都
ふとり世代に。

新免 弘樹 東京都
マウンテンバイクが、家電になった。

芹澤 高行 東京都
電動ヤマチャリ。

岩網 知也 石川県
楽もしい。

水谷 真由子 愛知県
カタチから入って正解だった。

宮崎 圭佑 熊本県
休日は広い。

宮崎 響 大阪府
通勤ラッシュから、通勤ダッシュへ。

一次審査通過作品

青山 紀恵 東京都
ドアを一歩出たら、アウトドアだ。

浅野 仁栄 岐阜県
都会は『山』なのです。

安東 成喜 兵庫県
この錯覚、クセになる。

安東 成喜 兵庫県
限界を踏み超える喜び。

石塚 啓 神奈川県
通勤をストレスにするか、リフレッシュにするか。

伊藤 孝浩 北海道
電車より自電車。

伊藤 伸秀 東京都
景色のほうから飛びこんできた。

伊藤 均 東京都
追い風に乗ろう。

岩崎 あかね 千葉県
運動神経増強。

岩崎 浩之 東京都
自転車を、旅にする。

上田 雅也 長野県 テレビCM
美しい山道を、自転車で駆け上がる男女
男&女：ハア、ハア、ハア、ハア、ハア、ハア
NA：サイクリングに、会話を。
電動アシストMTB「XM1」

太田垣学　奈良県

山チャリ。

大塚正樹　埼玉県

歩きとも、クルマとも、自転車とも違う景色がやってくる。

小笠原清訓　千葉県

前に進む補助輪

奥村伸也　東京都

人生に、追い風を。

鏡享平　山形県

未知を走る。

片岡佳史　神奈川県

一人で登れない坂も、一緒なら登れる。

桂田圭子　滋賀県

街並みが、止まってみえた。

桂田圭子　滋賀県

前より、ジモティー。

金井優昌　宮城県

毎日が、山場なあなたに。

金井優昌　宮城県

行きやすさは、生きやすさ。

金井優昌　宮城県

悪路バティック。

金井優昌　宮城県

わるい道ほど、いい道だ。

狩野慶太　東京都

パパの脚は充電できる。

鎌谷友大　東京都

ラクラクから、ワクワクへ。

川村真悟　福岡県

コウドウを、変えよ。

北﨑太介　千葉県

冒険心は、買えます。

木下現　東京都

山へ、芝駆りに。

木村幸代　埼玉県

走る楽しさにも、拍車をかけています。

熊谷愛　秋田県

パパチャリ

小島功至　熊本県

脚力に、脚色を。

近藤学　東京都

登り坂を下る。

坂入貴行　愛知県

俺は定年後も家にいないから、安心しろ。

佐々木貴智　東京都

遠くを見るようになった、遠くまで行けるから。

柴田賢一　茨城県

パナソニックは、こう走りました。

島田淳平　京都府

インスタ映えする電動自転車。

島田淳平　京都府

漕ぐ時間は同じでも、もっと遠くの世界に行ける。

清水大　千葉県　テレビCM

山に囲まれ、田んぼが広がる田舎風景。
選挙カーの前で、候補者が演説
候補者：あの山のせいで、皆さんは街へ出かけることもできない。私が当選したら、ドーン！とトンネル掘りましょう！
聴衆が無反応
候補者：ドーン！っと。
聴衆：いらねーよ。自転車あるし。
候補者：自転車であんな山越えられません。やはりドーンと。
聴衆：おらの自転車、あんくれー越えるよ。
老人が颯爽と電動アシスト自転車で山道を走る姿
候補者無言
NA：山をドーン！と平地に

清水大　千葉県　テレビCM

タスキをかけた学生ランナーが、山の上り坂で前を走るランナーをどんどん抜き去る。
学生（心の声）：この日のために、頑張ってきたんだ。母さんのため

にも、俺は神になる!
学生（心の声）：まるで、母さんの応援が聞こえるようだ。母さん、俺頑張るよ。
ふと横を見ると、本当に母親の顔。
学生：母さん!?
母：ほら、頑張んなさい!母さん、ゴールで待ってるから。
颯爽と電動アシストＭＴＢを漕いで、前へ走り去っていく。
学生唖然
NA：山なんて、平地だ。

新免弘樹　東京都
人生に、追い風を。

鈴木健一　東京都
冒険は、年齢・性別を問いません。

闞彰一　東京都
有酸素運動をするなら、ジムの空気より、山の空気がいい。

関口尚将　兵庫県
「衝動」をアシストする。

武田道生　東京都
未知を、道に。

竹節忠広　長野県
体力を充電する。

パナソニック

竹節忠広　長野県
人間と自転車のバッテリー。

田中貴弘　東京都
山あり谷ありの人生は、楽しい。

棚橋直生　大阪府　テレビCM
「自転車で日本1周旅なう」とツイートする画面のカット
そのツイートをしている
おばあちゃんを映すカット
NA＆テロップ：行きたい場所へ行こう。電動アシストＭＴＢ「ＸＭ１」
ＣＬ ｉｎ

田沼紫乃富　栃木県
チャリスト。

長井謙　東京都　テレビCM
□山の斜面をＸＭ１で気持ちよく下る男
□画面が回転する。
□実は下り坂ではなく、登り坂だった。
NA「登り坂まで楽しめる電動アシストのマウンテンバイク、ＸＭ１」

長井謙　東京都　テレビCM
□犯人が山へ逃走する。追いかける警察。
□犯人が茂みに隠れる。
□そこへ、ＸＭ１に乗った警察の一人が犯人を見つける。
犯人「しまった!」
□しかし、見て見ぬふりをして、違う場所へいく警察。
警察「待てー!」
犯人「あれ?」
□商品カット
NA「ずっと走っていたくなる。電動アシストのマウンテンバイク、ＸＭ１」

長井謙　東京都　ラジオCM
機械の声「ルートを、外れました」
機械の声「ルートを、外れました」
機械の声「ルートを、外れました」
男「フフ、道案内のアプリが、混乱してるぞ」
女「まさか、こんなところ通るなんて、思ってもなかったでしょうね」
NA「道なき道を、楽しもう。電動アシストのマウンテンバイク、ＸＭ１」

中島匠　神奈川県
趣味は通勤です。

中島優子　東京都
日本は、まだまだ未開だ。

中辻裕己　東京都
空は今日も、すすめの青だ。

中辻裕己　東京都
ストレスは、風に弱い。

名取健一　神奈川県
乗ると、世界が軽くなる。

浪岡沙季　東京都
パパチャリ、誕生。

浪岡 沙季 東京都 テレビCM
鼻歌を歌いながらＸＭ１に乗っているおばさん。
後ろからひったくりがやってきてバッグを奪う。
「これで撒いたな。どれ中身はっと…」
後ろからＸＭ１に乗ったおばさんと警察が猛スピードで坂道をやってくる。
息をきらした警察「はぁはぁはぁ…現行犯逮捕です」
余裕のおばさん「私を狙ったのが悪かったね」
NA：疾走したい時に。電動アシストＭＴＢ「ＸＭ１」

西口 裕 東京都
今までなくてすいません。

西脇 亨 大阪府
今、人生最高の下り坂だ。

西脇 亨 大阪府
人生にマウンテンバイクが帰ってきた。

野村 一世 大阪府
散歩が趣味なんて、まだ似合わないですよ。

野村 一世 大阪府
地図にない道は嫌いですか？

橋口 賢一郎 愛知県
上へ上へ、下ってく。

浜田 英之 東京都
他の足では、
たどり着けない場所でした。

林 秀和 東京都
俺、仮面ライダーみたいだろ？

稗田 康貴 大阪府
もはや自転車じゃない、自転車だけど。

東 将光 東京都
ママチャリも、ヤマチャリも、電動の時代。

平野 あゆみ 神奈川県
おれ、スゲー！

廣本 嶺 東京都
道を変えたぐらいで、世界は変わらない。
でも、自分の世界は変えられるかもしれない。

廣本 嶺 東京都
世界初より、自分初。

藤田 卓也 東京都
行きつけの街を持とう。

船越 一郎 東京都
山で遊ぶ家電。

船越 一郎 東京都
道なき道を、座りこぎ。

古川 幸一郎 大阪府
電動アシスト、パパチャリ。

細田 哲宏 香川県
父は、退職して、子どもになった。

眞木 雄一 石川県
のぼり坂で景色を見つけた。

松野 真也 千葉県
インスタ映えするし、
インスタ映えする場所にも行けるし。

松野 伸幸 東京都
それは、少年への帰り道。

松本 透 東京都
通勤型アクティビティ

真鍋 光輔 東京都
ホントの近道は、道順より自転車にあった。

丸山 佑介 長野県
もう月曜日の筋肉痛はこわくない。

水谷 真由子 愛知県
お風呂よりオフロードあがりのビールは最高だ。

溝口 昌治 神奈川県
山が、ビビった。

宮岡 達 東京都
アンチエイジングに、ＸＭ１という処方を。

三宅 幸代 大阪府
通学路から、山道まで。

向井 真司 東京都
ママ友、今日からヤマ友。

向井 正俊 大阪府
足が錯覚する。

輿嶋 一剛 岐阜県
走る家電。

若林 淳一 福岡県 テレビCM
夜道、人気の少ない町の一角。
大きなコートを羽織りゆっくり歩く不審者。
対面から相手が近づいてきたことを感じ、
コートを広げる。
しかし、XM1に乗った女性は、高速ですれ違う。
NA「早いって、安全だ。」

渡辺優一 東京都
あなたを充電してあげたい。

渡部 陸 神奈川県
足に、翼を。

ビデオマーケットの
キャッチフレーズを
募集します！

わたしたちは一般映像作品配信数 NO.1※の
『ビデオマーケット』という動画配信 (VOD)
サービスを展開しております。
配信作品のジャンルは映画・ドラマ・アニメ・
バラエティ・お笑い・スポーツ・韓ドラなど幅広く、
配信本数は国内最大級の 17 万本以上です。

※MM 総研調べ（カラオケ・ミュージックビデオ、成人作品を除く）

VOD 市場は年々拡大しており、
様々な VOD サービスがある中で、
「映像作品を『ビデオマーケット』でみたくなる」
「VOD なら『ビデオマーケット』」
と思ってもらえるような、斬新かつ皆様に愛される
キャッチフレーズをお待ちしています。

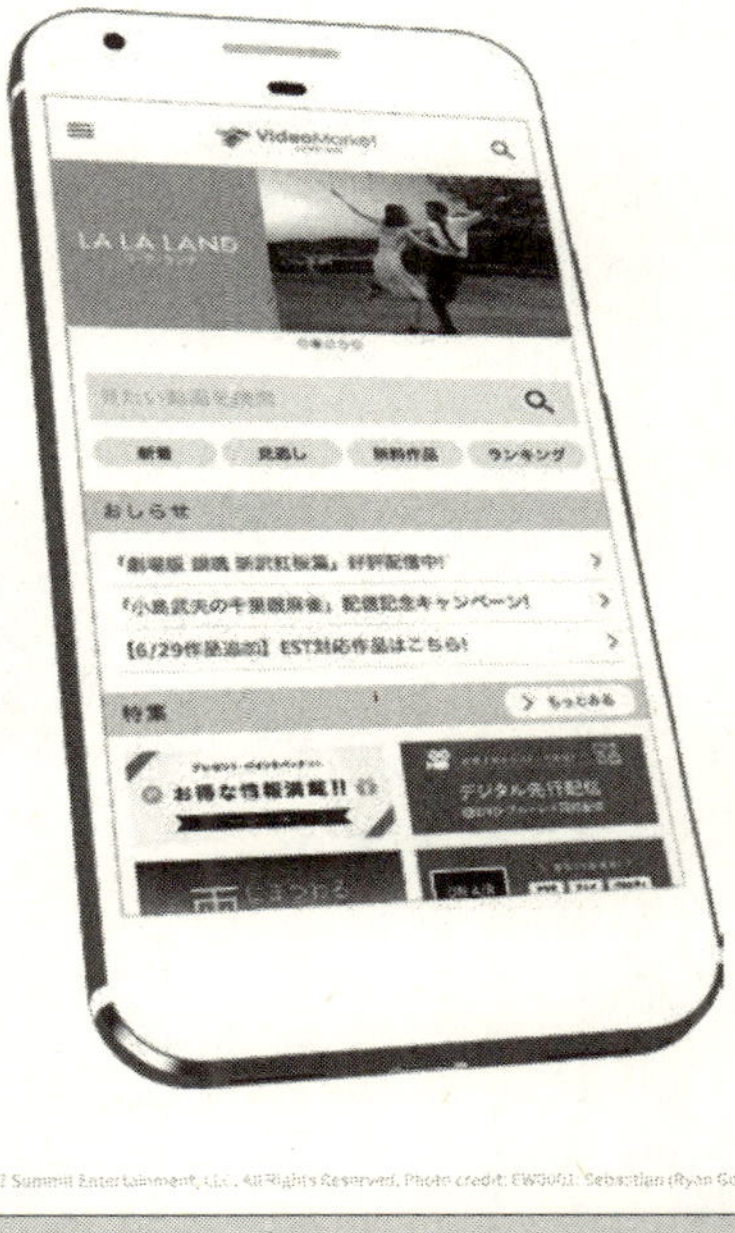

課題

**VODサービスの『ビデオマーケット』を
皆さんに知っていただくためのキャッチフレーズ**

ジャンル
キャッチフレーズ

参考資料
www.videomarket.jp

VideoMarket
ビデオマーケット

ビデオマーケット

VOD サービスの「ビデオマーケット」を
皆さんに知っていただくためのキャッチフレーズ

八 ビデオマーケット

協賛企業賞

岩谷 零（31歳）北海道

いま、みよう。

▼協賛企業のコメント

ビデオマーケット
VM企画室 室長
松田 修さん

受賞おめでとうございます！作品数が国内最大級の当社サービスをどう打ち出すかを昨年1年、プロモーションでのユーザーコミュニケーションを含め模索しておりました。とはいえ、なかなか社内でこれだというフレーズが浮かばず。。。認知度アップも狙いつつ宣伝会議賞さんにお願いしました！とてもよいフレーズを多くエントリーいただき社内でもかなり意見が割れましたが、シンプルに動画視聴を促すであろうこちらの作品を選ばせていただきました。サービスリニューアルも考えておりますので、そちらと合わせて大活用させていただければと思っております。今回ご参加いただいた皆さま、ありがとうございました。皆さまの今後のご活躍をお祈り申し上げます。

二次審査通過作品

岩本 梨沙 大分県
子供は予期せぬ場所でぐずる。

浦上 芳史 愛知県
忙しい現代人。まとまった2時間はなくても、こま切れの2時間はある。

北川 秀彦 大阪府
2時間待ちを、ドラマ2話分と考える。

武田 陽介 宮城県
借りに行く時間と、返しに行く時間が、観る時間になる。

一次審査通過作品

青柳 信吾 奈良県
未来の映画監督は、「スマホで毎日映画を見ていた」と言っているかもしれない。

浅野 俊輔 東京都
新作コーナーにいちばん多いタイトルは「貸出中」です。

浅野 俊輔 東京都
おもしろかった映画も、つまらなかった映画も、返しにいくのは面倒くさい。

浅野 俊輔 東京都
移動時間に、移動だけしているのはもったいない。

浅野 俊輔 東京都
ゴールデンタイムは、人それぞれ。

浅野 俊輔 東京都
1回レンタルするには、2回お店に行く必要がある。

石田 悠斗 神奈川県
ディズニーの行列で、ディズニーの映画を観た。

石山 博之 千葉県
どこでも、カップルシート。

井手 宏彰 福岡県
続きは、ベッドで。

伊藤 美幸 愛知県
風が気持ちいいから、ベランダで観よう。

稲川 諒和 愛知県
リビングで見たくないドラマもある。

植田了亮　岡山県
あるよ

浦上芳史　愛知県
飛行機は、
チェックインしてから
搭乗までが、暇だ。

浦上芳史　愛知県
この1週間で何話まで観れるか、
借りる時にはわからないものです。

江副佑輔　福岡県
よく並ぶ国だから。

大城昂　佐賀県
お店にはスペースの都合上、
お店が選んだ作品しか置いてません。

岡安希　愛知県
「見たい」を、最短距離で叶える。

貝渕充良　大阪府
キャンプ場で観る13日の金曜日は、
最高に恐い。

加藤晃浩　東京都
行列で2時間待ち?じゃあ映画一本分か。

加藤晃浩　東京都
仕事ができる人は、
仕事以外の時間の使い方も上手い人だ。

加藤慶　東京都
左手につり革。右手にアカデミー賞作品。

ハ

ビデオマーケット

加藤慶　東京都
「ごめん、ちょっと遅れる!」
「今いいところだから、ありがとう!」

上口颯也　千葉県
見逃しを、見逃しません。

北川秀彦　大阪府
通勤時間をゴールデンタイムに。

北川秀彦　大阪府
乗客じゃなくて観客です。

黒川憲子　愛知県
いつでも、ゴールデンタイム。

黒川憲子　愛知県
夫が、おとなしく待っている。

小西裕斗　大阪府
市場の楽しみは、選んでいる時間なんです。
動画市場 ビデオマーケット

小林鴻世　神奈川県
目当ての一本を探す間に、
次に見たい一本も見つかった。

小林鴻世　神奈川県
どうがでしずかにできる、よい子はハーイ。

小林鴻世　神奈川県
パパ、もうちょっと渋滞にハマっててくれる?

小林鴻世　神奈川県
寄り添いたくて、スマホで観ることにした。

小林鴻世　神奈川県
遅れてごめん。
いい場面で着いて、もっとごめん。

颯々野博　大阪府
レンタル中で借りられなかった映画も、
恥ずかしくて借りられなかった映画も。

柴田賢一　茨城県
目的地に着くまでの時間と
同じ長さの映画を選んだ。

鈴木一真　埼玉県
父と母が寄り添い合って、
スマホを観ていた。

鈴木一真　埼玉県
「帰ったら映画観よう」が、
「帰るまで映画観よう」に変わる。

高澤邦仁　東京都
「スター・ウォーズ」には、
予習・復習が欠かせない。

竹節忠広　長野県
びしょ濡れになって借りに行ったのに、
レンタル中。

竹節忠広　長野県
借りに行くためだけに、
化粧するのはめんどくさい。

手代森修　東京都
私のスマートホンに、彼は寄り添ってきた。

寺門 芳郎　大阪府
観に行くから持ち歩く時代へ。

中島 崇　埼玉県
なに笑ってるの？と
カレのとなりへ飛び込んだ。

中村 聡志　愛媛県
帰省ラッシュ、私は渋滞にハマリ、
息子はドリフにハマった。

中村 聡志　愛媛県
インドア派にも、アウトドア派にも。

中山 博仁　熊本県
ポップコーンはないが、
布団にくるまって観る映画も、悪くない。

成田 斐　大阪府
時間にルーズなお母さんと、
映画が好きなお父さんは、相性がいい。

西口 滉　東京都
おいおい、それも観れるのかよ。

早坂 あゆみ　東京都
ふつうのマーケットだって、
安くて品揃えの多いところにいくでしょ？

早坂 あゆみ　東京都
スマホなら、君と顔を近づけられる。

福島 理紗　神奈川県
私より忙しい先輩が、話題のドラマも
映画も押さえているのはなぜだろう。

福島 理紗　神奈川県
ドラマもアニメも、
話題になった後から追いかけられます。

福留 里奈　東京都
「うちでお茶飲んでく？」より、
「うちで、ラランド見ない？」の方が
成功率上がるきがする

松野 伸幸　東京都
もっと近くにいきたくて、
「スマホで観よう」と言いました。

松野 伸幸　東京都
ほら見て、
あの橋がこの橋だよ。

松本 敦子　埼玉県
電車で座ってるだけなのに、
表情豊かな人って、
ちょっとうらやましいと思う。

松本 透　東京都
何てタイトルだっけ…
部長が言ってたアニメ。

三上 佳祐　東京都
公共の場では、表情をマナーモードに。

村上 千紘　東京都
画面を除く二人の距離は、
映画館以上のドキドキです。

村上 正之　愛知県
待ち時間をゴールデンタイムに。

森下 正　福岡県
「君の名は。」を借りるのに、
何日かかりましたか？

森下 夏樹　東京都
通勤時間を、ゴールデンタイムに。

森下 夏樹　東京都
旅行は、観光する時間と、
待ち時間でできている。

八重柏 幸恵　北海道
育児を助けてくれたのは夫ではなく、ビデ
オマーケットでした。

山内 昌憲　東京都
狭い画面が、ふたりの距離を近くした。

若杉 幸祐　東京都
品川で起きた事件の犯人が、
新大阪で捕まった。

若杉 幸祐　東京都
「もしもし、いまどこ？」
「いま、いいとこ」

「Cloud」・「AI」・「IoT」・「Fintech」・「Blockchain」・・・
５年前、これらの技術やトレンドをどれくらいの人が知っていたでしょうか。
世界は音をたてながら、猛烈なスピードで、変化しています。
最新の技術を取り入れながら常に先進的な価値を提供し、
高度情報化社会に住むヒトたちに、次のシアワセを提案する。
FIXERはそんな企業でありたいと考えています。
課題｜「cloud.config」にしなきゃ。と思えるアイデアを募集します。
ジャンル｜自由
参考資料｜http://fixer.co.jp
https://cloud-config.jp/sendenkaigi55
FIXER

FIXER

「cloud.config」にしなきゃ、と思えるアイデア

協賛企業賞

永井 絢（22歳）神奈川県

クラウドに作業を、人間に仕事を。

▼協賛企業のコメント

FIXER
経営戦略部 広報
島田紗也加さん

このたびは誠におめでとうございます。企業のクラウド利用はもはや当たり前の選択肢となり、これからはビジネス競争力を強化する戦略的なクラウド活用が求められています。クラウドによって人の働き方もますます多様化していますが、クラウドは人から仕事を奪うものではなく、人の仕事や人生そのものをより豊かにしていくものだと私たちは考えています。「cloud．config」は企業の最適なクラウド利用をサポートするフルマネージドサービスです。AI／機械学習やBlockchainなどの最新技術を取り入れ、企業の皆さまのクラウドによる新しい挑戦を支援し続けてきました。FIXERには「Technology to FIX your challenges．」というコーポレートスローガンのもと、最先端の技術を追求し、その技術力でお客さまの挑戦を支えたいという想いがあります。その想いを実現させる「cloud．config」が端的に表現された本作品を選ばせていただきました。最後になりますが、ご応募いただきました皆さまに心より御礼を申し上げるとともに、ますますのご活躍を祈念いたします。

三次審査通過作品

桂田 圭子 滋賀県

人は疲れる。クラウドは疲れない。

二次審査通過作品

加藤 晃浩 東京都

企業理念に、「革新」、「挑戦」が入ってる会社の皆さん、cloud.configしてますか？

新免 弘樹 東京都

クラウドは働く。人間は休めばいい。

藤田 篤史 東京都

会社の頭脳、増やしませんか？

三浦 秀雄 秋田県

老害は役員ではなく、古いシステム。

三島 直也 東京都

会社のスローガンだけが未来を向いていないか。

山本（飯田）朝子 東京都

人間が仕事のいいとこどりをする時代。

一次審査通過作品

浅野 俊輔　東京都
サーバをなくしたら、残業もなくなった。

浅野 俊輔　東京都
本当にリストラすべきは、
社員じゃなくサーバでしょ。

浅野 俊輔　東京都
社長が、
でっかいサーバを導入して自慢していた。
転職しようと決めた。

浅野 俊輔　東京都
サーバがダウンした。
自社の株価もダウンした。

浅野 俊輔　東京都
人を削るくらいなら、サーバーを削れ。

阿部 亮介　東京都
人間らしい仕事をしよう。

阿部 亮介　東京都
寝顔しか見れなかった息子の笑顔も見れるようになった。

阿部 亮介　東京都
クラウドによる保守に変えたら、息子の「おかえり」が聞けるようになった。

伊東 重子　東京都
一足先に「5年後のフツウ」へ、ご案内します

伊藤 美幸　愛知県
あとはクラウドに任せて、人はやりたい仕事をしよう。

奥谷 和樹　大阪府
モーレツでは、モーレツに遅れる。

奥村 伸也　東京都
残業しすぎ。クラウドが。

奥村 伸也　東京都
一般企業を、IT企業へ。

奥村 伸也　東京都
24時間365日働ける。

桂田 圭子　滋賀県
仕事には、いい仕事と、自分じゃなくてもいい仕事がある。

狩野 慶太　東京都
人手不足ですか。クラウド不足ですか。

河野 司　東京都
「5年後」を提供する会社。

小島 功至　熊本県
社内のスター選手たちを、守備要員に使っていませんか？

小西 裕斗　大阪府
ボクの紛失の責任は、クラウドにしなかった部長にもあると思います！

小林 猛樹　千葉県　テレビCM
■ボクシングの試合で、殴られても殴られても向かっていくボクサー。
NA：システムにダウンは許されない。
■cloud.configのロゴマーク。
NA：cloud.config。

サンチェス翼　埼玉県
真面目にサボろう。

柴田 賢一　茨城県
もくもくと働く時代から、くもくもと働く時代へ。

新免 弘樹　東京都
この国に必要なのは、
産業革命よりも、残業革命だ。

田中 裕亮　長野県
時間、売ります。

ハ

FIXER

中島 崇　埼玉県
クラウドを導入してから、家族と夕飯を食べる社員がふえました。

中島 崇　埼玉県
仕事量はふえてますが、帰る時間は早くなりました。

中辻 裕己　東京都
パパが、パパが帰ってきた！

中辻 裕己　東京都
ちょっと不安になるくらい、仕事が楽になりました。

藤田 篤史　東京都
サーバーが落ちた。株価も落ちた。

三浦 秀雄　秋田県
人がやる仕事は、別にある。

三島 直也　東京都
良い社員が入ってくるのを待つより、良いクラウドを入れた方が早い。

三島 直也　東京都
人口が減っているなら、仕事を減らせばいい。

三島 直也　東京都
立派なスローガンより、堅実なクラウドを。

密山 直也　兵庫県
残業革命。

密山 直也　兵庫県
人間にしかできない仕事を、人間にはさせるべきです。

宮村 亮大　神奈川県
出来る上司は、仕事を任せる。クラウドにも。

村上 正之　愛知県
問題は、人手不足より、クラウド不足だ。

山﨑 裕也　東京都
いい企業は、社員がよく眠る。

山本（飯田）朝子　東京都
いつまでたってもクラウドにならないので、あの有能な人は転職してしまった。

山本（飯田）朝子　東京都
英語が話せる社員より、話の分かるクラウドさんが必要だ。

山本（飯田）朝子　東京都
社員諸君に、社長からのプレゼントだ。

山本 恭子　長野県
日本企業はなぜ残業しないのか、と言われる日まで。

FeliCa Networks

「スマホで電子マネー」
を、もっと広げるためのアイデアを募集します。

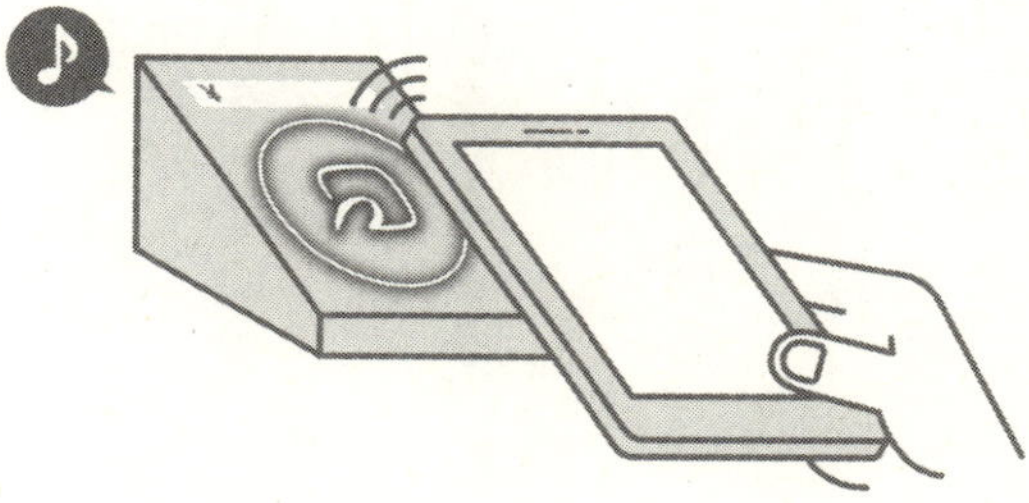

主要な電子マネーの累計発行数は、2016年に3億件※1を突破！

ですが、利用手段に着目すると、

「カード」が8割、「モバイル」は2割、と実はまだまだモバイル利用者が多いとは言えません。

世界でもいち早くモバイル決済が始まった日本で、
もっと多くの人たちに「モバイル」ならではの電子マネーの魅力を知ってほしい———。

普段のお買い物でも「モバイル」の電子マネーが使われる、とっておきのアイデアを募集します！

課題 電子マネー未利用者、もしくはカードでのみ電子マネーを利用している人が
「モバイル（スマートフォン）」で電子マネー※2を利用したくなるアイデア。

ジャンル キャッチフレーズ、テレビCM、ラジオCM

参考資料 フェリカネットワークス会社案内 http://www.felicanetworks.co.jp/

※1 フェリカネットワークス調べ。 ※2 「おサイフケータイ」、「Apple Pay」、「Android Pay™」の対応電子マネーを対象。
「おサイフケータイ」は、株式会社NTTドコモの登録商標です。「Apple Pay」は、米国およびその他の国で登録されたApple inc.の商標です。「Android Pay」は、Google Inc.の商標です。

「」はフェリカネットワークス株式会社の登録商標です。

フェリカネットワークス

電子マネー未利用者、もしくはカードのみ電子マネーを利用している人が
「モバイル（スマートフォン）」で電子マネーを利用したくなるアイデア

協賛企業賞

郡司 嘉洋（39歳）東京都

テレビCM

【やさしい街】篇

松葉杖を使っている男性が、
片手のスマホで支払いをしている。
赤ちゃんを抱いたお母さんが、
片手のスマホで支払いをしている。
杖をついたおじいさんが、
片手のスマホで支払いをしている。
NA：「スマホで電子マネー」は、
　世の中をちょっとやさしくする。
NA：フェリカネットワークス。
最後に、お父さんと手をつないだ女の子が、
お父さんの代わりにスマホでタッチする。

▼協賛企業のコメント

フェリカネットワークス
プロダクト&サービス部 営業1課 課長
玉川 修一さん

このたびは、協賛企業賞の受賞、誠におめでとうございます。これまで、「おサイフケータイ®」をはじめとするスマートフォンでの電子マネー利用を促進するにあたり、その利便性を訴求することは多々ありましたが、「スピーディーであること」や「楽であること」のストレートな表現が中心でした。今回の受賞作品は、片手で済むという利便性を「人への優しさ」という従来とは一味違った形で表現されており、その視点の新規性を評価し、選考させていただきました。日常生活の中で多様な人々に分け隔てなくご利用いただきたいという、当社が目指す世界も上手く表現していただいていると思います。最後になりますが、今回の課題に対して創造性を発揮していただき、ご応募いただいた皆さまに心より御礼申し上げますとともに、今後ますますのご活躍をお祈り申し上げます。

斗内 邦裕 北海道
テレビCM

起床した若い男性。全裸で、スマホだけ持って股間に当てながら、外へ。

バスのリーダーにスマホを当てて乗車。その時は、左手で股間を隠す（以下同様）。

駅で電車に乗り換え、吊革につかまっている（左手のスマホで股間を隠す、以下同様）。

電車を降りて駅を出て、コンビニで朝食を買う。

会社に着いて、同僚に挨拶して着席し、自席で朝食を食べる。

デスクワークをして、ベルが鳴り昼休憩。

ランチの行列に男女の同僚と並び、テーブルを囲んで昼食。

会社に戻って午後の仕事。窓の外が夕焼けになるころ、同僚が寄ってきて指で「一杯どう？」の合図。

皆と会社を出て、居酒屋の座敷へ。陽気に飲み食いし、踊る（必然的に裸踊り）。

へべれけになりつつ、同僚が終電に気づき、慌ててスマホで会計して駅へ。

走って何とか最終電車の扉が閉まる間際にギリギリ飛び込み、体操選手の着地のように、
思わず両手を上げてポーズを取ってしまうが、スマホがちょうど股間に落下して、局部は隠れる。

スマホを股間に当てたまま終点で駅員に起こされ、同じようにタクシーに乗って帰宅し、
部屋の明かりが消える。


対象電子マネーサービスのロゴマーク（楽天Ｅｄｙ、ｉＤ、ｎａｎａｃｏ、ＱＵＩＣＰａｙ、Ｓｕｉｃａ、ＷＡＯＮ）が画面に映る。

NA：電子マネーは、スマホで、もっと便利に。

全裸で、股間にスマホだけ乗せて、いびきを掻いて眠っている男性。

坂内洋亮 神奈川県

電子マネーを、もっと使いやすく、もっと使われにくく。

山岸勇士 愛知県

僕のスマホには、円もドルもユーロも入っている。

二次審査通過作品

飯塚逸人 東京都

ボクのお金には暗証番号がついている。

小宮山玄一 東京都

全国の行列が、ちょっと短くなる。

鈴木敦子 千葉県

顔パスに近い。

高橋俊一 東京都

100万入れても、パンパンにならない。

中村れみ 東京都

この世からカツアゲがなくなりました。

堀江敦史 東京都

自分にしか開けられないお財布。

松田綾乃 東京都

「金を出せ」と言われましても。

三上佳祐 東京都

現金に、パスワードを付けた。

一次審査通過作品

浅尾 律子　東京都
使ってみると、楽でした。

浅野 俊輔　東京都
スマートフォンのご利用は
(お会計のとき以外は)
ご遠慮ください。

浅野 俊輔　東京都
「お金持ち」って、古くね?

浅野 俊輔　東京都
駅の自販機にも、快速があります。

浅野 俊輔　東京都
娘よ、買い物も
マナーモードにしなさい。

浅野 俊輔　東京都
改札を抜けた。買い物をした。
それまでずっと手をつないだまま。

浅野 俊輔　東京都
ご注意:充電でお金は増えませんっ。

石井 雅規　千葉県
店長、現金のお客さんです。

市島 智　東京都
電子マネーは、電子機器で。

伊藤 伸秀　東京都
割引券、割引券、ディスカウントショップ、
ディスカウントショップ、ドラッグストア、
ドラッグストア、レンタルショップ、電子マ
ネーカード、美容院、ディスカウントショッ
プ、知らない会員証、保険証、キャッシュカー
ド、クレジットカード、クレジットカード、
診察券、診察券、図書館カード。

伊藤 史宏　愛知県
ポケットが一つ空いた。

伊藤 美幸　愛知県
財布は荷物。

伊藤 康統　愛知県
二千円札以上のイノベーションを
この国に期待できますか。

伊藤 康統　愛知県
もしもの時は、
「もしもし」できる。

伊藤 康統　愛知県
課長、
支払い方が昭和です。

今村 寛信　福島県
牛、馬、豚、蛇、羊、ダチョウ、ワニ…
救えるかもしれません。

大山 雄仙　愛知県
一番早く出せるのは、スマホです。

貝渕 充良　大阪府
スマホに、一万円を預けてる。

貝渕 充良　大阪府
来月の私に、仕送りをした。

片山 頌子　東京都
レジで鳴るシャリーンは、
スマートな人の登場SEだ。

上市 友也　東京都
「スマホ」の「スマ」の部分です。

河内 大輝　東京都
カードを入れるために、
結局財布を持ち歩いていた。

北﨑 太介　千葉県
店員と手が触れ合う問題、解決。

北原 祐樹　新潟県
10円も1万円も、スマホなら一瞬。

北原 祐樹　新潟県
財布の落し物は、年間34万件もあります。

郡司 嘉洋　東京都
赤ちゃんを抱いたママも、
ラクに買い物ができますように。

小森 優生　山梨県
ポケットが一つ空いた。

佐々木 一之　愛知県
石から紙から電子へ。

佐藤 仁康　東京都
小銭を出すことで、
後ろに並ぶ人を待たせている。

清水 亨祐　東京都
レジで詰まるのは、あなたの責任です。

下園 信太郎　大阪府
財布にはＧＰＳを付けられない。

城川 雄大　富山県
またひとり、財布泥棒が失業しました。

新免 弘樹　東京都
お母さん、
スマホにお小遣い入れといてね。

杉山 美帆　東京都
財布みつからない？
電話かけようか。

鈴木 敦子　千葉県
あなたが一日で一番、
手に持っているものはなんですか？

ハ フェリカネットワークス

鈴木 敦子　千葉県
子供を抱っこしながらお会計できる。

宗田 憲治　東京都
まだ原始マネー？

高桑 準希　北海道
ピッ

高橋 俊一　東京都
サイフに、ロックはかけられない。

髙橋 伶　東京都
スマホ使いすぎ。いい意味で。

竹ノ内 希衣　神奈川県
政治家は全部モバイル決済にしたらいい。

中切 友太　東京都
おサイフ不携帯。

中島 崇　埼玉県
買う時間より支払う時間が長いのは
おかしいと思う。

中辻 裕己　東京都
財布は荷物だ。

中村 匡　大阪府
おい！スマホを出せ！

西岡 あず海　大阪府　テレビCM
薬局でベビーカーを押すママA
片手でベビーカーを押しつつ、
商品を選んでいる
（シーン変わる）
3歳くらいの男の子と手を繋ぎ
スーパーで買物をするママB
NA　ママの片手は、いつも何かでふさがって
いる
空いている手でスマホを取り出して、レジ
で支払いを済ませるママA・B
NA　だから、片手で出来る支払いをス
マホでお支払　おサイフケータイ
FeliCa

橋本 寿弥　愛知県
あといくらあるか、
ケータイなら見える。

橋本 龍太朗　神奈川県
使わないかもしれないのに持ち歩く現金は、
招集されたのに出番がないサッカー選手の
ようなものです。

林 恭子　大阪府
レジが混むのは、支払い側にも問題がある。

速水 伸夫　東京都
現金からの開放感!!

平田 隆史　大阪府
スマホを持ったまま、
財布を探しているんですか？

藤平 直人　神奈川県
ママは片手しかあいていない

フェリカネットワークス

細田 哲宏　香川県　テレビCM
大学生くらいの男が自動販売機でジュースを買おうと財布を取り出すと、
小銭をばらまいてしまう。
あたふたしながら小銭を拾う男。
すると1枚の100円玉が転がっていき、ハイヒールにぶつかる。
見上げるとグラマラスな女性。
女性が100円玉を拾おうとすると胸元が見える。
NA：こんなこと、絶対にないから。
お買い物は、お財布携帯でスマートに。
フェリカネットワークス。

眞木 雄一　石川県
普段使いのお金です。

正水 裕介　東京都
スマッピ

正水 裕介　東京都
ピ

松尾 賀久雄　東京都
女性は、ポケットが少ない。

松野 伸幸　東京都
いま財布に入れているカードの数は、
紛失時に面倒な手続きが必要な数です。

真本 大生　大阪府
使ったが見える。

真本 大生　大阪府
お金のことは見えた方がいい。

水谷 真由子　愛知県
太ったお財布は
自己管理できない人と思われる。

密山 直也　兵庫県
電話もゲームもカメラも
スマホでしているのに、
どうして支払いだけは
お金でしているのだろう。

三富 里恵　神奈川県
たかしくんは、150円のパンを買っても、
120円のパンを買ってもおつりを
もらえませんでした。なぜでしょう？

三富 里恵　神奈川県
現金お断り

三富 里恵　神奈川県
現金払いだって（笑）

三富 里恵　神奈川県
あいつ、若いのに現金かよ。

南 忠志　東京都
行列のできる店が消えた。

箕浦 弘樹　岐阜県
財布も、荷物です。

宮坂 和里　神奈川県
財布にロックはかけられない。

宮村 亮大　神奈川県
電話であり、財布でもあり、家計簿にもなる。

向井 正俊　大阪府
前の人が、スマホで払いますように。

向井 正俊　大阪府
ヤンキー校が近所にある。

村上 千紘　東京都
住所のあるお金です。

森山 譲治　神奈川県
財布？家にあるよ。

矢野 康博　東京都
3秒損する瞬間は、1日に10回以上ある。

矢野 雄一郎　福岡県
いつもちょうど。

山岸 勇士　愛知県
レシートはいらないが、
履歴は欲しい。

山下 真寛　埼玉県
財布は、ロックできない。

山村 紘平　奈良県
手ブラの女性、増えてます。

渡邊 侑資　岐阜県　ラジオCM

SE：ドンドン（ドアをたたく音）
SE：ガチャ（ドアが開く音）
女1：ウワーン（泣く声）
女2：どうしたの!?旦那さんとケンカしたの？
女1：うん。しばらく泊めてー。
女2：何も持ってこなかったの？
女1：うん。スマホだけー。
女2：スマホだけでどうやって生活するのよ？
女1：スマホに電子マネーが入っているから、ここでだけでお買い物ができるのー小銭がいらないからお財布要らないし、残高が気になりはじめたらオートチャージしてくれるから、現金を持ち歩く必要もないのー。
女2：…あんた、しばらくひとりで暮らせるじゃん。
NA：電子マネーはスマホでもっと快適に。
フェリカネットワークス

課題

多くの不動産会社の中から
福屋不動産販売を選びたくなるような
キャッチフレーズを募集します。

私たち福屋不動産販売は、主に中古住宅を取扱う不動産流通業を行っており、売却希望のご相談や、購入希望の際に、地域に密着した不動産売買の仲介を行っております。ライフステージの変化や様々な事情により売買を考えている全てのお客さまに対し、その実現に向けて、お客さま一人ひとりに合った提案を迅速に行うことが私たち不動産流通業の使命だと考えております。

だからこそ私たちは　お客さまのニーズを親身にとらえ、熱意をもってご提案をしております。

数ある不動産会社の中から、「売買の相談をするなら福屋不動産販売がいい!」と思えるような、**インパクトのあるキャッチフレーズを募集します。**

ジャンル

キャッチフレーズ

参考資料

■ＨＰ　http://www.fukuya-k.co.jp
■キャンペーンHP
http://fukuya-tokyo.jp/local/campaign.html
■ツイッター　@fukuya_tlp
■インスタ　fukuya_tlp

株式会社 福屋不動産販売

福屋不動産販売

数ある不動産会社の中から、「売買の相談をするなら福屋不動産販売がいい!」と思えるような、インパクトのあるキャッチフレーズ

ハ 福屋不動産販売

協賛企業賞

三上 智広（46歳）北海道

夢が福らむ。

▼協賛企業のコメント

福屋不動産販売 広報課
関元大輔さん

このたびは、協賛企業賞、誠におめでとうございます。今回の課題である「多くの不動産会社の中から福屋不動産販売を選びたくなるようなフレーズ」について、三上智広さまのコピーは、当社が日頃から考えている「住宅を提供することが、お客さまの夢を広げ、幸せな未来のお手伝いをすること」とマッチングする作品であると評価し、選考させていただきました。「未来への夢」と「福屋の福」の言葉をうまく表現していただいたものと感じております。また、受賞者の方をはじめ、当社の課題にご応募していただいた皆さま方に御礼申し上げます。

二次審査通過作品

浅野 俊輔　東京都
あなたの妥協を、
私たちは許しません。

向井 正俊　大阪府
人当たり良好。

由里 進一　兵庫県
仕事が、南向き。

一次審査通過作品

浅野 俊輔　東京都
あなたを深く掘り下げるから、
掘り出し物件が見つかるのです。

浅野 俊輔　東京都
一軒落着。

浅野 俊輔　東京都
住人十色。

浅野 俊輔　東京都
理想と現実は、近かった。

植村 明弘　東京都
うちの親より、親身かも。

植村 明弘　東京都
あなたの、購入の決め手になりたい。

植村 明弘　東京都
内見で見えないとこも、お見せします。

小笠原 清訓　千葉県
一軒落着

小笠原 清訓　千葉県
千客信来

貝渕 充良　大阪府
家を売るまでが、
家を買うことでした。

加藤 晃浩　東京都
正しく迷えた。

菊池 将哉　千葉県
日当たりと、人当たりが大切です。

北川 秀彦　大阪府
押してほしいのは、背中じゃなくて太鼓判
です。

小西 裕斗　大阪府
コンシェル住

新免 弘樹　東京都
密着が、愛着を生む。

八 福屋不動産販売

玉山 陽子　岩手県
一期一家

中田 国広　埼玉県
マイホームで飲むビールが一番美味いと父。
それ、発泡酒だけどね。
福屋不動産販売

中田 国広　埼玉県
家選びは、人選びだ。
福屋不動産販売

松尾 栄二郎　東京都
仕事は早く、お付き合いは長く。

丸山 忠彦　東京都
任せたくなる人がいる。

三上 佳祐　東京都
一生ものの家は、
一生ものの不動産屋にある。

三上 智広　北海道
福屋で、福音を。

見田 英樹　愛知県
心の間取りを広げたい。

南 忠志　東京都
街は、家の庭です。

南 忠志　東京都
街も含めて家だと思う。

向井 正俊　大阪府
百聞して、一件を届ける。

森下 夏樹　東京都
未来図の内見をしませんか。

森下 夏樹　東京都
家を探している人は、もう未来を生きている。

森下 夏樹　東京都
未来の日当たりがいい場所へ。

森屋 瑞貴　東京都
寄り添う力を世界一にしたい。

八ツ橋 哲也　神奈川県
熱意完備。

萬 正博　兵庫県
神対応って、そんなに珍しいことですか？
お客様は神様なのに。

萬 正博　兵庫県
新居に、至福を。

・・・と、なってくれるようなアイデアを募集します。

【課　　題】「トレーダーってかっこいいな」と思ってもらえるようなキャッチフレーズを募集します。
【ターゲット】 20 ～ 40代の男性
【ジャンル】 自由
【参考資料】 https://info.monex.co.jp/tradestation/
トレードステーションはマネックス証券が提供する日本株取引ツールです。

詳しくは　トレステ　検索

TradeStation®
Delivered by Monex, Inc.

マネックス証券株式会社　　金融商品取引業者 関東財務局長（金商）第165号
加入協会：日本証券業協会、一般社団法人 金融先物取引業協会、
一般社団法人 日本投資顧問業協会

マネックス証券

「トレーダーってかっこいいな」と思ってもらえるようなキャッチフレーズ

マ

マネックス証券

協賛企業賞

郡司 嘉洋（39歳）東京都

ニュースは経済の危機を伝えた。オレには投資のチャンスと聞こえた。

▼協賛企業のコメント

マネックス証券
マーケティング部長
山田真一郎さん

マーケットは、個人や法人、邦人、外国人が参加しており、厳しい戦場のようです。特に個人のトレーダーは相対的に情報や資金量に制約がある中でそういう場で戦っています。マネックス証券はトレーダーを「トレードステーション」などの高機能ツールや情報、サービスなどで応援しています。また、そういう方々をかっこいいと思っています。一方、世間では、リスクを背負って、自分を頼りに世界と戦うトレーダーの方々をスポーツ選手やユーチューバーのようなかっこいいものと見てはいないように思います。コピーの力でそれを変えてほしい、それが自分たちの願いでした。このコピーは、トレーダーが人とは違う見方、つまり自分の頭で戦っている、群れずに孤高であるというかっこよさを端的に表しており、まさに自分たちの期待するものでした。そして、すべてをマーケットと結びつけてしまうトレーダーの特性も示しており、特に優れていると考えています。

二次審査通過作品

浅野 俊輔　東京都　ラジオCM

夫：おいっ、いったい誰が稼いできてやってると思ってんだっ。
妻：じゃあ、いったい誰がそれを着実に運用してやってると思ってんのよっ。
夫：…す…すいません…。
NA：奥様も自宅でトレーダーに。マネックス証券。

郡司 嘉洋　東京都
9割が負ける世界を、生き抜いている。

庄司 俊介　愛知県
地方のハンデはない。

一次審査通過作品

青木 陽介　東京都
勉強をしなくなった社会人はいるが、
勉強しないトレーダーはいない

浅野 俊輔　東京都
トイレから帰ってきたら、
世界が大きく変わっていた。

浅野 俊輔　東京都
あら…きょうは、
豚肉とほうれん草と
ユーロが安いわね。

浅野 俊輔　東京都
今日、日経平均を上げたの、俺。

浅野 俊輔　東京都
築地市場の帰り道、
ニューヨーク市場に
立ちよった。

浅野 俊輔　東京都
日経新聞じゃ遅すぎる。

阿部 希葉　東京都
担当者じゃなくて、経営者を知っている。

天沢 もとき　東京都
失敗から学ぶことができる人が、
自分もお金も成長させられる人。

安藤 透　愛知県
これから株が上がる仕事

石口 翼　東京都
「あの大企業、
小さい時から応援してたんだ。」

石塚 啓　神奈川県
全ての株式会社は、
株をやっている人に支えられている。

犬塚 久美子　茨城県
10年後、なりたい職業第1位

井村 卓司　大阪府
毎日、1秒1秒が勝負。

漆戸 秀俊　千葉県
G7の首脳と同じことを考えています。

マ
マネックス証券

大野 忠昭　埼玉県
毎日が、世界戦。

岡 以久馬　大阪府
動かすのは、お金じゃなく、世界。

岡部 令　福岡県
俺の右手が、世界を動かす。

織田 朋奈　東京都
俺を経済情報紙と勘違いしてる奴がいる

織田 竜輔　東京都
良い会社を見つけ、投資する。
悪い会社を見抜き、撤退する。
良い社会はこうして作られる。

加藤 晃浩　東京都
才能に勝てるのは、努力しかないと思う。

嘉藤 綾　大阪府
女子アナと結婚できるのは、
野球選手だけじゃない。

加藤 早方里　東京都
もう少しで世界経済の均衡が崩れるところだったぜ。

唐川 洋二　兵庫県
「お金より…」という奴は、たいてい貧乏だ。

唐川 洋二　兵庫県
稼げば誰もが掌を返す。

マネックス証券

北川 秀彦　大阪府
今日も部長が、スケールの小さい話をしている。

北﨑 太介　千葉県
両親の具合が悪いから、いつでも看病できるように家でできる仕事にした。

金原 秀典　愛知県
見た目は、一切関係無し。

黒木 俊太郎　東京都
負けは、終わりではない。

郡司 嘉洋　東京都
誰もが知っている企業を、
誰も知らない頃から知っている。

郡司 嘉洋　東京都
億のほそ道を、歩いています。

郡司 嘉洋　東京都
一番稼いだのは、自由な時間です。

郡司 嘉洋　東京都
世界は、オレの損失で動いている。

小西 裕斗　大阪府
キミたちは、部下の手柄で、
飯を食えばいいさ。

今野 研一　宮城県
指を動かしてるんじゃない。
世界を動かしてるんだ。

佐藤 潤一郎　千葉県
日本中の株式会社から、報酬を頂いています。

佐藤 愛　神奈川県
自分なんて、いくらでもある。

沢 俊吾　千葉県
だれかの夢を、毎日、本気で信じてる。

澤田 修　大阪府
寄付では救えない、命を救う。

柴山 リサ　徳島県
トランプの先を読んでいる

清水 秀幸　東京都
数字の機嫌だけ伺えばいい。

城川 雄大　富山県
応援したい会社がまたひとつ増えました。

城川 雄大　富山県
身銭を切ると、経済が身につく。

鈴木 敦子　千葉県
パジャマで1億円稼ぐ男

鈴木 ケン　神奈川県
当てた後になぜ当たったか説明できる。
そんな占い師がいたら凄いだろう?

鈴木 遼平　埼玉県
全裸で仕事しても許されます

鈴木 遼平　埼玉県
デイトレーダーに転職する前に部長をぶん殴ろう！

鈴木 遼平　埼玉県
頭を使って、その日暮らし♪

高橋 和希　東京都
去年は、ボーナスが年12回ありました。

竹節 忠広　長野県
株価の上下を左右する。

田畑 亮　埼玉県
パパより稼いじゃって、ごめんね。

田村 太　大阪府
仕事の責任は、すべて自分が負う。

田村 太　大阪府
本当の成果主義です。

寺門 眞一　兵庫県
どう生きるかの、一つの答えでもある。

永井 雅人　千葉県
僕らは株式会社の血液だ。

中川 朋子　東京都
稼ぐ姿は、あんがい地味。

中川 朋子　東京都
1秒の大きさを知っているのは、スポーツマンだけではない。

中里 厚彦　東京都
もし桐谷さんが若かったら、結婚したいじゃん？

中島 千紗　神奈川県
ここ数年、妻にしか叱られてないな。

中野 大介　神奈川県
私からすると、その不幸はチャンスです。

永吉 宏充　東京都
マネークリエイティブ。

浪岡 沙季　東京都
世界情勢が、ぜんぶ自分事だ。

幟立 大樹　東京都
俺には見える未来がある。

橋本 龍太朗　神奈川県
職業 □会社員 □公務員 ☑トレーダー □学生 □主婦 □アルバイト □無職

林 正人　東京都
定年まで会社員でいられると信じる方が、ギャンブラーだ。

稗田 康貴　大阪府
彼女のお父さん、借金1億円あるらしいけど、、まぁ、ギリいける。

東山 秀樹　奈良県
株闘技。

檜谷 廉太朗　北海道
安倍さんのおかげで港区にタワーマンション。トランプさんのおかげでベンツを買いました。

平川 舞　千葉県
お前の給料が上がったのは、回り回って俺のおかげだ。

古川 貴洋　東京都
デイトレードの基本は人の気持ちを考えることからです。

古川 直　大阪府
前髪をかきあげる、世界が見えてくる

古澤 敦貴　大阪府
今日、フレンチが食べられるのは、あの企業のおかげよ。

古澤 敦貴　大阪府
上司の言っていることが、スケール小さく聞こえたら。

星合 摩美　東京都
ライバルはAI。

星合 摩美　東京都
与えられた仕事じゃ満足できない自分がいた。

星合 摩美　東京都
資本主義のど真ん中で勝負する。

マネックス証券

星合 摩美　東京都
学生時代より勉強してます。

星合 摩美　東京都
生き方も稼ぎ方も自分で決める。

堀江 成禎　京都府
地上87階で窓拭きするくらいの緊張を、
机の前で味わっています。

堀江 成禎　京都府
指に職をつける。

堀江 成禎　京都府
母さん、ゴールドマンサックスは
楽器じゃないって。

堀江 成禎　京都府
あの経済アナリストは、
また俺と同じこと言ってる。

堀江 成禎　京都府　テレビCM
電車の車内。たくさんの人がスマホでゲームをしている。
ある男性もスマホを操作しているが、デイトレードしている。
NA：トレードするなら、マネックス証券。
S：マネックス証券

堀野 洋介　東京都
全裸で稼ぐ。

眞木 雄一　石川県
会社員なんて、怖くてやってられない。

眞木 雄一　石川県
就活で落とされた会社を買ってやった。

松尾 健介　大阪府
1億損しても、
100億取り返すチャンスがある。

松尾 健介　大阪府
毎日、退職金をもらっているみたい。

松尾 健介　大阪府
どの仕事よりも早く、
不景気に気づく。

松田 佳子　北海道
給料には緊張感がない。

松原 史恵　富山県
肉体も、ネクタイも、必要ない。

松本 慎平　東京都
戦争だって、終わらせられるかもしれない。

三上 佳祐　東京都
会社に依存する方が、ギャンブルだと思う。

南 忠志　東京都
部屋からでも世界はよく見える。

三宅 幸代　大阪府
働き方は自分で改革する。

宮崎 亮太　兵庫県
投資は
いいね
に似てる。

向井 正俊　大阪府
理解できないから誤解する。

持木 宏樹　東京都
いつでも会える、お金もある。

矢島 源太郎　東京都
介護しながら、1日100万。

山本（飯田）朝子　東京都
君の会社、そろそろ危ないよ。

與嶋 一剛　岐阜県
娘の治療費を一瞬で稼いだ。

クルマを持たずに、マイカーに乗ろう。

careco
car sharing club

[課題] カレコ・カーシェアリングクラブの会員が、
カレコ会員であることを自慢したくなるアイデア

[ジャンル] 自由

[参考資料] まずはカレコ会員になって、カレコに乗ってみてください。
以下のURLから入会すると、宣伝会議賞参考資料として
月会費2カ月無料&クーポン2,000円をプレゼントします。
https://www.careco.jp/cp/senden/

三井不動産リアルティ株式会社

三井不動産リアルティ

カレコ・カーシェアリングクラブの会員が、カレコ会員であることを自慢したくなるアイデア

マ

三井不動産リアルティ

協賛企業賞

小宮山 玄一（40歳）東京都

一人で泣きたい時も。みんなで笑いたい時も。

▼**協賛企業のコメント**

三井不動産リアルティ
シェアリング事業本部
カーシェアリング事業部
松山 遥さん

このたびは協賛企業賞の受賞、おめでとうございます。カレコ・カーシェアリングクラブは手軽な料金で、シーンに合わせてお好きなクルマを選べるサービスです。みんなで楽しいときは、豊富な車種ラインアップで気分を盛り上げるお手伝いを、誰とも話したくないときは、無人でクルマを貸し出しそっと寄り添いたいと思っています。「カレコ・カーシェアリングクラブだからこそ、どんなシーンでも、どんな気持ちのときにでも、役に立てる」。会員さまにとってそんな存在でありたいと思い、このコピーを協賛企業賞に選ばせていただきました。最後になりましたが、受賞された方をはじめご応募いただいた皆さま、カレコに興味をお持ちいただいた皆さま、誠にありがとうございました。今後ますますのご活躍をお祈り申し上げます。

三次審査通過作品

芹澤 高行 東京都

Suicaでベンツ。

竹内 希光 東京都

買わないほうが、買いたい車に乗れました。

二次審査通過作品

板家 明 東京都

晴れたからカレコ。雨だからカレコ。

一法師 智恵子 東京都

「わ」ナンバーって、「輪」のことだったんだね。

伊藤 陽 東京都

ローン組むより、チーム組みましょ。

上田 拓也 東京都

運転に疲れたら、電車で帰ろう。

北川 哲 東京都

【悲報】旦那が、オープンカーを買ってきた。

黒木 俊太郎 東京都

「若者のクルマ離れ」離れ。

小島 功至 熊本県

デートにも、トーデにも。

小林 猛樹 千葉県 ラジオCM

男：どれにしようかな神様の言うとおり、なのなのなのなのなの・・・。

NA：迷いますよね。選べるクルマは49車種。カレコ・カーシェアリングクラブ。

マ

三井不動産リアルティ

佐藤 仁康 東京都
行きはドライブ、
帰りは飲むから電車で帰ります。

柴田 賢一 茨城県
デートに。トーデに。

芹澤 高行 東京都
まず、火の車を廃車にした。

田中 恵美子 東京都
若者に、もっと夜景を。

林 恭子 大阪府
私は、財布もゆとり世代。

春山 豊 東京都
車一台で、地域は活性化できる。

星合 摩美 東京都
告別式には黒のセダンを選んだ。

眞木 雄一 石川県
1台は多すぎる。

三上 佳祐 東京都
「パパ」になったり、
「オレ」になったり。

山本（飯田）朝子 東京都
あ、前のカレコ会員さん、
私と同じラジオ聞いてる。

山本 恭子 長野県
維持費は無慈悲だ。

横村 貴之 東京都
車は一家に千台。

輿嶋 一剛 岐阜県
仕組みのエコカー。

三井不動産リアルティ

一次審査通過作品

浅野俊輔　東京都
クルマはバトンだ。

浅野俊輔　東京都
わたしの愛車は、
誰かの愛車でもある。

新拓也　東京都
なんと!レンタカーまで半額で乗れる!

池田順平　海外
絶対に必要なものが、
絶対に持ち物である必要はない。

伊藤史宏　愛知県
自分の車もいい、みんなの車はもっといい。

伊藤陽　東京都
軽自動車も、持ってみたら重かった。

上田拓也　東京都
「わ」ナンバーが最先端に見えてきた。

太田達也　宮城県
次はオーナーがハイブリッド

大野友輔　兵庫県
駅近より、カレコ近。

奥村明彦　東京都
断車離。

北﨑太介　千葉県
せっかくの楽しい旅行を、
20時までには返せない。

北原航　大阪府
クルマは、ポケットに置いている

木村有花　千葉県
チームワークで、走ってます。

久保田正毅　愛知県
レンタカーが言う「安い」より、安い。

髙坂友也　東京都
多くの特典もシェアしよう。

小久保樹里　東京都
30分マイカー

佐々木貴智　東京都
人生のコストを、数百万円削減した。

字引章　東京都
バトンパスの技術を磨いて、
メダルを取った国じゃないか。

字引章　東京都
私が乗らなきゃ、
だれか乗る。

島村浩太　東京都
ペーパーさん、いらっしゃい。

夏秋馬寧　東京都
タッチ&ゴー。

庄司勝昭　東京都
マイカーは、
その一生をほとんど駐車場で過ごす。

新開章一　静岡県
持たない自慢。

新開章一　静岡県
愛車は平日、不動産でした。

鈴木謙太　愛知県
賢く買わない。

関根頌子　東京都
車?持ってるよ。
その辺にいっぱい。

関谷知加　愛知県
今日のマイカーは、どれにしよう。

高見大介　東京都
安いクルマの、駐車場が高い。

竹節忠広　長野県
自分だけの一台より、
みんなのための一台。

田中恵美子　東京都
carecoだった。いいパパに見えた。

手代森修　東京都
シェアカーが地域をつなげる。

徳丸晃大　東京都
今日の服には、あのSUVが似合うかしら。

仲田一石　東京都
一途な車はつまらない。

中田国広　埼玉県
喫煙車しか残ってないんですよと言われた時の絶望感、皆無だ。
カレコ・カーシェアリングクラブ

中辻裕己　東京都
クルマ買うって、バブルかよ。

永利悠貴　神奈川県
キャッチ ＆ リリース

永利悠貴　神奈川県
次はどんな人が乗るんだろう

長縄寛久　静岡県
わたしの自慢に乗ってくれる?

中野勇人　奈良県
ECOCARにする?
CARECOにする?

中村れみ　東京都
カレがカレコに進化した。

マ 三井不動産リアルティ

浪岡沙季　東京都　テレビCM
女性：
え〜引っ越し、車だして手伝ってくれるの?助かる〜!!
現れたのは2人乗りのスーパーカー。
男性：
これ?じゃあ持ってくね!
多くの箱の中から1つの段ボールを助手席に置いて去っていく。
女性：いやいや何往復する気だよ…
NA：使いたい車は毎日同じじゃないから。
カレコのカーシェア。

橋本寿弥　愛知県
嫌なことがあった日は、
首都高をスポーツカーで走ろう。

林次郎　東京都
車はいいぞ。持たないのはもっといいぞ。

平嶋さやか　茨城県
買って後悔することはあっても、乗って後悔することは少ない。

平野夏絵　静岡県
車離れ、させるもんか

弘嶋賢之　愛知県
うまい話に乗っています。

船越一郎　東京都
いい車を、若いうちから。

古屋順一朗　東京都
クルマはときどき家計に乗り上げる。

眞木雄一　石川県
みんなで使えば高くない。

町田香苗　東京都
思い切って買わなくてよかった。

真本大生　大阪府
通のカーシェア。

丸山佑介　長野県
マイカーに優待はない。

三上佳祐　東京都
断車離。

見田英樹　愛知県
文字通り、ケータイがドライブのカギになる。

見田英樹　愛知県
やさしさが伝わると、
やさしさで返したくなる。

元氏宏行　大阪府
買うから、古くなる。

矢野雄一郎　福岡県
マイカーを再定義しよう。

山本恭子　長野県
その車、一口乗った。

MITSUBISHI ELECTRIC
Changes for the Better
常識破りなエアコンにふさわしい、常識破りなアイデアを募集します。
[課 題]「霧ヶ峰Style FLシリーズ」を世の中に広く伝えるための、
常識や固定概念にとらわれない自由なアイデア。
[ジャンル] 自由
[参考資料] www.mitsubishielectric.co.jp/home/kirigamine/newsfl/
三菱電機株式会社

三菱電機

「霧ヶ峰 Style FL シリーズ」を世の中に広く伝えるための、
常識や固定概念にとらわれない自由なアイデア

マ　三菱電機

協賛企業賞

奥村 明彦（64歳）東京都

冷やす前からクールです。

▼協賛企業のコメント

三菱電機 静岡製作所　営業部
ルームエアコン販売企画グループ
黒飛早絵さん

このたびは、協賛企業賞の受賞、誠におめでとうございます。今回お題とさせていただいた「霧ヶ峰Ｓｔｙｌｅ」は、当社のデザイナー・設計者が試行錯誤の末に辿り着いた、一見すると、エアコンどころか家電にさえ見えない自信作です。チーム霧ヶ峰として選ばせていただいた受賞作品「冷やす前からクールです。」では、私たちには思いつかなかったアイデアである、エアコンの機能としての「冷やす」面と、デザインとしての「クール」な面を上手く表現していただきました。シンプルな表現ではありますが、我々の想いを込めた霧ヶ峰Ｓｔｙｌｅの機能・デザインを表現するのにぴったりな力強いキャッチフレーズです。２０１７年の秋に登場した黒色も、その「クール」さを気に入っていただき、好調な販売につながっています。どんなお部屋にも合う、をコンセプトとする霧ヶ峰Ｓｔｙｌｅが、たくさんのご家庭を「クール」にできるよう、今後も努めてまいります。最後に、さまざまな課題の中から当社へご応募いただいたすべての皆さまに、心よりお礼申し上げますとともに、今後のますますのご活躍をお祈りいたします。

三次審査通過作品

寺内 彩子　東京都

初めて、エアコンを色で選んだ。

長井 謙　東京都　ラジオCM

○不動産屋篇

店員「いらっしゃいませ」

客「あのー、この写真のエアコンなんですけど」

店員「お客様、ここは不動産屋ですので、家電はちょっと…」

客「あ、いえ、このエアコンが似合う部屋を探しているんですけど」

店員「え？」

NA「主役になるエアコン。グッドデザイン賞受賞。霧ケ峰StyleFLシリーズ」

向井 正俊　大阪府

ヘヤ充。

山本 悠哉　神奈川県

エアコンを壁にかけた。

マ　三菱電機

石井 雅規 千葉県 テレビCM
春の映像。
秋の映像。
部屋、稼働していない霧ケ峰Style FL。
NA「夏でも、冬でもない季節がある。」

石橋 賢 島根県
これはファンになる。

上田 悠馬 大阪府
普通のエアコンはオワコン。

植村 明弘 東京都
使わないときも、空気を変える。

遠藤 友康 東京都
空気を綺麗にするから
空間を綺麗にするへ。

門野 悠帆 東京都
これは、「見る」エアコン。

金井 優昌 宮城県
冷風、温風、今風。

小島 功至 熊本県
これは、なかなかの白物だ。

鈴木 謙太 愛知県
暑い、寒い、ダサいを解決。

高橋 和希 東京都
上を向いて、過ごそう。

林 寿子 大分県
今度の霧ケ峰には、新機能
「目のやり場」がつきました。

南 忠志 東京都
夫よりも私の体を知っている。

宮村 亮大 神奈川県
夏と冬は快適、春と秋は素敵。

柳元 良　神奈川県

エアコンに、新しい買い替えの理由が誕生しました。

若杉 幸祐　東京都

家電売り場に置くべきか、インテリア売り場に置くべきか。

一次審査通過作品

青木 陽介　東京都
片付けられないから、美しくしました

浅尾 律子　東京都
今日、私の部屋がモデルルームになりました。

淺野 俊輔　東京都
装飾系エアコン。

天野 健一朗　京都府
デザインは一番最初に気づく機能です。

石井 雅規　千葉県　テレビCM
ソファの正面には霧ケ峰Ｓｔｙｌｅ ＦＬが設置された壁だけ。
ソファの真後ろにテレビが置かれている。
NA「部屋の正面が、霧ケ峰になる。」

石川 知弘　東京都
お前の家、デザイナーズ物件なの？

伊藤 美幸　愛知県
エアコンは、家具になった。

伊禮 大地　沖縄県
デカイ図体して居座るのは、夫だけでいい。

上田 雅也　長野県
こんなにおいしいのに、
いくら口にしても太らないなんて。

植村 明弘　東京都
しまえないものは、飾りましょう。

牛島 陸　東京都
ふと、壁が寂しそうに見えた。

江副 佑輔　福岡県　テレビCM
【寝る男】篇
ごろんと寝転んでいる男性の顔。
まばたきせずにある一点を見つめている。
窓の明かりで朝、昼、夕、夜と時間の経過がわかる。
霧ケ峰Ｓｔｙｌｅ ＦＬの作動音が聞こえると、男性はニッと笑う。
NA：心、奪うデザイン。霧ケ峰Ｓｔｙｌｅ ＦＬシリーズ。
L：三菱電機

江副 佑輔　福岡県　テレビCM
【こだ割る人】篇
陶芸家が焼きあがった器を品定めしている。
器を凝視し、何かに思い立つと陶芸家は器を振り下ろし、机に丁寧に置く。
すると、部屋の壁に設置されたエアコンを引き剥がし、床に叩きつけ破壊。
息の上がった陶芸家は膝から崩れ落ちる。
NA：エアコンだって、こだわりたい。こだわり派の霧ケ峰Ｓｔｙｌｅ ＦＬシリーズ。
霧ケ峰Ｓｔｙｌｅ ＦＬのエアコンが設置された部屋。
気に入らない器を床に叩きつける笑顔の陶芸家。
L：三菱電機

遠藤 友康　東京都
カーテンは変えるのに、エアコンはそのままですか？

マ　三菱電機

遠藤 友康　東京都
インテリアに新しい仲間が加わりました。

大井 慎介　静岡県
エアコンに合わせて、ソファとカーテンを選んだ。

大西 真利子　愛知県
カタチから入ったのに、中身も優れてた。

大野 勝司　千葉県
風の出るアート。

岡田 量太郎　神奈川県
家電メーカーが、家具をつくった。

奥友 恒　東京都
このサイズでダサいのは、さすがにごまかせないですよ。

奥村 善之　東京都
どこに飾ろうか。

小澤 良祐　京都府
1台じゃなくて、1点と数えてください。

梶浦 公靖　東京都
エアコンのデザインは、みんな似ているね。

加生 健太朗　神奈川県
品質に自信がなければ、こんな目立つデザインにはしません。

加藤 晃浩　東京都
友達の家に遊びに行って、嫉妬して帰った。

マ　三菱電機

狩野 慶太　東京都
パパは温度より、角度を気にしてる。

川上 陽平　千葉県　ラジオCM
ママ友おうちランチ編
A「すごい部屋スッキリしてるねえ。あ、エアコンとかないんだ。」
B「そうそう、でも霧ヶ峰があるから。」
NA「エアコンを超えた、霧ヶ峰」

木田 秀樹　東京都
目立たないようにではなく、目立ってもいいようにつくられた。

北﨑 太介　千葉県
隠せないので、かっこよくしました。

郡司 嘉洋　東京都　テレビCM
中年の夫婦がイタリアンレストランで食事をしている。すると隣のテーブルから会話が聞こえてくる。
男性A：「オレは濃厚な赤を選ぼうかな」
女性：「私はすっきりした白がいいな」
男性B：「僕は高級感のある黒がほしいね」
夫婦：「えっ、黒!?」
夫婦が隣のテーブルをのぞき込むと、3人が霧ヶ峰Style FLシリーズのカタログを見ている。
NA：インテリアのように、好きな色が選べます。
NA：三菱電機、霧ヶ峰Style FLシリーズ。

小林 格　愛知県
部屋にあるものは、全てインテリア。

小林 格　愛知県
ダサいエアコンは、部屋までダサくなる。

小林 建太　愛知県
春と秋のために、インテリアという機能を追加しました。

近藤 英梨子　愛知県　テレビCM
女性1：今、2人から告白されてるんだけど、どっちにしようかなかなか決められなくって。
女性2：どんな人なの?
女性1：Aくんは、内面はすごく優しくて男らしいんだけど、ファッションが超ダサくて……。
Bくんは、超オシャレでイケメンだけど、全然頼りないんだよね。
女性2：なるほどね。でも、内面も外見もいい男なんて、なかなか見つからないよ。どっかで妥協しなきゃ。
女性1：うーん。。。無理!!!
NA：見た目と中身。どっちも譲れないあなたに。「霧ヶ峰Style FLシリーズ」。

佐々木 一之　愛知県
エアコンは設置するものから飾るものへ。

佐藤 春花　宮城県　ラジオCM
友人「わあ～かわいい部屋～!」
「そうでしょ～!」

友人「天蓋付きベッドだし！」
「メルヘンなお部屋にしたくてね〜！」
友人「あっエアコンだ！」
「・・・」
エアコンがぶち壊す。

佐藤 悠太　東京都
まだエアコンを隠してるんですか？

柴本 純　東京都　ラジオCM
住人「外を通る人よ、まさかこのなんの変哲も無い室外機がこんなおしゃれなエアコンに繋がっているとは夢にも思うまい」
通行人「甘い！その右手に握っているものはなんだ！」
住人「はっ、リモコン！」
通行人「そのおしゃれなリモコンで全てお見通しよ！」
住人「くっ、言いたいことはそれだけか？」
通行人「ちょっと羨ましい…」
NA「人も羨むおしゃれなエアコン、霧ヶ峰Style FLシリーズ」

島崎 純　長野県　テレビCM
【看病】篇
風邪で寝込んでいる女性の両サイドに男性が一人ずつ。
ブスメン：おかゆ作ったよ。
イケメン：おかゆ作ったよ。
女性の視線はイケメンに釘付け。
女性：おかゆ、食べる。
NA：一緒に過ごすなら、中身も外見も男前がいい。インテリアになるエアコン「霧ヶ峰Style FLシリーズ」。

島田 宏哉　静岡県
インテリエア。

清水 大　千葉県　テレビCM
家庭のリビングで、お茶する主婦AとB。地味な家具と少し散らかった部屋で、一般的な白いエアコンの吹き出し音だけが響いている。
終始うつむきながら、
A「エアコン変えたの」
B「そーなんだ」
A「うん」
画面切り替わり、お茶するAとBが北欧風のモダンな家具に囲まれ、壁には「霧ヶ峰Style FL」
顔をあげ、明るい表情で
B「なんか空気変わったね」
A「エアコン変えたんだ」
B「すごく、いいね！」
NA：お部屋の空気は、空気だけでは決まりません。

新宅 論　静岡県
見た目で選んでください。機能は保障します。

新免 弘樹　東京都
昨日までのエアコンは、機能の話ばかりしていた。

鈴木 謙太　愛知県
「白を選ぶ」と「白しかない」は、全然違う。

鈴木 謙太　愛知県
家電として使うのは、一年の半分です。

武井 宏友　千葉県
エアコンは、部屋のどこからでも見える場所にある。

武井 宏友　千葉県
エアコンは、自慢しやすい場所にある。

竹ノ内 希衣　神奈川県
使わない時期の方が長いのに、意外と見た目は気にしないんですね。

田中 恵美子　東京都
かっこいいだけで選べる、唯一のエアコン。

田中 克則　和歌山県
設定温度にはこだわるのに、設置場所にはこだわっていませんでした。

田中 未来里　東京都　テレビCM
『見た目』篇
白い壁の部屋。ソファで女性が読書をしている。その後ろの壁に、江頭2：50の顔がついている。
江頭は髪を乱し汗をかきながら、必死に息をフーフー吹いている。
NA：見た目も整っていた方がいい。エアコンは、デザイン性も兼ね備えた霧ヶ峰。

田邉 里奈　愛知県　テレビCM

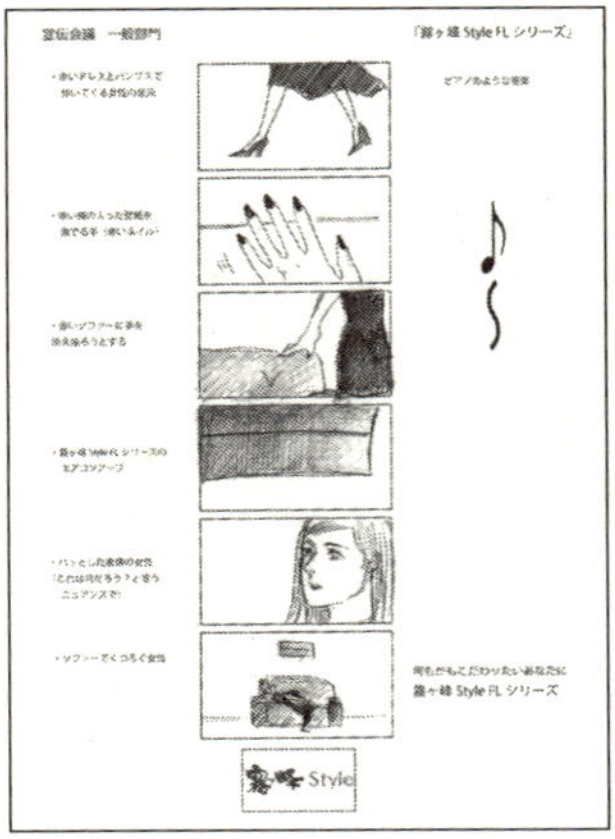

谷本 明子　大阪府
このエアコンに合うソファありますか？

月本 康正　東京都
空気は、空間をデザインする。

鶴岡 延正　東京都
完成するのに4年もかかった
※普通は1年

土井 麻南美　東京都
この部屋、リフォームした？

永井 絢　神奈川県
一目惚れでエア婚を決めました。

長井 謙　東京都　テレビCM
□夕食後、ダイニングテーブルから、リビングのソファーへと移る家族。
□しかし、なぜか、テレビに背を向けて座っている。
□家族の視線の先には、エアコンがある。
NA「見ていたくなるエアコン」
□商品カット
NA「グッドデザイン賞受賞。霧ヶ峰Ｓｔｙｌｅ ＦＬシリーズ」

長井 謙　東京都　ラジオCM
○表彰状篇
夫「あれ？ママー」
妻「なに？」
夫「この壁に飾ってあった、ゴルフコンペの表彰状知らない？」
妻「あぁ、トイレに移したわよ」
夫「え？」
NA「下手なものを飾りたくなくなるほど、スタイリッシュなエアコン。グッドデザイン賞受賞。霧ヶ峰Ｓｔｙｌｅ ＦＬシリーズ」

中島 誠実　愛知県
テレビはとっくの昔にカラーになったのに。

中島 優子　東京都
グッドだと思うデザインにしたら、グッドデザイン賞に選ばれた。

中島 優子　東京都
目立たせないことではなく、美しく目立たせることを選びました。

中辻 裕己　東京都
電源を入れてないのに、空気が変わった。

中野 宏治　山梨県
部屋の隅々まで暖かいということは、部屋の隅々から良く見えるということだ。

中村 和彬　愛知県
住まいが、佇まいになった。

浪岡 沙季　東京都
エアコン界の風向きが変わりはじめた。

浪岡 沙季　東京都　テレビCM
男性A：付き合うなら、やっぱ外見重視だな。かわいければ、性格は許せる。
男性B：いやぁ中身でしょ。一緒に暮らすとキツイよ〜？
NA：そんな方々に。中身も外見も美しいエアコン、霧ヶ峰のＦＬシリーズ。
エアコンにあたっている男性ＡＢ：あ〜彼女ほしい〜！

並川 隆裕　東京都
ヶ
霧　峰
我を出してきたエアコン。

西村 錠　愛知県
エアコン機能もついております。

西脇 亨　大阪府
電源を入れなくても、機能している。

三菱電機

浜田 英之　東京都
子どもは友達を家に呼ぶと、
エアコンのある部屋から紹介する。

林 次郎　東京都
(あっ、また見た。もう私から言っちゃおうかしら)

林 次郎　東京都
変わらないのは、取り付ける場所だけです。

林 次郎　東京都
あとはあなたね。

林 武央　大阪府　テレビCM
部長：悪いなせっかくの日曜日に仕事でてもらって
部下女性モノローグ：部長はとてもやさしくて仕事もできるけど・・ひとつだけ欠点があるとしたら私服がダサい。
部長：よしちょっと休憩しようか！
部下女性モノローグ：やさしい！でもやっぱりダサい。
こんないい部長にオシャレを求めるのは贅沢でしょうか？
NA：贅沢じゃありません。仕事も、オシャレも両方できる
霧ヶ峰Ｓｔｙｌｅ ＦＬシリーズ

林 正人　東京都
三菱電機から、インテリアが出た。

春山 豊　東京都
ねえ、あの飾ってあるのはなに？

東 将光　東京都
妻が、一目惚れして連れ込んだ。

日高 修一　東京都
部屋には、まだオシャレにできる場所が残っている。

弘嶋 賢之　愛知県
風の届きやすい場所は、目の届きやすい場所でもある。

廣本 嶺　東京都
人は、2度、感動する。

廣本 嶺　東京都
デザイナーのこだわりも、技術者のこだわりも、捨てられない。

福島 理紗　神奈川県
部屋のアクセサリー。

藤田 篤史　東京都
隠せないから、おしゃれにしました。

細田 哲宏　香川県
デザインにこだわった。
つまり、全てにこだわった。

細田 哲宏　香川県
エアコン機能がついた家具です。

細田 哲宏　香川県　テレビCM
インテリアショップにて、一組の夫婦が家具を選んでいる。
テーブルを見ながら
妻「合うかな？」
夫「合うんじゃない？」
ソファーを見ながら
妻「合うかな」
夫「合うんじゃない？」
画面が切り替わる。
リビングに先ほどのテーブルとソファーが置いてあり、
壁には霧ヶ峰Ｓｔｙｌｅ ＦＬシリーズ。
NA：エアコンに合わせて、家具を決めたっていいんだ。
新しい空間を。霧ヶ峰Ｓｔｙｌｅ ＦＬシリーズ

洞田 拓也　神奈川県
三色兼美。

洞田 拓也　神奈川県
エアコレ。

洞田 拓也　神奈川県
エアコン界の、空気をかえた。

堀野 洋介　東京都
つければ快適。つけなくても快適。

前田 正熙　東京都
このエアコン、隅に置けない。

松田 佳祐　東京都　テレビCM
【池の女神：女性編】
カップルが森の中を歩いている。
突如、彼氏が池に落ちる。ポチャン。
池の中から女神が現れる。
女神「あなたが落としたのは、この性格の良い男？それとも、この性格の良いイケメン？」
彼女「（即答で）イケメンです♥」
女神「あなたは正直者ですね。見た目も中身も良いに越したことはないですものね♥」
彼女「そうですね♥」
彼女&女神「あははは」
池の中から彼氏が顔を出す。
彼氏「えーーーーーーーーーーーー！」
（コピー）
人はワガママな生き物だから。

松野 卓　東京都
田舎じゃなくても、空気がおいしい。

松村 遼平　京都府
人のことばかり考えていたエアコンが、とうとう自分の身だしなみを考え始めた。

松村 遼平　京都府
冷風、温風だけじゃなく。暮らしに、新しい風を。

三上 佳祐　東京都
北欧風の部屋もゴミ屋敷も、エアコンは同じでした。

三上 佳祐　東京都
白物家電なのに、黒子でした。

三上 佳祐　東京都
オフでも、働く。

三上 佳祐　東京都
家具を選ぶように、家電も選ぶ。

三島 直也　東京都
過鑑賞にお気をつけください。

溝口 昌治　神奈川県
申し訳ありません。デザイン重視のお客様には1択しかありません。（某家電量販店店長）

溝口 昌治　神奈川県
必要ない機能が多いと、エアコンは太る。

見田 英樹　愛知県
白黒赤は、赤ちゃんの視覚発達にもいいらしい。

見田 英樹　愛知県
平均、13・6年は居座るデザインだから。

三富 里恵　神奈川県
一目惚れで買っても心配いりません。

三富 里恵　神奈川県
見た目だけだと思うなよ。

三富 里恵　神奈川県
夏と冬以外は、基本インテリアです。

南 忠志　東京都
利休も茶室に付けただろう。

南 忠志　東京都
夫婦は一緒にいるべきだ。

三宅 幸代　大阪府
デザインエアー。

宮村 亮大　神奈川県　ラジオCM
男：それではこちらに設置させていただきますね。
女：設置？
男：え、はい、こちらに…
女：「飾る」でしょ!!
男：は、はい!!
NA：「設置」じゃなくて「飾る」と言いたくなるエアコン。
霧ケ峰Style FLシリーズ。
三菱電機。

宮村 亮大　神奈川県　テレビCM
自宅のリビング。
新聞を読みながら休日をのんびり過ごす夫。
忙しそうに家事をする妻。
妻：ちょっとそこどいてよ、掃除するから。
夫：え、はい。
立ち上がりリビングをあとにしようとする夫。
エアコン（電源は入っていない）に目をやる

夫。
夫（心の声）：お前はいいよな。仕事してないときも、邪魔者扱いされないで。
エアコンのアップ。
NA：使っていないときも、邪魔にならない美しいデザイン。
エアコンは、「霧ケ峰Style FLシリーズ」。

向井 正俊 大阪府
使わない日は、飾っている。

村瀬 直子 大阪府
内面の良さは
外見に現れる。

安福 千恵 岐阜県
機能を磨くと、道具は美しくなる。

安福 千恵 岐阜県 テレビCM
【叶姉妹 新しい恋人篇】
妹：お姉様、また新しい恋人をお部屋に？リビングだけじゃなく、ベッドルームにも！
姉：そうよ、美香さん。どちらもグッドルッキングでしょ。
妹：ええ、ほんとにどちらも、すっごくグッドルッキングですわ。
姉：名前はね…
妹：知ってるわ、お姉様。
NA：グッドルッキングエアコン「霧ケ峰Style FLシリーズ」。

八ツ橋 哲也 神奈川県
エアコンは、春、夏、秋、冬、しまいません。

山崎 愛二郎 岡山県
MITSUMERU
ELECTRIC

山本（飯田）朝子 東京都
部屋に置く家具は、エアコンが決めた。

吉田 周平 愛知県 テレビCM
CM「お前まだなの？編」
■カット①
修学旅行でよる寝る前に話をする高校生。
男A「なぁ、お前もうセッチ…ってした？」
男B「いや…まだ俺セッチしたことねぇんだ。」
男C「俺、もうセッチしたよ。自分の部屋で」
他の男たち
「はぁ!!ずりーぞ!、え…どうだった？」
男C「寝ている時も色々、勝手に調整してくれて、すげー気持ちよかった。」
「やっぱ、初めてのセッチは霧ケ峰でよかったぁ～」
NA「初めての設置は。霧ケ峰 FL Style」

吉田 周平 愛知県 テレビCM
CM「霧ケ峰からの目線。青春編」
■カット①
（以下、人の体温の映像でCMが進行します。）
とある・霧ケ峰のある部屋。
（映像は常に霧ケ峰からの視点）
部屋の掃除をしている母
母「ふふーん♩、あ、何これ…やりすぎ家庭教師…？」
変な雑誌を見つけ、母の体温が少し上がる
■カット②
息子が帰ってくる。
息子「ただいまーー…」体温は平温
自分の机の上にキレイに積んである
怪しい雑誌。
↓
息子の体温が異常に上がる。真っ赤に
SE「ピっ」霧ケ峰の音
自動で冷風が流れる。
■カット③
NA「霧ケ峰は0・1度の温度差も見逃さない」

若林 淳一 福岡県
動いてない時も、働いています。

渡邉 光 東京都 テレビCM
部屋の家具の配置を「ああでもない。こうでもない」と悩みながら進める男性。
ふと壁の上を見て、うなる。
男性：あそこに霧ケ峰が足りないなー

Yahoo! JAPANに入社したくなるようなキャッチフレーズを募集

100以上のサービス、月間約700億PV・約4000万ユニークユーザーIDものスケールで収集されるデータ。そして、それを活用して世の中のあらゆる課題解決を図り、日本に新たなイノベーションを実現するデータドリブン企業Yahoo! JAPAN。その裏側には、2500人以上ものエンジニア・デザイナーなど多くの技術者が存在します。私たちが今後さらに拡大し存続していくためには、技術者の力が不可欠です。今回は、技術志向の学生がYahoo! JAPANに入りたくなるようなキャッチフレーズを募集します。

【課　題】　Yahoo! JAPAN に入社したくなるようなキャッチフレーズを募集
【ジャンル】　キャッチフレーズ、ラジオ CM、テレビ CM
【参考資料】　www.yahoo.co.jp、techblog.yahoo.co.jp

ヤフー

Yahoo!JAPAN に入社したくなるようなキャッチフレーズ

協賛企業賞

林田 淳（31歳）東京都

ヤ

ヤフー

歴史に名前と、コードを残そう。

▼協賛企業のコメント

ヤフー
CTO室 室長
大河内 敦さん

協賛企業賞の受賞おめでとうございます。今回は、当社にとって2度目となる「宣伝会議賞」への協賛でした。技術環境の整備やデバイスの多様化といった背景のもと、数多くのサービスを提供するYahoo! JAPANにとっては、それを維持しながら新たな価値をユーザーへ提供していくために、さらなる技術者の力が不可欠です。技術者志望の学生がYahoo! JAPANに入社したくなるようなコピーの募集ということで、応募者の皆さんにとってはそれをどう表現していくか。チャレンジングな課題であったと想像します。本作品は、これまで築きあげてきた歴史ある当社だからこそ発信できるコピーであり、技術者志望の候補者に向けてシンプルかつダイレクトに伝わる表現という観点から選出しました。また、同時に今回もたくさんの方に作品をご応募いただきましたことに心より感謝申し上げます。

三次審査通過作品

速水 伸夫　東京都

日本を「更新」し続ける会社

宮村 亮大　神奈川県　テレビCM

大きな音と振動で、700億人もの人が一斉に走って橋を渡る。
NANA：月間700億PV数でも、落ちない橋を作る。
NANA：そのことのすごさ、難しさ、そして楽しさがわかる技術者を、
ヤフーは必要としています。
一緒に世界をつなぐ大きな橋を作りませんか。
Yahoo! JAPAN。

二次審査通過作品

七戸 健太郎　神奈川県

100人を動かすか、100億人を動かすか。

清水 亨祐　東京都

検索履歴は、人類の歴史だ。

新免 弘樹　東京都

超ビッグデータを、
あなたの仕事道具に。

三上 智広　北海道

今のYahoo! JAPANを
古くしてください。

ヤ　ヤフー

安本 実織　兵庫県
大企業ですが、
やっていることはベンチャー企業です。

柳元 良　神奈川県
インターネット以上の、発明をしよう。

一次審査通過作品

阿部 まなみ　東京都
ヤフー!ジャパンは
あなたのヤボー!を待っている。
求む、技術職
Yahoo!JAPAN

天沢 もとき　東京都
専門バカになる勇気が、
この国の未来をつくる。

活野 創　東京都
老舗かつ最先端

石塚 啓　神奈川県
ヤフーのCPUは、あなたです。

石塚 恒己　愛知県
見られていると、燃えるんだ。

石原 佳典　愛知県
それ、
絶対にヤフーじゃないとできないよね?

今村 寛信　福島県
まだ誰にも
検索できないことを
始めよう。

岩田 壮史　神奈川県
あなたが1日働いた分、
あなたの日常が便利になるサービスを。

浦上 芳史　愛知県
ほぼ全会社、ライバル。
ほぼ全会社、パートナー。

浦上 芳史　愛知県
説明しにくい会社だ。
まだ世の中にないものを
生み出そうとしているから。

大井 智之　埼玉県
その仕事、国家規模。

大野 友輔　兵庫県
入社は困難です。

岡本 悠雅　神奈川県
世界のてっぺんから叫ぼう。Yahoo!

奥村 伸也　東京都
ある意味、日本最大のモノづくり企業。

奥村 伸也　東京都
人類をアップデートせよ。

貝渕 充良　大阪府
700億PV vs 2500人

嘉藤 綾　大阪府
「おい君、昨日と言ってることが違うぞ。
素晴らしい。」

嘉藤 綾　大阪府
ものづくりより、時代づくりをしよう。

加藤 千尋　東京都
頭に「Yahoo!」さえつければ、
どんなサービスだってできる気がする。

加藤 千尋　東京都
やれないことは、ない気がした。

川村 真悟　福岡県
もはや、この国の顔をつくるお仕事です。

菊池 将哉　千葉県
志望理由を1KBでお答えください。

岸本 真應　東京都
データをヒトとして見れる人を探しています。

木村 志穂　東京都
ヤフーという、チャンスをやる。

木村 瑠海　神奈川県
打倒「ググれ」

工藤 文哉　静岡県
何でも調べられる会社なら、何でも学べるはず。

郡司 嘉洋　東京都　ラジオCM
男性A:「みんな、どんな会社に就職決まった?」
男性B:「オレはIT企業」
女性:「私はマスコミ」
男性C:「僕はインフラ会社」
男性D:「オレは…、それ全部かな」
みんな:「えっ!」
NA:ヤフーはさまざまなサービスで、みなさまの生活を支えています。そんなヤフーを支えてくれる技術者を募集しています。
NA:ヤフージャパン。

高津 勇星　東京都
家族に言えないようなことも、YAHOO!には相談してきた。

小杉 啓悟　東京都
勝負の規模は、いつも億。

小西 裕斗　大阪府　テレビCM
■技術者っぽい、メガネの若者が立っている。
以下のテロップが入る。
テロップ:Yahoo!JAPAN 技術者募集!
NA:あ、まちがえた。
テロップ(修正後):
Yahoo!JAPAN 疑術者募集!
以下の字幕が入る。
字幕:ヤフージャパンは、単なる技術者だけじゃなく、
常識を疑って新しい未来をつくってみたいという技術者を募集しています。
NA:ヤフージャパン。

小橋 元樹　大阪府
幸せを実装せよ。

小林 建太　愛知県
地球を小さくする仕事

齋藤 海児　神奈川県
日本のインターネットはまだ若い

酒井 謙吾　東京都
日本で一番課題を抱えている会社。

佐々木 貴智　東京都
未来が知りたきゃ、Yahooで働け。

佐藤 雄大　東京都
ハリルJAPAN、侍JAPAN、、、Yahoo! JAPANならアナタも入れる。

七戸 健太郎　神奈川県
ヤフーなら将来、会社を変えずに仕事を変えることができる。

柴田 早理　東京都
データは歴史、技術は未来。

柴田 尚志　神奈川県
ひと月に、のべ700億人が訪問する企業。

清水 亨祐　東京都
人助け、どうせなら大規模にやりたい。

宗田 憲治　東京都
志望動機はYahooで検索しないでください。

高澤 邦仁　東京都
世が世なら国営です。

髙橋 伶　東京都
日本のイノベーション、請け負ってます

谷本 明子　大阪府
さあ、グローばろう!

ヤ
ヤフー

長井謙　東京都
世の中の声が、一番集まっている企業。

長井謙　東京都
できないことが、なさすぎる。

長井謙　東京都　ラジオCM
○リリース篇
女「先輩！」
男「おい、どうした？」
女「やっと、やっと、新サービスをリリースできましたーー！」
男「頑張ったな！」
女「本当に、よかった」
男「はい、ハンカチ」
女「え？」
男「涙も鼻水も、リリースしちゃってるぞ」
NA「やりがいが、他社と違います。エンジニア募集中。ヤフージャパン」

長尾剛貴　千葉県
おばあちゃんに、ほめられた。

中島優子　東京都
日本中の「できたらいいな」を叶えている。

中平真之祐　東京都
ネットがキライなのも、大切な意見だ。

西口滉　東京都
よし、世界を更新しよう。

秦光士郎　福岡県
いつか宇宙人とだってつながれるかもしれない。

馬場大　東京都
イノベーションがこだまする。

浜田英之　東京都
1時間前の不可能に挑め。

速水伸夫　東京都
社会をレベルアップする会社

日高修一　東京都
ひとつの課題解決が、世の中の課題解決になった。

平田直也　東京都
毎秒、日本を動かせる。

廣田顕久　岡山県
Yahoo!が便利にした世の中です。

福本剛士　大阪府
君を見つけられないなんて、yahooもまだまだだ。

藤江基一　東京都
Googleに入っては、Googleを超えられない。

堀江成禎　京都府
社史のほとんどが、IT革命。

堀江成禎　京都府　テレビCM
プロ野球のスカウトマンが球場のネット裏にずらりと並んでいる。見ていた選手達が物足りないらしく、みんな急いでどこかに行ってしまう。スカウトマン達はあるビルの入口を囲むように立っている。球場でスカウトするときの様子と同じで、メモを取ったり、スピードガンを出てくる社員達に向けてザワついている。
NA：スカウトされる人になろう。
S：Yahoo! JAPAN

堀江成禎　京都府　テレビCM
ソフトバンクのホームでの試合をネット裏から見ている映像。
NA+S：ネット裏がいちばん面白い。
S：Yahoo! JAPAN

正岡瑞貴　神奈川県
22歳の会社です。実はこれから働き盛りです。

松野伸幸　東京都
すべての職種が（仮）。

松野伸幸　東京都
あんたの会社はなんでも知っててすごいねぇ。

松村遼平　京都府
日本一の相談相手。

真野 健太郎 愛知県
世の中より先に変わる会社。

丸川 祐 東京都
うんこしながらでもニュースを見られる世界を作った。

三上 智広 北海道
発表したら、時代遅れ。
それ、ヤフーにはありえません。

三上 智広 北海道
会社自体が「知恵袋」。

三上 智広 北海道
世の中の課題解決には、
2,500人でもまだ足りない。

三島 将裕 東京都
検索される人になろう。

三宅 亜由美 兵庫県
テクノロジーが世界をリードする時代。

柳元 良 神奈川県
クライアントは、人類です。

山内 昌憲 東京都
ライバルの多い会社は、飽きない。

山田 大輝 福岡県
「昔はどうしてたんだろう?」をつくろう。

山中 彰 愛知県
くわしくは、Webで。

山本 一翔 東京都
ヤフーで試せないなら、他でもきっと無理だ。

山本 洋平 神奈川県
「ヤフーニュース 見た?」から
「ヤフーニュース 見てくれた?」へ。

横田 歴男 東京都
「接続」を「つながり」に変換せよ。

若林 淳一 福岡県 テレビCM
とある合コン。
女性「佐藤君はどこで働いてるの?」
佐藤「んーと、スマホでネットひらいてみて!」
「わかった。」スマホでネットを開き、調べようとする女性。
佐藤「そこ。」
女性「え?」
佐藤「そこ。」
NA「Yahoo!で、働こう。」

そもそもUSENというと、「有線放送(音楽配信)」のイメージ。ですよね。もちろん、音楽配信事業は、今も主幹事業の一部であり社を代表するサービスです。しかし、わたしたちUSENは、近年、既存の音楽配信事業に留まらない、お店の開業や運営に関するすべてのサービスを提供することを強化しています。お店の持つさまざまな課題を解決に導く「お店のベストパートナー」でありたいと考えています。

{課　題} 「今のUSEN」を多くの人に知ってもらえるアイデアを募集
{ジャンル} 自由(キャッチフレーズ/テレビCM/ラジオCM)
{資　料} http://www.usen.com

<モバイルサイト>

USEN
USEN GROUP

USEN

「今の USEN」を多くの人に知ってもらえるアイデア

協賛企業賞

貝渕 充良（42歳） 大阪府

ヤ

USEN

成功するお店を、50年、たくさん見てきた。

▼協賛企業のコメント

USEN
代表取締役社長
田村公正さん

協賛企業賞の受賞、誠におめでとうございます。今回初めて宣伝会議賞へ参加し、「今のUSENを知ってもらいたい」という企業広告を募らせていただきました。この課題を通して、当社の取り扱うサービスが「BGM」だけじゃないということを知った方も多かったのではないでしょうか。逆にそういったイメージが強くある中で、難しい課題であったにもかかわらず、私たちが現在取り組んでいる「店舗支援／開業支援」のニュアンスを上手に取り入れていただいた作品を数多くいただくことができました。そうした中で、店舗の経営や運営をあらゆる側面でサポートしたいという私たちの強い思いを、創業以来50年以上積み重ねた信頼と実績とを重ね合わせる形で、シンプルに表現していただいた本作品を協賛企業賞に選出させていただきました。当たり前のようにUSENは「BGMだけではない店舗の総合サービス企業‼」なんだ、ということを、さらに多くの皆さまに知っていただき、想起していただけるよう、今後もたゆまぬ努力を尽くしてまいります。最後に、当社の課題に取り組んでいただいた多くの皆さまに感謝申し上げるとともに、皆さまのますますのご活躍をお祈り申し上げます。

三次審査通過作品

ウチの店は、USENから火がついた。

星加賢一 東京都

二次審査通過作品

リピートさせたいのは、お店です。

伊藤大樹 東京都

おやじは、音楽。
おれは、経営。

吉瀬なつ 東京都

お店のヒットも生まれます。

粟原秀美 東京都

ヒットの秘密、知ってます。

三上智広 北海道

有田泉美 大阪府 ラジオCM

お店の人：すみませーん、店をはじめたいんですけど、ポスレジありますか？
謎の人：ありますよ！
お店の人：すみませーん、ホームページ作りたいんですけど。
謎の人：作りますよ！
お店の人：すみませーん、お客が少なくて。
謎の人：集めましょう！
お店の人：すみませーん、社員の勤怠管理が大変で。
謎の人：タイムレコーダーを入れましょう！
お店の人：すみませーん、BGM、いいのありますか？
謎の人：もちろんです！
第三者：あのー、あなたは一体…。
謎の人：USENです！
NA：音楽配信だけではありません。店舗運営をトータルでお手伝いします。

ヤ
USEN

一次審査通過作品

浅野 俊輔　東京都
USENは、「聞く」から「効く」へ。

阿部 亮介　東京都
料理の腕は一流のシェフが、
店舗運営の手腕があるとは限らない。

飯村 泉　東京都
音楽だけじゃ、やっていけません

伊藤 大樹　東京都
経営課題のリクエスト、お待ちしています。

伊藤 大樹　東京都
店舗経営、フルコーラスで配信中。

伊藤 大樹　東京都
音楽以外のリクエスト、お待ちしています。

伊藤 大樹　東京都
何の会社ですか?って言われたい。

伊藤 美幸　愛知県
いいお店を見てきた経験を信じてほしい。

岩佐 香里　東京都
ただ音楽流してるだけじゃない。

大橋 昌広　兵庫県
店長よりも、USENに聞いたほうが良い。

小笠原 清訓　千葉県　テレビCM
・成功の秘訣篇
カフェで、男女が会話をしている。
女性：ねえ、お店の経営、どうするの？
男性：（無表情で）うっせんだよ。
問題の解決の見込みはあるの？
女性：へ
男性：（得意げに）だから、うっせんのアドバイスを聞いてみるよ。
女性：もしかして、USENのこと言ってるの？
男性：あれ、ゆうせんって、読むの？
画面が暗転し、三行の字幕が出る
「USEN」
「× うっせん」
「○ ゆうせん」
NA：最高の経営ノウハウを持つ、USENの経営アドバイス、ぜひお試しを。

貝渕 充良　大阪府
成功する店には法則があった。

片岡 佳史　神奈川県
音楽は聴かない。
それでも、USENが必要だ。

桂田 圭子　滋賀県
お店が求めるものは、音楽だけではなかった。

桂田 圭子　滋賀県
聴いてもらう側から、聞く側になりました。

川村 公也　大阪府
開店から閉店まで

郡司 嘉洋　東京都
今度は、USENが聴く番です。

神宮 龍斗　東京都
ライバル店と差をつけたいなら。

神宮 龍斗　東京都
半世紀以上、お店のことを考えて音楽を流してきた。

鈴木 謙太　愛知県
独立は一人じゃできない。

竹ノ内 希衣　神奈川県
一度目はフラッと。二度目は何となく。三度目は目的地。

竹ノ内 希衣　神奈川県
一見さんを常連さんにするのが得意な会社です。

谷本 明子　大阪府
飲食店の35%が、開店1年未満で店を閉める。
~ずっと続けるために、USEN店舗サポート~

田原あすか　京都府
実録！ＵＳＥＮは見た！
〜流行るお店の傾向〜

田原あすか　京都府
ＵＳＥＮと話すうちに
父は事業主に変わった。

田村太　大阪府
「開店したら」から
「開店するなら」へ。

寺坂純一　北海道
人は無謀と言った。
ＵＳＥＮは有望と言った。

寺坂純一　北海道
数々の成功した店も、
失敗した店も見てきた。

長井謙　東京都
ワイファイが使える。カードが使える。
その店には、音楽が流れている。

中切友太　東京都
だからＵＳＥＮだったのか。

春山豊　東京都
音楽業界のプロであり、
飲食業会のプロでもある。

日高修一　東京都
繁盛店のオーナーは、
ＵＳＥＮの使い方を知っている。

日高修一　東京都
解決できた悩みが、
音楽だけじゃない。

北条院益夫　東京都
あなたの知ってるＵＳＥＮはもういない

星加賢一　東京都
むしろ、音楽配信以外のことで
相談している。（39歳・カフェ店主）

星加賢一　東京都
実は、サービスも多チャンネル。

眞木雄一　石川県
足りないのは音楽ではありませんでした。

三上智広　北海道
マニアックなお店のことも、知ってます。

三上智広　北海道
お客様も、ヘビーローテーション。

三上智広　北海道
潰れたお店のことも、知ってます。

三富里恵　神奈川県
音楽のこと以外、
相談してもらえないのが悔しかった。

宮地克徳　群馬県
お店に聴いてほしいのは、ノウハウです。

向井正俊　大阪府
やばい！隣の店に入っていった。

村上千紘　東京都
ＵＳＥＮは
音楽の世界から飛び出しました

森脇誠　京都府
ユウセンノミクス

八ツ橋哲也　神奈川県
うちの店じゃないみたい。

山田龍一　長崎県
昔から、集客するお手伝いをしてきました。
その方法が増えただけです。

吉峯健　奈良県
音楽を聴いた、話はもっと聞いた。

お口の恋人
LOTTE
爽ハッピー!な
アイデアを!
LOTTE
爽
シャキッと爽やか!
バニラ
ラクトアイス
爽
バニラ
ジャンル 自由
課題 もっと多くの人が「爽」を食べたくなるアイデアを募集します。
参考資料 詳しくはホームページをご覧ください。https://www.lotte.co.jp/products/brand/soh/

ロッテアイス

もっと多くの人が「爽」を食べたくなるアイデア

ラ ロッテアイス

協賛企業賞

このおいしさを、一文字で書きなさい。

山本（飯田）朝子（48歳）東京都

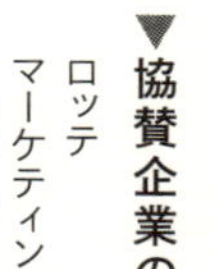

▼協賛企業のコメント

ロッテ
マーケティング統括部
－ＭＣクリエイティブディレクター
後藤宏行さん

このたびは「『爽』をもっと食べたくなるアイデア」に多数の応募をいただきまして、誠にありがとうございました。どのアイデアもとても素晴らしく、「『爽』を食べたくなる」ものばかりでした。その中で、今回選定させていただきました作品は、「『爽』を食べたくなるキモチ」の高揚と「『爽』のブランド想起を実現する」、大変素晴らしい内容でした。また今回を通じて、世の中から『爽』がどのように見られているかを、多くの視点からご提案いただいたことは、とても有意義なものでした。『爽』をもっともっと食べていただけるように、そしてＨＡＰＰＹになっていただけるよう、頑張ります。これからも応援をよろしくお願いいたします。

浮亀 貴行 愛知県

幸せは冷たい

清水 佐代子 東京都

ラジオCM

男：部下が、俺と話した後必ず食べているものがある。

NA：気分転換に、爽！

田中 恵美子 東京都

お口の冷たい恋人。

成田 のり子 福岡県

テレビCM

野村亜矢　神奈川県

誰か、私のスプーンを止めて。

二次審査通過作品

浅野俊輔　東京都
ロッテがわざわざ特許をとった食感です。

上田拓也　東京都
手に持ったときは多いと思う。食べはじめると少ないと思う。

宇多智彦　福岡県
ちょっと美味しい頭痛がする。

加藤晃浩　東京都
この世界は、ちょっとだけアイスがすくっている。

菅原好雪　北海道
「爽、一個だけあるの。」
これを、意図的間接キスと呼ぶ。

永吉宏充　東京都
結婚なんてしなくても私、幸せです。

成田斐　大阪府
母が爽を開けてから、テストの結果を言おう。

枌真太郎　埼玉県
冷房を1度下げるより、アイスを買った方が安い。

堀野洋介　東京都
高級アイスを差し入れる程の先輩ですか？

溝口昌治　神奈川県
新雪に足跡をつけるように食べる。

箕浦弘樹　岐阜県
冷蔵庫を開けたときの、その顔が好き。

矢澤佳子　東京都
目の前、ゲレンデ。

山田 龍一　長崎県
朝のトーストに乗せても、おいしい。

山本（飯田）朝子　東京都
なめらか、さわやか、シャリやか。

山本 崇　埼玉県
一口で恋 二口で愛す

一次審査通過作品

青木 陽介　東京都
＃10分間現実逃避なうに使っていいよ

淺野 俊輔　東京都
兄弟げんか、一時休戦。

淺野 俊輔　東京都
このアイス、雪を食べてる感じ。

阿部 光博　東京都
大人のシメと書いて、『爽』と読む。

安東 成喜　兵庫県
爽は好き。逆に言うと、キスは嘘。

飯田 啓貴　東京都
爽ひとつでケンカして、爽ひとつで仲直り。

石神 慎吾　長野県
ひと口だけって言ったのに。

市川 直美　神奈川県
食べるシェイクです。

一法師 智恵子　東京都　テレビCM
〈彼女の作戦編〉
夏の暗い夜道、ポツンと光るコンビニのシーン。
彼女のNA：「あなたに早く会いたいとき、アイスを買ってきてと頼みます」
仕事帰りの彼氏が彼女から電話を受けて、コンビニで頼まれたアイスを買っている。
コンビニを出ると、今日も暑いなという顔をして汗を拭う。
ふと手に持っているアイスの入ったビニール袋を見て、
「やっべ溶けちゃう」と言って、走り出す。
彼女の家の玄関のドアが開くと、笑顔の彼が現れる。
彼女のNA：「私の喜ぶ顔が好きな、そんなあなたが好きです」
NA：ロッテの爽

夷藤 翼　東京都
このシャリシャリは特許です。

伊藤 伸秀　東京都
フタの改良に2年、
味の改良に18年かけました。

伊藤 伸秀　東京都
添えればスイーツ、混ぜればシェイク、
浮かべればフロート、爽は爽のままで変わる。

伊藤 伸秀　東京都
フタのあけくちの改良に2年かけています

伊藤 大樹　東京都
すごい大人は、少年心を忘れない。

稲垣 弘行　埼玉県
爽やかと無縁の人たちへ。

植村明弘　東京都
特に何もしてないけど、
自分へのご褒美を買った。

植村明弘　東京都
私にとっての一服は、
爽を食べることです。

植村明弘　東京都
好きな人と分けたいから、
わざと一つだけ買った。

植村明弘　東京都
シャワーでは、
こころの汗まで流せない。

植村明弘　東京都
私の、アイスべき存在。

植村明弘　東京都
お風呂上がりに楽しみがあると、
人生ちょっと楽しくなる。

植村明弘　東京都
初恋の味があるなら、
青春の味があってもいいと思う。

植村明弘　東京都
イライラしたら、シャリシャリしよ。

臼井千夏　東京都
冬はこたつとセットでどうぞ。

内山花菜　東京都
大人のアイスは、潔い。

江副佑輔　福岡県
爽爽、これこれ。

大谷拓也　東京都
さあ、切り替えよ。

小笠原清訓　千葉県
爽を食べるとき、女子力はいらない

岡本英孝　福岡県
食べ心地がいい。

岡本圭史　千葉県
女性で言えば、ツンデレ的なアイスです。

貝渕充良　大阪府
生まれる前から食べていた。

貝渕充良　大阪府
二年間、
ふたを開け続けた社員がいます。

貝渕充良　大阪府
あの夏を、思い出す冬もある。

角谷隆志　岐阜県
いい意味で、裏切るアイス。

片山美紀　奈良県
心の非常食も、
必要だと思う。

加藤晃浩　東京都
たかが爽一個と思っていた。妻が口をきいて
くれない。

加藤千尋　東京都
家に帰って爽を食べるまでが飲み会です。

金井優昌　宮城県
まったりしたいときも、
シャッキリしたいときも。

金井優昌　宮城県
このシャリシャリが爽。

狩野慶太　東京都
爽で、今日をいい日だったことにする。

河合進　大阪府
クールダウンというより、
クールアップしてしまう。

河内大輝　東京都
風が入ったアイス。

川越弘子　東京都
公園のベンチが、
カフェになる。

川越弘子　東京都
爽爽爽爽爽爽爽爽爽爽爽爽爽爽爽爽爽爽爽爽
爽爽爽爽爽爽爽爽爽爽爽爽爽爽爽爽爽爽爽爽
爽爽爽爽爽爽爽爽爽爽爽爽爽爽爽爽爽爽爽爽
爽爽爽爽爽爽爽爽爽爽爽爽爽爽爽爽爽爽爽爽
爽爽爽爽爽爽爽爽爽爽爽爽爽爽爽爽爽爽爽爽
爽爽爽爽爽爽爽爽爽暑っ爽爽爽爽爽爽爽爽爽
爽爽爽爽爽爽爽爽爽爽爽爽爽爽爽爽爽爽爽爽
爽爽爽爽爽爽爽爽爽爽爽爽爽爽爽爽爽爽爽爽

爽爽爽爽爽爽爽爽爽爽爽爽爽爽爽爽爽爽爽爽
爽爽爽爽爽爽爽爽爽爽爽爽爽爽爽爽爽爽爽爽
爽爽爽爽爽爽爽爽爽爽爽爽爽爽爽爽爽爽爽爽
爽爽爽爽爽爽爽爽爽爽爽爽爽爽爽爽爽爽爽爽

川添 彩香　東京都
15cm角の夏

河津 清一　東京都
近頃は、他のアイスが重たく思える。

川村 真悟　福岡県
爽カロリーだから、気にしない。

北﨑 太介　千葉県
爽daフロート

北原 祐樹　新潟県
「バニラアイス」と「かき氷」は
ライバルじゃない、ナイスパートナーだ。

栗原 啓輔　神奈川県
ふたりで食べたくて、
1個しか売ってなかったって嘘ついた。

黒坂 謙太　京都府
がんばったとき食べて、
がんばりたいとき食べる。

小佐井 和秀　大阪府
こら、ちゃんと音を立てて食べなさい。

小西 裕斗　大阪府
こたつと爽が、意外に合う。

小西 裕斗　大阪府
疲れやすい私は、
適度に自分を甘やかす。
甘すぎないアイスは爽。

小林 猛樹　千葉県
角からいくか。
真ん中からか。
どこも美味しい、
ロッテの「爽」。

小林 猛樹　千葉県　ラジオCM
行司：はっけよい、のこった。
のこった、のこった。
のこして。
のこして。のこして。
NA：残しておくよ。冷たくて美味しいもん
ね。ロッテの「爽」。

小山 萌　愛知県
冬でも、少しやわらかい。

小山 萌　愛知県
氷のつぶつぶが、
アイスをちょっと軽くする。

齋田 敏宣　大阪府
コタツで爽。

斎藤 貴美子　埼玉県
おしゃべりな彼女が沈黙した。

齋藤 名亜奈　愛知県
青いそら、白いくも、四角い爽。

斉藤 幸永　東京都
コーヒーフロートに、バツグンです。

榊 祐作　東京都
爽爽、これこれ。

坂本 政一郎　神奈川県
「爽」には、音がある。

坂本 怜　神奈川県
18年間、毎年、おいしくなってます。

櫻田 瑛二　海外
爽言えば18歳。

澤田 桃子　東京都
アイスクリームとかき氷のハーフ?

字引 章　東京都
アイスは「アイ」の複数形です。

新免 弘樹　東京都
爽には、
夏休みも冬休みもありません。

菅沼 靖幸　静岡県
ひと口だけって言ったのに。

杉生 茉優　大阪府
すみずみまで、きれいに食べたくなる。

鈴木 謙太　愛知県
野外アイス。

ラ
ロッテアイス

祖父江 衣純 愛知県
気持ち溶かすアイス。

高橋 和希 東京都
あなたの小腹は、
正方形かもしれない。

高原 龍彦 大阪府
爽↑この×が微細氷です。

竹内 希光 東京都
わたしを、すくう。

武田 沙織 和歌山県
無心にシャクシャクしたくない?

竹田 豊 神奈川県
スキとかいて、フタをして、あの娘に渡した。

竹節 忠広 長野県
「当たり」は無いけど、はずれない。

日月 雅人 東京都
この恋は、いくつ食べれば、冷めますか。

田中 恵美子 東京都
メのメに。

田畑 亮 埼玉県
アイスキャンディーじゃ軽すぎる。
アイスクリームじゃ重すぎる。

玉熊 文乃 東京都
低カロリー、つまり毎晩用アイス。

丹野 美里 東京都

爽で買収されるくらいの女です。

千々石 盛人 東京都
夏はこの中。

千葉 龍裕 東京都 テレビCM
【爽フロートおばあちゃん】篇
夏。少年が、祖母の家にやってくる。
様々な思い出をつくる少年と祖母。
少年NA「おばあちゃんは優しい。何でもイイヨ、イイヨと言ってくれる。でも、爽だけは半分しかくれない」
縁側でひとり爽を食べている少年。
台所でこっそり、爽をメロンソーダに入れて楽しむ祖母。
NA「譲れないハッピーがあったっていいじゃない」

土屋 憲佑 山梨県 ラジオCM
男子:ねぇ?電気、消していい?
女子:うん。
男子:ブラウス、脱がせていい?
女子:うん。
男子:ブラ、外していい?
女子:うん。
男子:爽、食べていい?
女子:ううん。
NA:ゆずれない、青春の甘い思い出に。
LOTTE 爽

土屋 憲佑 山梨県 テレビCM
高校教師が黒板に公式を書いている。
先生:え~、バニラアイス×微細氷=爽!これ、おやつによく出るから覚えておけよ~!
男子生徒:え?テストじゃなくて!?
NA:おやつに出せば、大正解!爽快の公式
LOTTE 爽

坪沼 敬広 神奈川県
〝シャリ〟にこだわっています。

寺本 浩三 大阪府
クール・アップ!

鳥越 達也 福岡県
自分に甘く、時間を甘く。

中辻 裕己 東京都
男子だって、女子会したい。

中平 真之祐 東京都
それは、「風」である。

並川 隆裕 東京都
溶かされたのは、私のほうでした。

成田 斐 大阪府
擬音語は、「シャキッ」で合っていますか。

西垣 友紀子　岐阜県　**テレビCM**

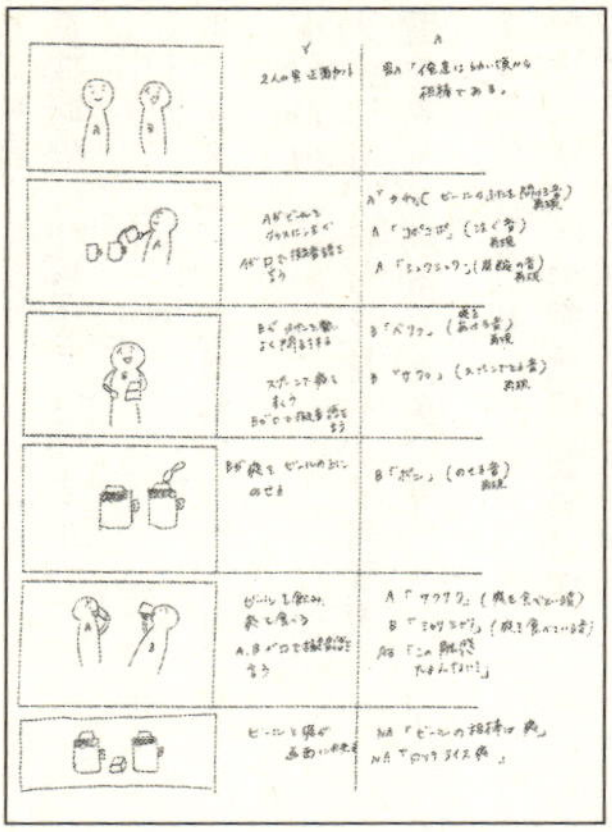

西村 健作　東京都
赤い缶でも青い缶でも、おいしいコーラフロートがつくれます。

二羽 富士夫　石川県
なやみごとが、とけちゃった。

二羽 富士夫　石川県
クールダウンというより、クールアップだと思う。

野田 和穂　東京都
幸せのシャリッ。疲れが溶けていきます。

野田 正信　東京都
クール・アップ!

野田 芳希　東京都
アイディアが、目を覚ます。

野村 亜矢　神奈川県
最後の一口まで、最初の一口。

橋本 寿弥　愛知県
アイスも食べたい。かき氷も食べたい。

橋本 寿弥　愛知県
風呂上がりの、バニラは、くどい。

塙 裕貴　埼玉県
こたつに爽

早坂 あゆみ　東京都
ビーチからこたつまで。

林 次郎　東京都
もう安い女でいいわ。

林田 淳　東京都
頭を冷やすことが多い時代だから。

林田 淳　東京都
疲れた脳に必要なのは、エナジーより、リフレッシュかもしれない。

樋川 こころ　東京都
好きな人の好きな味は忘れない。

比護 祐介　東京都
太陽が似合う、アイス。

日高 修一　東京都
苺シェイクも、爽グッド!

廣川 洋平　千葉県
食べてる私は、無防備だ。

福島 亮介　東京都
アイスに甘えよう。

福島 亮介　東京都
嫌な日も、ひとつだけハッピーなことをしよう。

藤井 晴日　東京都
自分にも他人にも甘すぎない。

星川 翔　東京都
実は冬こそ、爽は美味い。

堀野 洋介　東京都
爽を食べるまでが部活です。

前川 竣　京都府
青春の100ページに1ページくらいは、いる。

前川 竣　京都府
小さい氷がいい仕事をする!

前川 竣　京都府
食後の主役。

松尾 健介　大阪府
ミルクの結晶。

松尾 健介　大阪府
爽というジャンルです。

松尾 有梨　長崎県
もはや、上がったあとのアイスのためにお
風呂に入っている。

松本 圭太　大阪府
風邪の時にお母さんが買ってきてくれたな。

松本 憲一　埼玉県
爽は、エールになる。

丸山 佑介　長野県
名前負けしてません。

三上 智広　北海道
娘が買い物に、ついてくる理由。

水谷 真由子　愛知県
春夏秋爽

水谷 真由子　愛知県
食べごろは、息詰まったとき。

水谷 真由子　愛知県
賞味期限は開封後5分間です。

溝口 昌治　神奈川県
冬アイスは、体調管理になるそうです。

溝口 昌治　神奈川県
人生には、自分を甘やかす時間と
頭を冷やす時間が必要です。

溝口 昌治　神奈川県
アイスは、冬の季語にもなった。

溝口 昌治　神奈川県
爽に似たアイスは、ありません。

見田 英樹　愛知県
何でもない日も、爽快に。

見田 英樹　愛知県
働き方もそうだけど、休み方も考えましょ?

密山 直也　兵庫県
よし、自殺やめた。

密山 直也　兵庫県
歯磨きをしたくらいで
あきらめられるアイスじゃない。

密山 直也　兵庫県
私といるときも、その顔でいてよ。

密山 直也　兵庫県
もう、怒ってたのに。

南 忠志　東京都
父は、たまに少年にかえる。

宮崎 薫　兵庫県
アイスを食べて怒ってるひとは
見たことない。

宮崎 圭佑　熊本県
甘いものは苦手。爽は好き。

宮本 正輝　東京都
風呂上がりのごほうび。

向井 正俊　大阪府
なんでケンカしてたんだっけ。

望月 純輝　北海道
爽やかな濃い はじまる

八重柏 幸恵　北海道
シャリっとバニラ。

八重柏 幸恵　北海道
目を閉じてもわかるんだ。
このシャリ感。

矢崎 剛史　東京都
日本の幸福度を、あげよう。

安本 実織　兵庫県
彼はシャーベットと言い張る。
私はアイスクリームと言い張る。

安本 実織　兵庫県
選ぶだけで、
カロリーを約25%カットできます。

山内 秀真　熊本県
上を向いて食べよう

山内 昌憲　東京都
ココロの放課後に。

山口 良美　愛知県
アイスクリームを食べながら
怒っている人を、見たことがない。

甲子園を見ていたら、
爽が食べたくなってきた。
山下 祐輝　大阪府

ご主人、たまには奥さんに
「あーん」してあげてください。爽。
山下 祐輝　大阪府

熱いコーヒーにも、よく似合う味。
山田 龍一　長崎県

特許を取った、食感です。
山中 彰　愛知県

爽になったお乳は幸せです。
山本（飯田）朝子　東京都

晩シャクッ！
山本 恭子　長野県

うちの五歳の息子が
「爽」と漢字で書きました。
良村 翔太郎　大阪府

永遠の新食感。
萬 正博　兵庫県

悩みの方が溶けていた
渡辺 綱　東京都

審査講評

仲畑 貴志

ナカハタ
【審査員長】

コピーライター/クリエイティブディレクター。1947年京都市生まれ。広告企画・制作、マーケティング戦略、新製品開発などが専門。数多くの広告キャンペーンを手がけ、カンヌ国際広告祭金賞のほか数々の広告賞を受賞。代表作は、サントリートリス「雨と仔犬」、TOTOウォシュレット「おしりだって、洗ってほしい。」など。東京コピーライターズクラブ会長、東京アートディレクターズクラブ会員。事業構想大学院大学教授。また、毎日新聞紙上で「仲畑流万能川柳」の選者も務める。

今回の審査では票が割れました。良く言えば、粒がそろっている。悪く言えば、団栗の背比べ。結果は、ご覧の通り。クレディセゾンの「現金なんて、お金の無駄づかいだ。」がグランプリとなりました。このコピーと、最後まで競り合ったのが、コピーゴールドを獲得した骨粗鬆症財団の『「5人に1人。」抽選なら当たる気がする。』でした。あなたならどちらに票を入れますか?その選択の理由を明快に言えますか?もし来年、「宣伝会議賞」を狙うなら、今回の受賞作に自分なりの評価を与え、これらのコピーをさらに改良するという練習をしてみてください。その結果、すこしでも上を行くコピーを開発できたなら、来年が楽しみになりますね。

一倉 宏

一倉広告制作所

コピーライター。1955年生まれ。サントリー宣伝部から、仲畑広告を経て、一倉広告制作所を設立。代表作に、松下電工「きれいなおねえさんは、好きですか」、サントリーモルツ「うまいんだな、これがっ」、ファミリーマート「あなたと、コンビに」、リクルート「まだ、ここにない、出会い」など。最近の仕事に、「家に帰れば、積水ハウス」、JR東日本「MY FIRST AOMORI」などがある。TCC最高賞など受賞多数。作詞家としても活躍中。著書に『ことばになりたい』ほか。

勝ち抜いたのは、優秀なコピーたち。たとえばコピーゴールドは、シンプルながら説得力があって、効くコピーのお手本だと思う。CMゴールドも(やや強引ながら)強いし。グランプリは、前例がありそうでないという不思議なストレートさが魅力となっている。シルバーもみんな、上手なコピーという印象でした。それも僅差のトーナメント戦の結果、だからかな。今回の眞木準賞の結果は、まことに残念です。これを機に、本賞の意義を改めて考えたい。理屈や説得に傾きがちなコピー作法に対してセンスや洗練をもって「オシャレな」解決法を示す。それこそが眞木コピーの真骨頂だったはず。そんなコピーを、次回はぜひ発見してみたい。今年も協賛企業賞には、使えるコピーが多そうです。それから、中高生部門が素晴らしかった。たとえば吉野家、自然でリアルで、いいなあ。

神谷 幸之助

ナカハタ

クリエイティブディレクター。電通、Wieden+Kennedy Tokyoを経て2008年仲畑貴志の新会社・ナカハタ設立に参加。主な仕事に、ファイザー「舘ひろし禁煙キャンペーン」、KIRIN本格辛口麦「嵐を呼ぶ男」、Aderance「アデランスは、誰でしょう？」、TOYOTA ECO PROJECT「あしたのために、いまやろう」、NIKE「どこまで行けるか。部活キャンペーン」、タイ国際航空「タイは若いうちに行け」。TCC最高賞、クリエイター・オブ・ザ・イヤー特別賞、ほか受賞歴多数。

グランプリの最終決戦では「魚の生肉を、刺身にしたのは、しょうゆです。」対「現金なんて、お金の無駄づかいだ。」どちらも同じＰＯＶだったのが面白かった。これはコピー制作のうえでよく使うレトリックだから、その点ではどちらがグランプリでもよかったのだがクレディセゾンのほうが、スピードがはやくシャープだった。とても上手ないいコピーだと思う。しかし審査員として見てみたいのは威勢のいい、やんちゃな、タブーに挑戦したコピーだろう。失うものはなにもない世界的にも珍しいコピーだけの賞だから。夢でしょうか。夢かもね。

児島 令子

児島令子事務所

コピーライター。主な仕事に、earth music & ecology「あした、なに着て生きていく？」「愛さないと、愛は、減る。」、LINEモバイル「愛と革新。」TOYOTAシエンタ「今日を、どう使う？」、STAND BY MEドラえもん「すべての、子ども経験者のみなさんへ。」、日本ペットフード「死ぬのが恐いから飼わないなんて、言わないで欲しい。」、JR東日本「大人は、とっても長いから。」、ANA別冊ヨーロッパ「別ヨ」、資生堂「化粧惑星」、パナソニック「私、誰の人生もうらやましくないわ。」、サントリー「ウイスキー飲もう気分。」、ソフトバンク「努力って、楽しい。」、スターバックス、サントリー食品の株式上場広告など。TCC最高賞ほか受賞多数。

グランプリは、一等賞らしい華がありました。現金のデメリットを「お金の無駄づかい」と言い切るコピーライティングは、余計な寄り道をして小技を見せるのでなく、本質にまっすぐぶつかって大技を披露する感じで好きです。シルバーの「ＡＩから仕事を奪ってください。」も大技系。Ｙａｈｏｏ！ＪＡＰＡＮで働くことの未来が魅力的に見えるコピーで、時代性もありますね。時代性といえば、入賞はしなかったけど、トレンドマイクロの「最近は冷蔵庫から入ってくるドロボーもいるらしい」は、ＩｏＴ時代への気づきを、平易な言葉でうまく表現していました。

小西 利行

POOL

コピーライター／クリエイティブディレクター／劇作家／絵本作家。博報堂を経て、CM制作から商品開発やブランド開発、企業コンサルティング、都市開発までを手がける。主な仕事は、サントリー伊右衛門、ザ・プレミアムモルツ「最高金賞のうまさ。」、プレイステーション4「できないことが、できるって、最高だ。」、LIFUUL HOME'S「おウチ見つかる、ホームズくん」。一風堂のワールドブランディングや「プレミアムフライデー」の発案、ネーミング、コミュニケーション開発などがある。

他の審査員の方々も言ってたけど、今回は票が割れた。秀作ぞろいだったからだけど、やんちゃで爆発的でスゲーのがなかったからかもしれないとも思う。僕らは「わあ、そりゃ、いいや！」と言いたい気持ちが満々だ。だからもっと図抜けたのを考えて欲しい。これまでの方法論とかじゃなく、もちろんこれまでの傾向と対策じゃなく、自分の言葉はこれだ！というのを見たい。でも、とはいえ、やっぱり選ばれたものを見ていると、選ばれただけのことはある。さすがだ。「刺身」も「ＡＩ」も「いいお客さん」も好きだ。でも選ばれた人たちは次も挑戦してほしい。誰もが嫉妬しつつも、「わあ、こりゃ、いいや！」という言葉を目指して、ね。

髙崎 卓馬

電通

エグゼクティブ・クリエーティブディレクター／CMプランナー。最近の仕事にJR東日本「MY FIRST AOMORI」、「行くぜ、東北」、TOYOTA「WHAT WOWS YOU／イチローが嫌いだ」、サントリー オランジーナ「ムッシュはつらいよ」、三井不動産「BE THE CHANGE／mitsui fudosan stories」。映画「ホノカアボーイ」（脚本・プロデュース）。2度のクリエイターオブザイヤー賞など国内外の受賞多数。著書に小説「はるかかけら」（中央公論新社）、「表現の技術」（朝日新聞出版）など。

コピーだけでの勝負のとき、そこに情景が浮かぶものはやっぱりいいなあと思います。ビジュアルやストーリーをつけたくなるようなコピーはやはり言葉としてとても魅力があるのだと思います。今回はそういうものが多かった気がしています。

谷山 雅計

谷山広告

コピーライター。1961年生まれ。主な仕事に資生堂「TSUBAKI」「UNO FOGBAR」、東京ガス「ガス・パッ・チョ！」、新潮文庫「Yonda?」、日本郵便「年賀状」、東洋水産「マルちゃん正麺」、OCEDEL「Firefly Man」、モバゲー、サイボウズなど多数。著書に『広告コピーってこう書くんだ！読本』。1987年、TCC新人賞を受賞。TCC部門賞、朝日広告賞、新聞協会広告賞、アドフェストグランプリ、カンヌライオンズシルバーなど受賞多数。

「うまく言い当てる」ことはもちろんコピーの大切な技術ですが、そこで終わってしまっては絵に描いたモチ。やはり読後に「ああ、そこを突いてきたか。思い当たるよなあ」の気づきを与えてもらえないと、じぶんの行動にはなかなか結びつかないのではと感じます。そういう意味では、コピーゴールドの骨粗鬆症財団とシルバーのセゾン自動車火災保険が、個人的には今年「気づかせてくれた」コピーのツートップ。拍手を、送りたいです。

照井 晶博

照井晶博

コピーライター。1969年生まれ。「つぎは『休み方改革』じゃない？」「休みてーーーーー！」「学割先生」「もう1頂！」「勤続25年　これからも『働く人の相棒』へ」「1ダホー！」「どんばれ」「まさか！はありえる。」「このろくでもない、すばらしき世界。」「出会う、が、世界を変えていく。」「名刺は、こうなる。」「This isサイコーにちょうどいいHonda！」など。

それでもコピーで結果を出そうと足掻くあなたへ。やめたほうがいいかもしれないです。つまんないことしか書けないとほんとに嫌になるし。仕事はほかにもいろいろあるんだし。でも、このまま終わるのは嫌だと本気で思うなら。もうちょっと続けてみてもいいのかもしれないです。自分でも驚くようなことを、自分という人間はある日思いついたりもするので。

中村 禎

フリーエージェント

1957年生まれ。JWトンプソン、サン・アド、電通を経て2016年フリーエージェント・コピーライターとして独立。TCC最高新人賞、TCC賞、TCCグランプリ、ほか多数。著書に『最も伝わる言葉を選び抜く コピーライターの思考法』（宣伝会議刊）がある。

最終ステージに残ったコピーはどれも秀作だ。コピーコンテストだから順位をつけるが、賞金の差がコピーの差ではない。グランプリの決定では票が割れた。これは悪いことではなく、どれも秀作だったという証拠だ。ボクはヤフーに入社したくなるコピー「ＡＩから仕事を奪ってください。」とキヤノン「ＥＯＳ Ｋｉｓｓ Ｘ９」でわが子を撮りたくなるコピー「子供の悔し涙は、遠くから撮るのが愛だと思う。」を選んだ。これらは実際の広告として使われても効果があると思う。しかし、協賛企業賞にこれらのコピーは選ばれていない。クライアントの選ぶ目とコピーライターの選ぶ目が一致しない。悲しい。協賛企業賞に選ばれたコピーがファイナリストにも残る、早くそうなって欲しい。

福部 明浩

catch

クリエイティブディレクター／コピーライター。1998年博報堂入社。2013年独立、catch を設立。主な仕事に、カロリーメイト、ビタミン炭酸MATCH、グルメな卵きよら、どん兵衛、HIMAWARI、ファミリーマート、docomo&Mr.Children25周年など。

票が割れたので、何度かグランプリ投票をしたのですが、僕は終始ヤフーの「ＡＩから仕事を奪ってください。」を推してました。まさに今！って感じのコピーですよね。賞の枠を超えて、実際このコピーでヤフーがリクルート広告を打てばいいのにと思いました。（ヤフーの偉い人に届けー！！！）かなり、いいキャンペーンになるはず。コピーと企業の距離感が素敵ですよね。人生は３００００日のコピーも良かったな〜。そっか、人生には万が一のことが3回もあるのかと、素直に説得させられました。

福本 ゆみ
福本ゆみ事務所

コピーライター／ディレクター／俳人。福本ゆみ事務所にて、主にラジオCMの企画制作、テレビCMの企画を手がける。ACCグランプリ、電通賞、JAA賞などを受賞。句集「汽水」で、自費出版文化賞受賞。https://www.fukumotoyumi.com/

上位10作品に関してはどれも完成度が高く、本当に僅差だったと思う。グランプリを最後まで争った「骨粗鬆症財団」のコピーは、骨折する可能性というネガティブな統計を、抽選なら当たるというポジティブな統計にうまく置き換えた。ラジオＣＭはどれも手堅く出来ていたが、日本レジストリサービスは、音にすればかなり面白かっただろう。今年はファイナリストにテレビＣＭが残っていなかったので、ＣＭゴールドはラジオＣＭ３作の中から選ばれた。二次・三次をみても、ＣＭはとても少ない。奔放で面白いテレビＣＭがあれば、上位に進む確率はかなり高いと思うので、来年は是非狙って欲しい。

安路 篤
大広

コピーライター。主な仕事に、近畿日本鉄道、ＷＯＷＯＷ、サントリー、帝人、東芝、ＥＣＣ、エイチ・アイ・エス、東京サマーランド、全労済、ＮＯＶＡ、小笠原村観光局、ＡＣなど。主な受賞歴に、ＴＣＣ賞、ＡＣＣ賞、日経広告賞、毎日広告デザイン賞、広告電通賞、クリオ賞、ニューヨークＡＤＣ賞、ロンドン広告賞、ほか多数。

いつもと違って、これほど票が割れた「宣伝会議賞」も過去なかったように思う。現場は混沌としていた。グランプリ、ゴールド、すべてのコピーが緻密でレトリックもあり、完成度も高く、どこか安定感がある。課題のせいもあるかも知れないが、破壊的で迫力のある変態的なコピーがあまりなかった。きっと一次通過の段階で、ハチャメチャなコピーは落選しちゃうんだろうなと思うと、少し寂しい気もする。ちょっと乱暴でも、危険な香りを残して、時代を大きく斬る鮮烈なコピーが最終まで残ってきて欲しかった。

箭内 道彦

風とロック

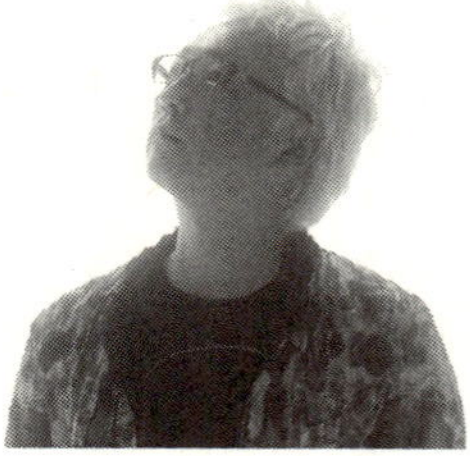

クリエイティブディレクター／「月刊 風とロック（定価0円）」発行人。主な仕事にタワーレコード「NO MUSIC,NO LIFE.キャンペーン」、サントリー「ほろよい」などがある。

コピーフォーマットというか、「宣伝会議賞」的話法というか、そういうのがずっとあって、「△△だったのは、◯◯でした。」とか、「?.?.?は、☆☆です。」とか、その空欄を埋める高質な大喜利スタイル。そうじゃないものに、僕はいつも一票。新しいもの。今の言葉になっているもの。あなたの言葉になっているもの。

山本 高史

コトバ

クリエイティブディレクター／コピーライター／関西大学社会学部教授。1961年生まれ。TCC最高賞、TCC賞、クリエイター・オブ・ザ・イヤー特別賞、ADC賞など受賞多数。著書に『案本』、『伝える本。』、小説『リトル』、『ここから。』（共著）など。近著に『広告をナメたらアカンよ。』（宣伝会議）がある。

ぼく、実は休めない教授会があったので、最終選考を欠席しました。この場を借りてごめんなさい。ただ現場なしに「あがり」だけをいきなり見て（もちろんそこまでの審査で目にしたものが多かったけど）、いいなあコピーって、と不意に感動しました（ホントですよ）。「選ぶ」って構えじゃなかったせいなのか、気持ちにポンと入ってきた。メディアが変わろうとも、言葉は時代や世の中の流れを捉えてさえいれば、鮮度も説得力も失わないんだな。いいもの読ませてもらいました。全部好きです。ありがとう。審査員に選ばれることがあれば、来年は必ず出ますので。

吉岡 虎太郎

博報堂クリエイティブ・ヴォックス

コピーライター/クリエイティブディレクター。1992年博報堂入社し、現在は博報堂クリエイティブ・ヴォックス所属。スズキ自動車ハスラー、大塚製薬ポカリスエット、花王ビオレ、JTウィンストン、ミツカン金のつぶ、レディースアートネイチャーなどを担当。TCC審査委員長賞、日経広告賞最優秀賞、アドフェスト銅賞、ACC賞、JR東日本ポスターグランプリ優秀賞など受賞。

ウェブでの比較検討が当たり前になり、ダイレクトに商品特性が伝わらなければコピーが機能しなくなった。時代を反映しているのか、受賞作はどれも端的なユーザーメリットやファクトがコピー化されていると感じた。それが響くか響かないかの個人差で、かつてなく審査員の票が割れたのだと思った。コピーの原点帰りのようでもあり、閉塞感を表しているようにも思う。個人的には「建てたい家が建っていた。」に視点を感じて票を入れた。ファイナリストには残らなかったが、デカビタCの「誰でも、吉田沙保里。」もバカバカしくて好きだった。商品やサービスの骨格を強く掴まなくては、もう誰もコピーには振り向かないのかと審査後に考えた。

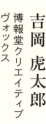

赤城 廣治
赤城廣告

コピーライター、クリエイティブディレクター。1966年生まれ。最近の仕事に、横浜DeNAベイスターズ「ハマスタが、灯っている。ヨコハマが、ひとつになっている。」、熊本市復興PR「立つんだ熊本ジョー」「津軽を歌ってますが、石川は、熊本です。」、京王電鉄TAKAO PR「いつか輝こうじゃなくてさ、ことし輝こうぜ、ぜったい。」。主な仕事に、大阪ガス「ガ、スマート！」、日本航空ハワイ路線「RESORTFUL ！ JAL HAWAII」、公明党「そうは、いかんざき。」。TCC新人賞他受賞。

いいコピー、イコール、いい視点。その商品&サービスを手にした人はどんな気持ち?それがなかった時、人はどんな悩みを抱えてた?それがあることで、その人の毎日に、どんな幸せが生まれる?商品を言い当てるだけでなく、届けたいコピーの先にいる人をどれだけ想像できたか。そこが大切だと応募コピーから改めて教わるのです。

阿部 光史
電通

クリエーティブディレクター。主な仕事に、アイフル「どうする？アイフル!」、家庭教師のトライ、キリン、P&G、「豆しば」CD、コロプラ、「YASKAWA BUSHIDO PROJECT」、Twitterなど。TCC賞、ACC賞、広告電通賞、カンヌライオンズ、NYフェスティバルなど受賞。スパイクスアジアなどの審査を担当。Twitter：@galliano

企画の前にすべきポイントを3つ。①ブリーフをしっかり読む。商品やサービスを誤解してると審査は通りません。②ターゲットを理解する。面白くてもターゲットに合致していない案は通りません。③競合との優位性ポイントに触れる。ココがズレている人も多いのです。上記を外さずに企画すれば審査通過の確率が上がるので是非!

池田 定博
電通

クリエーティブディレクター。1968年生まれ。大日本印刷、ガルデザインシステムを経て電通に入社し、CMプランナーとなる。主な受賞に、全日本CM連盟賞グランプリ（総務大臣賞）ほか金賞など、同連盟作詞作曲家賞、東京コピーライターズクラブ部門賞、大阪コピーライターズクラブ賞、東京アートディレクターズクラブ賞、アジア太平洋広告祭銅賞、読売広告賞優秀賞、京都広告賞グランプリほか、など。

宣伝会議賞ならではの新しい切り口のコピーを選ぶようにしました。どこかで見たようでなく、その人ならではの考えが書かれたものがいいと思います。

生駒 達也
大広

シニアクリエイティブディレクター。1968年生まれ。主な仕事にパナソニック、積水ハウス、近畿日本鉄道、サントリーほか。ACC賞、TCC新人賞、毎日広告デザイン賞グランプリ、NYフェスティバル銀賞など多数受賞。

そのコピーを見た人がどう思うか。何を感じるか。どんな印象を残せるか。どんな行動を起こすか。そんなことを想像しながら、自分のコピーを見直してみてください。驚かす、喜ばす、笑わす、泣かす、怒らす、焦らす、気付かす、困らす・・・コピーは、見る人の心を何らか動かそうと企てた言葉になってなきゃいけませんよね。

石田 文子
電通

コピーライター／CMプランナー。最近の仕事にユニクロ・ブラトップ「100人の胸。100の美しさ。」、シチズンxC「女は正しい、クロスシー」、明治「POWER! ひとくちの力」、JR青春18きっぷなど。宣伝会議賞金賞、広告電通賞、ACCジャーナリスト賞、アドフェスト、スパイクスアジア金賞など受賞多数。『映画の天才』運営。著書に『小さなキミ』(小学館)。

いいコピーって、裸の王様に出てくる子供みたいなとこがあるな、と思っています。みんなが「いいねいいね、王様の服」と言ってるところに「え、ぶっちゃけ裸じゃね?」と。そしてみんながハッとする。審査をしていてそういうコピーに出会うとニヤニヤ嬉しくなります。自分もそんなコピーを書きたいです。

岩崎 亜矢
サン・アド

コピーライター。主なコピーに、JINS「私は、軽い女です／軽い男です」「人生なんて、顔で変わる」、村田製作所「恋のドキドキだって、いつか、電気をおこすだろう」「この奥さんは、介護ロボットかもしれません」、商業施設「GINZA SIX」ネーミングなど。「檸檬」の作詞や、「僕はウォーホル」「僕はダリ」(パイインターナショナル)など翻訳本の監訳も手がける。2015年より京都精華大学非常勤講師、コピーライター養成講座先輩コース講師。

〝コピーを書くぞ〟と思いその場ですんなり出てくる「視点」は、他の人も大抵思いつきます。自分のアイデアを夜中のラブレターだと思って、時間をおいて見直してみてください。できれば第三者の視点で。冷静に。贔屓目をなるべくなくして。そこで見えてくることに、たくさんの答えがあると思いますよ。

岩田 純平

電通

コピーライター。主な仕事に、サントリー「角ハイボール」「トリス」、JT Roots「ルーツ飲んでゴー！」「それでも、前を向く」、JT企業「ひといきつきながら」、東芝「10年カレンダー」、フォルクスワーゲン「ゴキゲン♪ワーゲン」、公文「くもんいくもん」など。著作に『それでも、前を向く。』、作詞に『ひといきつきながら』（山本彩）。TCC賞、カンヌゴールド、アドフェストゴールドなど受賞。

毎年書いているかもしれませんが、課題を見てパッと思いつくようなことは他の人もパッと思いついちゃってることが多いです。特にダジャレ。それも出していいと思いますが、そこからどこまで考えられるかの勝負なのではないかと思います。コピーは意外と考えている時間が透けて見えてしまうものなので。

岩田 正一

新東通信スケッチ

クリエイティブディレクター／コピーライター。「想いを言葉にする」仕事が中心。消費者のためになった広告コンクール金賞、中日新聞広告賞最優秀賞、ACC賞ほか受賞。名古屋造形大学「非常勤講師」、名古屋コミュニケーションアート専門学校「教育課程編成委員」、映像クリエーターを志す学生実行委員会ISIKI顧問、PRINCESS SAMURAI of JAPAN あいち戦国姫隊 事務局長、名古屋ナモ締め事務局などを務める。

課題を選ぶ。資料を見る。アイデアを出す。いくつものコピーを書く。応募者が「宣伝会議賞」に取り組む姿をいつも想像しながら、審査をしています。みんなの力作を見逃してはいけない。その作業は、緊張感があって楽しかったです。

上田 浩和

電通

コピーライター。1975年生まれ。主な仕事に、JCB、静岡新聞SBS、JAL、ダイハツ、JR東日本など。TCC最高新人賞、ACCゴールド、電通賞など受賞。

ぼくが担当した課題の商品とぼくは、無関係の生活をおくっていました。それでも、その商品に対して優しいコピーを見ると、だんだん興味がわいてくる。意地悪なコピーを見ると気持ちが離れていく。そんな感じで、けっこうなユーザー視点で選ばせていただきました。

上野 達生
I&S BBDO

クリエイティブディレクター／CMプランナー／コピーライター。1972年生まれ。クリエイター・オブ・ザ・イヤー二度受賞は地方初。全日本広告学会 Most Expectative Presentation賞、TCC、K-ADCグランプリ、FCCグランプリ、CCNグランプリ、ACC、OCC受賞多数。Adfest、TimesAsia-Pacific Advertising Awards、NewYork Fes、AD stars 海外賞受賞。福岡大学非常勤講師。高知県観光特使。

熱量が凄く、毎年審査の時は忘れかけていた初心を思い出します。コピーらしくないコピーが増えているように感じました。SNSから新しい言葉が生まれています。その影響でしょうか。言葉は進化するものですね。受賞者の皆さま、おめでとうございます！

梅澤 俊敬
モメンタムジャパン

コピーライター／クリエイティブディレクター。主な仕事は、ドミノピザ「トナカイデリバリー」、西友「ど生鮮」「プライスロック」など。TCC会員。

勢いのあるコピーをたくさん見て「俺も書きたいなー、書かなきゃなー、やべえなー」と思いました。

梅田 悟司
電通

コピーライター／コンセプター。広告制作、新製品開発、アーティストへの楽曲提供、雑誌連載など幅広く活動。カンヌ広告賞、レッドドット賞、ギャラクシー賞、グッドデザイン賞、観光庁長官表彰など国内外30以上の受賞。著書に20万部を超える『「言葉にできる」は武器になる。』（日本経済新聞出版社）ほか。CM総合研究所が選ぶコピーライターランキングにて、2014～2016年まで3年連続トップ10に選出。横浜市立大学客員研究員。

真摯なコピーが目立ち、好印象を受けました。賞モノとなると「面白い言葉で一発狙ってやる！」という邪な気持ちが生まれるものですが、実際の広告として出稿できる質の高いものが多かったです。切り口のユニークさを超えた、志やビジョンの高さを意識すると、今までとはひと味違った言葉を生み出せるようになるはずです。

占部 邦枝

西鉄エージェンシー

コピーライター／プランナー。最近の仕事に西鉄ホテルグループ、かしいかえん、タンスのゲンなどがある。福岡広告協会賞、FCC賞、TCC新人賞、TCC審査委員長賞、ACC賞、宣伝会議賞銅賞など受賞。

上手なコピーが増えたなぁという印象。すぐにでも使えそうな。でもどこか破けたような、印象に残るコピーは逆に減ってしまったような気がしました。公募の広告賞だしもっと大胆になってもいいのかなと思います。あ、下ネタに走れ、ってことではないですよ。念のため。

呉 功再

O

コピーライター／クリエイティブディレクター。千葉県生まれ。博報堂を経て2013年、O設立。主な仕事に、スズキ ワゴンR「あたらしいたのしいが、R」、パナソニック AIR PANEL LED、東京無線 開進交通「ネ子タクロー」、トヨタ VOXY「男旅」、アサヒビール スーパードライなど。TCC賞、クリオ賞など受賞。

こんな写真、こんな場所、こんな映像、こんな企画、どんなこんなもなにもなく純粋にことばだけで勝負。いまにもはじけそうな、たっぷんたっぷんと意味や世界がつまったことば。あらためて、コピーって面白いです。

大岩 直人

モノ・カタリ。

クリエイティブディレクター。受賞歴は、NYワンショー金賞、カンヌ銀賞ほか。カンヌ、NYワンショー、アドフェスト、東京インタラクティブアドアワードほか国内外の審査員を歴任。2015年に電通を退社、2016年より「モノ・カタリ。」で活動。最近は各分野のアーティストとのコラボレーションやクリエイティブコンサルティング業務に携わることが多い。2017年より東京経済大学コミュニケーション学部教授。

素敵なコピーがいっぱいありました。「うまいこと言うなあ」「これ、意外性があっていいなあ」「フックが効いた表現だなあ」……でも最近、自分の中で表現の「恣意性」に対して過敏なところがあるようで、最終的には、自然で理にかなった、噛めば噛むほど滋養が染み出てきそうなコピーを選ばせていただいた気がします。

大八木 翼
SIX

クリエイティブディレクター。2013年SIX設立。“広告は、ひととひととをつなぎ、世界を良き方向へと向かわせる、最大のメディア・アートである”という考えのもと、自分なりのソーシャルグッドを探し求める。主な作品に「HERMES：エルメスのちいさな絵本」「SMBC日興証券：オウンドメディアFROGGY」「AMKK：EXOBIOTANICA」。夢は、ボリス・ヴィアンのカクテルピアノのような装置をつくること。

いいコピーは風景をつれてくる。人と人とが心を通わすうえで、人類が発明した便利なツールが言葉だ。気持ちのよいものの、不快なものも、溢れんばかりの言葉があふれる世の中だからこそ、じぶんの言葉を大切にするひとと私はいっしょに仕事がしたい。

岡崎 数也
電通クリエーティブX
関西支社

1983年に電通入社。主な仕事に、ロート製薬、任天堂、シャープ、P&G、カネテツデリカフーズ。電通関西支社クリエーティブ局を経て、2014年より現職。TCC新人賞、OCCクラブ賞、朝日・読売・毎日広告賞など受賞。

熱意や野心が、コピーの新しさや強さになるのだとは思いますが、自分の技術披露が優先されているコピーが多かったです。残念。コトバを捻り出すのではなく、商品と社会との「良き関係性」を描くことが大切です。

尾形 嘉寿
電通九州

1990年にI&S(現I&SBBDO)に入社後、CMプランナー、クリエイティブディレクターとして、あらゆる業種を担当。2016年に電通九州に入社。2000年にACC金賞、2001年にJAAAクリエイターオブザイヤー特別賞、2006年にJAAAクリエイターオブザイヤーメダリストなどを受賞。

SNSが、世の言語感覚を、より混沌とさせていることを実感する審査でした。そんな中で、表面的にキャッチーなものではなく、本質的な「WHAT TO SAY」を提示しているものが、やはり存在感を示していました。混沌の中で、本物だけがより際立つ時代が来ている気がしました。

岡部 将彦

Que

クリエーティブディレクター／CMプランナー。1978年大阪生まれ。2000年電通入社。2017年刻キタル設立。最近の主な仕事に、トヨタ自動車「AQUA」「MIRAI」「PRIUS PHV」「C-HR」。プレイステーション各種ゲームタイトルのCMをはじめとするコミュニケーションなど。

私、とある商品のコピーを審査してたんですが、その商品を買いました。審査後に。審査で見たコピーをそのまま妻に話しました。すぐに買うことが決まりました。やはり、良いコピーというのは、強いですね。自分なら、なんて言われたら「買っちゃうかなぁ?」。やはりそれがコピーの出発点かなと思います。

岡本 達也

電通中部支社

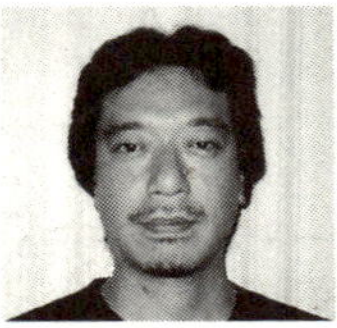

統括・戦略クリエーティブディレクター。1959年生まれ。1987年度朝日広告賞入選、1990年度読売ユーモア広告大賞受賞、1991・1998年度準朝日広告賞ほか、消費者のためになった広告コンクール、愛知広告協会賞、コピーライターズクラブ名古屋優秀賞、ACC奨励賞など受賞。

他人と違うものを書ける人は何が違うのだろう。発想、ひねくれてる、運…etc。きっといろいろな要素が絡み合っているのだろうけど、根性論的には「やってやる」という意思しかないように思う。コピーライティングって意外とそんなことも大切な気がする。

小川 英紀

フルボリューム

コピーライター。主な仕事にコスモ石油、アデランス、トステムなどがある。TCC新人賞、TCC広告賞など受賞。

受賞された皆さま、おめでとうございます。残念ながらそうならなかった皆さま、またの機会があります。一次審査を通れば、作品それぞれの差はあまり無いのではないかと考えます。とにかく自分が納得できる作品で勝負してみてください。

尾崎 敬久

電通中部支社

クリエイティブディレクター／コピーライター／CMプランナー／コピーライター。1970年生まれ。主な仕事に、愛知県（モノスゴ愛知でマツケン）、愛知県（人権週間）、パルコ、平安閣（マリエール）ほか。リクルート、大広を経て2005年より現職。受賞歴はTCC新人賞、CCN賞、FCC賞、OCC賞、ACC賞、広告電通賞、アイチアドアワード、カンヌライオンズ、アドフェスト、ワンショー、ロンドン国際広告賞など。

その短い言葉の連なりから、物語が想像できるか。その短い言葉の連なりから、アタマの中で映像が始まるか。言葉は情報伝達のツールだけれど、コピーは言葉に、それ以上の機能をもたらすことができる。アタマで理解、だけじゃない、ココロで感じる言葉が今年もちゃんと受賞していました。それが嬉しかったのです。

河西 智彦

博報堂

クリエイティブディレクター／コピーライター／CMプランナー。アウディ「日本初3.2秒CM」、ハイチュウ、進研ゼミ、剣と魔法のログレス「吉田部長シリーズ」、味の素「鍋ドン！」、ひらかたパーク「ひらパー兄さんシリーズ」、スペースワールド「なくなるヨ！全員集合」、岩手日報3月11日広告など。カンヌ金賞、スパイクスアジア金賞、TCC新人賞、OCCグランプリ、CCNグランプリ、FCCグランプリ、ACC金賞など。

自分には書けない、と嫉妬したコピーがいくつもありました。とはいえ、みんな言うはずですが、9割のコピーはかぶっています。本数制限がある中もったいない。かぶらない練習をするなら、出さなかった課題で書いてみて、SKATで誰かとかぶっていないかチェックするのはどうでしょう。チョイス力も養えますよ。

笠原 千昌

サン・アド

クリエイティブディレクター／コピーライター。SUNTORY山崎蒸溜所GIFT SHOP「山崎からの贈り物」、福岡空港「greenblue」、UNITED ARROWS「あしたも あしたのあしたも そのまたあしたも」、金吾堂「食べてみなけりゃ、わかりませんべい」などなど。TCC新人賞、ACC賞、NY ADC賞、朝日広告賞、日経広告賞など。

言葉や文字がものすごいスピードで語りかけてくる時代の中で、流されずに立ち止まらせる言葉が、自然と残った気がします。それは、何が違うのか。そこには、何が存在するのか。コピーは改めて深く楽しいと思いました。

勝浦 雅彦

電通

コピーライター／CMプランナー。質庫ぜに屋本店、東芝LED、人権啓発、日本生命オリンピックCMなど。LoFt「イクト。カウト。ロフト。」「去年より、恋がうまくなった。なんだかつまらない。」大牟田スイミングスクール「お母さんの声援が聞こえるから、息つぎが好き。」ホワイトハンズ「私の下半身は、不自由ですが、元気です。」など。TCC賞、ADFEST FILM GP、Spikes、Cannes Lions、クリエイターオブザイヤーメダリストなど受賞。

受賞者の皆さまもそうでない方も、長きにわたる挑戦お疲れさまでした。これまで何度もコピーライターという仕事には転換期がありましたが、今こそデジタル化とＡＩ革命によってこの職業自体の在り方が激しく変わろうとしている時だと思います。でも言葉に真剣に向き合い続けた先に何かが待っているはず。お互い書きまくりましょう！

川島 章弘

博報堂

クリエイティブディレクター／CMプランナー。1971年生まれ。主な仕事に、小学館「九十歳。何がめでたい」、第一三共ヘルスケア、21世紀FOX、J:COM「ざっく」、近畿大学「ぶっ壊す」、キンチョー、ダスキンなど。第45回やってみなはれ佐治敬三賞、TCC新人賞、毎日広告デザイン最高賞、新聞広告賞、ACC TVCM・RCM・地域賞、広告電通賞、ギャラクシー賞など受賞。

コピペして応募もできるので、バリエーションもつくりやすい環境です。でもほとんどの場合、コピペ要素があった時点で全部ボツです。コピーはうわべの美辞麗句じゃなく、中身の意味が大事です。この言葉はこうでしかありえない、という所まで突き詰められなくてはいけない。そこではバリエーションは出来ようがないのです。

神田 祐介

博報堂

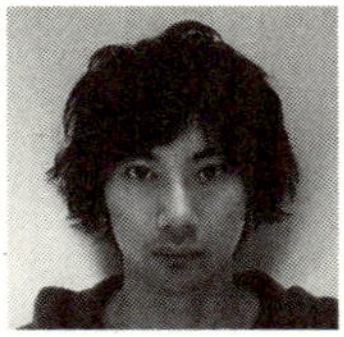

CMプランナー／コピーライター。マンダム「LUCIDO」、リクルート「ホットペッパーグルメ」、ダイハツMOVE「法廷シリーズ」、SUUMO「ブランドCM」、jms「HOT DRIVE」、ユーキャン「ねこ勉」など担当。ACC TVCM部門グランプリ、ME部門グランプリ、TCC賞、TCC新人賞、ADFEST2017 GOLD、広告電通賞最優秀賞、文化庁メディア芸術祭マンガ部門など受賞。

審査の中で似たような切り口の作品がいくつかありました。その場合は言葉の選択など細部の技術力で差がつきます。たまに圧倒的な差を見せつけてくる作品もありました。技術云々の次元を超えた、作者の強い個性や気概のあるものです。不器用だけど芯の強いそんな作品は理屈を超えて好きになってしまう魅力がありました。

神戸 海知代

かんべ笑会

コピーライター／コミュニケーションプランナー／クリエイティブディレクター。2016年、かんべ笑会を開業。ヤマサ醤油「ふたりの関係が冷めたと思ったらまず、台所で火をつける。」、ぐいパン「パンツは、汚れるためにある。」、キューサイ「若々しく生きる時間がふえるなら、高齢化はうれしい。」などを制作。TCC新人賞、日経広告賞、日本雑誌広告賞、ロンドン国際広告賞などを受賞。Twitter：@michipoon

もうちょっと考えればもっといいコピーが出そうだなあ、と思うことが度々ありました。方向性はわかる、この先のコトバが見たい、見たい。そう思いながら読んでいくうちに朝を迎える数日間でした。コンセプトやディレクションも大切だけど、表現も大事。その両方を兼ね備えているコピーこそが、やっぱり強いコピーですよね。

絹谷 公伸

電通関西支社

クリエーティブディレクター／コピーライター。セキスイハイム、NTT西日本、大関、UHA味覚糖などTCC賞、OCC賞、ACC賞、電通賞、フジサンケイ広告賞、海外広告賞など

コピー一発で破壊して、効果出して、金を稼ぐって、コピーライター道な感じがしてかっこいい。

國武 秀典

大広九州

シニアクリエイティブディレクター／CMプランナー／コピーライター。主な仕事に、トヨタ自動車、江崎グリコ、トワイニング、マスメディアン（宣伝会議）、九州電力、ワイドレジャー楽市楽座、行政関連他。TCC新人賞、ACC賞、広告電通賞、消費者のためになった広告コンクール、ギャラクシー賞、JAAAクリエイター・オブ・ザ・イヤーメダリストなど受賞。

そのコピーを見るビフォア・アフターでどんな気持ちのザワつきが起きるだろう。審査員の前にフラットに、いち消費者として心を動かす、行動を促すコピーを選びます。視点、発見、語感、語呂、切れ味・・・
掘り尽くされ、新たな鉱脈が見つからない場合「同じことでも、うまいこと言え！」スピリッツでやってみなはれ。言うは易し、だがプロもそこで七転八倒しています。

倉成 英俊

電通

電通Bチームリーダー／アクティブラーニングこんなのどうだろう研究所所長。主な仕事に、Japan APEC 2010や東京モーターショー 2011、IMF／世界銀行総会2012総合プロデュース、有田焼創業400年クリエーティブアドバイザー、ほか。グッドデザイン賞、NYADC賞、カンヌ広告祭他受賞多数。バルセロナのMarti Guixeより日本人初のex-designerに認定。電通総研フェロー。

よくインタビュー企画で有名人が聞かれる質問で、「自分を変えた一言」ってのがあると思いますが、「自分を変えた長文」じゃないんですよね。やっぱり、一言。一言の力って、すごい。広告コピーかどうかはもちろん問わず、一言が、文化をつくることも、後世の人々に勇気を与えることも、一人の人生を変えることも、購買活動を変えることもある。日々一言に気を付けて生きていきたいと思います。

黒田 康嗣

博報堂

シニアクリエイティブディレクター／コピーライター。1965年生まれ。主な仕事に三井のリハウス「みんなの声鉛筆」シリーズなど。第一回ACC小田桐昭賞、2013年クリエイター・オブ・ザ・イヤーメダリスト、TCC賞、TCC審査委員長賞、TCC新人賞、ACC賞ゴールド、FCC賞グランプリ、JAA/web最優秀賞、ギャラクシー賞、ADFEST、NYフェスティバル、アジア・パシフィックなど受賞。

課題を、自分がいま向き合っている課題という意味ではなく、世界から答えを待ち望まれている「課題」と大きくとらえてみるのがいいんじゃないでしょうか。コピーは、商品と一緒に日常を変えていくもの。それくらいでっかく考えて、オリジナリティで勝負です。

忽那 治郎

電通

1972年生まれ。主な仕事に、mmbi「NOTTV」、リクルート「じゃらん」、ダーバン、NTTドコモなど。2000年TCC新人賞、日経広告賞、朝日広告賞、JR交通広告グランプリなど受賞。

自分をしっかり観察するのみ！

小林 麻衣子
POOL

コピーライター／クリエイティブディレクター。「一風堂」ブランディング・店頭プロモーション、ロート製薬「SUGAO」ネーミング・商品ブランディング・CM、京都ホテル開発プロジェクトなど。受賞歴にTCC、ACCなど。

企画意図で説明しなければ成立しない企画は、アイデアではないかもしれません。

こやま 淳子
こやま淳子事務所

コピーライター／クリエイティブディレクター。2010年博報堂を経て独立。最近の仕事は、ザ・タンサン・ストロング「強TANSANで、爽KAIKAN」、江戸川学園おおたかの森専門学校「福祉のプロになる。」、NHKスペシャルなど。著書に「ヘンタイ美術館」「しあわせまでの深呼吸。」「choo choo日和」ほか。TCC会員。Twitter:@JUNKO01002

こんなに多様な手法が出まわっている時代に、言葉だけで勝負するというのはある種ナンセンスな気もします。けれどだからこそ、メディアやタレントや演出やデザインや、ＣＤや他のスタッフの名声とかに頼らない、自分だけの力を試し、鍛えることができるのかなと。今年もおつかれさまでした。来年もまたがんばりましょう。

斉藤 賢司
ホンシツ

博報堂を経てホンシツ設立。主な仕事に、キリン零ICHI、メッツコーラ、AGAヘアクリニック、ヤンマー、三井物産、日本財団など。TCC賞、TCC審査委員長賞、カンヌ、NYフェスティバルなどで受賞。

コピーの切り口をずーっと考えてると、ある時点で「もう出し尽くした」という瞬間が来ます。それでもずーーっと考える。同じような発想のループになります。なのにずーーーっと考える。すると、頭のタガがばーんと外れる瞬間が来る。アレは本当に気持ちいい。快感ですよね。私も、もっと、コピーを書こうと思いました。

坂本 和加
コトリ社

コピーライター。一倉広告制作所を経て、コトリ社主宰。主な仕事に、カルピス「からだに、ピース」、JR東日本「行くぜ、東北」。ネーミングにイオン「WAON」など。著書に『あしたは80パーセント晴れでしょう』『ソックモンキーは君が好き』。TCC会員。2児の母。

似たような切り口、コピーはやはり残らない。けれど必ず、「おや」というものが紛れている。それをすくい上げるのはおもしろい。ほんの少しの違い、それによって伝わってくるものが変わる。そんな発見もある。

佐々木 洋一
博報堂

第2クリエイティブ局局長。コピーライター、博報堂C&D取締役、エグゼクティブクリエイティブディレクターを経て現在に至る。自動車、ビール、テーマパーク、通信、不動産などのブランディング活動に多く携わる。

どうしても一次審査を突破できない方へ。可能性①自分では気の利いたことを書いたつもりでも実は「誰もが考える程度」だったりする。つまり自己評価が甘い。②自分では答えを出したつもりでも実は「得意先の設問」とずれている。つまり課題認識が甘い。…思い当たる節ありませんか?ときには自作を厳しく見つめてみてください。

サトー 克也
ダイコク

クリエイティブディレクター。コスモ石油「My COSMO日記」ほか、東京メトロ「すすメトロ!」ドラえもんシリーズ、大阪ガス「ガ、スマート!」ほか、三井不動産「和が街、和が故郷」、各地方自治体などを担当。「おしゃれなカッパーフィールド!」などアニメーション制作。ACC、カンヌほか多数受賞。

書き終わって、冷静にもう一度、読んでみる。その時、その商品やその企業が気になるか?ならないか?その広告で心が動いたか?そんなこと、大事にしてみると良いと思います。

紫垣 樹郎

インサイト コミュニケーションズ

クリエイティブコンサルタント／コピーライター。1965年生まれ。主な仕事にリクルート、ナイキ、三菱東京UFJ銀行、GAP、ドリームゲートなどがある。TCC最高新人賞、朝日広告賞、ベスト・コピー・オブ・ザ・イヤー、読売広告賞など受賞。

コピーの良し悪しのほとんどは視点で決まる。多くの人が考えるであろうアイデアはやはり多くの人が見るのと同じ見方で物事を捉えたものであり、その中で際立つコピーは、なるほど！と唸る視点がある。今回の審査でもそうした視点の優れたものはやはり他とは違う力がありました。コピーを磨くのであれば世の中をどう見るのかが重要なんですね。今年も審査をしながら勉強させていただきました。

渋谷 三紀

電通

コピーライター。主な仕事に、早稲田アカデミー「天才はいない。」ほか、「へんな生き物」「走れメロス」「変わるよ」「ぼくの好きなこと」、シチズンwicca「ときめくとき。」など。TCC新人賞、ACC賞、広告電通賞、ギャラクシー賞、2016年クリエイターオブザイヤーメダリストなど受賞多数。

テーマ（商品）を選べるのが「宣伝会議賞」のいいところ。これなら深く掘れそうとか、遠くに飛べそうとか。そういうテーマに絞って時間をかけるのが意外と近道な気も。それもクリエイティブセンスだと思います。

島田 浩太郎

フロンテッジ

シニアクリエイティブディレクター／コピーライター／モチベーションデザイン／主な仕事 WALKMAN「歌え、10代」キャンペーン。ソニーをはじめ国内外のクライアントを担当。TCC新人賞、ACC賞、広告電通賞、朝日広告賞、ADFEST、SPIKES ASIAなどを受賞。

たくさんのコピーを今年も拝見しました。毎年のことになりますが、選ぶ基準は、視点のいいコピーです。そういうコピーに出会うと、何年コピーライターをやっていてもうれしくなります。受賞作品は、そこが優れているものばかりのはずです。

下東 史明

博報堂

コピーライター。1981年生。主な仕事に、MINTIA「俺は持ってる」、イエローハット、エアーサロンパス、アクオスR、カルピスウォーター、1本満足バー、ロッテ、JALカードなど。著書に『あたまの地図帳』。TCC審査委員長賞・新人賞・ファイナリスト、ヤングカンヌ日本代表など受賞多数。

大喜利は嫌いじゃないが、厳密にはコピーでない。と僕は捉えるので、0点だけど100点！のようなコピーは判断に悩みました。100点で0点、なものも悩みましたが。かと言って60点、みたいなのもね。。。

薄 景子

電通

コピーライター／CMプランナー。これまでの主な仕事は、ハウスウエルネスフーズ、JAL、キユーピー、デンカ、ツムラ、ユネスコ世界寺子屋運動、ラヂオえほんの制作など。クリエイター・オブ・ザ・イヤー特別賞、ACCグランプリ、ベスト企画・演出賞、TCC新人賞、広告電通賞、ACC RCM殿堂入りなど、受賞多数。

思わずぷっと吹いたり、ほろりときたり、ああそれ私だけじゃなかったんだ〜と妙にうれしくなったり…。そのコピーを読んだ瞬間に、自分の心が動いたかどうかで選びました。今年も素敵なコピーに出会えました。ありがとうございます。

多賀谷 昌徳

グレイワールドワイド

クリエイティブディレクター／コピーライター／CMプランナー。TCC最高新人賞、ACCゴールド、クリエイターオブザイヤー・メダリスト、交通広告グランプリ企画賞、消費者のためになった広告コンクール金賞、広告電通賞最優秀賞、ほか海外広告賞の受賞も多数。最近の仕事は「ファブリーズで洗おう。」「ファブタク」「半径30cmのハピネス」「アマゾン・オーディブル」など。Twitter:@tagaya_masanori

商品特性をわかりやすく書いたコピーは、間違いではないんです。が、「宣伝会議賞」ではかなりの割合でかぶります。なので、課題と向き合わなかったら考えもしなかった自分の思いを見つけてください。あるいは、ここ最近よく思うことがあれば、その思いに合いそうな課題を見つけてみる、ってのもありだと思います。

田島 洋之

パラドックス

取締役／コピーライター／ブランディング・ディレクター。1976年生まれ。日本アート印刷を経てパラドックスへ。企業の「志」を軸に、理念の構築やさまざまなブランド開発を手がける。TCC新人賞、グッドデザイン賞、BtoB広告賞、宣伝会議賞金賞などを受賞。

ブランディングのストーリーやコンテンツづくり。「言葉」の活躍範囲は広がる中で、コピーはどこへ向かうのか。フレフレ、コピー！はフレフレ、人間！であることは普遍だな、とあらためて感じることができました。フレフレ、未来の担い手たち！受賞された皆様おめでとうございます。

玉山 貴康

電通

コピーライター／クリエーティブディレクター。最近の主な仕事に、ホンダＦＩＴ「DON'T STAY.」、オリコカード「俺LOVEオリコカード」、オートバックス「クルマを愛する人を、愛する仕事」、ハウスメイト「物件のこと何でも話せる友がいる」、ネオファースト生命「○○の妻」、三井住友銀行「ひとりひとりが日本代表」、島根県自虐カレンダー、西武そごう、第一生命、味の素など。05年TCC新人賞、07・10年TCC賞など受賞多数。

言葉には、音と意味があって、その意味も、辞書的な覚え方ではなく、体験に基づいて得られますね。コピーを考える時、さまざまな言葉が浮かび上がる。どうかその一語一語をスルーしないで、大切に扱ってほしいのです。それは、あなたの分身。その一語と現代社会やターゲットとのつながりを観察してみる。すると見つかる、かも。

辻 毅

アサツー ディ・ケイ

コピーライター／クリエイティブディレクター。1974年生まれ。テレビ局担当から、メディアプランナーを経て、コピーライターに。主な仕事は、タケダのアリナミン、楽天、東芝、IKEA日本ローンチキャンペーンなど。ＴＣＣ新人賞、アドフェスト、カンヌなどを受賞。

キラリと光るコピーを見つけ出す審査の作業は、宝探しのようでいつもワクワクします。難しい題材だとどうしても同じようなアプローチのコピーが多くなりがちです。でも逆に、難しい題材だからこそ、目立つコピーが書きやすかったりするものです。あえて難しい題材を選ぶという戦略もありだと思います！

都築 徹
電通中部支社

コピーライター／クリエーティブディレクター。電通CDC・中部支社兼務。東海テレビ報道部、敷島製パン、マキタ充電式草刈機、FMぐんま、ZENT、JTEKT。クリエイター・オブ・ザ・イヤー・メダリスト、ACCフィルムA部門グランプリ・ラジオ金賞・ジャーナリスト賞、TCC賞、ADC賞、ギャラクシー大賞ほか。

これだけの人が、こんなにも書いているのに、突き抜ける一行とは、なかなか出会えない。だからこそ可能性がある仕事なのだと、改めて思いました。

手島 裕司
利助オフィス

コピーライター。アドパスカル、熊日アドセンター、私立手島事務所を経て、株式会社利助オフィス勤務。1985年宣伝会議賞金賞受賞、1997年TCC新人賞。死ぬまでコピーライター。

「ちょっといいね」と思ってチェックしていると、同じようなアイデアの応募作がどんどん出てくる。ちょっといいアイデアは誰でも思いつくんですね。自分も「ちょっといいね」で満足しないようにします。

道面 宜久
TUGBOAT2

コピーライター。1972年生まれ。主な仕事にキユーピー、大和ハウス工業、NTTドコモ、キヤノンなどがある。TCC新人賞など受賞。

すごい数のコピーの中でも、いいコピーはキラリと光っていてすぐ分かるものだな、といつもながらに感じました。毎年刺激をもらっています。ありがとうございました。

富田 安則

リクルートコミュニケーションズ

執行役員／エグゼクティブクリエイティブディレクター／コピーライター。1976年生まれ。主な仕事に、日本郵政グループ、東京都、朝日新聞社、経済産業省、日本商工会議所、リクルート、NTTドコモ、ブックオフなどがある。TCC賞、TCC審査委員長賞、FCC賞、毎日広告デザイン賞、宣伝会議賞銅賞など受賞。Twitter:ys_tomita

言葉のオリジナルとはなにか。単語の組み合わせや言い回しでアタマを悩ますよりも、人の機微や羞恥みたいなところをえぐり出すことこそが、いまの時代にはとても大事だと思います。どれだけ毎日を、丁寧に真摯に生きているか。このことに誠実なコピーだけが、これからの時代に生き残っていくと感じています。

中尾 孝年

電通

CDC高草木ルーム／クリエーティブディレクター。江崎グリコアイスの実「江口愛実登場」、パピコ「大人AKB48」「間違い探し」「パピコドッキリ」、サノヤス造船「造船番長」、トヨタマークX「Artistic Performance」、日清のどん兵衛×M-1グランプリコラボなど。カンヌ銀賞他受賞多数、OCC副会長

今の僕らは「いとをかし」って言わないし「ヤバイ」を良い意味でも使う。日本語の乱れだって怒る学者先生もいるけど、僕はそれが言葉の進化なんだと思う。だったらコピーも進化するはず。今のコピーは乱れてるって昔ながらのコピーだけを評価するんじゃなくて今時のコピー、これからのコピーも評価するように心がけました。

中村 猪佐武

マッキャンエリクソン

クリエイティブディレクター／コピーライター。1969年生まれ。主な仕事にモンデリーズ・ジャパン「クロレッツ」「HALLS」、MasterCard「Priceless」、AGAなど。TCC新人賞、クリエイター・オブ・ザ・イヤーメダリスト、Cannes Lions、D&AD、ONESHOWなど国内外受賞多数。

審査は勝負です。思いつきで書いたコピーでは、まず戦えません。そんなコピーをたくさん応募するより、とことん突き詰めたコピーで勝負してきてほしいと思います。

西島 知宏

BASE

クリエーティブディレクター／コピーライター。1977年生まれ。電通を経て、BASE代表。「街角のクリエイティブ」編集長。「思考のスイッチ」著者。Spikes Asia、アドフェスト、ACC賞、TCC賞、TCC新人賞、OCCグランプリ、インターネット広告電通賞、日本プロモーショナルマーケティングプランニング賞などを受賞。

みなさま、宣伝会議賞お疲れさまでした。今年もにやけながら審査させていただきました。賞が獲れなかった方、ぜひ来年もチャレンジして下さい。続けることこそが書く上で一番大切なことだと思います。

西脇 淳

タイガータイガークリエイティブ

1970年生まれ。大広を経て、2007年「風とランディ」設立。2013年「タイガータイガークリエイティブ」に社名変更。主な仕事にSUZUKI「SOLIO」、阪神電鉄「阪神沿線物語」、朝日新聞「こども広告」など。ACCグランプリ、TCC新人賞、佐治敬三賞など受賞。広告業界の悲喜交々を描いた書籍「広告四字熟語」を編纂。

傾向と対策の外へ出るのは勇気がいる。エントリー回数が多い人はなおさら。でもその先にしか衝撃的な何かは無い。「宣伝会議賞」っぽい感じ、じゃないコピーに出会うと審査する手が止まる。じゃないコピーは評価が難しい。審査員の力量を問うようアタラシイ言葉が増えるといいですね。実験的！が集まる賞がカッコイイです。

野原 ひとし

アサツー ディ・ケイ

クリエイティブディレクター／コピーライター／プロデューサー。主な仕事に、山崎製パン、カプコン、再春館製薬所、ヤクルト本社、NEC、味の素、キリンビバレッジなど。ロンドン国際広告賞ファイナリスト、ニューヨーク国際広告賞ファイナリスト、日本雑誌広告賞総合賞、日本産業広告賞第二部一席、ACCシルバー、TCC新人賞、広告電通賞優秀賞、毎日広告デザイン賞最高賞、朝日広告賞、消費者のためになった広告賞など受賞多数。

Ｗｈａｔ ｔｏ ｓａｙも大切ですが、最終的にはＨｏｗ ｔｏ ｓａｙで差がつくと審査していてつくづく思います。プロの現場でも最近Ｈｏｗ ｔｏ ｓａｙがおろそかにされているような気がします。そこまで考える余裕がなくなっているのでしょうか？がんばってください。

野原 靖忠
電通

クリエーティブディレクター。1963年生まれ。主な仕事にパナソニック、セキスイハイム、NTTコミュニケーションズなどがある。朝日広告賞、毎日広告デザイン賞、TCC新人賞、新聞広告電通賞、読者が選ぶ読売広告大賞など受賞。

もちろん、応募されたすべてのコピーが「一所懸命に書かれたコピー」であることが分かっています。でも、懸命だから「いいコピー」になるわけではないところにコピーライターの残酷さがあります。願わくば、皆さんがその残酷さにめげないでいてくれますように。

萩原 ゆか
シンガタ

CMプランナー。1972年生まれ。博報堂を経て2003年シンガタに。最近の仕事は、明光義塾、サントリー金麦のオフ、イオンカード、WOWOWなど。

審査の時は、少しずつ数をしぼっていくので、おもしろいものは何度も読むことになるのですが、おもしろいものは何度読んでもおもしろいです。そりゃそうなんだろうけど、でもそれって実はスゴイことだよなあとつくづく思いながら、何度も読みました。

橋口 幸生
電通

コピーライター。近年の代表作はプリッツ「つらい。」、スカパー！「なぜ日本のテレビは、スカパー！入りなのか？」、G・U・M PLAYなど。TCC新人賞、広告電通賞、ACCゴールド、ギャラクシー賞、コード・アワード、スパイクスアジア、アドフェストなど受賞多数。著書に「100万回シェアされるコピー」（誠文堂新光社）など。趣味は映画鑑賞。

受賞者の皆さまへ→おめでとうございます！惜しくも選から漏れた皆さまへ→受賞作との差は「ほんの一歩、踏み込んで考えられたかどうか」だと思います。自分のコピーは、紋切り型になっていなかったか？本音や共感、驚きはあったか？見直して、ぜひ来年もチャレンジしてください！

長谷川 裕晃

新東通信

クリエイティブディレクター／CMプランナー。1971年生まれ。企業ブランディングをはじめ、堤幸彦監督主宰の東海Action、東山動植物園、名古屋城などの地域活性化事業、プロジェクト開発、商品開発などに携わる。FCC賞、CCN賞、ACC賞、突破クリエイティブアワード特別賞など受賞。

初めての審査。素直に思った感想は、同じコピーが結構あったなと。こんなに重なるものか、というくらい。訴求点がズレてるもの。そして、ダジャレも多かったかな。逆に長くても、短くても、言いたいことを言い、さらに面白いものは今でも覚えています。これからも諦めずに熱量のある言葉をつくり続けてください。ボクも頑張ります。

濱田 雄史

電通

クリエイティブディレクター／コピーライター／CMプランナー。主な仕事に、日本コカコーラ「アクエリアス」、内閣府「マイナンバー普及CM」、みずほ銀行「サッカー日本代表CM」、花王「セグレタ」、SOMPOジャパン「グローバルキャンペーン」、キヤノン「EOS Kiss」「G7X」、KONAMI、7＆I、日本マクドナルドほか。TCC新人賞、TCC賞、ACC銀賞、カンヌライオンズ銀賞、朝日広告賞グランプリ、ギャラクシー賞、広告電通賞優秀賞など受賞多数。

審査を勝ち抜くには今までに無い新鮮な切り口を見つけないといけないんだと思いますが…もし、その切り口が新しいか?を判断したいと思った時の、おススメの方法は、その商品の過去のコピーをできるだけ見て、かぶらないようにする事だと思います。とても勉強になりますし、良いコピーを見るのは楽しいのでおススメです。

林 尚司

電通

クリエーティブディレクター。1963年生まれ。電通関西を経て、2001年より本社。TCC最高賞、ACC賞グランプリ他、受賞多数。1998年ACC殿堂入り。主な仕事に、ロッテ「フィッツダンスCMシリーズ」など。モスクワ国際広告祭審査委員長、グラマド国際広告祭審査委員長、など歴任。

ビックリする作品が減っていることに、ビックリし、ハッとする作品が減っていることに、ハッとし、ジーンとする作品が減っていることに、シーンとした。才能はどこへ行ったのか?多分どこにも行っていない。君たちの中に眠っているだけだ。ハードルをあげてくれ。それじゃまだダメだと、あげてくれ。そして、高く飛んでくれ。アイデアに上限はないのだ。

原 晋
シカク

コピーライター／クリエイティブディレクター。1974年生まれ。東急エージェンシー、パイロンを経てフリーランスに。2008年クリエイティブユニット・シカク結成。主な仕事に、エブリイ「FOOD PARK」、ソニー「Xperia」、フジテレビ「LIFE !S LIVE」、カジタク、JR東日本「のもの」、富山県アンテナショップ「ととやま」、UACJ「ある日、アルミは」、マンシングウェアなど。TCC新人賞など受賞。

よくできたコピーは、真似がない。自分の言葉でその商品を、サービスを見つめ、射抜いたコピーだけが、通過できました。結果として通過した自分のコピーを喜び、賞を得た誰かのコピーを見つめる前に、通過しなかった自分のコピーを見つめる時間に費やして、来年の糧にしてほしいと思います。より多くのオリジナルを楽しみにしています。

稗田 倫広
夢の稗田

クリエイティブディレクター／プランナー／コピーライター。電通九州、すき あいたい ヤバい、を経て、夢の稗田設立。最近の仕事に、オロナミンC「ハツラツタワーのある街」、ポケモン「ピカチュウの男」、TOYOTA「GR」「NEW TOYOTA 86」、TamaHome「ハッピーソング」、NHKアニメ「ムズムズエイティーン」など。

その商品をどれだけ自分の身の回りまで引き寄せて表現できているか。それが意外と大事なのかもしれません。一般論より自分との関係性。それがオリジナリティに繋がるのかなと思いました。

左 俊幸
電通九州

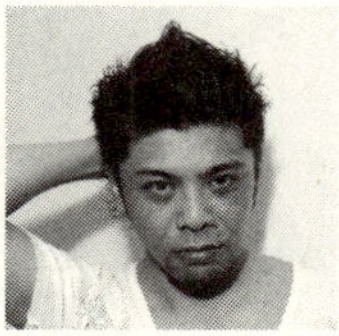

コピーライター／CMプランナー。1975年生まれ。主な仕事に「ジャパンラグビートップリーグ」「五ヶ瀬ハイランドスキー場」「別府競輪の男達」「髙山質店」「別府温泉の男達」「スマイルプラザ」など。TCC賞、FCC最高賞、CCN最高賞、OCCクラブ賞、クリエイター・オブ・ザ・イヤー メダリストなど受賞。

「宣伝会議賞」はとんでもない競争率ですので、傾向や対策を小手先で考えるより、あなたが「すごくイイ!」と思えるコピーやCMに辿り着くまでひたすら考えた方が、結果的に賞に近づくんじゃないかと思います。

蛭田 瑞穂

writing style

コピーライター／クリエイティブディレクター。1971年生まれ。サン・アド、電通を経て2017年に株式会社ライティングスタイルを設立。主な仕事に東京ミッドタウンのブランディング、相模グループのブランディング、ミサワホームのブランディング、ジョージアヨーロピアンなど。朝日広告賞、日経広告賞、ギャラクシー賞大賞、TCC新人賞、OCCグランプリなど受賞。

去年も同じようなことを書きましたが、カンヌ映画祭には独自性の高い作品を選ぶ「ある視点賞」という部門があります。若い作家の発掘という意義においても僕は「宣伝会議賞」と共通する部分があると思っています。若い才能の登場に毎年期待しています。

古川 雅之

電通関西支社

クリエーティブディレクター／CMプランナー／コピーライター。1969年九州生まれ、大阪育ち。グラフィックプロダクション、代理店を経て1999年電通入社。ACCグランプリ、アドフェスト（エフェクティブ）グランデ、佐治敬三賞、OCCグランプリ、ＪＡＡ広告賞テレビグランプリ、ＴＣＣ新人賞、ＴＣＣグランプリなどに当選。主な仕事は、大日本除虫菊、赤城乳業、日清紡、窓を拭く、風呂を洗うなど。

ＰＣでじゃんじゃんコピーを量産できる時代だけど、やっぱり「考える前に、何を言うか、考える」ことを、ちゃんとノートと筆記用具でやるのがいいと思います。活字（フォント）にする前に、考え抜き、書き散らすのはだいじです。

細川 美和子

電通

コピーライター。最近の仕事に、東京ガス「家族の絆」「東京ガスのひと」シリーズ、サントリーグリーン ダ・カ・ラ「やさしいのがいちばん」、NISSAY「小さな力は、大きな力だ。」、「Smile.Glico」キャンペーン、リラックスサーフタウン日向市「Phew!HYUGA」、味の素冷凍食品「フレフレ！フレッシュ！」など。

年々応募が増えていると聞きました。でも、新しいコピーを生み出せた、と本当に思っているのか、激しく疑わしい応募も数多く見られます。この仕事の苦しみも、楽しみも、自分の言葉が新しい価値を世の中に提示できているのか、真摯に向き合うことにあると思うので、そういった言葉が増えることを願います。自戒もこめつつ。

細田 高広

TBWA\HAKUHODO

博報堂、TBWA＼CHIAT＼DAYを経て、TBWA＼HAKUHODO所属。カンヌ金賞、クリオ賞グランプリ、スパイクスアジア金賞などの海外賞のほか、国内ではクリエイター・オブ・ザ・イヤー・メダリスト、ACCグランプリ、TCC新人賞などを受賞。著書に「未来は言葉でつくられる」「物語のある絶景」などがある。

コピーとは「1行」ではなく「1秒」のことではないか？ＰＣに向き合って、果てしない数の言葉を審査しながら考えていました。生活者たちが審査員以上に冷酷に言葉をスルーしていく時代、瞬間的に目に留まり、時を止める言葉が必要なのだと。無視できない1秒を書いているか？そんな問いを自分にも突きつけようと思います。

松下 武史

松下武史広告本舗

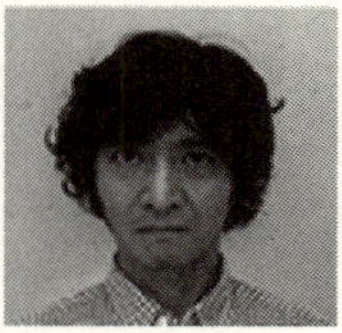

クリエイティブディレクター／コピーライター。1961年京都市生まれ。アド・エンジニアーズ・オブ・トーキョーにて、西尾忠久氏のもとでコピー修行。経験10年で独立し、フリーランスに。その後、CPU(コンセプトプランニングユニット)設立に参画。現在、TM - TM松下武史広告本舗を主宰。TCC新人賞、日経流通広告賞、日経産業広告賞、日本新聞協会新聞広告賞、消費者のためになった広告コンクールなど受賞多数。Twitter:@TAKEM31

広告主が伝えたいこと、ターゲットが求めていること…ちゃんと課題を理解してる？と苦言したくなるコピーが多かった印象です。ま、そんな不用意な応募者はこのコメントにも目を通さないでしょうが、ね。

松村 祐治

電通

クリエーティブディレクター／CMプランナー。主な仕事に、サントリー、ヘーベルハウス、FRISK、銀のさら、SONY、西武鉄道、アイデム、NOVAうさぎ、テレビ番組「喝老人」「ど人生」、PUFFY、ASIAN KUNG-FU GENERATION、チャットモンチーなどのPV。TCC、ACC、ギャラクシー、NYフェスティバル、アドフェスト、SPIKES、CRESTA、LIA、MVAなど受賞。

受賞された皆さま、おめでとうございます。受賞されなかった皆さま、自分のふだんの仕事でもそう思うのですが、自分がちゃんと良いと思えるものを書けたか、自分が笑えるものを書けたか、自分がぐっと来るものを書けたかが、いちばん大切だと思います。長い目で見ると。審査員が選ぶとかより。ひきつづきがんばってください。僕もがんばります。

眞鍋 海里

BBDO J WEST

1982年、宮崎市生まれ。タワーレコード、Webプロダクションを経て現職。"コンテンツ発想"を軸に、映像、インタラクティブ、体験型コンテンツと幅広いアイデアで話題を生み出す。AUTOWAY「雪道コワイ」からのシリーズは1500万再生を超え、最近では、paymo「Table Trick」、超特急 連結MV、ニトリ「Dear Working SANTA」、KIWI「ハイパーキックOL」SUNTORY「集中リゲインキャンペーン」などを手がける。

ＣＭ部門は狙いどころですよ。コピー部門より作品数は少ないですし、その上オリエンをしっかり捉え、骨太なＷｈａｔ ｔｏ ｓａｙの上で企画している作品が少なかったように思います。いいタグラインは企画をソリッドにします。もし同じ課題でいいコピーができたら、それをタグラインに据えて、ＣＭ企画までやってみると良い結果がでるかもしれません！

溝口 俊哉

6B

クリエイティブディレクター／コピーライター。マッキャンエリクソンを経て独立。ブランド・ビルディングなど。主な仕事にコカコーラ、ダイエットコーク、アクエリアス、ＩＢＭ、エグザス、スカパー！、ＮＥＣエコ、アリコ、ＡＧＡ、いつのまにか骨折、ネスレ、オムロンなど。ＴＣＣ会員、ＡＣＣ賞、日経本賞、ＮＹＡＤＣ賞、メダリストなど。

ことしはいいコピーと、そうでないコピーの差がはっきりしていた印象がある。いいコピーは自分のアタマで考えたことを、自分の言葉で伝えようとしていた。いまさらながらコピーとはなにかを教わった気がした審査でした。

森 俊博

電通名鉄コミュニケーションズ

ADとして広告会社2社を経て2004年に現在の会社に入社。2006年あたりからコピーライターに転向。TCC新人賞他コピー賞、広告電通賞、ギャラクシー賞、ACC賞、日本民間放送連盟最優秀賞、ADFEST、D&ADなど受賞。 広告デザイン専門学校非常勤講師。

うまいこと言おう、格好よく言おう、賞獲れそうなこと書こう。野心と欲望が渦巻く膨大な数のコピー。見ているだけでお腹いっぱい。そんな中でスッと心に入ってくるのは、欲も企みも全く感じさせない普通の言葉だったりします。考えた跡が透けて見えると心は動かない。消費者も同じだと思います。お疲れさまでした。

森田 直樹

電通

クリエーティブディレクター。1963年生まれ。マッキャンを経て電通。コカコーラ、ナイキ、マイクロソフト、GM、アディダス、パナソニック、アサヒ飲料、ユニクロなどを担当。TCC賞、ACC賞、カンヌ、クリオ、アンディアワード、ロンドン広告賞、アジアパシフィック賞、NYフェスティバル、消費者のためになった広告賞、クリエイターオブザイヤーノミネートなど受賞多数。

その商品を妄想でもいいのでとことん使ってみる。できればいろんな人になりきって。で、スペックの先にあるホントの価値を本音で定義する。シンプルなコトバで。この当たり前のことがむずかしいけど、生まれたときのご褒美はすごいです、きっと。受賞者のみなさん、おめでとうございます。

安谷 滋元

博報堂

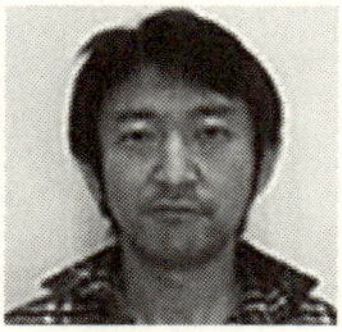

クリエイティブディレクター。1968年生まれ。主な仕事にKDDIAndroid au、トヨタ自動車「シエンタ」「ポルテ」、コクヨ、JT、センチュリー21ほか。TCC新人賞、ACC賞、ACC銀賞、ACCジャーナリスト賞など、毎日広告デザイン賞、電通賞、日経広告賞、NYフェスティバルブロンズ、ロンドン広告賞、NY ADC賞ファイナリスト、ベストコピー・オブ・ザ・イヤーほか多数。

得意先が伝えたいことがオリエン、それを生活者目線で見つめて〝発見〟をするのがコピー。というあたりまえのことの大切さが、審査でコピーを選ぶと身にしみてわかります。みなさんにも審査を体験してもらえたらなあ。これに近い感覚は、ＳＫＡＴの一次通過から二次通過、そしてその先への流れを見てもらえたら。

山口 広輝

ジェイアール東日本企画

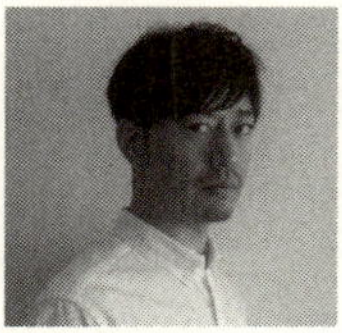

クリエイティブディレクター／コピーライター。主な仕事にJR SKISKI、大人の休日倶楽部、新幹線YEAR2017、Apple Pay Suica、マイナビ、ららぽーと、バイトサイトanなど。TCC賞、TCC新人賞、朝日・読売・日経・毎日広告賞・交通広告グランプリ優秀賞・新聞協会賞など受賞。

似たようなコピーがとても多かった。他の誰かでも簡単に思いつくようなコピーでは、見た人に気づきや驚きは与えられない。ゆえに感情も動かせない。あらためてコピーとは「発見」が大事なのだと思いました。

山﨑 博司
博報堂

統合プラニング局、コピーライター。博報堂入社後、TBWA＼HAKUHODOを経て、博報堂。主な仕事に、日本新聞協会「ボクのおとうさんは、桃太郎というやつに殺されました。」、AIG「#TackleTheRisk」、COGY「あきらめない人の車いす」など。TCC最高新人賞、ACCグランプリ、Cannes Bronzeなど受賞。著書に「どう解く？」がある。

コピーの審査というのは、不思議です。パッとみただけで「あ、この人は課題をみてすぐ書いたな」とか、「この人は深く考えてここに行き着いたんだな」というのが見えてくるのです。もちろん一瞬のひらめきから生まれるコピーもあるとは思うのですが、僕は試行錯誤の上に書かれたコピーにワクワクし、目が奪われます。

山田 慶太
電通

コピーライター／CMプランナー。主な仕事にYKK AP「窓と猫の物語」シリーズ、武蔵野銀行「ウソ発見器」、スカパー！松山黒沢夫婦、三井不動産レジデンシャル「三井に住んでいます」、映画『さらば愛しの大統領』『いぬのえいが』脚本など。TCC、ACC金賞、アドフェスト金賞など受賞。

人が考えることはどうしても似てしまう。でも他の人も考えられることは面白くない。「他の人が思いつかないことを考える」ことの大切さを改めて教えてもらいました。

山田 尚武
電通

1966年生まれ。マッキャンエリクソンを経て電通。主な仕事に明治製菓企業広告、キッコーマン企業広告、IHI企業広告、リコー企業広告などがある。1989年に第26回宣伝会議賞金賞受賞。

数千本の応募作の中から数%の秀作を選ぶ作業は砂金を掬うような作業だ。よいコピーは読む前にわかる。無駄を排し純度を高めたコピーには純金の輝きがある。出色。てにをはを変えただけの量産コピーにそれはない。この登竜門は宝くじではない。数を並べる前に伝えたいことをひとつに絞ってみよう。最後に輝くただひとつの作品を金賞と呼ぶ。

山本 友和

電通

CMプランナー／コピーライター。大学院で爆薬を研究後、なぜか電通に入社。主な仕事に、ダイハツWAKE「WAKE兄弟」、午後の紅茶「あいたいって、あたためたいだ。」「おちつけ、恋心。」、RIZAP「石田えり、脱ぎます。」キリン淡麗「淡麗侍」、カゴメ「高性能爆薬でつくる野菜ジュース」など。TCC最高新人賞、ACCシルバー、広告電通賞最優秀賞、毎日広告賞最高賞など受賞。Twitter：@tomyamtomyam

新しいは強く、見たことあるは弱いです。新しい〝切り口〟に出会えたら嬉しくなってしまいます。ありがとうございました。お疲れさまでした。

横道 浩明

ヨコミチ

コピーライター／プランナー／クリエイティブディレクター。1963年東京生まれ。1987年博報堂入社。2008年フリーランスに。主なコピーに「ゼロゼロワンダフル！」（KDD）、「男の数だけ愛がある」（日本生命）、「NUDE OR LAFORET」（ラフォーレ原宿）などがある。TCCグランプリ、朝日広告賞、日経広告賞、ACC賞などを受賞。

小手先の「言い方／伝え方」に注力するよりも、その商品の「本当の価値」を探す洞察に手を抜かないという態度が大切だと思います。それと、大切なのは「他の人とは違うことを書いてやろう」という貪欲さでしょうか。頑張ってください。

芳谷 兼昌

電通

コピーライター。1970年大阪市生まれ。仲畑広告制作所を経て電通。近作に、オリコ「俺LOVEオリコカード」、積水化学「世界にまた新しい世界を。」、大塚製薬・賢者の食卓「好きな飲みものをWトクホに。」、持田ヘルスケア・コラージュ「肌人生を、すこやかに。」などがある。TCC最高新人賞、TCC賞など受賞多数。Twitter：@yoshiken777

伝えたいことを決めて、どんな言い回しがベストなのか、あらゆる角度から検証し、悩んで悩んでコピーを選びます。応募の時、そうじゃなかったですか？次回は自分の一番を決めて全部出せばいいと思う。一次を通過したものが自分で選んだものと同じかどうか。答え合わせするという楽しみ方も「宣伝会議賞」にはあると思います。

李 和淑
スプリング

コピーライター／クリエイティブディレクター。1967年生まれ。サン・アドを経て2008年より独立。最近手がけた仕事は、「アユーラ」リブランディングおよび商品広告、「キリン生茶」リニューアル、「毛穴パテ職人」ポスター、「チュチュアンナ」シーズンプロモーション、「ドール」ブランド・メッセージ、「コーセー エスプリーク エクラ」ポスター・テレビCMなど。ＴＣＣ新人賞、日経広告賞金賞、読売広告賞銀賞など受賞。

いいコピーは向こうのほうからキラッと光を放ってきます。なにを書こうかを考え抜いて、どう書こうかを磨き抜いているからだと思います。今回もそんなキラッと光るコピーにいくつか会えました。嬉しく思います。

中高生部門

第54回宣伝会議賞で新設された、
応募資格を中学生・高校生に限定した
「中高生部門」。
2年目の今回は応募総数5421点の中から14作品が、
栄えある受賞を果たしました。
受賞作品はどれも、中高生らしい瑞々しさがあり、
10代の等身大の思いが表現された作品ばかりです。
受賞作品のほか、各審査員による個別審査で3票・2票・1票を
獲得したすべての作品を掲載します。

グランプリ

菅公学生服

キャッチフレーズ

カンコーの洗える制服をすすめたくなるキャッチフレーズ

クリーニングじゃ
明日の告白に間に合わない。

勝山 葉月（18歳）千葉県

単純に自分の好きだなと思ったものを投稿した今回の菅公学生服さんのキャッチフレーズ。難しいことを考えていなかっただけに、グランプリの報告があった時は驚き、信じられませんでした。私自身が、この春で高校を卒業し、一生、学生服を着る機会がなくなってしまうので、今回のグランプリ受賞は私にとって、奇跡的なタイミングでした。選んでいただき本当に光栄に思います。自分が3年間を共にした制服にもさらに愛着が湧きました。一生の記憶に残る経験をさせていただき、ありがとうございました。

選評

「個別審査の段階でも際立っていた」との声が挙がるほど、抜きんでて完成度の高いコピーが、第2回「中高生部門」の頂点に輝きました。昨年に引き続き、中高生の等身大の気持ちが真っ直ぐに表現された作品を選びたいとの考えの下、審査を行いました。10代の若者にとっては、「受験」もさることながら、やはり「恋愛」は一大関心事であり、「告白」は一大イベント。このコピーには、中高生ならではのそんなドキドキが詰まっていて、有無を言わせぬ説得力がありました。全審査員が納得のグランプリです。

準グランプリ

マテル・インターナショナル

デア　キャッチフレーズ

UNO（ウノ）が毎日したくなるようなキャッチフレーズやアイ

UNOは持ってる。パンツは忘れた。

持田 勘多（17歳）東京都

準グランプリをいただき、ありがとうございます。さて、ここでひとつ、この機会に是非言っておきたいことがあります。受賞コピーは旅行中の実体験を基にしていますが、僕が実際に忘れたのは靴下です。パンツではありません。なのでUNOの課題を見たときはまず、「UNOは持ってる。靴下は忘れた。」と書きました。でもこれじゃ面白くない。リズムも良くない。それで何か他にと考え、パンチのあるパンツにしました。だからこれはある意味〝つくり話〟。でも思うんです。ビビッとくる言葉ってちょうど良くアンリアルだって。もちろん行き過ぎは禁物、でもステレオタイプじゃ平凡陳腐。そこの絶妙なバランスを見つけるコピーライティングの精妙さに惹かれます。

選評

いい意味でアホらしくて、親しみが持てる。思わず「なんでだよ！」とツッコみたくなるキャッチーさが、このコピーの魅力です。審査会では「UNOパン」と愛称がつくほど、審査員からの人気を集めました。中高生らしいのですが、実は大人にとっても〝あるある〟ですよね。「そうそう、そうなんだよね！」とうなずかせる力を感じました。

ゴールド

アサヒ飲料
キャッチフレーズ

キミが友達にSNSを使って三ツ矢サイダーを飲みたくさせるアイデア

俺らにスタバはまだ早い。

米田 昌生（16歳）東京都

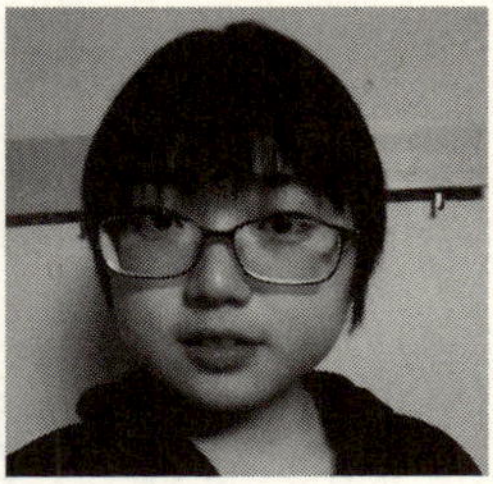

今回はこのような賞をいただき、とても光栄に思います。ちょうど授業で広告について取り扱っていたので広告をつくる側がどのようなものかを知るために挑戦してみたのですが、随分と苦戦しました。コピーはターゲットに伝えたい内容を凝縮してピンポイントに表現しなければなりません。今回の企画を通して、相手の受け取り方や伝えたいことの本質などを深く考えたことは日常のさまざまな場面で必要な思考力を鍛えるとても良い機会になりました。

選評

10代だからこその実感が素直に表現された、まさに「中高生部門」らしいコピーだと思います。審査会では、「確かに、私も高校時代はなかなか手が出なかった！」という声と、「いや、私は高校時代からスタバを飲んでいた！」という声がどちらも出て、盛り上がりました（笑）。そんなふうに、このコピーを見ると、思わず自分の中高生時代を振り返ってしまう。自分ごと化させる力があるコピーです。

シルバー

河合塾　忙しくても、河合塾なら通いたくなる、魅力あふれるキャッチフレーズ
キャッチフレーズ

ありがとう。
私もがんばるね。
あなたの名前。
知らないけど。

富澤 沙季

（18歳）東京都

長ったらしく説明してくれる文章よりも、短いけど忘れられない文章の方がずっとわかりやすいのはなぜなのでしょう。抽象度が高すぎても理解してもらえない、思考してコンマ6秒後にあぁ〜なるほどねぇ〜と人々が思ってくれるかなぁってギリギリの駆け引きをするのが楽しかったです。伝え方が全てなんだな、言葉って面白いなって改めて思いました。このたびはこのような素晴らしい賞をいただきありがとうございました。ニヤけます。

選評

実はこの作品、各審査員による個別審査の段階では、たった1票しか入っていませんでした。そんなコピーの中にもいいものがあるはずとの思いで、あらためて最終審査会で光を当てたところ、見事シルバーに輝きました。応募者は、河合塾生とのこと。周りは皆ライバルだけれど、一方で自分を触発してくれる〝戦友〟のような存在でもある。書き手の実感に基づく、思いのこもった1本でした。

ブロンズ

吉野家ホールディングス

イデア　キャッチフレーズ

吉野家に行きたくなるとき！～吉野家の魅力について表現するア

えっ、
それ牛丼5杯食えんじゃん。

本田 真梨恵（18歳）福岡県

多くはないお小遣いをいかに有意義に使うかは学生にとって重大なことで、よく「それなら〇〇に2回行けるよね。」というような話を友人とすることからこのコピーを書きました。高校に入ってからの3年間、私の苦手な時間は数学に次いで進路についての時間でした。宣伝会議賞は、明確な夢が言えなかった私にとっての明確な目標でした。このような素晴らしい賞をいただくことができ、とても嬉しく思います。ありがとうございます。

選評

モノを測る基準として「牛丼」をもってくる、新しいアプローチに注目しました。会話の中に牛丼が登場する機会がぐっと増えることで、牛丼がより一層身近な存在になる。そんな可能性を秘めたコピーだと思います。「使ってみたくなる」「言ってみたくなる」というのも、広告コピーにとって重要な要素です。

アサヒ飲料

キミが友だちに SNS を使って三ツ矢サイダーを飲みたくさせるアイデア

協賛企業賞

本田 真梨恵（18歳）福岡県

#つくろうマイメン三ツ矢

▼協賛企業のコメント

アサヒ飲料
マーケティング本部宣伝部 部長
有本 直史さん

このたびは協賛企業賞の受賞、おめでとうございます。また三ツ矢サイダーが魅力的になるアイデアをありがとうございます。三ツ矢サイダーは今年で135年目。これからもあらゆる世代の皆さまに三ツ矢サイダーを楽しんでいただきたいと考え、募集をさせていただきました。本作品はSNSを学生さんらしく用いた我々では思い当たらないアピール企画でした。三人組になり三ツ矢のシンボルである矢羽根を商品で再現し、皆さんの笑顔とともに繋げていくという手法が魅力的であり、また「#つくろうマイメン三ツ矢」という爽やかなフレーズも新鮮に感じたため選出させていただきました。ご応募いただいた皆さまには、日頃学校のクラスや部活、アルバイトなどでさまざまなご友人がいらっしゃるでしょうし、これからたくさんの出会いを経験されることと思います。そういった出会いの場面に三ツ矢サイダーがこれからも寄り添えたら幸いです。

個別審査3票

伊藤佑里香　愛知県
この瞬間だけ二酸化炭素に感謝したい

加藤千佳　京都府
よし、青春充電完了。

個別審査2票

相葉瑠奈　東京都
パパもママも、この味と恋をした。

齋藤玲凜　神奈川県
傷ツイッターときは、これでしょ!

坂本万優　千葉県
水じゃダメなの、青春は。

米田昌生　東京都
これを子どもの味だと言える日なんてくるんだろうか…

個別審査1票

相葉瑠奈　東京都
私の鼓動もバチバチなんだ。

石角知佳　京都府
セイシュン、三ツ矢ノゴトシ。

伊藤佑里香　愛知県
$CO^2 + H^2O$ = UMAI

伊藤佑里香　愛知県
なんかサイダーを持つ女の子ってかわいいよね。三割増しくらいに。

伊藤佑里香　愛知県
多分1秒に5本くらい売れてる

大友翼瑳　宮城県
ひとくちちょーだい。

勝山葉月　千葉県
結局これ。

勝山葉月　千葉県
30年後も一緒に飲みたい。

加藤大和　岐阜県
俺の喉が射抜かれた。

齋藤迅　石川県
インスタ映えはしない おいしさ

坂本万優　千葉県
青春なんて創るもの

坂本万優　千葉県
人生って、サイダーの何倍刺激的ですか?

庄村凌　徳島県
疼く細胞、早くちょうだい…。

武部春佳　三重県
ねえ、感じた? 三ツ矢の3つ。

成見薫　神奈川県
Shuwaringood!をSharingood!

原村直也　徳島県
味覚細胞活性化!!

平瀬今仁　富山県
#体にシュワシュワ入れてみた

細川葉月　京都府
夢が詰まった、ただの炭酸。

松浦匠吾　東京都
疲れた。サイダー。寝る。

三木陽弘　大阪府
炭酸とはオレのこと

向井優佑　神奈川県
ぷしゅっしゅわわわわ

守屋藍　東京都
三十四サイダーSINCE1983

諸岡風花　栃木県
この壁の向こうで、サイダーが待っている。はじけろ、自分。三ツ矢サイダー

岐阜県立中津商業高等学校　生徒
#のどキュンしよ?

アサヒ飲料

熊本県立南稜高等学校　生徒
田舎の発展断固拒否

幸福の科学学園　生徒
「つきあってください！」「ごめんなさい！」「……」重い空気も、サイダーで割ると少し軽くなる。青春を、サイダーで割ろう。三ツ矢サイダー

私立杉森高等学校　生徒
夏に食べるかき氷に、サイダー

城南静岡高等学校　生徒
シュアわせをあなたに

城南静岡高等学校　生徒
一気飲みできる猛者おる？

神奈川県立秦野高等学校　生徒
3、2、1!!! Happy Birthday!!! 38歳だー!!! #誕生日には三ツ矢サイダー

神奈川県立秦野高等学校　生徒
ゲッツ！　プラントの水替え…やばい。

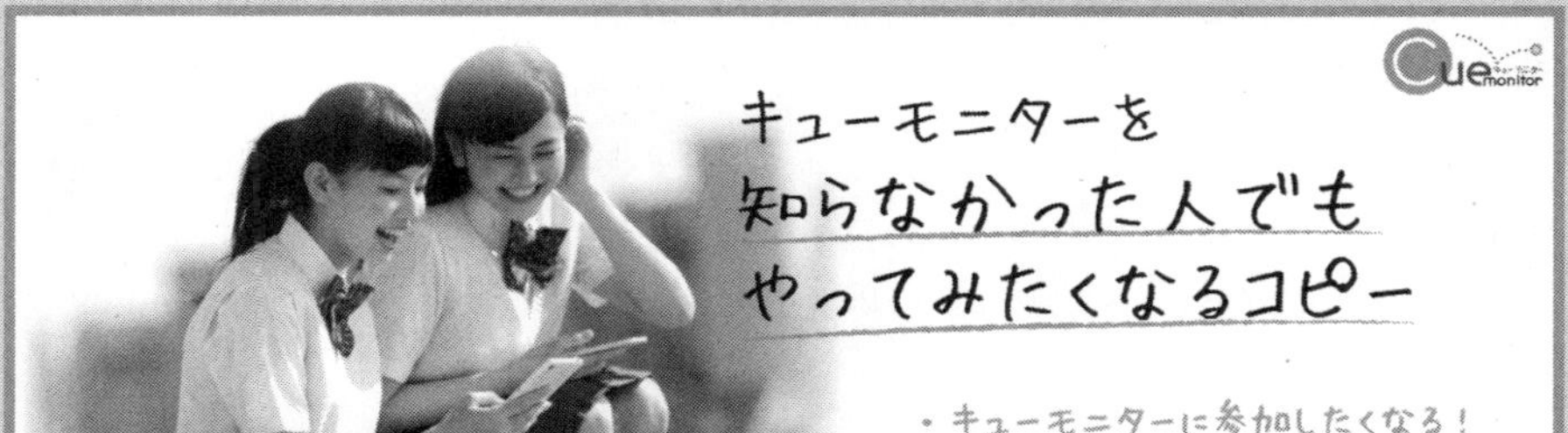

インテージ

キューモニターを知らなかった人でも、やってみたくなるキャッチフレーズ

協賛企業賞

木村 瑞葵（17歳） 京都府

5分貯金

▼協賛企業のコメント

インテージ データビジネス企画開発本部 生活者情報企画開発部 部長
伊澤 広さん

素敵なコピーをありがとうございました。協賛企業賞の受賞、誠におめでとうございます。「5分貯金」という短いフレーズで、「アンケートに答えてお小遣いがたまる」「自分の都合にあわせて手軽にできる」というキューモニターの仕組みを端的に表現してくださいました。また、シンプルかつインパクトのある響きで、学生の方々に共感していただけるものと思い、賞に選ばせていただきました。キューモニターは忙しい中でも少しでもお小遣いをためたいと思っている学生にこそ、ぴったりのサービスです。スマホアプリを使って、いつでもどこでも手軽にアンケートに答えることができ、自分のペースで無理なくお小遣いをためることができます。また、アンケートで答えていただく内容は皆さんの身の回りのさまざまな商品の開発やサービスの改善に役立てられます。小さな社会貢献をしつつ、「5分貯金」でコツコツお小遣いをためて楽しんでください。

個別審査3票

小井関 遼太郎 東京都
その気持ち、売ってください。

個別審査2票

鎌谷 優太 島根県
一答千金

佐藤 優瑞 東京都
時代は寝稼ぎ労働

個別審査1票

飯田 はるか 東京都
最高！最悪！どっちもいい意見だね

飯田 はるか 東京都
あなたの愚痴も褒め言葉も社会の財産です

石井 太一 埼玉県
スキマクリック

大杖 裕喜 大阪府
答えて、に応える。

大友 翼瑳 宮城県
一言革命。

小笠原 梨乃 青森県
君が主役の仕事

奥山 実野里 東京都
あなたのココロは宝箱だから！

加納 来実 東京都
スーパーの1角はあなたにだって作れる

川窪 亜都 東京都
どうせ、スマホをいじるなら。

小井関 遼太郎 東京都
社会の筆頭株主はあなたです。

野宮 すず 神奈川県
全問正解。

河合塾

河合塾

忙しくても、河合塾なら通いたくなる、魅力あふれるキャッチフレーズ

協賛企業賞

坂本　優（14歳）静岡県

河合塾だから できることが、ある

▼協賛企業のコメント

河合塾　進学教育事業本部 企画マーケティング部 部長
笹川 浩治さん

このたびは、協賛企業賞の受賞、誠におめでとうございます。２０２０年度から大学入試センター試験が大学入学共通テストに変更になるなど入試制度が大きく変わろうとしています。また、大学が実施する個別学力試験は、センター試験の変更を待たずして知識を問う問題から考える力・伝える力を問う問題に変わってきています。当塾では、このような変革に対応し、授業のカリキュラムや授業のしくみを変えるなど新しい取り組みを進めています。「河合塾だからできることが、ある」は、生徒さん一人ひとりの成長を願う思いや、このような新しい取り組みを表現していただいていると考え選定いたしました。「社会人になっても役に立つような考える力や課題と対峙する力を身につける」教育方針のもと、今後も一人ひとりが持つ可能性を高めて、一人ひとりの自己実現を支援してまいります。最後に、今回、昨年度の１．６倍もの応募があり、多くの方々に関心を持っていただき大変感謝しております。あ

個別審査3票

張 伊琳　東京都
スタートラインは自分で引く。

個別審査1票

今井 紀里　三重県
〝高く険しい山ほど 絶景が待っている〟

大友 翼瑳　宮城県
その汗を涙に変える。

金井 真歩　東京都
チャームポイントはシワの多さです。
脳みその。

桑原 翼　東京都
「頑張れ」とは言われない。
でも、「一緒に頑張ろう」って思える。

坂本 万優　千葉県
受験生は最強の職業だ。

田中 みあり　京都府
先生も受験生です。

田中 雪菜　熊本県
到底無理のその先へ

千葉 達貴　北海道
努力は人を育てる

得能 彪馬　大阪府
諦めろって言われたら、
もっと頑張りたくなる。

永沼 広成　北海道
「私の未来、まってて。」

本田 真梨恵　福岡県
塾は必要ありません。
なんて高校は言うくせに、
学校じゃ足りないんだよなあ。

本田 真梨恵　福岡県
自分に誇りを持ちたかった。

松岡 天音　大阪府
親から何も言われなくなった。

宮島 梧子　神奈川県
やる気だけ持ってきて下さい。

向井 優佑　神奈川県
負けたくないが負けないに変わってた。

持田 勘多　東京都
忙しいと忙しいの間に。

望月 良輔　愛知県
勉強しに行くのではなく、勉強しに帰る場所。

渡辺 旭　京都府
勉強はやり方一つで
娯楽に変わる。

協賛企業賞

洗ＹＥＬＬ!!!

鹿田 涼輔（17歳）千葉県

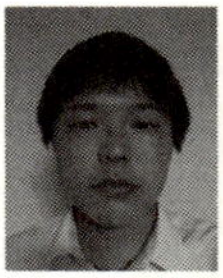

▼協賛企業のコメント

菅公学生服
取締役 開発本部本部長
曽山 紀浩さん

協賛企業賞の受賞、誠におめでとうございます。「洗ＹＥＬＬ!!!」というコピーは「毎日忙しい人たちへ向け、自宅でも簡単に洗えることで応援する」という意図でご応募いただきました。短く爽やかな当コピーには、「洗える」ということはもちろんですが、学生の皆さんから保護者の方に向けた日ごろの感謝の気持ちや、保護者の方から学生の皆さんへの愛情、部活や勉強をともに頑張る友人への励ましなど、さまざまなエールが深く込められていると感じました。制服を着て学生でいる時間は、かけがえのない時間です。よりキラキラと輝くように、私たちはこれからも、夢に向かって頑張る皆さんのスクールライフを応援してまいります。素敵なキャッチコピーをありがとうございました。

個別審査2票

本田 真梨恵　福岡県
毎日着るのに、
なぜ洗えなかったのでしょうか

向井 優佑　神奈川県
制服も体です。

個別審査1票

相馬 未来　三重県
青春は制服で決まる。

池上 歩花　千葉県
青春しまくれ

伊藤 佑里香　愛知県
見つめられてたのは僕じゃなくて、
シミでした。

伊藤 佑里香　愛知県
「やんちゃ」で済まして貰えるやつは
ごく一部だ

伊藤 佑里香　愛知県
ハンカチ同様に扱うのなら、
ハンカチ同様の手入れを

井上 千優　千葉県
洗ったら、彼女ができました。

大坪 康永　徳島県
お母さん、大丈夫。もう自分でできるから。

大友 翼瑳　宮城県
え？ これは三年間
使いまくったやつですよ。

片岡 大　京都府
毎日が新入生。

神山 奈々恵　栃木県
ＪＫしたいならＫＫしよう！
洗えるＫＫ（カンコー）学生服

川窪 亜都　東京都
多感な時期は、多汗な時期でもあるのです。

桑原 翼　東京都
５時間目、昼休みのサッカーで
君がかいた汗を制服は一生懸命吸っているよ。

小井関 遼太郎　東京都
昨日までの勲章はもういらない。

坂本 優　静岡県
これは、クリーニング店への挑戦です。

菅井 純也　大阪府
文化部だって、汗をかく。

高谷 真由　大阪府
こびりつくのは知識だけでいい。

田中 舞楓　北海道
入学写真と卒業写真。変わらないもの１つ

冨永 美沙　東京都
青春は汚れてた方が楽しい。

永沼 広成　北海道
洗える制服、私のセンタク。

古川 佳代　島根県
「雨に濡れたい気分だった」
風邪ひいてないなら、許してあげましょうか。

古山 彩由　宮城県
鼻をかんでも大丈夫

星山 一真　大阪府
牛乳をこぼしてゲラゲラ笑ったり、
雪が降ったらワーって外へ走ったり、
トイレの大を我慢したり、
僕たちは学校が好きみたいです。
制服は洗濯機で洗う時代。
カンコー学生服

星山 一真　大阪府
学校で黒板を消す係りを やっています。
そんな君は、洗濯機で制服を洗おう。
って、そんな係りねぇーから！
カンコー学生服

本田 真梨恵　福岡県
制服、こんな色だったっけ…。

「昨日と同じ体操着だ」と笑った
アイツの制服は、
もう何ヶ月洗われていないのだろう。

持田 勘多　東京都

明日の制服、どの柔軟剤にしよう？
あの人は気づいてくれるかな？

山田 かれん　東京都

マテル・インターナショナル

UNO（ウノ）が毎日したくなるようなキャッチフレーズやアイデア

協賛企業賞

UNOと言った瞬間から、主役は君だ

平瀬 今仁（18歳） 富山県

▼協賛企業のコメント

マテル・インターナショナル
代表取締役社長
工藤 幹夫さん

このたびは協賛企業賞の受賞、誠におめでとうございます。UNOは、その ゲームルールのシンプルさから、子どもから大人、さらには言葉の通じない外国の方とでさえ一緒に楽しめるのが特徴で、50年近く世界中で楽しまれているゲームです。今回の受賞作品である、〝UNOと言った瞬間から、主役は君だ〟というコピーは、一度でもUNOで遊んだことがある方であれば、全員の視線がその人に注がれる情景が目に浮かび、自然とドキドキしたのではないでしょうか？聞いただけでワクワクし、遊びたくなる当コピーを受賞作品とさせていただきました。受賞者の方をはじめ、UNOの楽しさを表現することにチャレンジし、応募いただきました全ての皆さんに感謝いたします。これからもUNOを通じて、多くの方々に、コミュニケーションの場と笑顔を届けられるよう努力していきます。

個別審査3票

池田 陽凪　千葉県
『UNO』が初めて知ったスペイン語。

個別審査1票

飯田 はるか　東京都
単純なことが一番楽しい

池上 歩花　千葉県
不幸をスキップ
幸せリバース
今日は私が言うのUNO！

井原 明由美　徳島県
たった1枚のカードで復讐できる。

岡崎 泉樹　埼玉県
人生はドローもリバースも
スキップもできない。

岡夏 那子　大阪府
決着がつくのが先か、教師が来るのが先か。

柏井 理沙　大阪府
おじいちゃんも
おじいちゃんの髪の毛もUNO

小井関 遼太郎　東京都
なぜか、負けても悔しくない。

田中 雪菜　熊本県
毎日が修学旅行

田中 里奈　東京都
あれ、UNOってこんなに楽しかったっけ？

中野 成美　東京都
四角い画面なんか見ないで
四角いカードで遊ぼうじゃないか。

野宮 すず　神奈川県
食卓を囲むより、簡単だ。

濱中 翔太　京都府
いいたい、ききたい、あそびたい。

古川 佳代　島根県
弟が寝言で「ウノ！」と叫んだ。

牧石 蒼生　神奈川県
世界一の若返り手段です。

持田 勘多　東京都
「しーっ、先生、先生！　ほら、電気消して！」

東京都立第一商業高等学校　生徒
毎日やっても0円。

京都府立南丹高等学校　生徒
トランプにおどらされるなUNOでおどれ

神奈川県立秦野高等学校　生徒
会話がない。けど、楽しい。

吉野家ホールディングス

吉野家に行きたくなるとき! ～吉野家の魅力について表現するアイデア

協賛企業賞

本田 真梨恵（18歳）福岡県

インスタ映え、に疲れたら吉野家へ。

▼協賛企業のコメント

吉野家ホールディングス
グループ企画室 広報・IR担当
芥川 元則さん

素敵なキャッチコピーありがとうございます。中高生の皆さんにとって、大切なコミュニケーションツールのInstagram、楽しい反面、使命感でInstagramを更新することに疲れることもあるでしょう。大人にはわからないけれど、皆さんが苦悩する情景が浮かんできました。そんな皆さんの休息の場所として「吉野家」を選んでもらえていることに喜びを感じました。また、「吉野家」をInstagramと並んで表現したことが、受賞者さまの「吉野家」を大切にしてくれている思いが伝わってきて、嬉しくなりました。中高生の皆さんに、休息の場として選んでいただけるように、これからも、皆さんの期待する商品・サービス・食事空間を提供し、今以上にご来店していただけるように努力してまいります。受賞者の方をはじめ、ご応募いただいた皆さまに、厚く御礼申し上げます。

個別審査2票

小井関 遼太郎　東京都
世界一身近な世界遺産です。

持田 勘多　東京都
牛丼に旬とかなくてよかった。

個別審査1票

新井 櫻　大阪府
「大丈夫?」の代わりに「吉野家行く?」

飯田 はるか　東京都
あのおじさんも心の中ではニコニコしてる。

飯田 はるか　東京都
吉野家は日本人をつくっている。

伊藤 佑里香　愛知県
家出した弟はたいてい吉野家で捕獲される

梅村 一太朗　三重県
食え、食え、宇宙が現れるまで。

岡崎 桂　京都府
牛丼だけは、いつも僕に温かい。

上地 璃空　東京都
食欲の発散方法、吉野家。

小井関 遼太郎　東京都
牛丼を食べるとき、人間は豚になる。

小井関 遼太郎　東京都
お年寄りが牛丼をよく食べるらしい。
なぜか、負けていられないなと思った。

齋藤 迅　石川県
あー牛丼食いてえ

齋藤 優香　茨城県
「なんでもいいよ」の答えは、吉野家。

杉本 菜々子　岩手県
#JKだって#1人牛丼

古川 佳代　島根県
ご褒美に、牛ッってして?

増永 乃璃　熊本県
全身が、肉と米を求める時がある。

松岡 梨乃　広島県
これを知ると自炊ができなくなる。

持田 勘多　東京都
「吉牛行こ」は「仲良くなろ」の合い言葉。

横田 楓　兵庫県
Nice to beef you 吉野家

兵庫県立松陽高校　生徒
よし、吉野屋

南城陽中学校　生徒
吉野家だけは、温かい

私立長崎南山高等学校　生徒
俺はすきや 吉野家の牛丼

読売中高生新聞

スマホ世代に、新聞の魅力をガツンと伝えるアイデア

協賛企業賞

成見 薫（18歳） 神奈川県

私を変えたあの記事は、今でも壁に貼ってある。

▼協賛企業のコメント

読売中高生新聞　編集長
石間 俊充さん

協賛企業賞受賞、おめでとうございます。今回は、スマホ世代に新聞の魅力をガツンと伝える、がテーマでしたが、新聞の果たすべき役割や使命について、私たち自身も、このコピーによってガツンと教えられた気がします。情報が氾濫し、フェイクニュースという言葉も流行する今の時代、何を信じ、何を目指して行動すればいいか迷っている若者も少なくありません。「ＮＥＷ」の文字が現れては消えるスマホの世界では得られない「何か」が新聞にはあるはずです。このコピーは、紙として残る重みや紙をめくる中で起きる想定外の出会いなど、その何かにあたる部分をしっかりと捉え、10代が共感できる形で表現してくれたと思います。さて、翻って新聞記者はどうか。読者のみなさんの心を揺さぶる「あの記事」を毎日、書けているのか？　10代の期待に応える新聞をつくるためにもこれからも自問自答を続けていかなければならないと思っています。ステキな作品、ありがとうございます。

小笠原 梨乃　青森県
そうだ、私、選挙権保持者だ。

小井関 遼太郎　東京都
濃いジュースは美味いように、
濃いニュースは深いんです。

小井関 遼太郎　東京都
他人事を自分事に。

小井関 遼太郎　東京都
紙上に檸檬を置きたくなる

小井関 遼太郎　東京都
勉強サボって新聞読んだ。

小井関 遼太郎　東京都
先生を論破しよう。

小井関 遼太郎　東京都
読んでからググろう

田中 雪菜　熊本県
人の投稿より世界の動向

谷許 日菜子　兵庫県
※大きな記事ほど、テストに出るよ。

中垣 花菜　福岡県
私だけ、抜け駆けしたいんだよね。

西村 さや　佐賀県
「朝 読んだから 知ってるの。」

橋本 夏帆　東京都
世界は、ググれない。

半田 拓朗　山口県
新聞はこの地球（ほし）のツイートだ

平瀬 今仁　富山県
君の知らない、
本気の「エモイ」がそこにある！

森 美樹　埼玉県
父と並んで新聞読む私。

神奈川県立秦野高等学校　生徒
新聞に通信制限はかかりません。

個別審査3票

麻殖生 寛太　兵庫県
検索履歴だけが世界か

個別審査2票

小井関 遼太郎　東京都
好きなことしか知らないなんて無責任だ

築地原 まこ　鹿児島県
「私のあだ名は情報屋」

個別審査1票

飯田 はるか　東京都
君が見ている画面の世界は
ほんの一部に過ぎない

飯田 はるか　東京都
あなたのその情報、どこから来たの？

江田 友香　石川県
新聞は一つの世界を造っている

大友 翼瑳　宮城県
スマホ十分、新聞十二分。

ヤ　読売中高生新聞

留学ジャーナル

留学を考えたことがない友達が、留学をしたくなるキャッチフレーズ

協賛企業賞

鹿田 涼輔（17歳）千葉県

たった5文字ですべてが変わる、留学したい

ラ

留学ジャーナル

▼協賛企業のコメント

留学ジャーナル　マーケティング部
マーケティング課 広報担当
久保 あかねさん

このたびは、協賛企業賞の受賞、おめでとうございます。中高生の皆さんにとってハードルが高いと思われている留学。留学を考えたことがない若い人たちが、どうしたら留学をしたくなるか、皆さんと一緒に考えたくて、今回の企画に参加いたしました。「留学したい」のこの5文字は、これまでの日常生活から脱し、未来志向へと自分を変えることができる魔法の言葉だと思います。「留学したい」と、友だちに、先生に、家族に、そして自分自身に、素直に、そしてストレートに宣言することで、言葉が原動力になり、自分を変える一歩を踏み出すことができる。そのことを知ってもらいたいと、こちらのコピーを選ばせていただきました。留学ジャーナルは、そんな皆さんに寄り添い、挑戦を応援する企業として、これからも実りある留学を実現できるよう、サポートしてまいります。

個別審査2票

池上 歩花　千葉県
地球の98%は外国人でした。

村山 優子　埼玉県
君の出発点は世界のどこかにある

慶應義塾普通部（中学校）生徒
日本のにおいって知ってる？

個別審査1票

青野 有珠　静岡県
日本の中だけじゃ
世界の2%としか出会えない。

猪本 淑稀　北海道
海と空は全てを繋いでいる

江田 友香　石川県
常識も 私自身も 飛んでった

大前 いぶき　東京都
怖かった。
行ってみたら、
楽しかった。

小笠原 梨乃　青森県
留学したら、
インスタのフォロワーが増えました。

川窪 亜都　東京都
あなたに、日本は、狭すぎる。

小井関 遼太郎　東京都
留学は進学だ。

小井関 遼太郎　東京都
英語に偏差値はいらない。

小宮 さくら　神奈川県
不安は一瞬。出会いは一生。

菅井 純也　大阪府
日本の色は、何色か。

菅谷 和貴　東京都
道はもう、できている。

菅谷 創太　埼玉県
地図の世界を、自分の目で

種 祐太朗　栃木県
知識は流れ去る。体験は刻み込まれる。

古川 佳代　島根県
未知未知未知へ、会いにいく。

古川 佳代　島根県
ありのままでいたくないと、
ありのままの私が叫んでいる

松岡 梨乃　広島県
東京オリンピックまでには戻ってきます。

松嶋 夏生　兵庫県
地球より、自分が青かった。

盛 かれん　北海道
海外の3歳の女の子ができること、
うちらにできないわけないじゃん。

渡辺 科深　東京都
君は日本基準で良いのか？

幸福の科学学園　生徒
驚くのは、世界の方だ。

レオパレス21

「学生のひとり暮らしといえば、レオパレス」を想起させるキャッチフレーズ

協賛企業賞

自分だけの秘密基地

崎田 葉月（17歳）富山県

レオパレス21

▼協賛企業のコメント

田辺 忍さん
レオパレス21 広告宣伝部 部長

このたびは協賛企業賞の受賞、おめでとうございます。また、レオパレス21が応援する「学生のひとり暮らし」にふさわしいコピーをご応募いただき、誠に感謝いたします。皆さんもご存知の通り、レオパレス21は若者を対象にしたワンルームの賃貸住宅を提供し続けています。お部屋はもちろん、学割プランをはじめとした豊富なサービスで学生の皆さんをサポートし続けてまいりました。そんな「学生にお得なレオパレス」をもっと多くの方に知っていただきたく、当企画にてコピーを募集することとなりました。「自分だけの秘密基地」というコピーですが、初めてひとり暮らしをする際のワクワクする気持ちを上手く表現していると評価しました。ひとり暮らしに不安はつきものですが、自分だけのスペースを初めて所有する喜びを大事にして欲しい。今後も、レオパレス21はひとり暮らしにチャレンジする若者を応援してまいります。

個別審査2票

内町 真奈　大阪府
「毎日が1人 お泊まり会」

勝二 帆奈美　静岡県
「とりあえずここにしとけばいいから。」で、4年間。過ごしてしまいました、お母さん。正解だったよ。

勝山 葉月　千葉県
また今日も母の偉大さを知りました。

神奈川県立秦野高等学校　生徒
やめてよ、入りたくなるじゃん。帰宅部。

個別審査1票

飯田 はるか　東京都
自分、自由、自立。

小井関 遼太郎　東京都
レオパレスみたいな彼氏が欲しい。

篠原 一郎　徳島県
実家の家具が引っ越しても減らなかった

田中 美帆　三重県
お母さんが勝手に入ってこない家がココにある。

種 祐太朗　栃木県
親からは離れられても、家からは離れられない。

野宮 すず　神奈川県
「いつもありがとう」って、電話の方が言いやすい。

山本 悠生　大阪府
さなぎの私、脱皮します

米田 夏希　神奈川県
学校に遅刻してしまうほどの居心地の良さ。

加藤学園暁秀中学校高等学校　生徒
この部屋が僕らの原点だ!

神奈川県立秦野高等学校　生徒
オレのパレスはレオパレス

中高生部門
審査講評

渡辺 潤平

渡辺潤平社【審査員長】

コピーライター。1977年生まれ。早稲田大学教育学部卒業後、博報堂、groundを経て渡辺潤平社設立。最近の仕事にGYAO!「キンキカイキン！」、関ジャニ∞「完熟新作」、私立恵比寿中学ツアーポスター、B.LEAGUE新聞広告シリーズ、千葉工業大学「求む、宇宙人。」、渋谷パルコ「Last Dance_」、日経電子版「田中電子版」など。京都精華大学非常勤講師。雑誌公募ガイドにて「コピトレ！」連載中。

一気に規模が大きくなった中高生部門。悔しくなるほど面白い発見が、本当にたくさんありました。最終審査会は、大いに揉めました。審査員それぞれ、推したいコピーが全然違っていて。それがいいんですよね。コピーに正解なんてない。自分の信じた発見が、どれだけ多くの人をうなずかせることができるか。それがすべて。みなさんの強い言葉に出会えて、コピーがまた好きになりました。

阿部 広太郎

電通

コピーライター。1986年生まれ。2008年電通入社。コンテンツビジネス・デザイン・センター所属。「世の中に一体感をつくる」という信念のもと、言葉を企画し、コピーを書き、人に会い、繋ぎ、仕事をつくる。宣伝会議コピーライター養成講座「先輩コース」講師。BUKATSUDO講座「企画でメシを食っていく」主宰。初の著書『待っていても、はじまらない。―潔く前に進め』（弘文堂）を出版。

中高生部門の結果を見た十代の方たちが、僕も書きたい、私も書いてみたいと、心が動くコピーを選びたいと思いました。選には漏れましたが「人生って、サイダーの何倍刺激的ですか?」というコピーが好きでした。近い将来「この賞がきっかけで書く仕事をしています」と声を掛けてもらうのが目標です。その日まで、僕も書き続けます。いつか会いましょう。

小薬 元

meet&meet

コピーライター。1983年1月1日生まれ。早大卒業後、05年博報堂入社。14年、meet&meet設立。meet Inc.代表取締役。 これまでの主なコピーに、池袋PARCO「変わってねえし、変わったよ。」サントリーこくしぼりプレミアム「きょうは、幸福につかろう。」新生ジーンズメイト「ジーンズは、まだ青い。」キレートレモン「なりたい人は、わたしの中にいる。」川崎市「Colors,Future！いろいろって、未来。」ファミリーマート「Fun&Fresh」マイケルジャクソン遺品展「星になっても、月を歩くだろう。」主なネーミングに、モスバーガー×ミスタードーナツ「MOSDO！」Pana Homeプレミアムオーダーハウス「artim」ポッカサッポロ「旅茶列島」シリーズなどがある。Kis-My-Ft2「KISS&PEACE」作詞ほか。meet-and-meet.com

審査会場で一番気になったコピーは、河合塾のコピーでした。明らかに僕にはなかった視点。リアルな高校生（受験生）のつぶやき。絵もないし、コピーも長い。瞬発力はない。広告としてもどうだろうか。賞には届かないかもなあ・・と思っていました。でもやっぱり、あたたかかったんですよね。一番うまいというより、一番温度のあるコピーだったと思います。

佐藤 舞葉

電通

コピーライター/CMプランナー。1984年生まれ。農学研究科森林科学専攻修了。2010年電通入社。2013年電通北海道出向。現在、電通第3CRP局所属。主な担当クライアント：KDDI、ゆうちょ銀行、日清、ペルフェッティ・ヴァン・メレ・ジャパン・サービス、東京マラソン財団、富士急行、アインズ＆トルペ、パイロット、ライオン。TCC会員。

入賞作以外で好きだったコピー。アサヒ飲料「この瞬間だけ二酸化炭素に感謝したい」吉野家「牛丼に旬とかなくてよかった。」「牛丼を食べるとき、人間は豚になる。」レオパレス21「『とりあえずここにしとけばいいから。』で、4年間。過ごしてしまいました、お母さん。正解だったよ。」読売中高生新聞「検索履歴だけが世界か」菅公学生服「毎日着るのに、なぜ洗えなかったのでしょうか。」

中塚 未央

博報堂

CMプランナー。2007年博報堂入社。以降、CMプランナーとして数多くのCM企画を担当。最近の仕事は、ShopJapanワンダーコア、NTTドコモのdTV/dマガジン/dヒッツ、森永製菓ハイチュウのTVCMなど。主な受賞歴は、ACC、TCC新人賞、アドフェストフィルム部門シルバー、電通賞、ギャラクシー賞など。

くすっと笑えるコピーや、なんだそれ!?と突っ込みたくなるコピーなど、強い言葉が数多くあり、審査会でもかなり意見が割れました。惜しい所で落選したものも多いので、選ばれなかった人も自信をなくさないでほしいなと思います。グランプリは「汚れても大丈夫」という切り口が溢れる中で、クリーニングとの比較と中高生らしいインサイトが入っていて、キラン!と光るものがありました。

小林 歌穂

私立恵比寿中学【特別審査員】

特別審査員として初めて参加させていただきました。どのキャッチコピーも個性的で、それぞれの良さが詰まったステキなキャッチコピーばかりでとても悩みました。とても楽しかったです。同世代のみなさんと一緒にがんばっていきたいと改めて思いました。ありがとうございました。

遠山 大輔

グランジ
【特別審査員】

本当に選ばなきゃならないの?と、少なくとも4回は思いました。どれも素晴らしく、小細工なしの直球で、ユーモアに溢れていたからです！悩みに悩みましたが、賞に漏れたコピーも本当に凄い言葉だらけでした！必ずこの中から将来、世の中の誰もが知る名コピーを出す人が出ると本気で思っています。その時はどうか、吉本グランジです、スケジュール空けて待ってるのでよろしくお願いします。

五明 拓弥

グランジ
【特別審査員】

書いた人の気持ちが乗っていて、中高生だから書けるであろうコピーが好きでした。中でも一番好みだったのはアサヒ飲料の「俺らにスタバはまだ早い。」、よく言ってくれました。スタバは高校卒業してから。マイタンブラーは二十歳になってから。スタバでＭａｃをカタカタは年収一千万円超えてからです。とにかく面白い人が沢山いました。将来、決して芸人にはならないでください。お願いします。

歴代グランプリ受賞作品

第1回 62年

サントリー　サントリービール

最初のノドごしをお聞かせください

金内一郎　東京都

第2回 63年

栗田工業　企業広告

水・け・ナシでとどけられますが

柿沼利招　神奈川県

第3回 64年

タイムライフインターナショナル　タイム国際版

長さ28センチ幅21センチのICBM

脇田浩定　東京都

第4回 66年

該当者なし

第5回 67年

該当者なし

第6回 68年

アラ商事　ARAネクタイ

ときには、発言力まで強めます

駒井武夫　神奈川県

第7回 69年

東洋紡績　エステリーナ婦人服

エステリーナを着たらまず、お兄さんで試してみましょう

久保田忠男　東京都

第8回 70年

該当者なし

第9回 71年

ジャルパック　JOYハワイ

8月37日――。

佐伯仁　神奈川県

第10回 72年

該当者なし

パイロット　企業広告

糸井重里　東京都

V　O

アニメの涙おちる。
スーパー
「モテてない人の……」

CUT

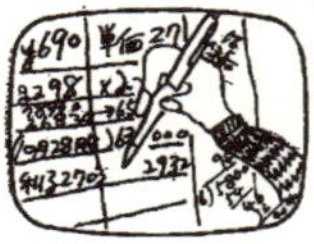

⑤こまかい，計算すばやく動くペン

アニメ合成，イナズマ！
スーパー
「がんばる人の……」

⑥マンガのラクガキ。なげやりに描く手。

アニメ，マンガのシンボルがいろいろととびだす。
スーパー
「ひまな人の…」

CUT

25秒

沈黙

DI
いままでの手いっせいに登場！
スーパー
「いろんな人のパイロット」

DIS

ロゴタイプ（でっかく中央に！）
「人間だけの書くという行為」という文字がその上にペン字で書かれる。

V　O

①机に置かれた便箋。和服の男手紙を書く。
※全体にパッパパとばかり早いテンポでカットつなぎ
※この部分のみアニメーション。

※音は特に限定しない。近所の雑音人間が生きて生活を営んでいるという風な，無意味な音が欲しい。どれもこの画面ではない「近所」の雑音であり，「このCFを見ているその人」自身のまわりの騒音の増幅と考えられる。（例）
・子供がピアノを練習している。ヘタな音楽。
・テレビのメロドラマの音声（となりの家の）。
・かけって通りすぎる小学生。
・母親の小言。
・あまり品のよくない井戸端会議の笑い声。
etc。
※あくまでも，音に特別な注意をむけないような配慮で〝風景〟としてのAUDIOが必要なのである。

以下同様

アニメ合成。
万年筆光り
「むかしの人の」
スーパー入る。

CUT

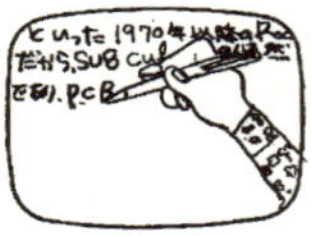

②若者の手。
数字，英文字まじりの横書き。

アニメ，音符とび出し。
スーパー「このごろの人の……」

CUT

③若者の手。
早書き，恋人への手紙。

アニメ，ハートとぶ。スーパー「モテてる人の……」

CUT

④ゆっくり，ていねいにペンを進める手。

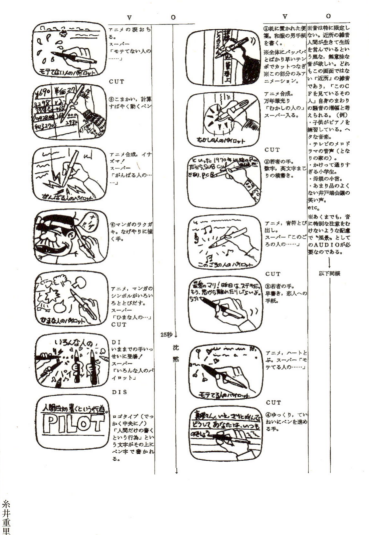

第12回 74年

該当者なし

第13回 75年

該当者なし

第14回 76年

アメリカ屋靴店　イメージアップ広告

25の靴ない?って
大声できける女の子はすてきだ。

佐藤裕子　東京都

第15回 77年

該当者なし

第16回 78年

松下電器産業　ホームビデオ マックロード55

さらば、視聴率。
こんにちわ、録画率。

伊藤裕康　岐阜県

第17回 79年

該当者なし

ソニー商事 ソニーウォークマンTPS-L2

V	A
満員電車の中をイメージさせるような人の過密集団。（回りはハイ・キーの状態とする） ～	NA（男） 彼は，今， 小さなステレオ カセット プレーヤー
その中に「ウォークマン」を楽しんでいる男が1人います。（絵柄として，彼が目立つよう工夫する）（ウォークマンのアップも映す）C.I	「ウォークマン」 で大好きな音楽 を楽しんでいる わけですが…
SEとともに，いきなりオーケストラが彼の回りに現われます。 ～	SE―C.I ジャ・ジャ・ジャ・ジャーン♪ NA　ま，こういう状況にあるわけですね。 ～
C.I また，もとの絵にもどります。 が，しかし…	何気なく人中で 聴いているよう に見えますが…

V	A
また，SEとともに，いきなり怒トウの大波が彼の背後に迫って来ます。 ～	SE―C.I ジャ・ジャ・ジャ・ジャーン♪ NA　やはり，こういう状況を楽しんでいるわけです。 ～
O.L そして， 商品ディスプレイ。 ～	いつでも どこでも ステレオ音楽。
画面右から左へと「ウォークマン」のロゴタイプが走って行きます。 ～	SE・トットットッ…（ウォークマンのロゴタイプの走る音） NA　ソニー 「ウォークマン」
C.I 何故か，大波を現実的にあびてしまった人たち。みんなアッ気にとられています。 ～ END	SE ザ・ザー… （水の引く音）

児玉和彦　東京都

第19回 81年

デサント　デサントダウン

いいなあ いいなあ
たまるいっぽうのぬくもり

前田亨　神奈川県

第20回 82年

岡本理研ゴム　スキンレススキン

愛しあっているのなら、
0.03m/m離れなさい。

吉永雅樹　東京都

第21回 83年

鈴木自動車工業　スズキ マイティボーイ

はっきり言って、
おとうさんは、ほしがらない。
だから、自分で買いなさい。

児玉元秀　東京都

第22回 84年

カゴメ　KAGOME朝市

朝市は、「立つ」という。

中島博孝　千葉県

第23回 85年

NTT　電話利用促進

耳がカラカラです。
電話は、どこですか?

手島裕司　熊本県

シリーズ1

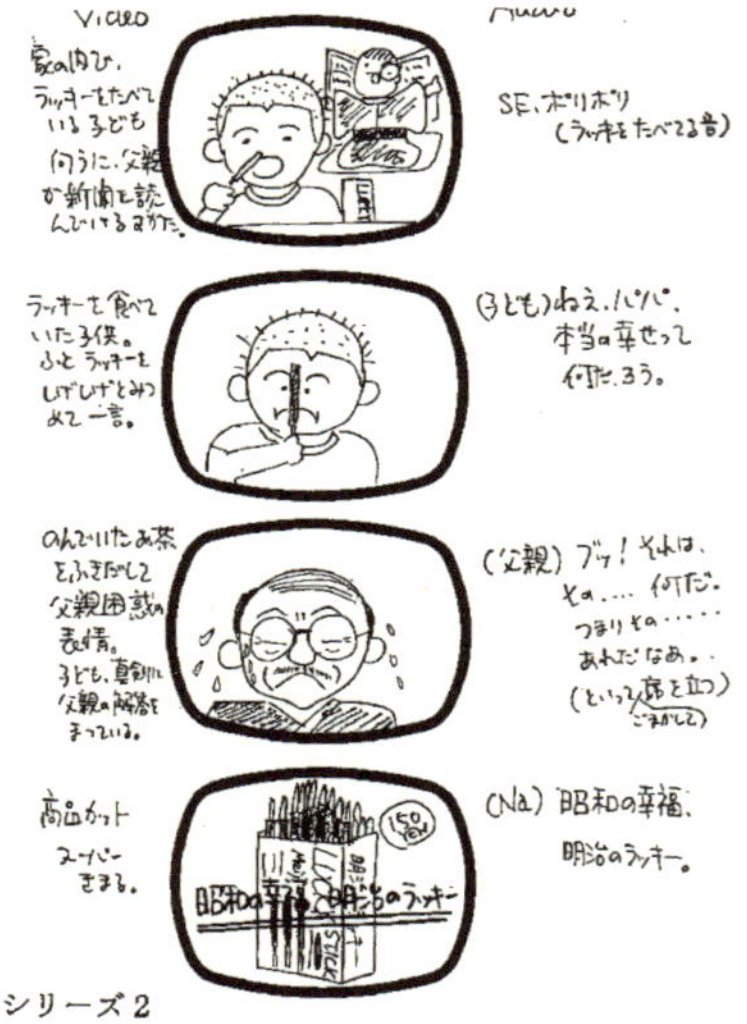

シリーズ2

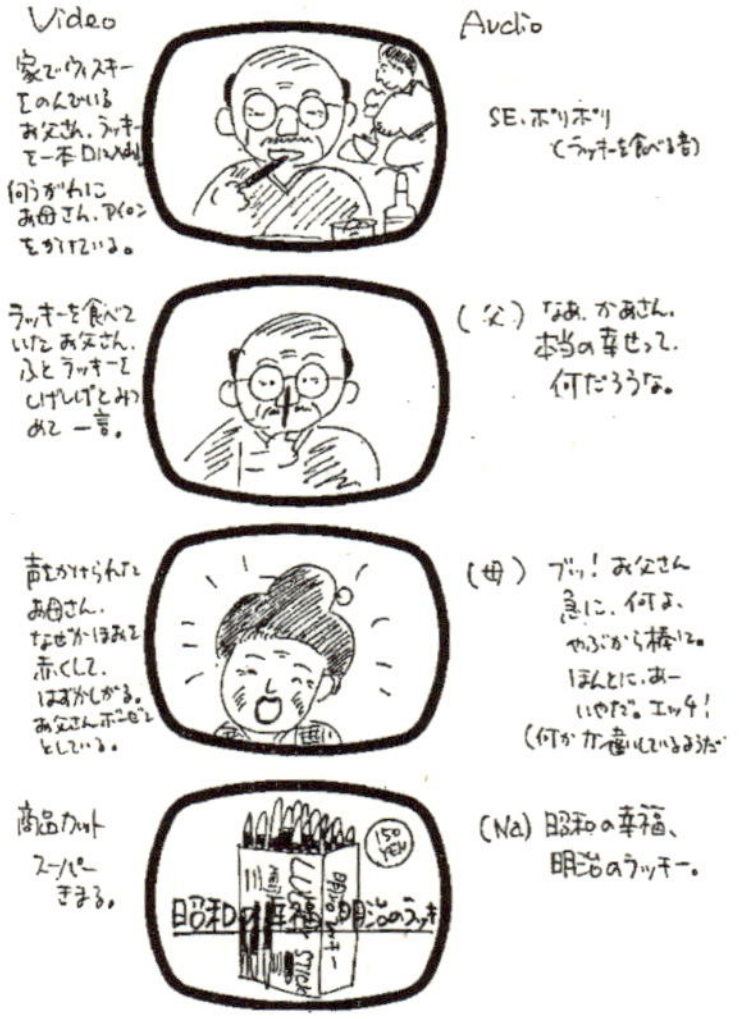

中村裕彦 東京都

第25回 87年

ローソン・ジャパン　どうせ行くなら楽しいローソン

女：私の下宿に毎晩かかって来る不幸の電話
SE：（電話のベル）ルルルル…
女：はい、山田です。
電話の声：（女の低く暗い声で）カラアゲくん、
フレンチドック、いなりずし、
あったか～い焼きうどん、ラーメン。
SE：（よだれをすする音）ズッ　ズズズーー。
女：こうして私とサチコは
互いの足を引っぱりあいながら、
ブタへと化していくのであった。
SE：ブタの鳴き声。
NA：（男の低く落ち着いた声）開いている誘惑、
あなたのローソン。

尾関真理子　兵庫県

第26回 88年

フジテレビジョン　企業広告

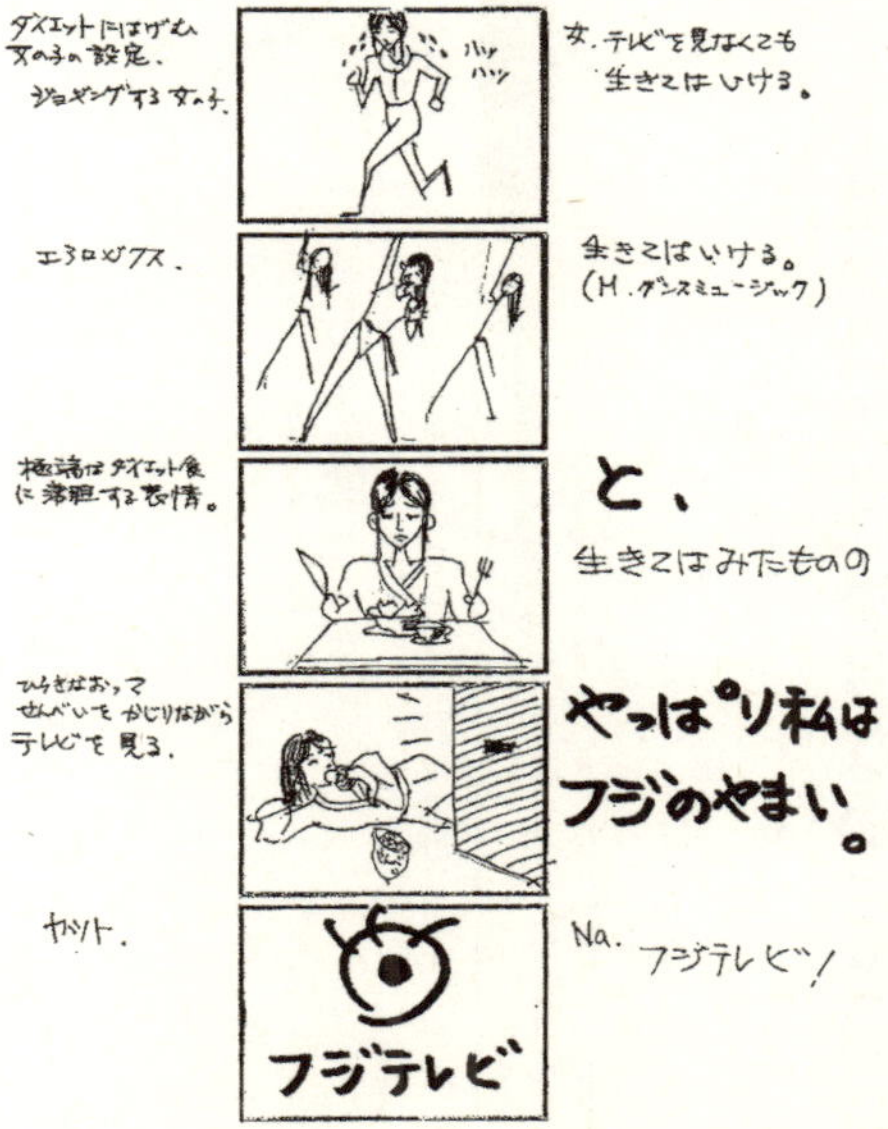

山田尚武　東京都

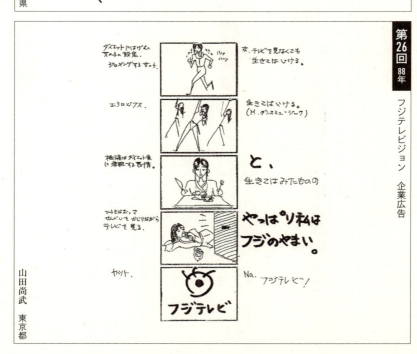

第27回 89年

松下電器産業　マックロード・ステレオムービー

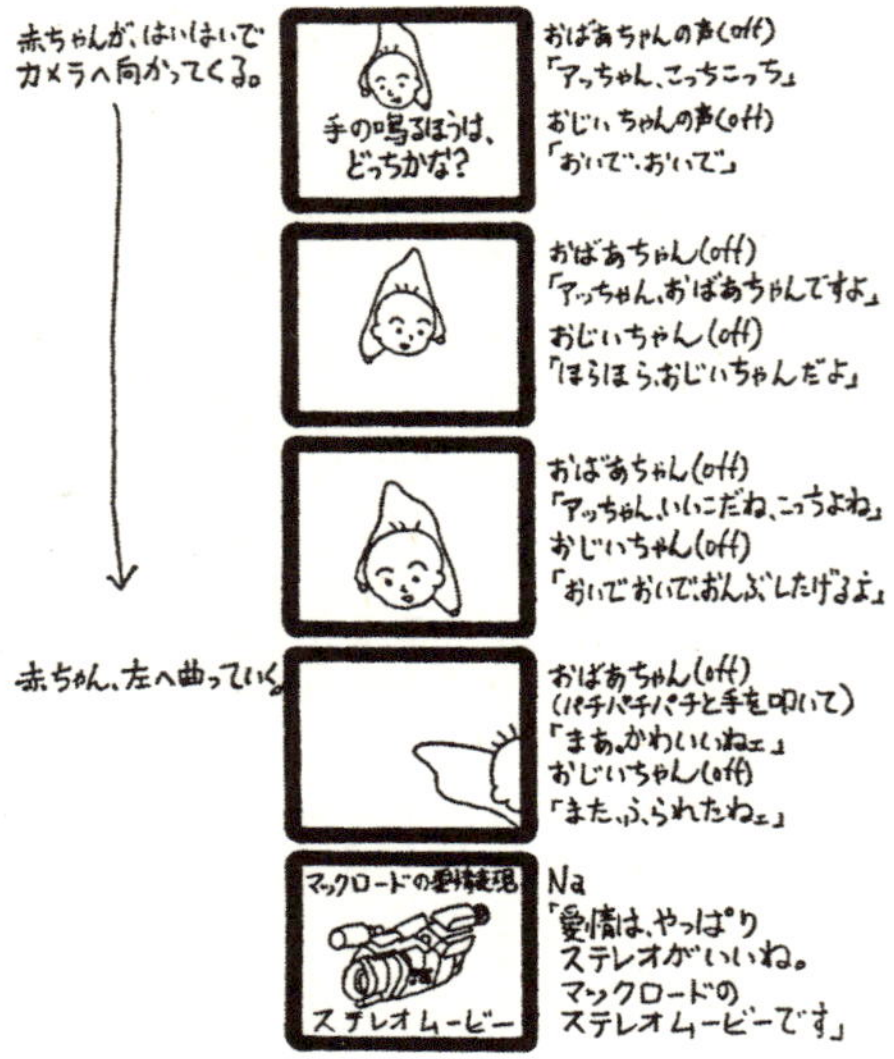

大野耕平　東京都

第28回 90年

アコム　アコムキャッシング

明日の自分に借りるのだ。

鎌田孝史

第29回 91年

アコム　アコムキャッシング

1番いいのは、借りないこと。

竹島靖

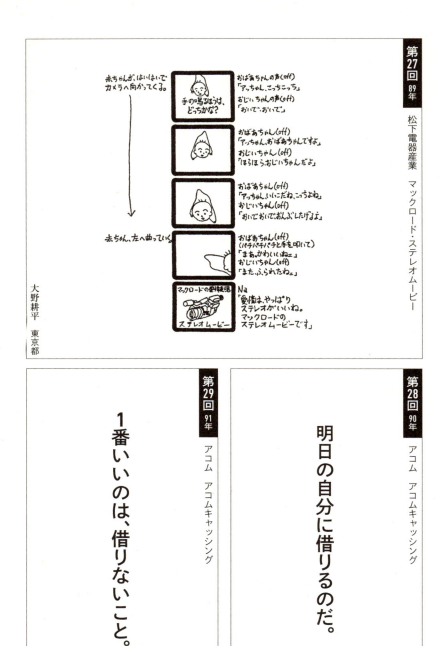

第30回 92年

サントリー　サントリークレスト12年

飲酒は30歳を過ぎてから。

大賀隆行

第31回 93年

文藝春秋　週刊文春

週刊文春は、訴えられました。

村上紀子　東京都

第32回 94年

コーセー　ヴィセルージュアレーブル

女子トイレが
とっても混雑しているのは、
落ちやすい口紅にも
責任があると思います。

高橋邦明　東京都

第33回 95年

東京ガス　ガス温水床暖房システムNOOK

家に帰ると、母が倒れていた。

石田文子　大阪府

第34回 96年

松下電器産業　ナショナル蛍光灯パルック

蛍光灯の暗い病院は、不安だ。

望月和人　東京都

第35回 97年

佐川急便　企業広告

歩いてる佐川のお兄さんを、私は見たことがない。

武田晶彦　熊本県

第36回 98年

ペリエジャポン　ペリエ

本当は、両手ですくって飲む水でした。

川越千栄子　東京都

第37回 99年

積水化学工業　セキスイツーユーホーム

有給とって家にいた。

大西あかり　大阪府

第38回 00年

宝くじ　LOTO6

精子だった頃の運をもう一度。

高浜瞳　兵庫県

第39回 01年

日本コカ・コーラ　森の水だより

田舎が発展しませんように。

石川久士　東京都

第40回 02年

学生援護会西日本　アルバイト発見マガジン アン

お母さん、
そのお皿の洗い方はなに？

田島洋之　東京都

第41回 03年

アメリカンファミリー生命保険会社　一生いっしょの医療保険EVER

死ぬ回数と病気やケガの回数、
どっちが多い？

大嶋紀雄　兵庫県

第42回 04年

キヤノン販売　キヤノンPowerShot S1IS

父親の席は、花嫁から一番遠くにある。

近藤慎一郎　東京都

第43回 05年

アイシア　新社名「アイシア」の認知度アップのための広告表現

1度だけ話せるとしたら、なんて言いますか?

小安英輔　東京都

第44回 06年

明治製菓　明治ミルクチョコレート

ずるいよ、チョコ食べてるときに、そんな話するの。

遠藤紀子　愛知県

第45回 07年

日本英語検定協会　英検

男が機嫌よさそうに歌っている。
男「イエスタデイ～
wフンフンフンフ～フフ～ン
フフフンフフフ～ンフフ～ン
フフンフフ～ンフ
イエスタデイ～」
男の映像に「英検」のロゴがオーバーラップ。

眞水徳一　神奈川県

第46回 08年

セコム　セコム・ホームセキュリティ

家は路上に放置されている。

志儀永二郎　東京都

第47回 09年

シービック　デオナチュレ男シリーズ

部長が目にしみる。

遠藤元宏　東京都

第48回 10年

朝日生命保険　保険王プラス

天国に遅れてやってきた妻が、
いきなり私にビンタした。

水谷俊次　大阪府

第49回 11年

森永乳業「プリンといえば森永乳業」と強く印象づけるコピー

プリンはひとを、可愛くする。

井上慶彦　東京都

第50回 12年

NTTドコモ　メール翻訳コンシェル

そうか、こういう内容の
迷惑メールだったのか。

日野原良行　東京都

第51回 13年

旭化成　サランラップ

おかん、うまい。
でも、多い。

高崎真梨子　東京都

第52回 14年

ゆうちょ銀行

人生の半分は無職です。

渡辺幸一　東京都

第53回 15年

ジェイティービー

【親子】篇
父親がリビングにて寝転がってテレビを見ている。
娘が掃除機をかけながら父親の前まで来る。
娘「お父さん、そこ掃除するから」
父「ああ」
娘「旅行でも行ってきて」
父「え？」
（娘の手から父親の手に商品を手渡されるカット）
驚く父親を尻目に掃除機をかける娘
NA「大切なあのひとに、ＪＴＢの旅行券を贈ろう」

今野和人　東京都

第54回 16年

日清オイリオグループ

子どもが苦手なものは
一度揚げてみる。

平山瑞帆　東京都

※3月9日の贈賞式会場で発表された「眞木準賞」受賞作品につきまして、過去の応募作品に類似しているコピーが存在していたため、応募者へ説明し確認を得た上で賞を取り消し、今回は該当なしとすることといたしました。

※年齢は応募時のものです。

※中高生部門へ生徒名なしで団体応募いただいた場合、応募者は「●●学校生徒」と表記しています。

※中高生部門への団体応募の場合、応募者の都道府県は所属する学校の所在地としています。

宣伝会議 の書籍

これから、絶対、コピーライター

黒澤晃 著

コピーライターになりたい人をコピーライターにする本。博報堂でクリエイティブ人材の採用・発掘・育成に長く携わった著者が、「門外不出のコピーライターになるための方法」を初公開。就職・転職希望者、必携・必読のコピーライター入門の決定版。

■本体1400円＋税　ISBN978-4-88335-344-6

売れるボディコピー

編集者の視点で磨く説得術

向田裕 著

どれだけ売れたのかの数値がダイレクトに見える通販業界で、長年、「売る」機能を持った文章を制作してきた著者が明かす、消費者に「買って」もらうための文章の書き方。説得力のある文章（ボディコピー）が身に付く一冊。

■本体1500円＋税　ISBN978-4-88335-399-6

最新約コピーバイブル

宣伝会議コピーライター養成講座 編

日本を代表するトップクリエイターたちがコピーの奥義を伝授。前著『新約コピーバイブル』に新たな執筆者を加えた改訂増補版。巻末の「古今コピー集」も大幅充実。技術と知識が身につくコミュニケーション・ビジネスのバイブル。

■本体2400円＋税　ISBN978-4-88335-176-3

コピー年鑑2017

東京コピーライターズクラブ 編

〝コピーで選ぶ〟日本唯一の広告賞「TCC賞」。TCC賞2017の受賞作品ほかを収録した年鑑。キャッチフレーズ、ボディコピー、ネーミング、テレビ・ラジオCMやWebムービーのナレーションまで、約800点の日本のコピーをメディア別に収録。

■本体20000円＋税　ISBN978-4-88335-421-4

宣伝会議の教育講座

コピーライター養成講座

基礎コース・上級コース・専門コース

東京・大阪・名古屋・福岡・札幌・金沢

1957年、日本最初のコピーライター養成講座として開校、61年目を迎える。数多くのトップクリエイターを輩出し続ける名門講座。

CMプランニング&ディレクション講座

第一線で活躍するトッププランナーが、アイデアの考え方、企画コンテの書き方、音と映像の演出など、CM企画の基礎から応用までを徹底指導。

アートディレクター養成講座

東京・大阪・名古屋・福岡

広告・コミュニケーションの舞台で活躍するための、アートディレクションの基礎から応用までを一流の講師陣が指導。

クリエイティブディレクション講座

今まで語られることのなかったクリエイティブディレクションという考え方を、ビジネスを成功に導くための技術として体系化。日本を代表するクリエイティブディレクター陣が登場。